**Sous la direction
de Jean Émile GOMBERT**
*professeur de psychologie des apprentissages
à l'université Rennes 2*

# FRANÇAIS CE1
## Guide pédagogique

**Perrine BENCHEHIDA**
*Professeur des écoles*

**Olivier DARTOIS**
*Professeur des écoles*

**Serge HERREMAN**
*Professeur des écoles et formateur IUFM*

**Paul-Luc MÉDARD**
*Directeur d'école*

**Nicole Ménager**
*Maître de conférences en linguistique française
à l'université Rennes 2*

**Stéphanie PLUMET**
*Professeur des écoles*

**Carine ROYER**
*Maître de conférences en psychologie cognitive
à l'université de Cergy-Pontoise IUFM*

**Sophie SNÉGAROFF**
*Professeur des écoles*

# Sommaire

# Contenu du CD ressources

**150 fiches de différenciation**
(descriptif p. 18 du guide) :
– 30 fiches de soutien en graphophonologie
  et en orthographe
– 30 fiches de soutien en compréhension/vocabulaire
– 30 fiches d'activités complémentaires
  en orthographe
– 30 fiches d'activités complémentaires en lecture
– 30 textes de lecture supplémentaires

**Les lectures du soir :** la version simplifiée
des histoires et des documentaires
(descriptif p. 19 du guide)

**4 séries d'évaluation**
(descriptif p. 19 du guide)

**Les cartes des mots (jeux)**
(descriptif p. 17 du guide)

© Nathan – 25, avenue Pierre de Coubertin, 75013 Paris – 2012 © Nathan 2013 pour la présente impression.
ISBN 978-2-09-122514-2

# Les fondements de la méthode

En 1997, en complément de l'évaluation nationale, **une évaluation spécifique de la maîtrise de l'écrit** a été menée sur un échantillon représentatif de 3 000 élèves entrant au collège[1]. Il s'agissait essentiellement de **comprendre les difficultés rencontrées par 15 % des élèves** qui, selon les évaluations régulières à l'entrée en 6ᵉ, ne maîtrisaient pas suffisamment l'écrit pour pouvoir l'utiliser efficacement dans les autres apprentissages scolaires. Pour ce faire, différents types de connaissances ont été évalués : les correspondances graphophonologiques, l'orthographe, la morphologie, la syntaxe, etc. Cette évaluation prenait en compte l'exactitude des réponses mais, également, le temps de réponse, ceci afin d'avoir une idée de l'automatisation de la lecture.

Les résultats de cette étude montrent que, sur les 15 % d'élèves en difficulté :

– **7,8 % connaissent une lenteur excessive dans la réalisation des tâches écrites** ; non pas que ces élèves ne sachent pas ce qu'il faut faire pour lire, mais ils n'arrivent pas à le faire de façon automatique. De ce fait, lorsqu'ils lisent et lorsqu'ils écrivent, toute leur attention est consacrée à l'exécution des mécanismes de base, et n'est donc pas disponible pour la compréhension et la formulation des idées. Vraisemblablement, il s'agit, pour la plupart, d'élèves qui ont eu une pratique de l'écrit insuffisante pour son automatisation.

– **4,3 % des élèves ont des profils de difficulté qui évoquent la dyslexie** ; 2,1 % d'entre eux sont en difficultés dans les tâches qui mobilisent la mise en correspondance graphophonologique (profil de dyslexie phonologique) ; 2,2 % ont de piètres performances lorsque la tâche requiert de dépasser le simple décryptage pour reconnaître immédiatement des mots fréquents (profil de dyslexie de surface). Il est, bien entendu, impossible de faire un diagnostic de dyslexie à distance à partir d'épreuves aussi sommaires. Toutefois, ce résultat corrobore les recherches sur les troubles de l'apprentissage, qui s'accordent à affirmer que 4 à 5 % de la population est dyslexique. En d'autres termes, un tiers des élèves en grande difficulté relève d'une prise en charge rééducative et doit bénéficier de dispositifs d'aide aux apprentissages.

- **Enfin, 2,8 % des élèves observés ne présentent aucune difficulté dans la mobilisation des mécanismes de base**, alors qu'ils font partie des 15 % d'élèves en grande difficulté avec l'écrit. Il y a fort à parier que ce sont, ici, les traitements de « haut niveau », impliqués notamment dans la compréhension, qui sont déficitaires.

Cette cartographie des difficultés des adolescents est corroborée par une reprise de cette évaluation sur 10 000 élèves de 6ᵉ en 2007 ; toutefois, cette nouvelle étude montre **une baisse des performances des élèves en orthographe et dans la maîtrise du vocabulaire sur la dernière décennie**. Il y a là des indications précieuses pour déterminer les priorités de l'enseignement de la lecture :

**1. Installer les mécanismes de base de la reconnaissance des mots (traitements graphophonologique et graphomorphologique).**

**2. Provoquer l'automatisation de ces mécanismes.**

**3. Développer le vocabulaire.**

**4. Maîtriser la langue orale et écrite.**

**5. Disposer des connaissances textuelles nécessaires à la compréhension d'un texte.**

**Ce sont ces principes qui ont guidé l'élaboration de la méthode *Croque-lignes CE1*.**

Enfin, la méthode *Croque-lignes* tente d'aider l'enseignant à **gérer l'hétérogénéité de la classe**. L'élève moyen n'existe pas ! Pour chaque activité, certains élèves seront plus performants, d'autres le seront moins. Des **outils de différenciation** sous forme de fiches et d'ateliers permettront à l'enseignant d'accomplir sa mission auprès de tous les élèves (voir *La différenciation*, p. 16).

---

**1.** Étude lancée par la Direction de la programmation et du développement à la demande de l'Observatoire national de la lecture. Lire la Note d'information de la DPD, n° 99.48, décembre 1999.

# Les principes didactiques

## 1. Installer les mécanismes de base

### a. L'importance des codes

L'apprenti lecteur doit **reconnaître les lettres et les faire correspondre à leur(s) prononciation(s)** (lorsqu'il ne s'agit pas d'une lettre muette). Cette mise en correspondance est plus ou moins facile en fonction de la langue. Dans les langues à orthographe transparente, comme l'italien, la correspondance est relativement facile : en effet, il y a, à peu près, le même nombre de graphèmes que de phonèmes ; c'est-à-dire que chaque lettre ou groupe de lettres correspond à une seule prononciation, et réciproquement. Autrement dit, dans ce type de langue, on écrit comme on prononce, et on prononce comme on écrit !

En revanche, dans les langues à orthographe opaque, comme l'anglais, un phonème (un son) peut s'écrire de bien des façons. Parfois même, l'orthographe est particulière à un seul mot, dont il faut alors mémoriser la graphie. Dans ce cas, le système de correspondances est très difficile à apprendre. Par voie de conséquence, alors qu'en italien la lecture à voix haute présente peu d'erreurs à la fin de la première année d'apprentissage, les apprentis lecteurs anglophones, au terme d'une année, se trompent deux mots sur trois.

Le français est dans une position intermédiaire. Bien qu'il y ait près de quatre fois plus de graphèmes que de phonèmes (pensez aux différents graphèmes pouvant transcrire le phonème [ɛ̃][1]), les mots sont correctement lus dans plus de 80 % des cas en fin de CP. En fait, **le français est relativement facile à lire** : par exemple, il n'y a qu'une façon de prononcer la terminaison d'un mot français orthographiée « -ard » car la lettre « d » ne se prononce jamais à la fin d'un mot ; de même, les terminaisons verbales « -ai », « -ais », « -ait » et « -aient » se prononcent de la même façon. **Ces particularités orthographiques dépendent de la morphologie**, soit de la morphologie dérivationnelle (le terme « tard » est la base de dérivation sur laquelle sont construits les termes « tarder » et « tardif »), soit de la morphologie flexionnelle, qui a un rôle grammatical (les terminaisons « -ais » et « ait » transcrivant le temps et la personne verbale). En revanche, ces caractéristiques font du **français une langue difficile à orthographier** : pensez aux multiples façons d'orthographier la suite de phonèmes [aʀ] à la fin d'un mot : « ar », « ars », « are », « ares », « arre », « arres », « art », « arts », « ard », « ards ». Ceci explique que de nombreux bons lecteurs aient une orthographe réduite.

C'est pourquoi, comme au CP, **la méthode *Croque-lignes* accorde au CE1 une place très importante aux codes.** Elle affirme la nécessité de prendre en compte les deux codes complémentaires de l'écrit : **le code graphophonologique** et **le code graphomorphologique**.

**Le code graphophonologique** est donc le codage des **unités de prononciation** (les phonèmes) : ainsi, dans le mot *chaton*, le groupe de lettres *ch* correspond au phonème [ʃ], la lettre *a* correspond au phonème [a], la lettre *t* au phonème [t] et le groupe de lettres *on* au phonème [ɔ̃].

---

**1.** La notation phonétique entre crochets (API : Alphabet Phonétique International) est systématiquement utilisée pour transcrire les phonèmes. Cette notation n'est pas à apprendre aux élèves ; elle est destinée à l'enseignant pour qu'il distingue sans ambiguïté le versant oral – les phonèmes (sons) – du versant écrit – les graphèmes (lettres) – dans les exercices proposés.

**Le code graphomorphologique** est le codage des **unités de sens** (les morphèmes) : le mot *chaton* est ainsi composé de deux morphèmes, la base lexicale *chat* et le suffixe *-on*, qui code un diminutif.

Ce double code de l'écrit est une réalité essentielle des systèmes d'écriture. L'enseignement de la lecture et de l'orthographe doit donc prendre en compte le code graphomorphologique, généralement délaissé dans les manuels d'apprentissage. Dans *Croque-lignes CE1*, l'étude du code graphomorphologique ne se fait pas au détriment du code graphophonologique, qui est systématiquement travaillé ; bien au contraire puisque l'apprentissage du code graphomorphologique permet d'expliquer pour partie **la complexité du code graphophonologique et la présence, notamment, des lettres muettes** qui font partie intégrante de la construction du sens.

### b. La maîtrise des codes

Maîtriser les codes n'est pas simple, et les recherches montrent clairement la nécessité de les enseigner explicitement. Cette maîtrise a pour prérequis **la conscience phonémique,** c'est-à-dire la capacité à concevoir et à identifier **les phonèmes qui constituent une syllabe.** Les études qui portent sur les enfants francophones montrent que **la capacité de décomposer explicitement les mots en syllabes** s'installe facilement puisque la syllabe est l'unité de prononciation. En revanche, **l'analyse de la syllabe ne s'opère pas naturellement.** Tant que l'élève ne conçoit pas l'existence d'unités phonologiques plus petites que la syllabe, il ne peut pas comprendre le système alphabétique qui, précisément, code ces unités infrasyllabiques, que sont les phonèmes (que l'on désignera par commodité pédagogique par le terme de « sons »).

Il est établi que **la conscience explicite des phonèmes n'existe pas chez l'élève qui n'a pas encore appris à lire.** Dans sa mise en place, les différences interindividuelles sont considérables : si certains élèves y parviennent aisément, la plupart a besoin d'une aide pédagogique. Enfin, quelques élèves éprouvent la plus grande difficulté à entrer dans ce type d'analyse, et peuvent mettre parfois plusieurs années à apprendre ce que leurs camarades maîtrisent en quelques semaines. Ces élèves constituent l'essentiel de la population des dyslexiques.

Au niveau CE1, sont donc systématiquement retravaillées les associations graphème-phonème. Et de façon complémentaire, un travail est mené, d'une part, sur les différentes façons d'orthographier un même phonème et, d'autre part, sur les lettres qui n'ont pas de correspondant phonique (les lettres muettes). L'objectif est ici de prévenir les troubles de l'orthographe qui se manifestent souvent par une écriture séquentielle : les élèves transcrivent les mots en choisissant les graphèmes les plus fréquents, et/ou par une écriture réduite aux seules correspondances entre les phonèmes et les graphèmes, oubliant ainsi les lettres muettes. Ce travail sur le code alphabétique s'articule de fait à ce qui est étudié par ailleurs en morphologie, domaine pour lequel *Croque-lignes* propose des activités systématiques et régulières, qui répondent à deux principaux objectifs :
– accroître le vocabulaire des élèves (voir p. 7) ;
– permettre de comprendre certaines particularités orthographiques.

Comme nous l'avons déjà souligné, en français, l'orthographe est beaucoup plus difficile que la lecture. Ainsi, pour écrire correctement le mot « chat » il faudra donc, soit avoir mémorisé l'orthographe du mot entier, soit prendre en compte le fait que le mot « chat » joue le rôle de base lexicale dans d'autres mots (*chaton, chatte,* etc.). Compte tenu du nombre très important de mots dont l'orthographe est ainsi justifiable, il est peu vraisemblable que l'élève puisse tous les mémoriser d'emblée, et le travail sur la morphologie constitue une excellente préparation et un très bon accompagnement à l'apprentissage de l'orthographe.

## 2. Automatiser les mécanismes de reconnaissance des mots écrits

Une chose est de connaître le code, une autre est d'en automatiser l'utilisation. Or, tant que la lecture n'est pas automatique, le lecteur a le plus grand mal à comprendre ce qu'il lit. En effet, **si elle n'est pas automatisée, la lecture est lente et fatigante** en raison de l'effort attentionnel qu'elle nécessite: la concentration sur les mécanismes de base entraîne une surcharge cognitive qui diminue l'attention disponible pour la compréhension. Tel est le lot de tout lecteur qui n'a pas automatisé la lecture. Si cet état perdure, la charge de travail trop importante engendre chez beaucoup une démotivation et un refus des activités scolaires.

**Ce n'est pas le traitement du code alphabétique en lui-même qui fait obstacle à la compréhension, mais le fait d'y consacrer toute son attention.** Dans un tel cas, en effet, l'élève, n'ayant pas la possibilité de se préoccuper du sens du texte, ne peut le comprendre. L'enjeu est donc de **rendre l'apprentissage du code suffisamment automatique** pour que le lecteur puisse l'utiliser sans y consacrer trop d'attention, et ainsi disposer de toute son intelligence pour la compréhension.

Il n'y a pas de recette magique et, **pour automatiser une procédure, il faut s'y entraîner. C'est en lisant et en écrivant** que l'élève automatise progressivement lecture et écriture.

Il est donc indispensable que les élèves aient **envie de lire** et prennent **plaisir à lire**. Partant du principe fondamental qu'apprendre à lire n'a de sens pour l'enfant que si la lecture devient plaisir, la méthode *Croque-lignes* propose aux élèves **des textes de jeunesse**, abondamment illustrés (photographies, dessins aux styles très variés, documents d'époque, etc.). Par ailleurs, la méthode *Croque-lignes* s'attache à faire découvrir **différents types de textes**: récits de vie quotidienne, récits imaginaires, documentaires, chansons, poèmes, textes prescriptifs, etc. pour familiariser l'élève à la diversité des formes d'écrits et de leur fonction. Les textes proposés font alterner, sur un même thème, un texte de type récit ou conte et un texte documentaire. L'élève est ainsi progressivement confronté à la réalité littéraire et documentaire et prend, peu à peu, confiance en ses capacités de lecteur.

## 3. Développer le vocabulaire

### a. Le vocabulaire thématique (lié aux histoires et aux documentaires)

Il est des évidences qu'il est bon de rappeler: **pour comprendre des mots écrits encore faut-il les connaître à l'oral.** En CE1, il y a encore des élèves qui connaissent moins de la moitié des mots fréquents qui composent les textes simples qu'ils ont à lire. Ces élèves ne peuvent que difficilement comprendre les textes qu'ils lisent ou que l'enseignant ou les autres élèves lisent à haute voix. On ne peut donc guère espérer qu'ils s'intéressent à l'écrit. Ces élèves vont ainsi progressivement cumuler un **double handicap**: déjà désavantagés par **la pauvreté de leur vocabulaire**, ils vont, au final, faire partie des personnes qui ne sont **pas capables de lire et d'écrire automatiquement**. On peut d'ailleurs ajouter que, la lecture offrant l'opportunité de développer son vocabulaire, l'écart entre eux et les autres élèves va progressivement se creuser.

La plupart des mots que l'apprenti lecteur s'efforce de lire doit donc lui être connue à l'oral, car, en cas contraire, l'accès à leur signification est irréalisable. Dans ce but, *Croque-lignes* **donne priorité au développement du lexique oral** grâce à des activités langagières préalables à la lecture du texte; il s'agit notamment de mettre en place, le plus tôt possible, **un lexique de base lié au thème abordé.** C'est par le biais **des pages d'ouvertures des histoires et des documentaires** de *Croque-lignes CE1* que l'enseignant s'efforcera d'introduire le vocabulaire qui sera ensuite rencontré en lecture. Ensuite, dans chaque texte, des mots signalés par un astérisque sont définis dans **une page** intitulée le « Petit dictionnaire », organisée comme un vrai dictionnaire : classement par ordre alphabétique en colonne, précision de la classe grammaticale du mot, définition du mot, phrase-exemple. Enfin, **les rubriques « J'apprends des mots nouveaux »** proposent systématiquement des activités pour développer le vocabulaire thématique.

Ce développement du lexique fait également partie des objectifs poursuivis par la lecture d'histoires complètes effectuée à haute voix par l'adulte dans la continuité de ce qui se pratique à l'école maternelle puis au CP. Il n'y a en effet aucune raison que ce type d'activité soit totalement interrompu au CE1, et il convient même de l'enrichir en sollicitant une participation active des élèves par l'intégration, pendant la lecture, de questions simples, questions qui peuvent être, par exemple, des demandes de **désignation d'illustrations** correspondant aux mots nouveaux ou aux phrases du texte.

### b. « Les ateliers des mots » : le travail sur la morphologie

Un autre levier pour l'accroissement du lexique des élèves est **le travail systématique sur la morphologie** des mots. Ce travail de morphologie, dans un premier temps oral, est destiné à focaliser l'attention de l'élève sur **la structure interne des mots** selon deux dimensions :

**1. une première dimension permet de travailler sur les « familles de mots »** : les élèves découvrent que des mots sont construits sur un invariant lexical, que l'on appelle **la base.** Ces mots partagent une communauté de forme et de sens. Mais ils ont pourtant des sens différents qui les distinguent les uns des autres ; cette variation de sens s'explique au travers de la deuxième dimension ;

**2. la deuxième dimension renvoie à un travail sur les affixes** (préfixes et suffixes). L'objectif est de comprendre que le préfixe « re- » ou le suffixe « -ette », par exemple, se combinent à des mots de base par l'application d'une règle morphologique.

Ainsi, en apprenant que plusieurs mots peuvent avoir des propriétés communes de forme et de sens, soit à travers une base commune, soit à travers un affixe commun (préfixe et/ou suffixe), l'élève comprend que l'on peut **construire des mots en se conformant à une logique** (ici, une logique morphologique). La morphologie permet ainsi de **favoriser le traitement du sens** en s'attachant à des unités plus petites que celles habituellement observées que sont les mots, les groupes de mots ou les phrases.

On peut également travailler sur **le rôle grammatical de certains affixes** tels que le suffixe « -ment », qui, adjoint à un adjectif, détermine la catégorie grammaticale du mot construit : ainsi, l'adjonction de ce suffixe à l'adjectif « lente » va permettre de construire « lentement », qui appartient à la catégorie des adverbes. Le traitement morphologique permet donc un premier niveau de traitement grammatical, et favorise par là même la compréhension des phrases.

Le domaine **« Atelier des mots »** de *Croque-lignes CE1* propose **une démarche résolument inductive,** se fondant sur l'observation, l'analyse et la construction progressive de règles sur la langue se précisant au fur et à mesure du travail mené par les élèves.

Pour chaque notion, la démarche se déroule donc en **trois phases :**

**1. la phase de découverte et d'observation** : pour les six premières unités, la phase de découverte s'effectue à partir de textes courts en rapport direct avec l'histoire ou le documentaire de l'unité. Les unités suivantes proposent aux élèves un début de réflexion décontextualisée ;

**2. La phase de manipulation** : elle s'intègre pleinement dans la démarche inductive. Les exercices sont conçus dans cet esprit. Ainsi visent-ils l'expérimentation de la règle ou de la notion à découvrir. Pour cela, un travail individuel précède une mise en commun collective et une réflexion sur un fonctionnement précis de la langue.

Par exemple, l'exercice 15 page 23 du manuel permet de faire fonctionner le lien entre « mot de base » et « mot de la même famille » après une première phase de découverte et d'observation. La mise en commun débouche sur une première analyse de construction et sur l'énonciation d'un mémo.

**3. La construction des règles :** elle s'opère au fur et à mesure de l'avancement des observations et de l'analyse, soit sur une séance (unité 2, « Les noms de métiers »), soit sur deux séances (unité 3, « Les mots en *-ment* »). Dans ce cas, un mémo provisoire est énoncé à la fin de la 1re séance, qui sera complété à la 2e séance.

**La construction des règles s'opère tout au long de l'année** selon la progression suivante :

– les unités 1 et 2 permettent une sensibilisation à la formation des mots, grâce à la reprise des acquis du CP et à la manipulation des morphèmes (seul le terme de « mot de base » est employé ; ceux de « suffixe » et de « préfixe » ne le sont pas encore) ;

– les unités 3 à 6 proposent d'avancer dans la compréhension de la construction des mots. L'observation des mots et leur manipulation se fait au travers d'un texte simple, en rapport avec le thème de l'unité, pour faciliter l'accès au sens. Une première formalisation est introduite avec l'apport des termes « suffixe » (unité 3) et « préfixe » (unité 5). Un premier travail décontextualisé, à partir d'une liste de mots au lieu d'un texte, est initié dans l'unité 4 (mots en *-et* ou *-ette*) ;

– les unités 7 et 8 ont pour objectif d'amener les élèves à une certaine autonomie dans l'analyse et la construction des mots et de leur permettre d'entrer dans une morphologie plus complexe. Elles visent un apport de connaissances explicites sur la transformation de la base, courante en français ;

– les unités 9 et 10 sont conçues pour que les élèves puissent mobiliser à la fois la démarche d'appropriation du fonctionnement de la langue qui a été travaillée avec eux et les connaissances morphologiques qui ont été développées au cours des séances.

### c. Les relations de sens entre les mots

Si, dans les pages de Lecture-Expression, le vocabulaire est abordé de façon thématique, dans les pages d'Étude de la langue, ce sont **les relations de sens entre les mots** qui sont étudiées afin d'enrichir le bagage lexical. Cinq grandes notions sont ainsi travaillées au cours de séances spécifiques : **la synonymie**, **l'antonymie**, **la polysémie**, **l'homophonie** et **les regroupements par catégories lexicales**. À cela s'ajoute un travail progressif et complet sur **le classement par ordre alphabétique** qui a pour principal objectif l'utilisation efficace et efficiente du dictionnaire. Toutes ces notions, qui ne peuvent en aucun cas être assimilées par les élèves en une leçon, sont réinvesties tout au long de l'année dans la rubrique « **J'utilise le petit dictionnaire** ». Cette rubrique propose des activités sur les mots recensés dans la page du « **Petit dictionnaire** ».

## 4. Maîtriser la langue orale et écrite

La construction des textes écrits est plus sophistiquée que celle des discours oraux, à tel point que, pour certains élèves, la compétence linguistique qu'ils ont acquise à l'oral ne leur est pas d'un grand secours pour comprendre les textes écrits. De plus, la situation de lecture ne bénéficie pas d'autant d'aide contextuelle à la compréhension que l'énoncé oral.

Par ailleurs, il ne suffit pas de connaître, de manière isolée, le sens de chaque mot dans une phrase pour en comprendre le sens global : **tenir compte de l'ordre des mots dans la phrase et comprendre les rapports qu'entretiennent les mots entre eux** sont essentiels pour comprendre une phrase. C'est **le rôle de la grammaire et de l'orthographe grammaticale** qui atteste pour partie la transcription écrite de ces rapports grammaticaux entre les mots (les accords au pluriel par exemple).

L'objectif au CE1 est donc de consolider les apprentissages effectués au CP et de poursuivre l'étude de langue, qui se trouve déclinée en différents volets : **grammaire**, **conjugaison**, **orthographe** et **vocabulaire** (présenté plus haut), même si ces volets interfèrent lorsque l'élève lit et écrit.

## a. Grammaire

Il s'agit de conduire l'élève à s'intéresser à **la structure de la phrase** et d'amorcer l'apprentissage de **quelques notions grammaticales**, comme les notions de nom et de verbe. De fait, l'élève, lorsqu'il parle, maîtrise implicitement ces notions puisqu'il est capable de construire « une école » et « il va », et non « *il école » et «*une va » ; il maîtrise en réalité implicitement *la notion de programme*, que l'apprentissage scolaire a pour objectif de rendre explicite.

Fonder l'apprentissage sur cette notion de programme permet ainsi de faire comprendre explicitement aux élèves ce qu'est grammaticalement un nom et ce qu'est grammaticalement un verbe ; en effet, des éléments du lexique, comme « affiche » ou « rampe » ne sont ni un nom, ni un verbe ; seul l'ensemble « une affiche » ou « la rampe » est un nom, et l'ensemble « il affiche » ou « elle rampe », un verbe. **C'est le déterminant ou le pronom de conjugaison qui détermine le statut nominal ou le statut verbal** : ils font donc partie intégrante du nom ou du verbe[1]. Le nom intègre nécessairement un déterminant nominal[2], catégorie à laquelle appartient entre autres l'article, et le verbe intègre nécessairement[3] ce que les Instructions Officielles appellent « un pronom personnel de forme sujet » ; et, même si, cet élément est effacé par la relation syntaxique de sujet (« les élèves travaillent »), il est toujours possible de le réintroduire pour identifier le verbe : « les élèves travaillent / <u>ils</u> travaillent ».

C'est donc en travaillant dans un premier temps sur des éléments du lexique comme « affiche », « rampe », « livre », « commande », « branche », etc., qui peuvent être constitutifs soit de noms, si on peut les faire précéder d'un déterminant nominal (« une affiche », « la rampe », « un livre », « la branche », « une commande »), soit de verbes, si on peut les faire précéder d'un pronom de conjugaison (« il affiche », « on rampe », « elle livre », « il branche », « elle commande »), que l'on peut montrer que les notions de verbe et de nom ne sont pas des étiquettes, mais répondent à un fonctionnement grammatical.

La référence à la notion de programme permet ainsi d'organiser dans un ensemble cohérent les notions d'« article », de « déterminant », de « pronom personnel », qui sont mentionnées dans les Instructions Officielles, en travaillant sur des listes de commutation : « **les** élèves / **des** élèves / **quelques** élèves / **un** élève / **aucun** élève / **l'**élève » ; « **ils** travaillent / **tu** travailles / **on** travaille ». Cette procédure permet également d'expliquer la solidarité morphologique entre les éléments qui constituent le nom et entre ceux qui constituent le verbe, solidarité qui se traduit orthographiquement : **les** élève<u>s</u> *vs* **l'**élève_ / il<u>s</u> travaill**ent** *vs* il_ travaille_ *vs* **tu** travaille<u>s</u>. Cette analyse permet ainsi d'éviter les erreurs orthographiques, du type « *je les porte**s** », où le mot « porte » est identifié comme un nom parce qu'il a été considéré isolément et que, de plus, il est précédé du mot « les ».

---

**1.** S'agissant des définitions du nom, du verbe, du déterminant et du pronom de conjugaison, il serait plus cohérent de dire que *le déterminant est un mot qui est **dans** le nom* puisque le déterminant fait partie du nom. Cependant, afin de se conformer aux Instructions Officielles (*distinguer le nom et l'article qui le précède*), le choix a été fait de conserver la formulation traditionnelle dans le manuel.
**2.** L'absence de déterminant dans un nom, comme dans « Taxi » marque grammaticalement le cas vocatif.
**3.** L'absence de pronom de conjugaison dans un verbe conjugué marque grammaticalement le mode impératif.

Quant à l'apprentissage des relations syntaxiques et, plus spécifiquement, de l'identification du sujet, la notion de programme permet également d'expliquer grammaticalement ce qu'est le sujet d'un verbe lorsque celui-ci est un nom : **le sujet nominal occupe syntaxiquement la place d'un des pronoms de conjugaison** de 3e personne (il – elle – on – ils – elles). C'est pour cette raison que l'identification sémantique (*cherche qui ou qu'est-ce qui fait l'action*) s'accompagne de l'identification syntaxique (*cherche le nom que l'on peut remplacer par un pronom sujet : il, ils, elle ou elles*). C'est cette identification syntaxique que l'élève manipule implicitement lorsqu'il énonce « la fleur est belle » *vs* « les fleurs sont belles ».

De la même façon, cette notion de programme permet également d'expliquer grammaticalement ce qu'est un COD : en effet, **le COD, lorsque celui-ci est un nom, occupe syntaxiquement la place du pronom complément direct** (le – la – les). C'est pour cette raison que l'identification syntaxique doit être présentée aux élèves : *Cherche le nom que l'on peut remplacer par l'un des pronoms « les », « la », « le » dans « ils regardent les oiseaux »* (*vs* « ils les regardent »).

**En partant de la phrase**, il s'agit donc, dans un premier temps, de faire comprendre aux élèves **les notions de nom et de verbe** ; puis, dans un deuxième temps, d'expliciter les variations du nom et du verbe par l'étude du **genre (masculin / féminin)** et du **nombre (singulier / pluriel)** ; cette étude permet ensuite de travailler, dans le cadre des relations syntaxiques, **la notion d'accord**, d'une part, entre le nom et le verbe dans le cadre de **la relation sujet / verbe** et, d'autre part, entre l'adjectif et le nom dans le cadre **du groupe nominal**. À l'étude de ces notions s'ajoutent : l'identification de deux modalités de la phrase, **interrogative et négative**, ainsi que l'identification de **l'adverbe** et **des compléments de verbe**.

L'introduction de la notion de programme, que les élèves maîtrisent de fait implicitement, permet d'exploiter les compétences des élèves pour leur faire prendre conscience, explicitement à l'oral, des relations qu'entretiennent les mots entre eux et de la façon dont ces relations se traduisent à l'écrit, c'est-à-dire orthographiquement. Et c'est là que l'apprentissage grammatical, dont l'objectif est de rendre explicites les capacités grammaticales dont dispose l'élève, trouve toute sa place.

### b. Conjugaison

On constate que l'enfant, bien avant d'entrer à l'école primaire, est capable de conjuguer des verbes. Il manipule donc implicitement la « conjugaison » (c'est-à-dire la flexion verbale) lorsqu'il parle. L'apprentissage de la conjugaison au CE1 répond ainsi à **trois principaux objectifs** :

**1. dégager des constantes dans les terminaisons verbales** en comparant les temps entre eux et les personnes entre elles ;

**2. apprendre comment ces terminaisons verbales se traduisent à l'écrit** ;

**3. manipuler des verbes comme « être », « avoir », « faire », « dire », « aller » et « venir »** qui comportent un grand nombre de formes différentes de la base verbale.

#### 1. Dégager des constantes

La comparaison des temps entre eux permet de mettre en évidence les différents morphèmes, c'est-à-dire les terminaisons verbales, qui dénotent les valeurs de temps et de personne. **Chaque morphème se conjugue avec la quasi totalité des formes verbales.** Par exemple : le morphème /ʀɛ/, qui dénote le futur à la 1re personne du singulier, s'associe à toutes les bases verbales : *je chanterai, je partirai, je prendrai, j'irai*, etc. De plus, cette comparaison entre les différents temps (*je chante-rai* vs *je chante*) montre que **le présent est un temps qui se traduit, à l'oral, par une absence de morphème de conjugaison** ; les terminaisons verbales des 1re et 2e personnes du pluriel, /ɔ̃/ et /e/, dénotent non pas le temps mais la personne, ce qui explique qu'elles se retrouvent aussi à l'imparfait et au futur. Le futur est dénoté, selon les personnes, par les terminaisons /ʁɛ/, /ʁa/, /ʁɔ̃/ et l'imparfait, par les terminaisons /ɛ/, /jɔ̃/ et /je/. Cette analyse permet de monter que la lettre « e » en finale de la forme verbale écrite « je chante » n'est pas la marque du présent puisqu'elle est conservée au futur (*elle chante-ra, elle crie-ra*) ; la lettre « e » est la marque des verbes dont l'infinitif est en « er » (*je lis* vs *je lie*). Par ailleurs, dans la forme verbale « je chante », cette lettre est imposée orthographiquement puisque sans cette lettre « e » en finale, la lettre « t » qui précède ne se prononcerait pas (*un chant* vs *il chante*).

### 2. Orthographier les formes verbales

De même qu'existent des constantes à l'oral, **l'écrit traduit identiquement ces constantes** : la 2ᵉ personne du singulier se dénote graphiquement par la lettre « s » quel que soit le temps ; les terminaisons des 1ʳᵉ et 2ᵉ personnes du pluriel, /ɔ̃/ et /e/, se traduisent graphiquement par les lettres « ons » et « ez » ; toutes les terminaisons de l'imparfait et du futur se traduisent orthographiquement de façon identique, quel que soit le verbe.

L'écrit introduit d'autres constantes : par exemple, la lettre « s » traduit toujours la 1ʳᵉ personne du singulier au présent des verbes dont l'infinitif n'est pas en « er » (excepté le verbe « avoir ») ; la lettre « t » traduit toujours la 3ᵉ personne du singulier au présent de ces mêmes verbes, si ce n'est pour les verbes dont la base verbale se termine par la lettre « d », comme « il vend » *vs* « nous vendons ». Ainsi, de fait, seules les terminaisons graphiques des 1ʳᵉ et 3ᵉ personnes du singulier imposent, pédagogiquement, de distinguer les verbes dont l'infinitif est en « er » des autres verbes.

### 3. Manipuler les formes verbales

L'appropriation de la conjugaison réside dans l'apprentissage des morphèmes de conjugaison mais, également, dans **les transformations que peut subir la base verbale**. En effet, si la flexion d'un verbe, comme « couper » ou « courir », est construite sur la même base verbale, /kup/ et /kur/, ce n'est pas le cas pour nombre de verbes dont la base verbale présente des formes différentes selon les personnes et/ou les temps.

Par exemples :
– le verbe « nettoyer » présente deux formes de la base : /netwa/ et /netwaj/. Ces formes dépendent du morphème de conjugaison. La forme /netwa/ est utilisée lorsqu'il n'y a pas de morphème de conjugaison ou lorsque le morphème de conjugaison commence par un phonème consonantique (/ilnetwa/, /ilnetwa-ra/) ; la forme /netwaj/ est utilisée lorsque le morphème de conjugaison commence par un phonème vocalique (/nunetwaj-ɔ̃/, /ilnetwaj-ɛ/) ;
– le verbe « partir » présente trois formes de la base : /par/, /part/ et /parti/. La forme /parti/ est spécifique au futur. Les formes /par/ et /part/ sont utilisées dans les mêmes conditions que celles indiquées pour le verbe « nettoyer », avec, cependant, la forme /part/ utilisée également à la 3ᵉ personne du pluriel au présent afin de différencier le singulier du pluriel (/ilpar/ vs /ilpart/). Ceci est d'ailleurs une constante dans les verbes dont l'infinitif n'est pas en « er » (/ilfini/ vs /ilfinis/, /illi/ vs /illiz/, /ilkonɛ/ vs /ilkonɛs/, /ilba/ vs /ilbat/, /ilvɑ̃/ vs /ilvɑ̃d/).

Les verbes « avoir », « être » et « aller » font l'objet d'une étude spécifique justement parce qu'ils présentent un nombre conséquent de formes différentes de la base verbale. L'objectif pédagogique est alors de faire identifier ces formes par les élèves, sachant qu'ils manipulent très souvent et implicitement ces verbes puisque ce sont des verbes qui présentent un indice de fréquence élevé.

### c. Orthographe

L'apprentissage de la grammaire et celui de la conjugaison ont pour finalités de faire acquérir aux élèves des compétences orthographiques. Dans le domaine « Orthographe » du manuel, il s'agit donc plus spécifiquement d'automatiser la maîtrise des rapports graphophonologiques. L'objectif est, à la fois, de revoir les rapports étudiés au CP entre les phonèmes et leur(s) graphie(s) (unités 1 à 3 : *Du son à la lettre*) et, également, de travailler la démarche inverse : du phonème à ses graphies (unités 4 à 10 : *De la lettre au son*). Cette démarche part de la lettre pour identifier ce qu'elle dénote soit phonologiquement (un phonème ou deux phonèmes), soit morphologiquement (le pluriel, la personne verbale, etc.), et que l'on appelle communément « une lettre muette ».

De fait, cette démarche, qui est celle que met en œuvre le lecteur car il a sous les yeux des lettres, a **deux finalités** essentielles :

**1. revoir les correspondances phonèmes-graphèmes étudiées au CP**, en mettant en évidence « **les ensembles de lisibilité** » dans lesquels s'insère une lettre.

Par exemple, la lettre « i » peut :

– se lire isolément comme dans « un abr**i**cot » ;

– entrer dans l'ensemble de lisibilité « o**i** », comme dans « un roi », où les deux lettres transcrivent les phonèmes [wa] ;

– entrer dans l'ensemble de lisibilité « a**i** », comme dans « il fait », qui transcrit le phonème [ɛ] ;

**2. mettre en évidence le fait qu'une lettre peut ne pas correspondre à un phonème (les lettres dites « muettes »)** mais à un indice morphologique. Étudier ces lettres muettes permet de faire la liaison avec les marques orthographiques qui relèvent de la morphologie dérivationnelle ou flexionnelle, et donc de faire le lien entre les domaines « Vocabulaire », « Conjugaison » et « Orthographe ».

Par exemple, la lettre « t » :

– dans « il li**t** », elle correspond à la graphie d'une valeur morphologique relevant de **la flexion du verbe** (3ᵉ personne du singulier) ;

– dans « un plan**t** », elle correspond à la graphie d'une valeur morphologique relevant de **la dérivation** du mot de base « plant » *vs* « plantation » ;

– dans « ils lisen**t** », elle appartient à l'ensemble de lisibilité « nt » qui traduit graphiquement les valeurs de personne et de nombre du verbe (3ᵉ personne du pluriel).

La maîtrise des ensembles de lisibilité est déterminante dans les cas où une même lettre se trouve dans un même environnement graphique.

Par exemple, la lettre « a » suivie de la lettre « i » :

– appartient à l'ensemble de lisibilité « ai » dans « laine », ensemble de lisibilité qui transcrit le phonème [ɛ] ;

– appartient à l'ensemble de lisibilité « ain » dans « la main », ensemble de lisibilité qui transcrit le phonème [ɛ̃] ;

– dans l'item « la paille », la lettre « a » n'appartient pas à un ensemble de lisibilité, puisqu'elle transcrit isolément le phonème [a], alors que la lettre « i » appartient à l'ensemble de lisibilité « ill » qui transcrit le phonème [j].

L'acquisition de ces compétences ouvre à une automatisation de la **maîtrise des rapports entre l'oral et l'écrit.** Elle permet aux élèves, entre autres, de **comprendre les différentes fonctions des lettres dites « muettes ».** Ces lettres constituent des indices de lisibilité d'un texte, au même titre que celles qui transcrivent des phonèmes.

### d. Les dictées

Afin de mettre en pratique les notions acquises dans les différents domaines de l'étude de la langue, **30 dictées sont proposées dans le CD ressources, soit une dictée par semaine**. « La dictée », qui peut prendre des formes différentes, permet de faire le point sur les connaissances des élèves et sur leurs capacités à « faire du lien » entre les différentes leçons, lesquelles, par souci pédagogique, ne ciblent qu'une notion à la fois.

Elles sont proposées, dans le CD ressources, sous formes de fiches individuelles imprimables pour un travail à la maison ou en classe. **Chaque dictée se prépare sur trois jours, le quatrième jour étant celui de la restitution**, sur le cahier du jour, par exemple.

Les dictées se répartissent sur l'année en **3 séries** :

**1. Les dictées 1 à 13 (environ le temps du 1ᵉʳ trimestre) s'apparentent à des auto-dictées** :

– *jour 1 :* le texte, qui suit la progression orthographique du manuel, est donné dès le premier jour à l'élève. L'élève lit le texte plusieurs fois et recopie les mots soulignés qui contiennent les graphèmes des sons étudiés au cours de la semaine ;

– *jour 2 :* l'élève apprend par cœur et recopie la dictée. Il classe ensuite les mots du texte dans un tableau contenant les graphèmes des sons étudiés ;

– *jour 3 :* l'élève s'entraîne à copier les majuscules contenues dans le texte. Ensuite, il écrit la dictée, en s'aidant, s'il le souhaite, du modèle ;

– *jour 4 :* l'élève écrit la dictée sans modèle.

Cette démarche permet à l'élève d'intégrer le texte et d'en repérer les principales spécificités orthographiques, en complément des sons étudiés en classe.

**2. Les dictées 14 à 20 (2ᵉ trimestre) alternent des dictées identiques à la première série** (pour les élèves les plus en difficulté, le travail demandé étant plus rassurant et plus guidé) **et des dictées préparées**, où le texte n'est pas donné dans son intégralité ; seuls les mots les plus difficiles sont à apprendre et les notions grammaticales sont révisées par le biais d'exercices. Cette série dure jusqu'à ce que les règles principales d'accord dans le groupe nominal et les morphèmes de conjugaison soient acquis.

**3. Les dictées 21 à 30 (3ᵉ trimestre) :** tout en proposant la même alternance que précédemment, cette série contient « **des dictées jumelles** » : un texte, souvent court, est donné à apprendre dans la semaine. La restitution en classe se fera en deux temps : d'abord, les enfants écrivent, sous la dictée, le texte qu'ils auront appris ; ensuite, ils écrivent un nouveau texte qui contient les mêmes unités lexicales (pour qu'il n'y ait pas de problèmes d'orthographe lexicale) mais proposées dans un contexte syntaxique différent pour conduire l'élève à **réfléchir sur les accords en genre et en nombre et sur l'orthographe** de mots de la même famille.

Exemple de dictées jumelles :

– *phrase donnée aux élèves le premier jour de la préparation :* « La renarde chasse les grosses poules du fermier mais aussi le loup noir. »

– *dictée jumelle donnée lors de la restitution, en plus de la première phrase :* « Le gros loup et la louve noire chassent aussi le renard et les poulettes mais pas les fermières. »

Cette dernière série de dictées est, en quelque sorte, la conclusion du travail fait en étude de la langue tout au long de l'année : **l'élève prend l'habitude de réfléchir lorsqu'il écrit.**

Ce travail est également **un moyen pertinent de rapprocher la dictée de l'expression écrite** en acquérant des réflexes d'« écrivain » : écrire, c'est réfléchir en permanence, c'est rassembler ses connaissances théoriques pour créer du sens.

### e. L'expression écrite

En étroite relation avec les activités de lecture et de vocabulaire, **trois activités d'expression écrite par unité** sont proposées aux élèves sur le thème de l'histoire ou du documentaire :

**1. une situation courte et guidée** en semaine 1 (dans le manuel) : **une phrase à écrire à partir de mots donnés** (deux ou trois phrases dans certaines unités) ;

**2. un projet d'écriture long et guidé** en semaine 2 (dans le manuel) : **un texte de cinq lignes** environ (*imaginer le dernier épisode de l'histoire, décrire un personnage, écrire une carte postale, écrire une fiche de fabrication, écrire un règlement, écrire des légendes d'illustrations*). Des questions, en amont, permettent de **guider la recherche d'idées** ; une amorce de phrase sert à **organiser le texte** ; la rubrique « Des mots pour t'aider » **apporte le vocabulaire** nécessaire à la mise en mots. La phase de révision du texte produit est détaillée dans le guide, page 38 ;

**3. une situation courte et, le plus souvent, non guidée** en semaine 3 (dans le cahier d'exercices) : **deux ou trois phrases** environ pour répondre à une consigne précise. Exemples : *Imagine ce que dit Ysengrin quand il se retrouve coincé* (unité 1). *Légende ce dessin, puis colorie-le. Tu peux t'aider de ton manuel, page 25* (unité 2). *Imagine ce que dit le rossignol à son ami l'oiseau lorsqu'il le retrouve dans la forêt de Chine* (unité 5). *Observe cette illustration et explique ce que tu ne dois pas faire en forêt* (unité 8).

## 5. Disposer des connaissances nécessaires à la compréhension des textes

Il est trivial d'affirmer que **pour comprendre un texte il faut savoir de quoi il parle**. La compréhension suppose en effet que, à l'amorce de la lecture du texte, le lecteur active ses connaissances concernant ce dont le texte va traiter. Plusieurs circonstances peuvent expliquer pourquoi ce n'est pas toujours le cas.

Parfois, le texte lui-même n'annonce pas le thème sur lequel il porte : absence de titre explicite ou d'indications données dans les toutes premières phrases. C'est sans doute le cas de certains des textes que l'élève rencontre à l'école, et les enseignants doivent y être attentifs. Toutefois, le plus souvent, si la base de connaissances adéquate n'est pas activée, c'est simplement que le lecteur ne la possède pas : soit ses connaissances sont insuffisantes pour comprendre le texte, soit les référents culturels de l'auteur du texte et de son lecteur divergent tellement que les mêmes propos n'ont pas le même sens pour l'un et pour l'autre. Dans ce dernier cas, soit le lecteur ne comprend pas, soit il comprend autre chose que ce que l'auteur voulait signifier. **Un travail important est donc nécessaire pour que tous les élèves partagent des connaissances communes à propos du contenu de chacun des textes étudiés.**

*Croque-lignes CE1* propose, dans ce but, de poursuivre l'ensemble des tâches qui a été initié au CP :

**1. Repérer :** retrouver les informations dans un texte.

**2. Mettre en relation :** synthétiser les informations pour accéder à la compréhension globale.

**3. Déduire :** compléter les informations explicites par celles qui peuvent être inférées du texte.

**4. Reformuler :** expliquer le sens d'un texte avec ses propres mots.

**5. S'approprier :** exprimer un point de vue sur le texte et le mettre en relation avec d'autres œuvres.

De plus, **un travail sur le résumé**, introduit au CP, est poursuivi et progressivement complexifié au CE1. La recevabilité d'un résumé est liée au choix opéré parmi les informations du texte qu'il résume. Au CE1, on s'attache à faire réfléchir les élèves sur ce choix en leur demandant d'identifier, entre plusieurs propositions de textes, celle qui constitue le résumé acceptable du texte ; l'objectif étant de conduire l'élève à hiérarchiser les différentes informations apportées par le texte en fonction de leur importance.

Comme il a déjà été dit, dès le début du CP, *Croque-lignes* s'est appliqué à diversifier les types de textes. Systématisant ce qui a été initié au CP, l'enjeu est, au CE1, de faire prendre conscience à l'élève de l'existence de types de textes variés en juxtaposant un texte « littéraire » (récit, conte, pièce de théâtre) et un texte documentaire sur la même thématique. Il sera ainsi possible, par comparaison, de **faire apparaître les spécificités de chacun de ces types de texte**.

# La différenciation

Un certain nombre d'élèves rencontre des difficultés spécifiques d'apprentissage qui nécessitent une prise en charge extérieure (orthophonie par exemple). D'autres élèves éprouvent **des difficultés d'apprentissage** pour d'autres raisons (sociales, linguistiques, affectives…) ; quelle qu'en soit l'origine, ces difficultés doivent être prises en compte, en proposant aux élèves concernés des outils appropriés et **des exercices à leur portée, susceptibles de les aider** à dépasser les obstacles à l'apprentissage.

En revanche, **certains élèves ont plus de facilité** ; pour eux, il est nécessaire de proposer **des tâches supplémentaires**, susceptibles de les intéresser afin qu'une confrontation continuelle avec des exercices trop simples n'entraîne, chez eux, une démotivation.

## 1. Les ateliers d'anticipation

Comme au CP, *Croque-lignes CE1* propose des ateliers dont le principe est de travailler **avec un petit groupe d'élèves de niveau hétérogène** sur des notions qui vont être vues ensuite par le groupe-classe. Ces notions sont donc « anticipées » et étudiées par ce petit groupe avant d'être abordées en grand groupe afin de faciliter leur acquisition par les élèves moins à l'aise. Ces ateliers ne sont pas censés présenter à l'identique ce qui va être fait dans le grand groupe ; ils doivent permettre de **travailler les notions différemment et en amont** afin d'alléger la charge de travail de certains élèves et leur permettre ainsi de profiter d'une situation collective.

Au préalable, l'enseignant doit évaluer les compétences de ses élèves afin de cibler ceux qui présentent des faiblesses. L'essentiel est de permettre à ces élèves de s'approprier les acquisitions et de prendre une part active et personnelle dans la construction des savoirs ; il s'agit d'un temps différent, qui n'est pas de la remédiation (dans le sens où l'enseignant « répare ») mais **un temps d'anticipation et d'appropriation des notions**.

Dans l'idéal, un groupe est composé de trois élèves moins à l'aise, de deux élèves aux compétences moyennes et d'un élève performant. La composition du petit groupe d'anticipation est susceptible d'évoluer en fonction du domaine : compréhension ou graphophonologie. Par ailleurs, les élèves aux compétences moyennes ou élevées peuvent changer à chaque atelier. On appellera « anticipants » ou « éclaireurs » les élèves ayant participé au groupe d'anticipation.

Deux options peuvent être envisagées pour le déroulement de ces ateliers d'une durée de 20 minutes :

**1.** soit ils prennent place **lors des heures d'aide personnalisée**, avant la classe ;

**2.** soit ils prennent **place pendant les heures de classe** : l'enseignant accompagnent les élèves en atelier pendant que le reste de la classe travaille en autonomie sur les fiches d'activités complémentaires et sur les textes de lecture supplémentaires proposés dans le CD ressources (le numéro de chaque fiche est systématiquement précisé dans la démarche détaillée des unités du guide). Toute autre activité en autonomie est, bien sûr, envisageable et est laissée au choix de l'enseignant.

Les types d'atelier d'anticipation se répartissent comme suit sur l'année :

– **unités 1 et 2 : deux ateliers de graphophonologie** par semaine (en jour 1 et en jour 3) pour travailler en amont les deux leçons d'orthographe de ces unités. Un premier temps est consacré à des jeux de manipulation (voir la description des jeux ci-après) sur les correspondances graphèmes-phonèmes étudiées ; un second temps est dévolu à la réalisation des fiches de soutien en orthographe proposées dans le CD ressources.

– **unités 3 à 8 : un atelier de graphophonologie** par semaine en jour 1 ; **un atelier de compréhension / vocabulaire** en jour 3 pour anticiper le travail de compréhension globale de l'épisode de l'histoire ou de la partie du documentaire de la semaine. Un premier temps est consacré au rappel de l'épisode (ou de la partie) et du vocabulaire ; un second temps est dévolu à la réalisation des fiches de soutien en compréhension / vocabulaire proposées dans le CD ressources.

**– unités 9 et 10 : deux ateliers de compréhension / vocabulaire** par semaine (en jour 1 et en jour 3) pour que les deux derniers textes du manuel, plus longs et plus difficiles, restent accessibles aux élèves moins à l'aise.

## 2. Les jeux de manipulation en graphophonologie

Il est largement établi que la prise de conscience de la nature segmentale de la langue orale et écrite est une des conditions majeures de la maîtrise de la lecture et de l'écriture. Pour les élèves susceptibles de rencontrer encore des difficultés dans ces apprentissages, *Croque-lignes* propose des jeux à réaliser lors des ateliers d'anticipation par exemple.

**Ces jeux entrainent l'élève à identifier et à manipuler des unités graphophonologiques** dans des mots oraux et écrits.

**Des cartes de jeux, prêtes à l'emploi, sont disponibles dans le CD ressources.** Ces cartes présentent, sur une face des mots écrits, sur l'autre face l'illustration du mot. Les cartes, classées par phonème, sont sous forme de planches à imprimer et à découper.

---

### Règles des jeux

**– La chasse aux sons :** un paquet de cartes (côté dessins), dont une partie contient le son étudié, est placé au centre de la table. Alternativement, les élèves disent le mot et prennent la carte s'ils entendent le son.

**– Son, y es-tu ? Où es-tu ? :** distribuer à chaque élève une carte côté texte et dire le mot. Si l'élève désigne le graphème correspondant au son étudié, il marque un point. On choisira des cartes où le phonème étudié est transcrit par un graphème moins fréquent. Par exemple, en étudiant le son [o], on donnera « couteau » avec le graphème « eau », moins fréquent que le graphème « o ». Pour les élèves en difficulté, faire frapper les syllabes dans les mains.

**– Un mot, une image :** distribuer à chaque élève une carte côté texte. Si le mot lu correspond à l'image, l'élève marque un point.

**– Le bon choix :** chaque élève choisit un son. Les cartes contenant ces sons sont empilées côté dessin. Les élèves jouent à tour de rôle. Si le mot correspondant au dessin visible contient le son choisi par l'élève, il garde la carte, sinon, il la place sous le paquet et passe son tour.

Ce jeu est intéressant pour faire travailler les sons proches.

**– Le Memory :** huit cartes sont placées à plat sur la table, côté texte visible : quatre cartes contenant un son, quatre cartes contenant un autre son. L'élève qui joue doit désigner deux cartes contenant le même son. Il lit les deux mots puis vérifie en retournant les deux cartes pour voir si les mots lus correspondent aux dessins. S'il n'a pas fait d'erreur, l'élève gagne les deux cartes.

Ce jeu est intéressant pour faire travailler les sons proches.

**– L'intrus :** cinq cartes sont placées à plat sur la table, côté dessin visible. Une seule d'entre elles ne contient pas le son étudié. Celui qui la trouve marque un point.

**– Le son mystère :** quatre ou cinq cartes sont placées à plat sur la table, côté dessin visible. Le premier qui trouve le son présent dans tous les mots a gagné.

**– Les lettres mobiles :** distribuer aux élèves les lettres correspondant à un mot court contenant le son étudié (par exemple les lettres ABEU pour le son [o]). Leur demander de chercher un mot avec ces lettres dans lequel on entend le son étudié.

– **Le pas à pas :** poser l'une après l'autre chaque lettre d'un mot en demandant aux élèves de déchiffrer pas à pas le mot en train de se constituer. Cette activité est très utile pour les élèves qui ont tendance à inverser les lettres.

– **Les sons-jetons :** donner à un élève plusieurs jetons d'une même couleur et un seul jeton d'une autre couleur. Placer devant l'élève une carte contenant le son étudié. Il doit énumérer les sons entendus dans le mot en posant devant lui un jeton par son. Quand c'est le son étudié qui est prononcé, l'élève doit poser le jeton de couleur différente.

– **Les paires :** distribuer aux élèves les cartes contenant le son ou le graphème étudié, imprimées recto-verso (mots écrits et dessins). Leur donner, en plus, les mêmes cartes, mais ne comportant que les mots écrits (en cursive par exemple). Les élèves posent devant eux les paires qu'ils ont dans leur jeu ; s'il n'ont pas ou plus de paire, ils demandent une carte à un autre joueur pour former une nouvelle paire. L'élève qui n'a plus de carte dans les mains a gagné.

– **La silhouette sonore :** choisir deux mots qui contiennent le même nombre de sons, dont le son étudié. Symboliser chaque son par un jeton. Placer, l'un sous l'autre, les deux mots représentés par les suites de jetons ; identifier le son étudié par un jeton de couleur différente. Par exemple, pour le son [o], placer : OOOØ et OOØO ; puis demander : *quelle suite de jetons correspond au mot CHAPEAU ?*

– **Le loto des mots :** donner, à chaque élève, une grille de mots écrits contenant tous le son étudié ; distribuer aléatoirement aux élèves les cartes correspondantes aux mots des différentes grilles, côté dessin. Les élèves placent les cartes sur leur grille si elles correspondent aux mots écrits et ils laissent les autres cartes, côté dessin sur la table. On vérifie. En cas d'erreur, la carte est reprise. L'enseignant récupère les cartes restantes, les bat et les redistribue jusqu'à ce que toutes les cartes soient placées sur les grilles. Le vainqueur est celui qui remplit le premier sa grille.

– **Le loto des sons :** chaque élève possède plusieurs jetons et une grille comprenant des sons proches. L'enseignant montre le dessin d'un mot contenant un ou deux de ces sons. L'élève qui place le ou les jetons à la bonne place sur la grille gagne un point.

| m | s | p | d | k | ch | f |
|---|---|---|---|---|----|---|
| n | z | b | t | g | j  | v |

## 3. Les fiches de différenciation

**150 fiches de différenciation** adaptables et imprimables par l'enseignant sont disponibles dans le CD ressources. Elles pourront être réalisées lors des ateliers d'anticipation par exemple :

– **60 fiches de soutien :** 30 fiches de graphophonologie et d'orthographe et 30 fiches de compréhension/vocabulaire ;

– **60 fiches d'activités complémentaires :** 30 fiches d'orthographe et 30 fiches de lecture ;

– **30 textes de lecture supplémentaires** en lien avec le thème des unités.

## 4. La différenciation dans le guide pédagogique

### a. Les activités du manuel et du cahier d'exercices

Dans la mise en œuvre des activités, de **nombreuses pistes** sont proposées aux enseignants pour mettre en place **une pédagogie de différenciation**.

Souvent, il s'agira d'**accompagner les élèves en difficulté dans leur lecture et dans leur questionnement**, pendant que les autres élèves réalisent les activités du manuel et, parfois, des activités supplémentaires en autonomie. La mise en commun sera toujours collective.

Parfois, il s'agira de donner aux élèves moins à l'aise **des outils supplémentaires comme des affiches** auxquelles ils pourront avoir recours lors des exercices individuels.

De plus, pour chaque page du cahier d'exercices, **les exercices les plus difficiles sont indiqués dans le guide.** Au début de l'année, le contenu de tous les exercices sera lu par l'enseignant aux élèves en difficulté afin de ne pas gêner leur tâche par des obstacles liés au déchiffrage. Ensuite, seul l'exercice le plus difficile sera réalisé avec l'aide de l'enseignant. À la fin de l'année, lorsque les notions abordées deviennent de plus en plus complexes, un exercice sera rendu facultatif pour les élèves en difficulté.

### b. La lecture des histoires et des documentaires

En ce qui concerne **la lecture des histoires et des documentaires**, plusieurs situations de différenciation sont systématiquement proposées. Lors de la découverte d'un nouvel épisode ou d'une nouvelle partie, **les mots qui présentent des difficultés de déchiffrage sont listés dans le guide** pour être relus par les élèves en difficulté ; de même, il est proposé de **revenir, plus particulièrement avec ces élèves, sur le sens de certains mots et expressions difficiles** listés dans le guide.

Pour chaque épisode (ou partie), un petit texte de lecture, disponible dans le CD ressources, est donné à lire aux élèves pour le jour suivant. Pour chaque texte, **une version simplifiée est proposée pour les élèves en difficulté.** Ces textes pourront être exploités en aide personnalisée pour que les élèves très en difficulté de lecture ne se sentent pas perdus une fois chez eux.

## 5. L'évaluation

**Des fiches d'évaluation** sont disponibles dans le CD ressources pour permettre un bilan des acquis de chaque élève **à quatre moments clés de l'année** : à la Toussaint (unités 1 et 2), en décembre/janvier, avant ou après les vacances (unités 3 et 4), en mars (unités 5 et 6) et en mai (unités 7 et 8).

Les fiches suivent la progression de la méthode *Croque-lignes* et évaluent **les notions essentielles** qui doivent être acquises en fin de cycle 2.

**Un document d'accompagnement** est également proposé dans le CD ressources pour expliciter la mise en œuvre et le système de notation de chaque exercice.

## SEMAINE 1 — Jour 1 guide p. 23

| | | | |
|---|---|---|---|
| **Atelier d'anticipation (graphophonologie)** | **Moment différencié en atelier** | 20 min | Élèves en atelier d'anticipation, CD, fiche de soutien, ortho. n° 1 |
| | | | Élèves en autonomie, CD, texte de lecture supplémentaire n° 1 |
| **Lecture / Expression** | **Séance 1** | 20 à 40 min | **1.** Découverte de la page d'ouverture, manuel p. 5 <br> **2.** Découverte de l'épisode 1, manuel p. 6-7 <br> **3.** *Je comprends l'épisode*, manuel p. 12, ex. 1 |
| | **Séance 2** | 10 à 20 min | Mémorisation des mots-clés de l'épisode 1, ardoise |
| **Étude de la langue** | **Séance 1** | 20 min | **Orthographe** • Le son [o] et le son [ɔ], manuel p. 18, ex. 1, 2 + mémo p. 4 |
| Dictée n° 1* (CD + guide p. 13) | **Séance 2** | 30 min | |

## SEMAINE 2 — Jour 1 guide p. 31

| | | | |
|---|---|---|---|
| **Atelier d'anticipation (graphophonologie)** | **Moment différencié en atelier** | 20 min | Élèves en atelier d'anticipation, CD, fiche de soutien, ortho. n° 3 |
| | | | Élèves en autonomie, CD, texte de lecture supplémentaire n° 2 |
| **Lecture / Expression** | **Séance 1** | 20 à 40 min | **1.** Résumé de l'épisode 1 <br> **2.** Découverte de l'épisode 2, manuel p. 8-9 <br> **3.** *Je comprends l'épisode*, manuel p. 14, ex. 1 |
| | **Séance 2** | 10 à 20 min | Mémorisation des mots-clés de l'épisode 2, ardoise |
| **Étude de la langue** | **Séance 1** | 20 min | **Orthographe** • Le son [ɔ̃] et le son [ɑ̃], manuel p. 20, ex. 1, 2 + mémo p. 4 |
| Dictée n° 2* (CD + guide p. 13) | **Séance 2** | 30 min | Entraînement en vocabulaire, manuel p. 19, ex. 15, 16 + cahier p. 8, ex. 1 à 5 |

## SEMAINE 3 — Jour 1 guide p. 40

| | | | |
|---|---|---|---|
| **Atelier d'anticipation (graphophonologie)** | **Moment différencié en atelier** | 20 min | Élèves en atelier d'anticipation, CD, fiche de soutien, ortho. n° 5 |
| | | | Élèves en autonomie, CD, texte de lecture supplémentaire n° 3 |
| **Lecture / Expression** | **Séance 1** | 20 à 40 min | **1.** Résumé de l'épisode 2 <br> **2.** Découverte de l'épisode 3, manuel p. 10-11 <br> **3.** *Je comprends l'épisode*, manuel p. 16, ex. 1 |
| | **Séance 2** | 10 à 20 min | Mémorisation des mots-clés de l'épisode 3, ardoise |
| **Étude de la langue** | **Séance 1** | 20 min | **Orthographe** • Le son [e] et le son [ɛ] (2), manuel p. 22, ex. 1, 2 + mémo p. 5 |
| Dictée n° 3* (CD + guide p. 13) | **Séance 2** | 30 min | Entraînement en atelier des mots, cahier p. 13, ex. 1 à 5 |

* À préparer sur 3 jours et à réaliser le 4e jour.

| Jour 2 guide p. 25 | Jour 3 guide p. 27 | Jour 4 guide p. 29 |
|---|---|---|
| | Élèves en atelier d'anticipation, CD, fiche de soutien, ortho. n° 2<br><br>Élèves en autonomie, CD, fiche d'activités complémentaires, ortho. n° 1 ou/et lecture n° 1 | |
| **1.** Retour sur l'épisode 1<br>**2.** *J'apprends des mots nouveaux*, manuel p. 12, ex. 2<br>**3.** *Je lis à voix haute*, manuel p. 12, ex. 3 | **1.** Retour sur l'épisode 1<br>**2.** *Je me souviens de l'épisode*, manuel p. 13, ex. 4 à 6<br>**3.** *J'écris une phrase*, manuel p. 13, ex. 7 | **1.** Relecture de l'épisode 1<br>**2.** Activités orales de compréhension : résumé et anticipation |
| Activités écrites de compréhension, cahier p. 4, ex. 1, 2 | Activités écrites de compréhension, cahier p. 4, ex. 3, 4<br>Copie de phrase (Ⓐ), cahier p. 4 | *D'autres œuvres à découvrir*, manuel p. 24 |
| **Grammaire** • La phrase (1), manuel p. 18, ex. 5, 6 + mémo p. 16 | **Orthographe** • Les sons [u] et [wa], manuel p. 19, ex. 8, 9 + mémo p. 4 | **Vocabulaire** • L'alphabet, manuel p. 19, ex. 12 à 14 + mémo p. 34 |
| Entraînement en orthographe, manuel p. 18, ex. 3, 4 + cahier p. 5, ex. 1 à 4<br>Copie de phrase, cahier p. 5 | Entraînement en grammaire, manuel p. 18, ex. 7 + cahier p. 6, ex. 1 à 5 | Entraînement en orthographe, manuel p. 19, ex. 10, 11 + cahier p. 7, ex. 1 à 4<br>Copie de phrase, cahier p. 7 |

| Jour 2 guide p. 33 | Jour 3 guide p. 36 | Jour 4 guide p. 38 |
|---|---|---|
| | Élèves en atelier d'anticipation, CD, fiche de soutien, ortho. n° 4<br><br>Élèves en autonomie, CD, fiche d'activités complémentaires, ortho. n° 2 ou/et lecture n° 2 | |
| **1.** Retour sur l'épisode 2<br>**2.** *J'apprends des mots nouveaux*, manuel p. 14, ex. 2 à 4 | **1.** Retour sur l'épisode 2<br>**2.** *Je me souviens de l'épisode*, manuel p. 15, ex. 5, 6<br>**3.** Activités préparatoires à l'expression écrite de la séance 2 | Retour sur l'expression écrite |
| Activités écrites de compréhension, cahier p. 9, ex. 1, 2 | *J'écris un petit texte*, manuel p. 15, ex. 7 | Activités écrites de compréhension, cahier p. 9, ex. 3, 4<br>Copie de phrase (Ⓑ), cahier p. 9 |
| **Grammaire** • La phrase (2), manuel p. 20, ex. 5 à 8 + mémo p. 16 | **Orthographe** • Le son [e] et le son [ɛ] (1), manuel p. 21, ex. 10, 11 + mémo p. 5 | **L'atelier des mots** • Les mots de la même famille (1), manuel p. 21, ex. 14 à 16 + mémo p. 34 |
| Entraînement en orthographe, manuel p. 20, ex. 3, 4 + cahier p. 10, ex. 1 à 5<br>Copie de phrase, cahier p. 10 | Entraînement en grammaire, manuel p. 20, ex. 9 + cahier p. 11, ex. 1 à 4 | Entraînement en orthographe, manuel p. 21, ex. 12, 13 + cahier p. 12, ex. 1 à 4<br>Copie de phrase, cahier p. 12 |

| Jour 2 guide p. 42 | Jour 3 guide p. 43 | Jour 4 guide p. 45 |
|---|---|---|
| | Élèves en atelier d'anticipation, CD, fiche de soutien, ortho. n° 6<br><br>Élèves en autonomie, CD, fiche d'activités complémentaires, ortho. n° 3 et/ou lecture n° 3 | |
| **1.** Retour sur l'épisode 3<br>**2.** *J'apprends des mots nouveaux*, manuel p. 16, ex. 2 | **1.** Retour sur toute l'histoire<br>**2.** *Je me souviens de toute l'histoire*, manuel p. 16, ex. 3 à 5 | *J'utilise le petit dictionnaire*, manuel p. 17, ex. 6 à 8 |
| Activités écrites de compréhension, cahier p. 14, ex. 1, 2 | Activités écrites de compréhension, cahier p. 14, ex. 3, 4<br>Copie de phrase (Ⓒ), cahier p. 14 | *D'autres œuvres à découvrir*, manuel p. 24 |
| **Grammaire** • Le nom / Le verbe (1), manuel p. 22, ex. 4, 5 + mémo p. 16 | **Orthographe** • Le son [ə] et le e muet, manuel p. 23, ex. 8 à 10 + mémo p. 5 | **L'atelier des mots** • Les mots de la même famille (2), manuel p. 23, ex. 13 à 15 + mémo p. 34 |
| Entraînement en orthographe, manuel p. 22, ex. 3 + cahier p. 15, ex. 1 à 5<br>Copie de phrase, cahier p. 15 | Entraînement en grammaire, manuel p. 22, ex. 6, 7 + cahier p. 16, ex. 1 à 4 | Entraînement en orthographe, manuel p. 23, ex. 11, 12 + cahier p. 17, ex. 1 à 4<br>Copie de phrase, cahier p. 17 |

## L'histoire

Ce texte s'inspire d'un des récits médiévaux du fameux *Roman de Renart*. Ce recueil de textes, écrits au XIIᵉ et XIIIᵉ siècles, s'inscrit dans une longue tradition de récits animaliers. Il est écrit en vieux français, c'est-à-dire en langue romane, d'où le nom *roman* (voir la reproduction du manuscrit du XIIIᵉ siècle dans *D'autres œuvres à découvrir*, manuel p. 24). Vingt-sept courts récits composent *Le Roman de Renart* ; ils sont appelés « branches » et ont été rédigés en vers et en octosyllabes par une vingtaine d'auteurs dont quelques-uns seulement sont identifiés.

À l'époque, ces récits étaient racontés par des troubadours à une population qui, dans son immense majorité, ne savait pas lire.

*Le Roman de Renart* met en scène des animaux qui représentent la société du Moyen Âge. La critiquant, il se situe dans une tradition allant des fables d'Ésope à celles de Jean de La Fontaine.

Le personnage principal de ces récits se nomme Renart. À l'époque, ce n'est qu'un simple prénom. Mais, la popularité de l'histoire est telle que ce prénom est devenu le substantif désignant cet animal rusé, malin et parfois peu sympathique (le caractère du Renart du Roman), remplaçant alors « goupil », le terme de l'époque. Avec le temps, « renart » a perdu son « t » et a pris l'orthographe que nous connaissons aujourd'hui.

Pour rendre les textes d'origine accessibles à tous, des auteurs ont proposé différentes réécritures en vers ou en prose. Les farces de Renart et les situations cocasses qu'elles provoquent plaisent beaucoup aux enfants. Aujourd'hui, *Le Roman de Renart* fait partie des grands classiques de la littérature jeunesse.

Le récit présenté dans cette unité s'inspire du *Renart et les jambons*. Il a été réécrit pour être accessible à des élèves de CE1. Le texte est accompagné d'illustrations colorées et drôles, sur lesquelles les élèves pourront s'appuyer pour accéder à une meilleure compréhension, si besoin.

## Les thèmes

**La farce :** c'est un enchaînement de farces qui sous-tend le récit. Tout d'abord, les deux personnages tendent un piège au paysan pour lui voler son jambon. Puis le loup essaie de piéger Renart en lui faisant croire qu'on lui a volé son jambon. Ensuite, le rusé goupil récupère discrètement le jambon et l'on pourra imaginer la réaction d'Ysengrin en découvrant que son jambon a disparu. Enfin, Renart emmène le loup au château afin que ce dernier se fasse avoir par le seigneur.

**L'entraide :** Renart semble vouloir former une fine équipe avec Ysengrin, qui se laisse berner. On comprend vite qui est le plus rusé des deux et comment le goupil profite de l'innocence du loup.

**La vengeance :** Renart a récupéré son jambon mais il ne veut pas en rester là. Il souhaite jouer un dernier vilain tour à Ysengrin. Il faut savoir que, dans le texte original, les deux personnages ne s'aiment pas du tout, bien que le goupil soit en fait le neveu du loup.

## Les œuvres en réseau

### Des livres :

> ### Rubrique « D'autres œuvres à découvrir », p. 24 du manuel
> ◆ *Grégoire : petit paysan du Moyen Âge*, Charles de La Roncière et Paul François, éd. Flammarion.
> (Voir le déroulement de la séance, p. 30 du guide.)

◆ *Le Roman de Renart*, *Les jambons d'Ysengrin*, Jean-Marc Mathis et Thierry Martin, éd. Delcourt.
◆ *Le Roman de Renart*, Pierre Coran, éd. Casterman.

### Des fables :
◆ *Le loup blessé et la brebis*, une fable d'Ésope.
◆ *Le corbeau et le renard*, une fable de Jean de La Fontaine.

### Une œuvre picturale :

> ### Rubrique « D'autres œuvres à découvrir », p. 24 du manuel
> ◆ Un manuscrit du XIIIᵉ siècle du *Roman de Renart* (Voir le déroulement de la séance, p. 46 du guide.)

### Des œuvres musicales :
♫ *Pierre et le loup*, conte musical de Serge Prokofiev.
♫ *Une petite renarde rusée*, opéra de Leoš Janácek.

### Un site Internet :
@ www.bnf.fr ; banque d'images : parchemins du manuscrit du Roman de Renart

(Voir dans l'introduction p. 16 la présentation du dispositif d'anticipation et des jeux de manipulation.)

| | |
|---|---|
| **20 min**<br>**moment différencié**<br><br>Élèves en atelier :<br><br><br><br>– cartes des mots<br>– fiche de soutien, ortho. n° 1<br><br>Élèves en autonomie :<br><br><br><br>– texte de lecture supplémentaire n° 1 | **1** **Jeux de manipulation avec le son [o] et le son [ɔ]**<br><br>**OBJECTIFS** Repérer un son dans un mot. Identifier la place d'un son dans un mot. Déchiffrer un mot.<br><br>– «La chasse aux sons»<br>– «Son, y es-tu? Où es-tu?» Faire frapper les syllabes dans les mains.<br>– «Un mot, une image»<br><br>**2** **Fiche de soutien en orthographe n° 1 : le son [o] et le son [ɔ]**<br><br>**OBJECTIFS** Repérer un son dans un mot. Identifier les graphèmes correspondant à un son. Déchiffrer un mot. Écrire des mots qui contiennent les graphèmes du son étudié. |

## Lecture – Expression • Épisode 1

### Séance 1

| | |
|---|---|
| **5 min**<br><br>**collectif**<br>**oral**<br><br>manuel<br>p. 5 | **1** **Découverte de la page d'ouverture de l'histoire**<br><br>**OBJECTIF** Prendre des informations sur une couverture d'album et sur une image.<br><br>– Faire lire le titre puis l'indication sur le type de texte. Relever les réactions des élèves à l'orthographe de «Renart»; leur demander la bonne orthographe puis recueillir leurs points de vue sur ce choix orthographique puis sur la signification de ce titre.<br><br>– On pourra confirmer que «Renart» est un nom propre (comme Ysengrin) et attendre la lecture de l'épisode pour expliquer son origine au moment où les élèves rencontreront également le mot «goupil».<br><br>– Faire observer l'illustration; identifier les deux animaux, leur attribuer un des deux noms. Émettre des hypothèses sur l'endroit où ils se trouvent. Questionner leur attitude. *Quelle est l'expression de chacun?* |
| **20 min**<br><br>**collectif**<br>**oral**<br><br>manuel<br>p. 6-7 et p. 17 | **2** **Découverte de l'épisode 1**<br><br>**OBJECTIFS** Prendre des informations sur une image. Écouter et lire un début d'œuvre intégrale courte.<br><br>– Inviter les élèves à observer les illustrations.<br><br>– Proposer une lecture magistrale de l'ensemble des pages 6 et 7 puis laisser les élèves intervenir : recueillir leurs réactions, éclaircir quelques difficultés de compréhension si besoin en proposant à ceux qui le peuvent d'apporter des explications ou des précisions.<br><br>– Proposer une seconde lecture de la page 6, plus active, en invitant les élèves à suivre le texte des yeux.<br><br>– Préciser que la définition des mots suivis d'un astérisque se trouve dans la page du «Petit dictionnaire», page 17. Demander aux élèves de relever les mots «erre» et «compères»; laisser à certains le soin de les expliquer avec leurs propres mots puis inviter à découvrir cette page 17 : expliquer que l'ordre des mots qui s'y trouvent est alphabétique comme dans un dictionnaire. Leur demander de retrouver les deux mots de la page 6 en les pointant du doigt (*errer, compère*) puis proposer à deux élèves de lire les définitions.<br><br>👁 **Faire remarquer que le mot «erre» n'apparaît pas tel quel, mais sous la forme infinitive «errer».**<br><br>– Passer ensuite à la seconde lecture de la page 7 et repérer les deux mots du «Petit dictionnaire», page 17 : «goupil» et «nigaud». On pourra ici préciser pourquoi «Renart» s'écrit avec un «t» (voir ci-dessus). |

– Proposer enfin à quelques élèves de relire à voix haute le premier paragraphe de la page 7 (on s'assurera ainsi que tous les élèves ont compris la ruse de Renart).

| | |
|---|---|
| 15 min<br><br>**collectif<br>oral**<br><br>manuel<br>p. 12, ex. 1 | **3** *Je comprends l'épisode*<br><br>**OBJECTIFS** Identifier les personnages, les événements et les circonstances temporelles et spatiales d'un récit qu'on a lu. Rendre compte de ce que l'on a lu ou entendu.<br><br>– Inscrire au tableau, au fur et à mesure des réponses, les mots-clés du récit : *Renart, Ysengrin, le village, le marché, le jambon, une farce, rusé*.<br>**a.** et **b.** S'assurer que tous les élèves identifient Renart en goupil (un renard) et Ysengrin en loup.<br>**d.** Faire réexpliquer les différentes étapes de la farce de Renart : a. Renart s'allonge sur la route pour attirer le paysan. - b. Le paysan s'approche et pose son jambon pour attraper Renart. – c. Le goupil lui file entre les doigts… – d. …ainsi que le jambon ramassé par Ysengrin qui est sorti de sa cachette.<br><br>👁 **Cette dernière étape n'est pas décrite dans le texte mais elle doit bien sûr être présente à l'esprit du lecteur s'il veut comprendre la farce et la fin de l'épisode.**<br><br>**Différenciation**<br><br>– Proposer aux élèves en difficulté de relire les mots qui présentent des difficultés de déchiffrage : *moindre, accompagnez, grignoter, remarquent, paysan, rejoindrai, partagerons, cornegidouille, ventrebleu, doigts*; puis certaines des phrases qui contiennent ces mots.<br><br>– Revenir sur le sens de certains mots ou expressions : *messire, moindre, allées et venues, cornegidouille, ventrebleu.*<br><br>– Proposer aux autres élèves d'illustrer la scène du 2ᵉ paragraphe de la page 7 : *Le paysan s'approche de Renart couché sur la route.* |

### Séance 2

| | |
|---|---|
| 20 min<br><br>**individuel<br>écrit**<br><br>ardoise | 🔵 **Mémorisation des mots-clés de l'épisode 1**<br><br>**OBJECTIFS** Mémoriser les mots-clés de l'histoire. Restituer leur orthographe.<br><br>📋 *Renart, Ysengrin, le village, une farce, le jambon, rusé*<br><br>– Pour fixer les éléments de l'épisode 1 et l'orthographe des mots récurrents du récit, demander aux élèves d'écrire sur l'ardoise les réponses aux questions suivantes, en s'appuyant sur la liste des mots-clés à faire apparaître au tableau (pour éviter les fautes d'orthographe) : *comment s'appelle le goupil ? Quel est le nom de son compagnon ? Où se rendent-ils ? Que vont-ils faire au paysan ? Que lui volent-ils ? Que pensez-vous de Renart ?*<br><br>**Différenciation**<br><br>Interroger d'abord les élèves en difficulté pour s'assurer qu'ils ont mémorisé les éléments de l'histoire.<br><br>👁 **Recopier les mots-clés sur un affichage qui restera en évidence sur un mur de la classe et qui pourra être enrichi au fur et à mesure des séances.** |

**Pour le jour suivant :** lire le texte 1 (2 niveaux de difficulté) ➜

**Séance 1** Le son [o] et le son [ɔ]

| | |
|---|---|
| 20 min<br><br>collectif<br>oral<br><br>manuel<br>p. 18, ex. 1, 2<br><br>ardoise ou cahier<br>de brouillon<br><br>mémo<br>p. 4 | 🔵 **Découverte collective**<br><br>**OBJECTIFS** Repérer un son dans un mot. Identifier les graphèmes correspondant à un son. Connaître les graphèmes correspondant à ce son.<br><br>👁 **Les séances d'orthographe «Du son à la lettre» (unités 1 à 3) se dérouleront selon la même démarche détaillée ci-dessous.**<br><br>– Expliquer que l'étude va porter sur le son [o] et le son [ɔ]. *Quelles sont les lettres qui produisent le son [o] et celles qui produisent le son [ɔ]?*<br><br>👁 **Puisqu'il ne s'agit, dans la plupart des cas, que d'un problème de prononciation, la méthode ne fait pas de distinction entre le son [o] «fermé» de «moto» et le son [ɔ] «ouvert» de «botte».**<br><br>– Les élèves lisent silencieusement le texte de référence.<br><br>**Différenciation**<br>Regrouper les élèves en difficulté et leur lire le texte de référence.<br><br>– **Exercice 1.** Relire le texte à voix haute. *Levez la main chaque fois que vous entendez le son [o] ou le son [ɔ].*<br><br>– **Exercice 2.** Les élèves écrivent les lettres et les groupes de lettres sur le cahier de brouillon ou sur l'ardoise.<br><br>👁 **Faire remarquer que la lettre «o» ne produit pas toujours le son [o] ou le son [ɔ]:** *loup, moindre.*<br><br>– Faire une synthèse des observations au tableau et classer les différents mots du texte en fonction des graphèmes.<br><br>– Lecture collective du mémo. *Quelles sont les différentes lettres qui peuvent produire le son [o] ou le son [ɔ]?*<br><br>– Mémorisation des graphèmes du son. |

**Pour le jour suivant:**
– mémoriser les graphèmes du son [o] et ceux du son [ɔ] ➔ mémo p. 4;
– activité supplémentaire: *cherche des mots où l'on entend le son [o] ou le son [ɔ]. Avec quelles lettres sont-ils écrits?*

● ● ● ● ● ● ● ● ● ● ● ● ● ● ● ● ● ● ● ● ● ● ● ● ● ● ● ● ● ● ● ● ● ● ● ● ● ● ● ● ● ● ● ● ● ● ●

**Lecture – Expression • Épisode 1**

*Semaine 1*
*Jour 2*

**Séance 1**

| | |
|---|---|
| 15 min<br><br>collectif<br>oral | ❶ **Retour sur l'épisode 1**<br><br>**OBJECTIF** Distinguer les éléments importants d'un texte.<br><br>– Inviter les élèves à se remémorer l'épisode découvert la veille: *de quoi parle le premier épisode de cette histoire?* Insister sur l'identité des personnages, les lieux et le déroulement de la farce de Renart.<br><br>– Activités de restitution (exemples):<br>1. repérage de phrases erronées: *Messire Ysengrin erre dans la montagne.*<br>2. vrai/faux: *Le paysan porte un énorme poulet bien gras. Vrai ou faux?*<br>3. rebrassage du lexique: *Comment Renart parle-t-il du paysan? Comme d'un nigaud.* |
| 15 min<br><br>collectif<br>oral | ❷ *J'apprends des mots nouveaux*<br><br>**OBJECTIF** Affiner le bagage lexical.<br><br>– Lire la consigne à voix haute, ainsi que les phrases a, b et c en insistant sur les mots en vert. Demander ensuite aux élèves, individuellement, de lire les trois autres phrases |

| manuel<br>p. 12, ex. 2 | et de les associer aux premières. Interroger les élèves volontaires. Pour chaque paire, prendre le temps d'expliciter l'expression.<br>– Laisser un peu de temps aux élèves pour qu'ils inventent de nouvelles phrases à partir des expressions avant de recueillir leurs propositions et de les commenter. |
|---|---|
| 10 min<br>**individuel**<br>**oral**<br>manuel<br>p. 12, ex. 3 | **3** *Je lis à voix haute*<br>**OBJECTIF** Lire seul et à voix haute en articulant et en respectant la ponctuation.<br>– Inviter les élèves à lire le texte proposé de façon silencieuse. Puis demander à un élève de lire à voix haute la remarque du petit personnage. Demander aux élèves de repérer les points et insister sur le fait qu'il faudra marquer un arrêt.<br>– Proposer à 5 ou 6 élèves de lire le texte en les reprenant si nécessaire.<br>**Différenciation**<br>Proposer aux élèves en difficulté de ne lire qu'une ou deux phrases. |

## Séance 2

| 10 min<br>**individuel**<br>**écrit**<br>cahier<br>p. 4, ex. 1, 2 | **Activités écrites de compréhension**<br>– Pour chaque exercice, lire la consigne à voix haute et la faire reformuler par un élève pour s'assurer qu'elle est comprise.<br>**Différenciation**<br>– Regrouper les élèves en difficulté et leur lire le contenu des exercices avant le travail individuel.<br>– Proposer aux élèves les plus rapides de réécrire sur l'ardoise les mots-clés vus en jour 1 (voir p. 24 du guide) de mémoire, en faisant attention à l'orthographe (masquer l'affichage). Leur proposer une auto-correction à l'aide de l'affichage. |
|---|---|

**Pour le jour suivant :** lire le texte 2 (2 niveaux de difficulté) ➜ 🔵

## Étude de la langue • Grammaire / Orthographe

## Séance 1   La phrase (1)

| 5 min<br>**collectif**<br>**oral**<br>manuel<br>p. 6 | **1** **Entrée dans la séance**<br>**OBJECTIFS** Identifier une phrase à l'oral. Repérer les caractéristiques graphiques d'une phrase écrite : la majuscule et le point. Comprendre qu'une phrase est un groupe de mots rangés dans un ordre précis qui produit du sens.<br>– Expliquer que la grammaire est l'étude de la langue. Préciser que l'on va commencer par la phrase et demander : *qu'est-ce qu'une phrase ? Comment la reconnaît-on ?*<br>– Lire à voix haute les 4 premières phrases de l'histoire, page 6 du manuel.<br>*Levez la main chaque fois qu'une phrase est finie et qu'une autre commence.*<br>Demander à 4 élèves de relire le passage à voix haute, chacun ne devant lire qu'une seule phrase.<br>*À quoi voit-on dans le texte qu'une phrase commence ? Et à quoi voit-on qu'elle finit ?*<br>👁 **Beaucoup d'élèves confondent les notions de lignes et de phrases. Faire remarquer que « ? », « … » et « . » sont des points.** |
|---|---|
| 15 min<br>**collectif**<br>**oral**<br>manuel<br>p. 18, ex. 5, 6 | **2** **Découverte collective**<br>**OBJECTIFS** Identifier une phrase à l'oral. Repérer les caractéristiques graphiques d'une phrase écrite : la majuscule et le point. Comprendre qu'une phrase est un groupe de mots rangés dans un ordre précis qui produisent du sens.<br>– **Exercice 5.** Les élèves lisent et comparent les couples de phrases.<br>– **Exercice 6.** Faire une synthèse des observations au tableau. |

| mémo<br>p. 16 | – Lecture collective du mémo.<br>– Mémorisation du mémo. |
|---|---|

## **Séance 2** Le son [o] et le son [ɔ]

| 10 min<br><br>**individuel<br>ou collectif<br>écrit**<br><br>manuel<br>p. 18, ex. 3, 4 | **1** **Entraînement dans le manuel**<br>Pour chaque exercice, lire la consigne à voix haute et la faire reformuler par un élève pour s'assurer qu'elle est comprise.<br><br>👁 **Possibilité de conduire cette phase en collectif pour amorcer le travail écrit sur le cahier d'exercices. Cela servira à rappeler ce qui a été travaillé la veille. Ou proposer de réaliser les activités individuellement sur le cahier de classe par exemple.**<br><br>**Différenciation**<br>**Exercice 3.** Regrouper les élèves en difficulté pour les aider à déchiffrer les mots de l'exercice.<br><br>**Exercice 4.** Faire appel à la recherche individuelle réalisée la veille en activité supplémentaire (voir p. 25 du guide). |
|---|---|
| 20 min<br><br>**individuel<br>écrit**<br><br>cahier<br>p. 5, ex. 1 à 4 | **2** **Entraînement dans le cahier et copie de phrase**<br>– Pour chaque exercice, lire la consigne à voix haute et la faire reformuler par un élève pour s'assurer qu'elle est comprise.<br><br>**Différenciation**<br>Regrouper les élèves en difficulté pour les aider à déchiffrer les mots dans les exercices avant le travail individuel.<br><br>– Écriture : faire lire la phrase à voix haute par un élève puis faire observer la ligature haute du « o » avec les lettres « r » et « u ». |

| **Pour le jour suivant :** mémoriser le mémo « La phrase (1) » → mémo p. 16. |
|---|

●●●●●●●●●●●●●●●●●●●●●●●●●●●●●●●●●●●●●●●●●●●●●●●●●●●●●●●●●●●●●●●●●●●●●●●●●

## **Atelier d'anticipation • Graphophonologie**

Semaine 1<br>Jour 3

(Voir dans l'introduction p. 16 la présentation du dispositif d'anticipation et des jeux de manipulation.)

| 20 min<br><br>**moment différencié**<br><br>Élèves en atelier :<br><br><br><br>– cartes des mots<br>– fiche de soutien, ortho. n° 2<br><br>Élèves en autonomie :<br><br><br><br>– fiche d'activités complémentaires, ortho. n° 1 ou/et lecture n° 1 | **1** **Jeux de manipulation avec les sons [u] et [wa]**<br>**OBJECTIF** Repérer la présence d'un son dans un mot. Identifier la place d'un son dans un mot. Déchiffrer un mot.<br><br>– « Le bon choix »<br>– « Son, y es-tu ? Où es-tu ? »<br>– « Le Memory »<br><br>**2** **Fiche de soutien en orthographe n° 2 : les sons [u] et [wa]**<br>**OBJECTIF** Repérer un son dans un mot. Identifier les graphèmes correspondant à un son. Déchiffrer et écrire des mots qui contiennent les graphèmes du son étudié. |
|---|---|

## Lecture – Expression • Épisode 1

### Séance 1

| | |
|---|---|
| 10 min<br><br>**collectif oral**<br><br>manuel<br>p. 6-7 | **1 Retour sur l'épisode 1**<br><br>**OBJECTIFS** Poser des questions sur un texte. Prélever des informations locales dans un texte.<br><br>– Demander à plusieurs élèves de relire l'épisode 1 à voix haute (4 à 5 phrases chacun).<br><br>– Activités de compréhension ou de restitution : inviter chacun d'entre eux à imaginer puis à poser une question sur l'épisode à un camarade qui y répond. Faire reformuler si besoin. |
| 15 min<br><br>**collectif oral**<br><br>manuel<br>p. 13, ex. 4 à 6 | **2 *Je me souviens de l'épisode***<br><br>**OBJECTIFS** Comprendre la chronologie de l'histoire. Choisir le titre de l'épisode.<br><br>– Lire les consignes des exercices 4 et 5 à voix haute.<br><br>– Pour l'exercice 5, proposer à toute la classe une lecture magistrale des pages 6 et 7, puis leur demander de lever la main quand ils souhaitent insérer la phrase d'un des personnages.<br><br>**Différenciation**<br>– Pour les élèves en difficulté, lire à voix haute avec eux les phrases a, b et c de l'exercice 4 puis chercher ensemble l'ordre qui convient. Faire relire les trois phrases dans le bon ordre par un élève.<br><br>– Pour l'exercice 5, faire lire les bulles par trois élèves puis leur demander de décrire à quel moment de l'histoire ils inséreraient chaque bulle.<br><br>– Laisser les autres élèves faire les deux exercices en autonomie en les invitant à retourner aux pages 6 et 7 du manuel pour réaliser l'exercice 5.<br><br>– Pour l'exercice 6, lire la consigne à voix haute et proposer à des lecteurs hésitants de lire les titres (il n'y a pas de mot difficile à déchiffrer). Laisser un petit temps de réflexion avant de recueillir les propositions en demandant aux élèves de justifier leur choix. |
| 15 min<br><br>**collectif oral**<br><br>manuel<br>p. 13, ex. 7<br><br>**individuel écrit**<br><br>ardoise<br>et cahier de classe | **3 *J'écris une phrase***<br><br>**OBJECTIF** Produire une phrase à partir des mots proposés.<br><br>– Lire la consigne à voix haute puis inviter un élève à lire la liste de mots.<br><br>– Inviter les élèves à élaborer une phrase mentalement puis proposer aux volontaires de la produire à voix haute. Motiver la classe à produire des phrases différentes.<br><br>– Demander aux élèves d'écrire leur phrase sur l'ardoise (ou le cahier de brouillon) en utilisant l'affichage des mots-clés.<br><br>– Consacrer, si possible, un temps de correction individuelle avant d'inviter les élèves à recopier leur production corrigée, au propre, sur le cahier de classe. |

### Séance 2

| | |
|---|---|
| 15 min<br><br>**individuel écrit**<br><br>cahier<br>p. 4, ex. 3, 4 | **Activités écrites de compréhension et copie de phrase**<br><br>– Pour chaque exercice, lire la consigne à voix haute et la faire reformuler par un élève pour s'assurer qu'elle est comprise.<br><br>**Différenciation**<br>Regrouper les élèves en difficulté et leur lire le contenu des exercices avant le travail individuel.<br><br>– Écriture : faire lire la phrase à voix haute par un élève puis repérer les lettres « $\mathcal{A}$ » majuscules. |

**Pour le jour suivant :** lire le texte 3 (2 niveaux de difficulté) ➜

## Étude de la langue • **Orthographe / Grammaire**

### Séance 1 — Les sons [u] et [wa]

| | |
|---|---|
| 20 min<br><br>**collectif oral**<br><br>manuel<br>p. 19, ex. 8, 9<br><br>ardoise ou cahier de brouillon<br><br>mémo<br>p. 4 | **Découverte collective**<br><br>**OBJECTIFS** Repérer un son dans un mot. Identifier le graphème correspondant à un son. Connaître le graphème correspondant à ce son.<br><br>👁 **Même démarche qu'en jour 1, p. 25 du guide.**<br><br>👁 **La lettre «o» seule produit le son [o] ou le son [ɔ]. Elle produit d'autres sons si elle est suivie de certaines lettres.**<br><br>👁 **Faire remarquer qu'à l'inverse du son [o] et du son [ɔ] vus en jour 1, les sons [u] et [wa] ne s'écrivent que d'une seule manière.** |

### Séance 2 — La phrase (1)

| | |
|---|---|
| 10 min<br><br>**individuel ou collectif écrit**<br><br>manuel<br>p. 18, ex. 7 | **1 Entraînement dans le manuel**<br><br>– Lire la consigne de l'exercice à voix haute et la faire reformuler par un élève pour s'assurer qu'elle est comprise.<br><br>👁 **Possibilité de conduire cette phase en collectif pour amorcer le travail écrit sur le cahier d'exercices. Cela servira à rappeler ce qui a été travaillé la veille. Ou proposer de réaliser les activités individuellement sur le cahier de classe par exemple.** |
| 20 min<br><br>**individuel écrit**<br><br>cahier<br>p. 6, ex. 1 à 5 | **2 Entraînement dans le cahier**<br><br>– Pour chaque exercice, lire la consigne à voix haute et la faire reformuler par un élève pour s'assurer qu'elle est comprise.<br><br>**Différenciation**<br>– Regrouper les élèves en difficulté et leur lire le contenu des exercices avant le travail individuel.<br>– Exercice 5 : facultatif. |

**Pour le jour suivant :**
– mémoriser les graphèmes du son [u] et ceux du son [wa] ➜ mémo p. 4 ;
– activité supplémentaire : *cherche des mots où l'on entend le son [u] et des mots où l'on entend les sons [wa]*.

## Lecture – Expression • **Épisode 1**

*Semaine 1
Jour 4*

### Séance 1

| | |
|---|---|
| 10 min<br><br>**collectif oral**<br><br>manuel<br>p. 6-7 | **1 Relecture de l'épisode 1**<br><br>– Demander à plusieurs élèves de relire l'épisode 1 à voix haute (3 à 4 phrases chacun). |

| | |
|---|---|
| 20 min<br><br>**collectif**<br>**oral**<br><br>manuel<br>p. 6-7 | **2** **Activités orales de compréhension : résumé et anticipation**<br><br>**OBJECTIFS** Identifier les locuteurs de l'histoire. Choisir un résumé pertinent de l'histoire. Imaginer la suite de l'histoire.<br><br>– Activités d'écoute : après lecture d'une prise de parole d'un personnage, demander aux élèves d'identifier ce personnage.<br><br>– Résumés : proposer deux résumés à l'oral et demander aux élèves d'indiquer le plus pertinent en validant leur choix. |

**1.** Ysengrin erre dans les bois à la recherche de nourriture quand, soudain, surgit Renart. Ils décident ensemble de se rendre au marché et de tendre un piège à celui qui transporterait le plus gros des jambons. Sitôt dit, sitôt fait, Renart s'allonge sur le chemin, l'air à moitié mort.
Un paysan s'approche pour l'attraper. Mais alors qu'il pose son jambon, celui-ci disparaît et Renart lui file entre les doigts.

**2.** Ysengrin erre dans la forêt quand, soudain, surgit Renart. Celui-ci lui propose d'aller au village. Cachés derrière un buisson, ils remarquent soudain un paysan qui porte un gros jambon appétissant. Voici leur repas ! Renart explique sa ruse au loup puis il va s'allonger sur le chemin. Le paysan s'approche du goupil et pose son jambon. Il n'aurait pas dû ! Le jambon est déjà loin, Renart et Ysengrin aussi !

– Anticipation : demander aux élèves d'imaginer la suite de l'histoire.

👁 L'enseignant peut noter quelques propositions sur un affichage, de façon à les conserver pour la semaine suivante, pour une phase de validation après la découverte de l'épisode 2.

## Séance 2

| | |
|---|---|
| 20 min<br><br>**collectif**<br>**oral**<br><br>manuel<br>p. 24 | 🔵 **D'autres œuvres à découvrir**<br><br>**OBJECTIF** Comprendre et s'approprier une nouvelle œuvre en lien avec le texte étudié.<br><br>– Une œuvre littéraire : *Grégoire : petit paysan du Moyen Âge.*<br>Cet album présente la vie quotidienne d'un petit paysan au Moyen Âge. Il peut être proposé aux élèves en lecture offerte sur plusieurs jours, tout au long de l'étude de l'unité, car le texte est assez long. Il fait également écho à tout ce que les élèves vont découvrir dans l'unité 2.<br><br>– Consacrer un temps avec des élèves (un demi-groupe serait idéal) en BCD pour rechercher d'autres livres sur le Moyen Âge. |

**Pour le jour suivant :** lire le texte 4 (2 niveaux de difficulté) ➜ 🔵

## Étude de la langue • Vocabulaire / Orthographe

## Séance 1  L'alphabet

| | |
|---|---|
| 5 min<br><br>**collectif**<br>**oral** | **1** **Entrée dans la séance**<br><br>**OBJECTIF** Connaître l'ordre alphabétique.<br><br>– S'assurer que la comptine de l'alphabet est maîtrisée par les élèves en proposant des jeux tels que :<br>« Le jeu du furet » : le maître dit trois lettres qui se succèdent et un élève dit les trois suivantes.<br>« Le duel de mots » : deux élèves tirent chacun une étiquette sur laquelle un mot est écrit. Le mot qui commence par la lettre qui arrive en premier dans l'ordre alphabétique l'emporte.<br><br>**Différenciation**<br><br>Ces activités peuvent être ritualisées pour les élèves qui ne maîtriseraient pas encore la comptine de l'alphabet. Certains élèves récitent l'alphabet mais ont du mal à en extraire des parties. Or cette compétence est nécessaire pour classer des mots dans l'ordre alphabétique. On pourra privilégier le jeu du furet pour ces élèves. |

| 15 min<br><br>**collectif<br>oral**<br><br>manuel<br>p. 19, ex. 12 à 14<br><br>mémo<br>p. 34 | **2** **Découverte collective**<br><br>**OBJECTIFS** Maîtriser l'ordre alphabétique. Identifier les consonnes et les voyelles.<br><br>– **Exercice 12.** Les élèves lisent les noms classés dans l'ordre alphabétique.<br><br>– **Exercices 13 et 14.** Les élèves identifient les consonnes et les voyelles.<br><br>– Faire une synthèse des observations au tableau.<br><br>– Lecture collective du mémo.<br><br>– Mémorisation du mémo.<br><br>👁 **Prolongement : les élèves classent les noms des enfants de la classe par ordre alphabétique.** |
|---|---|

### Séance 2 — Les sons [u] et [wa]

| 10 min<br><br>**individuel<br>ou collectif<br>écrit**<br><br>manuel<br>p. 19, ex. 10, 11 | **1** **Entraînement dans le manuel**<br><br>👁 **Même démarche qu'en jour 2, p. 27 du guide.** |
|---|---|
| 20 min<br><br>**individuel<br>écrit**<br><br>cahier<br>p. 7, ex. 1 à 4 | **2** **Entraînement dans le cahier et copie de phrase**<br><br>👁 **Même démarche qu'en jour 2, p. 27 du guide.**<br><br>**Différenciation**<br><br>Regrouper les élèves en difficulté pour les aider à déchiffrer les mots de l'exercice 2 et leur lire une première fois le texte de l'exercice 3.<br><br>Écriture : faire lire la phrase à voix haute par un élève puis faire observer la ligature haute du « o » avec les lettres « i » et « u ». |

| **Pour le jour suivant :** mémoriser le mémo « L'alphabet » ➜ mémo p. 34. |
|---|

• • • • • • • • • • • • • • • • • • • • • • • • • • • • • • • • • • • • • • • • • • • • • • • • •

### Atelier d'anticipation • **Graphophonologie**

*Semaine 2<br>Jour 1*

(Voir dans l'introduction p. 16 la présentation du dispositif d'anticipation et des jeux de manipulation.)

| 20 min<br><br>**moment différencié**<br><br>Élèves en atelier :<br><br><br><br>– cartes des mots<br>– fiche de soutien,<br>ortho. n° 3<br><br>Élèves en autonomie :<br><br><br><br>– texte de lecture<br>supplémentaire n° 2 | **1** **Jeux de manipulation avec le son [ɔ̃] et le son [ɑ̃]**<br><br>**OBJECTIFS** Repérer la présence d'un son dans un mot. Identifier la place d'un son dans un mot. Déchiffrer un mot.<br><br>– « Le bon choix »<br>– « Son, y es-tu ? Où es-tu ? »<br>– « Le Memory »<br><br>**2** **Fiche de soutien en orthographe n° 3 : le son [ɔ̃] et le son [ɑ̃]**<br><br>**OBJECTIFS** Localiser un son dans un mot. Identifier les graphèmes correspondant à un son. Déchiffrer un mot. Écrire des mots qui contiennent les graphèmes du son étudié. |
|---|---|

## Lecture – Expression • Épisode 2

### Séance 1

| | |
|---|---|
| 5 min<br><br>**collectif oral** | **1 Résumé de l'épisode 1**<br>**OBJECTIF** Restituer les informations nécessaires à la compréhension d'un texte.<br>– Annoncer au groupe-classe qu'il va découvrir l'épisode 2 de l'histoire. Demander pour cela de résumer le premier épisode en quelques phrases. Reformuler si besoin. |
| 20 min<br><br>**collectif oral**<br><br>manuel<br>p. 8-9 et p. 17 | **2 Découverte de l'épisode 2**<br>**OBJECTIFS** Prendre des informations sur une image. Écouter et lire un passage d'œuvre intégrale courte.<br>– Laisser un temps aux élèves pour qu'ils découvrent les illustrations de la double page.<br>– Leur demander de lire le premier paragraphe seul ou à deux (jusqu'à *Le nez du loup apparaît*) puis d'émettre des hypothèses sur la suite du récit.<br>– Proposer une lecture magistrale de la page 8 puis marquer une pause et faire réagir les élèves.<br>👁 **On s'assurera que les élèves inscrivent bien la scène du 2ᵉ paragraphe dans le passé alors que les verbes sont au présent.**<br>– Continuer la lecture magistrale page 9.<br>– Demander aux élèves de relever les mots suivis d'un astérisque (*chaumière, seigneur, poutre, chaume*) puis faire lire chaque phrase comportant un de ces mots pour le recontextualiser. Laisser les élèves en donner une définition avec leurs propres mots avant de découvrir les définitions du « Petit dictionnaire », page 17.<br>– Proposer à quelques élèves de reprendre la lecture à voix haute des paragraphes de la page 9. |
| 15 min<br><br>**collectif oral**<br><br>manuel<br>p. 14, ex. 1 | **3 *Je comprends l'épisode***<br>**OBJECTIFS** Identifier les personnages, les événements et les circonstances temporelles et spatiales d'un récit qu'on a lu. Rendre compte de ce que l'on a lu ou entendu.<br>– Inscrire au tableau, au fur et à mesure des réponses, les mots-clés du récit: *la chaumière, le seigneur de Haute-Cloche, l'odeur, la poutre, le goupil*.<br>**Différenciation**<br>– Proposer aux élèves en difficulté de relire les mots qui présentent des difficultés de déchiffrage: *cogne, Hermeline, j'abandonne, aperçoit, heureusement, maisonnette*; puis certaines des phrases qui contiennent ces mots.<br>– Inviter les autres élèves, sur l'ardoise, à inventer des phrases à partir des mots-clés ci-dessus (qui apparaissent au tableau). |

### Séance 2

| | |
|---|---|
| 20 min<br><br>**individuel écrit**<br><br>ardoise | **⬤ Mémorisation des mots-clés de l'épisode 2**<br>**OBJECTIFS** Mémoriser les mots-clés de l'histoire. Restituer leur orthographe.<br>📋 ***la chaumière, le seigneur de Haute-Cloche, l'odeur, la poutre, le goupil***<br>Pour fixer les éléments de l'épisode 2 et l'orthographe des mots récurrents du récit, demander aux élèves d'écrire sur l'ardoise les réponses aux questions suivantes, en s'appuyant sur la liste des mots-clés à faire apparaître au tableau (pour éviter les fautes d'orthographe): *où vit Ysengrin? De quel personnage Ysengrin parle-t-il? Comment Renart sait-il qu'Ysengrin a gardé le jambon? À l'aide de quel autre mot parle-t-on de Renart?*<br>**Différenciation**<br>Interroger d'abord les élèves en difficulté pour s'assurer qu'ils ont mémorisé les éléments de l'histoire. |

| | 👁 Recopier les mots-clés sur un affichage qui restera en évidence sur un mur de la classe. |

**Pour le jour suivant :** lire le texte 5 (2 niveaux de difficulté) ➜ 💿

## Étude de la langue • Orthographe / Vocabulaire

### Séance 1    Le son [ɔ̃] et le son [ã]

| 20 min<br><br>**collectif oral**<br><br>manuel<br>p. 20, ex. 1, 2<br><br>ardoise ou cahier de brouillon<br><br>mémo p. 4 | 🔵 **Découverte collective**<br>**OBJECTIFS** Repérer un son dans un mot. Identifier les graphèmes correspondant à un son. Connaître les graphèmes correspondant à ce son.<br>👁 **Même démarche qu'en semaine 1, p. 25 du guide.**<br>👁 **Faire remarquer que le son [ɔ̃] peut aussi s'écrire « om » et que le son [ã] peut aussi s'écrire « am » ou « em ».**<br>👁 **Montrer que les groupes de lettres « on » et « om » ne produisent pas toujours le son [ɔ̃] et que les groupes de lettres « an », « am », « en » et « em » ne produisent pas toujours le son [ã].** |

### Séance 2    L'alphabet

| 10 min<br><br>**individuel ou collectif écrit**<br><br>manuel<br>p. 19, ex. 15, 16 | **1 Entraînement dans le manuel**<br>Pour chaque exercice, lire la consigne à voix haute et la faire reformuler par un élève pour s'assurer qu'elle est comprise.<br>👁 **Possibilité de conduire cette phase en collectif pour amorcer le travail écrit sur le cahier d'exercices. Cela servira à rappeler ce qui a été travaillé la veille. Ou proposer de réaliser les activités individuellement sur le cahier de classe par exemple.** |
| 20 min<br><br>**individuel écrit**<br><br>cahier<br>p. 8, ex. 1 à 5 | **2 Entraînement dans le cahier**<br>Pour chaque exercice, lire la consigne à voix haute et la faire reformuler par un élève pour s'assurer qu'elle est comprise.<br><br>**Différenciation**<br>Regrouper les élèves en difficulté et leur lire le contenu des exercices avant le travail individuel. |

**Pour le jour suivant :**
– mémoriser les graphèmes du son [ɔ̃] et ceux du son [ã] ➜ mémo p. 4 ;
– activité supplémentaire : *cherche des mots où l'on entend le son [ɔ̃] et des mots où l'on entend le son [ã]*.

## Lecture – Expression • Épisode 2

*Semaine 2 Jour 2*

### Séance 1

| 15 min<br><br>**collectif oral** | **1 Retour sur l'épisode 2**<br>**OBJECTIF** Distinguer les éléments importants d'un texte.<br>– Inviter les élèves à se remémorer l'épisode découvert la veille : *de quoi parle le deuxième épisode de cette histoire ?* Insister sur l'apparition des nouveaux personnages seulement évoqués (Hermeline et ses douze enfants, le seigneur de Haute-Cloche), sur les lieux (la chaumière) et sur la nouvelle ruse de Renart. |

| | |
|---|---|
| | – Activités de restitution (exemples) :<br>1. repérage de phrases erronées : *En voilà un qui me mord l'oreille.*<br>2. vrai/faux : *Renart et Hermeline ont quinze enfants. Vrai ou faux ?*<br>3. rebrassage du lexique : *À quoi le jambon est-il suspendu ? À une poutre.* |
| **25 min**<br><br>**collectif/<br>individuel<br>oral**<br><br>manuel<br>p. 14, ex. 2 à 4 | **❷ J'apprends des mots nouveaux**<br>**OBJECTIF** Affiner le bagage lexical.<br><br>– Lire la consigne de l'exercice 2 à voix haute puis laisser les élèves lire silencieusement les trois phrases. Demander ensuite à un élève volontaire de lire une phrase et d'expliquer l'expression en vert. Valider ou reformuler si besoin.<br><br>– Laisser un peu de temps aux élèves pour qu'ils inventent de nouvelles phrases à partir de ces expressions.<br><br>– Lire la consigne de l'exercice 3 à voix haute puis laisser les élèves lire les débuts et les fins de phrases avant d'écouter leurs propositions.<br><br>**Différenciation**<br>– Pour les élèves en difficulté, faire l'exercice 3 avec eux en reprécisant le sens de certains mots : *essoufflé, chaume* ; et en les invitant à procéder par élimination.<br>– Demander aux autres élèves, deux par deux, d'inventer de nouvelles fins de phrases à partir des débuts proposés.<br><br>– Lire la consigne de l'exercice 4 à voix haute puis laisser un temps d'observation pour découvrir le document. Expliquer ce qu'est une enluminure. Après avoir associé chaque nom de marchand à son dessin, insister sur les familles de mots (potier-poteries…).<br>– On pourra préciser qu'on distingue, dans cette scène, outre les marchands, un riche seigneur (reconnaissable à sa coiffe et à son épée) et son épouse, ainsi que deux autres personnages, sans doute des « clients ». |

## Séance 2

| | |
|---|---|
| **10 min**<br><br>**individuel<br>écrit**<br><br>cahier<br>p. 9, ex. 1, 2 | **● Activités écrites de compréhension**<br>**👁 Même démarche qu'en semaine 1, p. 26 du guide.**<br><br>**Différenciation**<br>Regrouper les élèves en difficulté et leur lire le contenu des exercices avant le travail individuel. |

**Pour le jour suivant :** lire le texte 6 (2 niveaux de difficulté) ➜ ⦿

## Étude de la langue • **Grammaire / Orthographe**

## Séance 1  La phrase (2)

| | |
|---|---|
| **5 min**<br><br>**collectif<br>oral**<br><br>manuel<br>p. 8 | **❶ Entrée dans la séance**<br>**OBJECTIFS** Distinguer ligne et phrase. Repérer les caractéristiques graphiques d'une phrase écrite : la majuscule et le point. Comprendre qu'une phrase est un groupe de mots rangés dans un ordre précis qui produit du sens.<br><br>– Lire à voix haute le début de l'épisode 2 de l'histoire, page 8 du manuel. Les élèves suivent sur leur manuel.<br><br>– Arrêter la lecture de manière aléatoire et demander : *la lecture de la phrase est-elle terminée ?*<br><br>**👁 Il est important de varier les arrêts. Il convient de suspendre la lecture au milieu d'une phrase, après un point, après un autre signe de ponctuation, au bout d'une ligne…** |

| | |
|---|---|
| | **Différenciation** |
| | Pour les élèves qui ont encore du mal à voir où commence et où finit une phrase dans un texte, on peut proposer l'atelier suivant: des élèves se succèdent pour poursuivre la lecture de l'épisode 2, page 8 du manuel. Chacun lit une phrase et laisse la parole à un camarade quand il estime que sa phrase est terminée. On propose aux autres élèves de suivre sur leur manuel et de lever la main quand ils pensent que le lecteur aurait dû s'arrêter et qu'il ne l'a pas fait. Dans le cas où le lecteur s'arrête trop tôt, l'amener à expliquer ce qui justifierait cet arrêt selon lui. |
| | – Rappel collectif de la définition d'une phrase. |
| | 👁 **Le débat doit amener les élèves à répondre aux questions suivantes: *qu'est-ce qu'une phrase? À quel signe voit-on qu'elle commence? À quel signe voit-on qu'elle est finie?*** |
| **15 min**<br><br>**collectif oral**<br><br>manuel<br>p. 20, ex. 5 à 8<br><br>mémo<br>p. 16 | **2** **Découverte collective**<br><br>**OBJECTIFS** Identifier les différents points et leurs usages. Savoir nommer les différents types de phrases en fonction de leur énonciation et de leur ponctuation.<br><br>– **Exercice 5.** Les élèves comptent le nombre de phrases et de lignes dans le texte.<br>– Faire une correction rapide au tableau.<br><br>👁 **Ce moment doit permettre de repérer les élèves pour qui la distinction ligne/phrase poserait encore des difficultés.**<br><br>– **Exercice 6.** Les élèves collectent les différents types de points.<br>– Nommer les différents points et les noter sur le tableau ou sur une affiche qu'on conservera dans la classe.<br><br>– **Exercices 7 et 8.** Demander aux élèves s'ils connaissent le nom des différentes phrases.<br><br>👁 **Faire remarquer aux élèves que la présence de tel ou tel point dépend de l'intention portée par la phrase: par exemple, une question est terminée par un point d'interrogation.**<br><br>👁 **Faire remarquer aux élèves que, pour les phrases exclamatives et interrogatives, le nom du point correspond au nom de la phrase.**<br><br>**Différenciation**<br>Pour les élèves en difficulté, on pourra proposer des étiquettes de couleurs différentes pour chaque type de phrase. Par exemple: en bleu une étiquette «phrase déclarative» et «. », en rouge une étiquette «phrase exclamative» et «!», en vert une étiquette «phrase interrogative» et «?». Les élèves pourront utiliser ces étiquettes comme support qu'on peut regarder ou cacher suivant les exercices.<br><br>– Lecture collective du mémo.<br>– Mémorisation du mémo. |

### Séance 2  Le son [ɔ̃] et le son [ɑ̃]

| | |
|---|---|
| **10 min**<br><br>**individuel ou collectif écrit**<br><br>manuel<br>p. 20, ex. 3, 4 | **1** **Entraînement dans le manuel**<br>👁 **Même démarche qu'en semaine 1, p. 27 du guide.** |
| **20 min**<br><br>**individuel écrit**<br><br>cahier<br>p. 10, ex. 1 à 5 | **2** **Entraînement dans le cahier et copie de phrase**<br>👁 **Même démarche qu'en semaine 1, p. 27 du guide.**<br><br>**Différenciation**<br>Regrouper les élèves en difficulté pour les aider à déchiffrer les mots de l'exercice 2 et leur lire une première fois les phrases des exercices 3 et 4. |

> **Écriture :** faire lire la phrase à voix haute par un élève puis faire observer l'enchaînement entre le « a » et le « n », le « e » et le « n » ainsi que l'attache haute du « o » avec le « n ».

**Pour le jour suivant :** mémoriser le mémo « La phrase (2) » ➔ mémo p. 16.

## Atelier d'anticipation • Graphophonologie

*Semaine 2
Jour 3*

(Voir dans l'introduction p. 16 la présentation du dispositif d'anticipation et des jeux de manipulation.)

| | |
|---|---|
| 20 min<br>**moment différencié**<br>Élèves en atelier :<br><br>– cartes des mots<br>– fiche de soutien, ortho. n° 4<br>Élèves en autonomie :<br><br>– fiche d'activités complémentaires, ortho. n° 2 ou/et lecture n° 2 | **1 Jeux de manipulation avec le son [e] et le son [ɛ]**<br>**OBJECTIFS** Repérer la présence d'un son dans un mot. Identifier la place d'un son dans un mot. Déchiffrer un mot.<br>– « Le bon choix »<br>– « Son, y es-tu ? Où es-tu ? »<br>– « Le Memory »<br>**2 Fiche de soutien en orthographe n° 4 : le son [e] et le son [ɛ] (1)**<br>**OBJECTIFS** Localiser un son dans un mot. Identifier les graphèmes correspondant à un son. Déchiffrer un mot. Écrire des mots qui contiennent les graphèmes du son étudié. |

## Lecture – Expression • Épisode 2

### Séance 1

| | |
|---|---|
| 10 min<br>**collectif oral**<br>manuel p. 8-9 | **1 Retour sur l'épisode 2**<br>**OBJECTIF** Poser des questions sur un texte. Prélever des informations locales dans un texte.<br>– Demander à plusieurs élèves de relire l'épisode 2 à voix haute (4 à 5 phrases chacun).<br>– Activités de compréhension : inviter chacun d'entre eux à imaginer puis à poser une question sur l'épisode à un camarade qui y répond. Faire reformuler si besoin. |
| 15 min<br>**collectif oral**<br>manuel p. 15, ex. 5, 6 | **2 *Je me souviens de l'épisode***<br>**OBJECTIF** Comprendre la chronologie de l'histoire.<br>– Lire les consignes des exercices 5 et 6 à voix haute.<br>– Pour l'exercice 5, demander à de bons lecteurs de lire les trois phrases à voix haute pour que les élèves en difficulté puissent réfléchir à l'exercice à l'oral. |
| 15 min<br>**collectif oral**<br>manuel p. 15, ex. 7 | **3 Activités préparatoires à l'expression écrite de la séance 2**<br>**OBJECTIF** Imaginer la suite d'une histoire.<br>– Lire la consigne à voix haute. Demander à certains élèves de lire les questions. Inviter le groupe à proposer des réponses.<br>👁 **Certaines propositions peuvent être consignées au tableau ou sur un affichage.**<br>– Faire lire le tableau « Des mots pour t'aider », en précisant que leur emploi n'est pas obligatoire.<br>👁 **On précisera que les verbes peuvent être conjugués en donnant des exemples.** |

## Séance 2

| | |
|---|---|
| 20 min<br><br>**individuel<br>écrit**<br><br>manuel<br>p. 15, ex. 7<br><br>cahier de brouillon | ● *J'écris un petit texte*<br><br>**OBJECTIFS** Imaginer la suite d'une histoire. Écrire un petit texte d'environ 5 lignes.<br><br>– Reprendre l'affichage élaboré lors de la séance 1 (activité n° 3) puis demander à certains élèves de lire les différentes propositions.<br>– Faire lire, par un élève, la bulle du petit personnage page 15.<br><br>**Différenciation**<br>– Avec les élèves en difficulté, reprendre les questions du manuel en petit groupe puis inviter chacun à formuler sa propre réponse.<br>– Ensuite, à partir de l'amorce proposée (*Le lendemain matin, le loup…*) et de ses idées, demander à chaque élève de faire un petit texte à l'oral.<br>– Demander à chacun de repérer les mots de la rubrique «Des mots pour t'aider» qu'il a utilisés dans sa production orale.<br>– Enfin, l'inviter à écrire son texte puis le relire avec lui (pour corriger ensemble les oublis de mots, de lettres et les erreurs orthographiques courantes).<br>– Demander aux autres élèves de rédiger les réponses aux questions du manuel sur le cahier de brouillon avant de commencer la rédaction de leur texte.<br>– Les inviter à relire leur production en s'appuyant sur la rubrique «Des mots pour t'aider». |

**Pour le jour suivant:** lire le texte 7 (2 niveaux de difficulté) → ◉

## Étude de la langue • Orthographe / Grammaire

### Séance 1   Le son [e] et le son [ɛ] (1)

| | |
|---|---|
| 20 min<br><br>**collectif<br>oral**<br><br>manuel<br>p. 21, ex. 10, 11<br><br>ardoise ou<br>cahier de brouillon<br><br>mémo<br>p. 5 | ● **Découverte collective**<br><br>**OBJECTIFS** Repérer un son dans un mot. Identifier les graphèmes correspondant à un son. Connaître certains graphèmes correspondant à ce son.<br><br>◉ **Même démarche qu'en semaine 1, p. 25 du guide.**<br><br>**Différenciation**<br>Pour certains élèves, la place de l'accent sur la lettre «e» pose des difficultés. On pourra donner l'astuce suivante: on trace en grand format la lettre « e » minuscule script au tableau. On montre que la lettre possède deux côtés : le gauche qui est fermé, le droit qui est ouvert. On place un double-décimètre au-dessus de la lettre « e » en l'inclinant vers le bas, du côté gauche. On demande ensuite aux élèves de quel côté penche l'accent. Il penche du côté « ferméééééé ». Il produit donc le son [e]. On place ensuite le double-décimètre dans l'autre sens, du côté ouveeeeeeeeeert. Il produit le son [ɛ].<br><br>◉ **La prononciation des sons [e] et [ɛ] varie, entre autres, selon les régions. La méthode prend le parti de ne pas les opposer. Elle laisse à chaque enseignant la possibilité de le faire ou non.**<br><br>◉ **Préciser que d'autres lettres produisent les sons [e] ou [ɛ] et qu'elles seront vues la semaine suivante.** |

### Séance 2   La phrase (2)

| | |
|---|---|
| 10 min<br><br>**individuel ou<br>collectif écrit**<br><br>manuel<br>p. 20, ex. 9 | ❶ **Entraînement dans le manuel**<br>◉ **Même démarche qu'en semaine 1, p. 29 du guide.** |

| 20 min<br><br>**individuel**<br>**écrit**<br><br>cahier<br>p. 11, ex. 1 à 4 | **2** Entraînement dans le cahier<br> Même démarche qu'en semaine 1, p. 29 du guide.<br><br>**Différenciation**<br>Les élèves en difficulté pourront s'aider des étiquettes de couleurs pour réaliser l'exercice 3 (voir p. 35 du guide). |
|---|---|

**Pour le jour suivant :**
– mémoriser certains graphèmes du son [e] et du son [ɛ] ➜ mémo p. 5 ;
– activité supplémentaire : *cherche des mots où l'on entend le son [e] qui s'écrit avec la lettre « é » et des mots où l'on entend le son [ɛ] qui s'écrit avec la lettre « è », « ê » ou « e ».*

●●●●●●●●●●●●●●●●●●●●●●●●●●●●●●●●●●●●●●●●●●●●●●●●●●●●●●●●●●●●●●●●●●●

## Lecture – Expression • Épisode 2

*Semaine 2 Jour 4*

### Séance 1

| 40 min<br><br>**individuel**<br>**écrit**<br><br>cahier d'expression écrite<br><br> Prévoir un travail en autonomie | **Retour sur l'expression écrite / Activité en autonomie**<br>**OBJECTIFS** Revenir sur un travail écrit et y apporter les corrections nécessaires. / Travailler en autonomie et silencieusement.<br><br>**Différenciation**<br>– Pour permettre une correction individualisée de l'expression écrite, proposer aux élèves un autre travail qu'ils feront en autonomie (illustration de leur expression écrite par exemple). Pour les expressions écrites qui demandent peu de correction, laisser l'élève se corriger, valider si besoin puis lui proposer de recopier son travail dans le cahier adéquat. L'inviter à passer ensuite au travail en autonomie.<br>– Consacrer davantage de temps aux élèves dont l'expression écrite est à reprendre sur plusieurs points, mais en leur proposant également un travail en autonomie pour que tous soient occupés. |
|---|---|

### Séance 2

| 15 min<br><br>**individuel**<br>**écrit**<br><br>cahier<br>p. 9, ex. 3, 4 | **Activités écrites de compréhension et copie de phrase**<br> Même démarche qu'en semaine 1, p. 28 du guide.<br><br>**Différenciation**<br>Regrouper les élèves en difficulté et leur lire le contenu des exercices avant le travail individuel.<br><br>Écriture : faire lire la phrase à voix haute par un élève puis repérer les lettres « ℬ » majuscules. |
|---|---|

**Pour le jour suivant :** lire le texte 8 (2 niveaux de difficulté) ➜ ⬤

## Étude de la langue • L'atelier des mots / Orthographe

### Séance 1  Les mots de la même famille (1)

| 10 min<br><br>**collectif**<br>**oral** | **1** Découverte collective<br>**OBJECTIF** Identifier les mots d'une même famille (étape 1 de la construction du mémo sur les mots de la même famille). |
|---|---|

| | |
|---|---|
| manuel p. 21, ex. 14, 15 | – **Exercice 14.** Demander aux élèves de lire silencieusement le texte puis d'observer les mots soulignés.<br><br>– Proposer à un élève de lire le texte à voix haute : *y a-t-il des mots soulignés qui pourraient aller ensemble ?*<br><br>– Revenir sur les mots *affamé, facilement, renardeaux : que veulent-ils dire ?*<br><br>– **Exercice 15.** Procéder au regroupement des familles en les écrivant au tableau.<br><br>**Différenciation**<br>Regrouper les élèves en difficulté et les accompagner dans leur lecture et dans leur questionnement.<br>La mise en commun intéressera l'ensemble de la classe. |
| 10 min<br><br>**individuel écrit / collectif oral**<br><br>manuel p. 21, ex. 16<br><br>cahier de brouillon | **2** **Manipulation dans le manuel**<br>**OBJECTIF** Regrouper des mots de la même famille.<br><br>– **Exercice 16.** Sur leur cahier de brouillon, les élèves écrivent les différentes familles.<br><br>– Mise en commun : l'enseignant écrit les familles identifiées au tableau.<br><br>**Différenciation**<br>Accompagner les élèves en difficulté.<br>La mise en commun intéressera l'ensemble de la classe. |
| mémo p. 34 | **3** **Mémo**<br>– Écrire le mémo provisoire sur une affiche ou au tableau : « Les mots d'une même famille se ressemblent. » |

## Séance 2 Le son [e] et le son [ɛ] (1)

| | |
|---|---|
| 10 min<br><br>**individuel ou collectif écrit**<br><br>manuel p. 21, ex. 12, 13 | **1** **Entraînement dans le manuel**<br>👁 **Même démarche qu'en semaine 1, p. 27 du guide.** |
| 20 min<br><br>**individuel écrit**<br><br>cahier p. 12, ex. 1 à 4 | **2** **Entraînement dans le cahier et copie de phrase**<br>👁 **Même démarche qu'en semaine 1, p. 27 du guide.**<br><br>**Différenciation**<br>Regrouper les élèves en difficulté pour les aider à déchiffrer les mots des exercices 2 et 3 et leur lire une première fois les phrases de l'exercice 4.<br><br>Écriture : faire lire la phrase à voix haute par un élève puis faire observer l'enchaînement du « e » avec le « s » ainsi que du « b » avec le « ê ». Indiquer que les accents sur la lettre « e » sont situés entre le 1er et le 2e interligne. |

**Pour le jour suivant :** mémoriser le mémo « Les mots de la même famille (1) » ➜ mémo p. 34.

## Atelier d'anticipation • Graphophonologie

(Voir dans l'introduction p. 16 la présentation du dispositif
d'anticipation et des jeux de manipulation.)

| | |
|---|---|
| 20 min<br><br>**moment différencié**<br><br>Élèves en atelier :<br><br>– cartes des mots<br>– fiche de soutien, ortho. n° 5<br><br>Élèves en autonomie :<br><br>– texte de lecture supplémentaire n° 3 | **❶ Jeux de manipulation avec le son [e] et le son [ɛ]**<br>**OBJECTIFS** Repérer la présence d'un son dans un mot. Identifier la place d'un son dans un mot. Déchiffrer un mot.<br>– « Le bon choix »<br>– « Son, y es-tu ? Où es-tu ? »<br>– « Le Memory »<br><br>**❷ Fiche de soutien en orthographe n° 5 : le son [e] et le son [ɛ] (2)**<br>**OBJECTIFS** Localiser un son dans un mot. Identifier les graphèmes correspondant à un son. Déchiffrer un mot. Écrire des mots qui contiennent les graphèmes du son étudié. |

## Lecture – Expression • Épisode 3

## Séance 1

| | |
|---|---|
| 5 min<br><br>**collectif oral** | **❶ Résumé de l'épisode 2**<br>**OBJECTIF** Restituer les informations nécessaires à la compréhension d'un texte.<br>– Annoncer au groupe-classe qu'il va découvrir l'épisode 3 de l'histoire. Demander pour cela de résumer le deuxième épisode en quelques phrases. Reformuler si besoin. |
| 20 min<br><br>**collectif oral**<br><br>manuel<br>p. 10-11 et p. 17 | **❷ Découverte de l'épisode 3**<br>**OBJECTIFS** Prendre des informations sur une image. Écouter et lire la fin d'une œuvre intégrale courte.<br>– Laisser un temps aux élèves pour qu'ils découvrent les illustrations de la double page.<br>– Demander aux élèves de lire le premier paragraphe seul ou à deux (jusqu'à *je connais un moyen d'y entrer*) puis d'émettre des hypothèses sur la suite du récit.<br>– Proposer une lecture magistrale de la page 10 puis marquer une pause et faire réagir les élèves.<br>– Continuer la lecture magistrale page 11.<br>– Demander aux élèves de relever les mots suivis d'un astérisque (*aube, se faufilant, festin, tranchée*) puis faire lire chaque phrase comportant un de ces mots pour le recontextualiser. Laisser les élèves en donner une définition avec leurs propres mots avant de découvrir les définitions du « Petit dictionnaire », page 17.<br>– Proposer à quelques élèves de relire à voix haute les pages 10 et 11. |
| 15 min<br><br>**collectif oral**<br><br>manuel<br>page 16, ex. 1 | **❸ *Je comprends l'épisode***<br>**OBJECTIFS** Identifier les personnages, les événements et les circonstances temporelles et spatiales d'un récit qu'on a lu. Rendre compte de ce que l'on a lu ou entendu.<br>– Inscrire au tableau, au fur et à mesure des réponses, les mots-clés du récit : *les caves, le château, la muraille, un festin, des cris, coincé, une épée, un hurlement.*<br><br>**Différenciation**<br>– Proposer aux élèves en difficulté de relire les mots qui présentent des difficultés de déchiffrage : *la muraille, précipite, arrivent, tortille, net, hurlement*; puis certaines des phrases qui contiennent ces mots.<br>– Inviter les autres élèves, sur l'ardoise, à imaginer d'autres mets que les deux compères pourraient découvrir dans les caves du château. |

## Séance 2

| | |
|---|---|
| 20 min<br><br>**individuel**<br>**écrit**<br><br>ardoise | ⬤ **Mémorisation des mots-clés de l'épisode 3**<br>**OBJECTIFS** Mémoriser les mots-clés de l'histoire. Restituer leur orthographe.<br>📋 *les caves, le château, la muraille, un festin, des cris, coincé, une épée,*<br>*un hurlement*<br>– Pour fixer les éléments de l'épisode 3 et l'orthographe des mots récurrents du récit, demander aux élèves d'écrire sur l'ardoise les réponses aux questions suivantes, en s'appuyant sur la liste des mots-clés à faire apparaître au tableau (pour éviter les fautes d'orthographe): *où les deux compères se rendent-ils ? Que découvrent-ils ? Qu'entendent-ils soudain ? Qu'arrive-t-il au loup ?*<br><br>**Différenciation**<br>Interroger d'abord les élèves en difficulté pour s'assurer qu'ils ont mémorisé les éléments de l'histoire.<br><br>👁 **Recopier les mots-clés sur un affichage qui restera en évidence sur un mur de la classe.** |

**Pour le jour suivant:** lire le texte 9 (2 niveaux de difficulté) ➜ 🔵

## Étude de la langue • Orthographe / L'atelier des mots

### Séance 1   Le son [e] et le son [ɛ] (2)

| | |
|---|---|
| 20 min<br><br>**collectif**<br>**oral**<br><br>manuel<br>p. 22, ex. 1, 2<br><br>ardoise ou<br>cahier de brouillon<br><br>mémo p. 5 | ⬤ **Découverte collective**<br>**OBJECTIFS** Repérer un son dans un mot. Identifier les graphèmes correspondant à un son. Connaître les graphèmes correspondant à ce son.<br>👁 **Même démarche qu'en semaine 1, p. 25 du guide.**<br>👁 **Rappel: la prononciation des sons [e] et [ɛ] varie, entre autres, selon les régions. La méthode prend le parti de ne pas les opposer. Elle laisse à chaque enseignant la possibilité de le faire ou non.** |

### Séance 2   Les mots de la même famille (1)

| | |
|---|---|
| 30 min<br><br>**individuel**<br>**écrit**<br><br>cahier<br>p. 13, ex. 1 à 5 | ⬤ **Entraînement dans le cahier**<br>Pour chaque exercice, lire la consigne à voix haute et la faire reformuler par un élève pour s'assurer qu'elle est comprise.<br><br>**Différenciation**<br>Regrouper les élèves en difficulté et leur lire le contenu des exercices avant le travail individuel. |

**Pour le jour suivant:**
– mémoriser le reste des graphèmes du son [e] et ceux du son [ɛ] ➜ mémo p. 5;
– activité supplémentaire: *cherche des mots dans lesquels le son [e] s'écrit avec les groupes de lettres « er » ou « ez » et des mots dans lesquels le son [ɛ] s'écrit avec les groupes de lettres « ei », « ai » ou « et ».*

## Lecture – Expression • **Épisode 3**

*Semaine 3
Jour 2*

### Séance 1

| 15 min<br><br>collectif<br>oral | **1** **Retour sur l'épisode 3**<br>**OBJECTIF** Distinguer les éléments importants d'un texte.<br>– Inviter les élèves à se remémorer l'épisode découvert la veille : *de quoi parle le dernier épisode de cette histoire ?* Insister sur la raison de la venue du loup chez le goupil, sur la notion d'entraide qui semble resurgir comme au début de l'histoire et, finalement, une nouvelle ruse de Renart pour se venger du loup.<br>– Activités de restitution (exemples) :<br>1. repérage de phrases erronées : *Il a tant mangé que son ventre a <u>dégonflé</u>.*<br>2. vrai/faux : *Pour pénétrer dans le château, Renart escalade la muraille. Vrai ou faux ?*<br>3. rebrassage du lexique : *Que découvrent les deux compères dans les caves du château ? <u>Un festin</u>.* |
|---|---|
| 15 min<br><br>collectif<br>oral<br><br>manuel<br>p. 16, ex. 2 | **2** ***J'apprends des mots nouveaux***<br>**OBJECTIF** Affiner le bagage lexical.<br>– Lire la consigne à voix haute. Demander ensuite à un lecteur en difficulté de lire les trois mots de la liste.<br>– Laisser un peu de temps aux élèves pour qu'ils lisent silencieusement les trois phrases et qu'ils les complètent mentalement.<br>– Proposer à des élèves volontaires de relire chaque phrase complétée, en y apportant une explication. |

### Séance 2

| 10 min<br><br>individuel<br>écrit<br><br>cahier<br>p. 14, ex. 1, 2 | **Activités écrites de compréhension**<br>Même démarche qu'en semaine 1, p. 26 du guide.<br><br>**Différenciation**<br>Regrouper les élèves en difficulté et leur lire le contenu des exercices avant le travail individuel. |
|---|---|

**Pour le jour suivant :** lire le texte 10 (2 niveaux de difficulté) ➔

## Étude de la langue • **Grammaire / Orthographe**

### Séance 1  Le nom / Le verbe (1)

| 5 min<br><br>collectif<br>oral | **1** **Entrée dans la séance**<br>**OBJECTIF** Distinguer un nom et un verbe en s'appuyant sur le sens.<br>– Proposer de trier des mots donnés (des noms et des verbes) dans un tableau à deux colonnes : les mots qui indiquent une action / les mots qui indiquent une personne ou un objet. Cette recherche est à faire à deux.<br>👁 **Dans cette étape, on s'appuie sur le sens du mot pour définir sa nature.**<br>– Synthèse collective des travaux des binômes qu'on pourra écrire au tableau ou sur une affiche.<br>👁 **Conserver le classement réalisé par les élèves pour l'étape suivante. On pourra conserver l'affiche dans la classe pour la compléter quand on travaillera sur d'autres notions comme les déterminants ou les pronoms de conjugaison.** |
|---|---|

| | |
|---|---|
| | **Différenciation** |
| | Pour visualiser plus facilement qu'un verbe est à associer à une action et un nom à un objet ou à une personne, on pourra fabriquer un jeu de cartes qu'on manipulera avec un groupe d'élèves homogène. On leur demandera si la carte désigne un objet ou une action et, par extension, si elle représente un nom ou un verbe. |
| **15 min**<br><br>**collectif oral**<br><br>manuel<br>p. 22, ex. 4, 5<br><br>mémo<br>p. 16 | **2** **Découverte collective**<br>**OBJECTIF** Comprendre qu'un nom et un verbe ne sont pas des mots isolés mais qu'ils sont accompagnés d'autres mots.<br>– **Exercices 4 et 5.** Les élèves lisent et comprennent les deux phrases qui contiennent deux homophones (un verbe et un nom).<br>– Faire une synthèse au tableau.<br>– Les élèves portent leur attention sur les mots qui accompagnent le nom et le verbe.<br>– Récolter les observations. Collectivement, avec les élèves, placer les mots « la porte » et « il porte » dans les colonnes du tableau réalisé à l'étape précédente. Ces colonnes sont renommées « noms » et « verbes ».<br>👁 **Les mots ne sont pas isolés dans une phrase. Il convient de s'appuyer sur les mots qui les accompagnent (pronoms de conjugaison / déterminants).**<br>– Lecture collective du mémo.<br>– Mémorisation du mémo. |

## Séance 2 Le son [e] et le son [ɛ] (2)

| | |
|---|---|
| **10 min**<br><br>**individuel ou collectif écrit**<br><br>manuel<br>p. 22, ex. 3 | **1** **Entraînement dans le manuel**<br>👁 **Même démarche qu'en semaine 1, p. 27 du guide.** |
| **20 min**<br><br>**individuel écrit**<br><br>cahier<br>p. 15, ex. 1 à 5 | **2** **Entraînement dans le cahier et copie de phrase**<br>👁 **Même démarche qu'en semaine 1, p. 27 du guide.**<br><br>**Différenciation**<br>Regrouper les élèves en difficulté pour les aider à déchiffrer les mots des exercices 2 et 3 et leur lire une première fois les phrases de l'exercice 4.<br><br>Écriture : faire lire la phrase à voix haute par un élève puis faire travailler à part la forme du « z » qui n'est pas simple à tracer. |

| |
|---|
| **Pour le jour suivant :** mémoriser le mémo « Le nom / le verbe (1) » ➜ mémo p. 16. |

• • • • • • • • • • • • • • • • • • • • • • • • • • • • • • • • • • • • • • • • • • • • • • • • • • • • • • •

## Atelier d'anticipation • **Graphophonologie**

*Semaine 3*
*Jour 3*

(Voir dans l'introduction p. 16 la présentation du dispositif d'anticipation et des jeux de manipulation.)

| | |
|---|---|
| **20 min**<br><br>**moment différencié**<br><br>Élèves en atelier :<br> | **1** **Jeux de manipulation avec le son [ə] et le e muet**<br>**OBJECTIFS** Repérer la présence d'un son dans un mot. Identifier la place d'un son dans un mot. Connaître le rôle de la lettre « e » muette à la fin des mots. Déchiffrer un mot.<br>– « Le bon choix »<br>– « Son, y es-tu ? Où es-tu ? »<br>– « Le Memory » |

| | |
|---|---|
| – cartes des mots<br>– fiche de soutien, ortho. n° 6<br><br>Élèves en autonomie :<br><br><br><br>– fiche d'activités complémentaires, ortho. n° 3 ou/et lecture n° 3 | **2 Fiche de soutien en orthographe n° 6 : le son [ə] et le e muet**<br>**OBJECTIFS** Localiser un son dans un mot. Identifier les graphèmes correspondant à un son. Connaître le rôle de la lettre « e » muette à la fin des mots. Déchiffrer un mot. Écrire des mots qui contiennent les graphèmes du son étudié. |

## Lecture – Expression • *Épisode 3*

### Séance 1

| | |
|---|---|
| **15 min**<br><br>**collectif oral**<br><br>manuel p. 6-11 | **1 Retour sur toute l'histoire**<br>**OBJECTIF** Distinguer les éléments importants d'une histoire, en restituer la chronologie.<br><br>– Proposer une lecture de l'histoire entière en alternant lecture magistrale et lecture à haute voix par des élèves (une phrase, quelques phrases, un petit paragraphe en fonction de l'aisance de l'élève).<br><br>– Activités de compréhension : inviter des élèves à imaginer puis à poser une question à un camarade qui y répond. Faire reformuler si besoin.<br><br>– Résumés : proposer deux résumés à l'oral et demander aux élèves d'indiquer le plus pertinent en validant leur choix. |

| | |
|---|---|
| **1.** Renart et Ysengrin ont volé un gros jambon à un paysan. De retour dans sa chaumière, le loup raconte à Renart qu'il s'est fait attaquer par des chiens et qu'il a dû abandonner le jambon. Mais Renart ne le croit pas et, la nuit suivante, il récupère le jambon. À l'aube, Ysengrin frappe à la porte du goupil car il meurt de faim. Renart l'emmène alors dans les caves du château du seigneur de Haute-Cloche, remplies de nourriture délicieuse. Soudain, ils entendent du bruit. Ils s'enfuient mais le loup qui a trop mangé reste coincé dans le trou de la muraille. D'un coup d'épée, le seigneur lui tranche la queue ! | **2.** Renart et Ysengrin ont piégé un paysan pour lui voler son jambon. Le loup s'enfuit avec le jambon mais il se fait attaquer par des chiens qui veulent lui voler son repas. Il réussit à les semer et court à sa chaumière. La nuit venue, Renart escalade la maison d'Ysengrin et lui vole le jambon. Le lendemain, le loup qui n'a rien mangé depuis plusieurs jours frappe à la porte du goupil. Celui-ci l'emmène jusqu'au château où un vrai festin les attend. Le loup se jette sur la nourriture quand, soudain, il entend le seigneur de haute-Cloche qui s'approche. Il essaie de s'enfuir mais le seigneur le rattrape et lui tranche la queue. |

| | |
|---|---|
| **25 min**<br><br>**collectif oral**<br><br>manuel p. 16, ex. 3 à 5 | **2 *Je me souviens de toute l'histoire***<br>**OBJECTIFS** Comprendre l'histoire dans sa globalité. Participer à un débat en argumentant.<br><br>– Faire lire la consigne de l'exercice 3 ainsi que les phrases.<br><br>– Faire lire la consigne ainsi que les phrases de l'exercice 4 en laissant du temps aux élèves pour qu'ils trouvent les six réponses d'abord silencieusement.<br><br>– Lire les questions de l'exercice 5 à voix haute et y répondre une par une pour permettre un débat construit. |

### Séance 2

| | |
|---|---|
| **20 min**<br><br>**individuel écrit**<br><br>cahier p. 14, ex. 3, 4 | ⬛ **Activités écrites de compréhension et copie de phrase**<br>👁 Même démarche qu'en semaine 1, p. 28 du guide.<br><br>**Différenciation**<br>Regrouper les élèves en difficulté et leur lire le contenu des exercices avant le travail individuel. |

| | Écriture : faire lire la phrase à voix haute par un élève puis repérer les lettres « 𝒞 » majuscules. |

**Pour le jour suivant :** lire le texte 11 (2 niveaux de difficulté) ➜ 💿

## Étude de la langue • Orthographe / Grammaire

### Séance 1  Le son [ə] et le e muet

| 20 min<br><br>**collectif<br>oral**<br><br>manuel<br>p. 23, ex. 8 à 10<br><br>ardoise ou<br>cahier de brouillon<br><br>mémo p. 5 | 🔵 **Découverte collective**<br>**OBJECTIFS** Repérer un son dans un mot. Identifier les graphèmes correspondant à un son. Connaître les graphèmes correspondant à ce son. Connaître le rôle de la lettre « e » muette à la fin des mots.<br>👁 **Même démarche qu'en semaine 1, p. 25 du guide.**<br><br>**Différenciation**<br>Proposer une systématisation en demandant de supprimer à la lecture de ces mots la lettre « e » finale : *prise (pris) – il jardine (jardin) – blonde (blond) – une gamine (gamin) – plate (plat)*…<br><br>👁 **La lettre « e » finale peut être marquée dans certaines régions. Nous la considérons ici comme muette.** |

### Séance 2  Le nom / Le verbe (1)

| 10 min<br><br>**individuel ou<br>collectif écrit**<br><br>manuel<br>p. 22, ex. 6, 7 | ❶ **Entraînement dans le manuel**<br>👁 **Même démarche qu'en semaine 1, p. 29 du guide.** |
| 20 min<br><br>**individuel<br>écrit**<br><br>cahier<br>p. 16, ex. 1 à 4 | ❷ **Entraînement dans le cahier**<br>👁 **Même démarche qu'en semaine 1, p. 29 du guide.**<br><br>**Différenciation**<br>Pour les élèves en difficulté, on pourra proposer la phrase-étiquette suivante : *[Il marche] dans [la rue.]*, avec le nom en bleu et le verbe en rouge pour faciliter le repérage dans les exercices 2, 3 et 4. |

**Pour le jour suivant :**
– mémoriser la réalisation de la lettre « e » muette ou non selon sa place ➜ mémo p. 5 ;
– activité supplémentaire : *lire des mots en ajoutant la lettre « e » à la fin : pris – jardin – blond – gamin – plat.*

## Lecture – Expression • Épisode 3

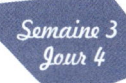
*Semaine 3
Jour 4*

### Séance 1

| 20 min<br><br>**collectif<br>oral**<br><br>manuel<br>p. 17, ex. 6 à 8 | 🔵 *J'utilise le petit dictionnaire*<br>**OBJECTIFS** Se repérer dans un dictionnaire. Se familiariser avec sa présentation et son fonctionnement.<br>– Lire chaque question des exercices 6 à 8 à voix haute et laisser à chaque fois un peu de temps pour que tous les élèves puissent proposer une réponse.<br>– Pour l'exercice 6, faire pointer du doigt les mots bleus. |

– Pour l'exercice 7, faire pointer chaque initiale et nommer la lettre.

👁 **Il serait utile de proposer une frise-alphabet pour ensuite repérer chaque initiale relevée et se rendre compte de l'ordre alphabétique.**

– Pour l'exercice 8, interroger trois élèves en leur demandant de lire la définition du mot.

## Séance 2

| | |
|---|---|
| 20 min<br><br>**collectif<br>oral**<br><br>manuel<br>p. 24 | 🔵 *D'autres œuvres à découvrir*<br><br>**OBJECTIF** Comprendre et s'approprier une nouvelle œuvre en lien avec le texte étudié.<br><br>– Découverte d'une œuvre picturale : une page de manuscrit du *Roman de Renart*.<br>On peut évoquer ici la technique de la fabrication du manuscrit à l'époque du Moyen Âge : à partir de peaux de bêtes (veau, mouton ou chèvre), on obtient, après plusieurs manipulations, des parchemins que l'on découpe en feuilles.<br>Le papier (fabriqué à partir de chiffons) est une invention chinoise, transmise par les Arabes, qui date du xiiᵉ siècle mais il fait son apparition en France au cours du xivᵉ siècle. Les feuilles de parchemin sont regroupées en cahiers. Sur chaque page, on trace des lignes verticales et horizontales (que l'on aperçoit sur le document). L'imprimerie n'existe pas encore et ce sont les moines qui sont chargés de recopier les manuscrits. Le moine (que l'on appelle aussi scribe ou copiste) écrit à l'encre noire à l'aide d'une plume d'oiseau ou d'un roseau effilé qu'il retaille régulièrement, appelé « calame ».<br>Quand la copie est terminée, on procède à la reliure en cousant ensemble les différents cahiers et en enveloppant le tout dans une couvrure (une couverture) en peau de truie, de mouton ou de cervidé.<br>On sait aujourd'hui que le *Roman de Renart* a connu un grand succès car il existe plusieurs manuscrits bien conservés.<br>Sur le document du manuel, le texte, écrit en écriture gothique et en vers, apparaît sur deux colonnes. Chaque vers commence par une majuscule. On pourra demander aux élèves d'essayer de distinguer certaines d'entre elles, ainsi que d'autres lettres, puis certains mots : le mot « Renart » apparaît au début du 9ᵉ vers de la colonne de gauche. Il n'y a ni paragraphe ni saut de lignes, mais de grandes initiales, prolongées d'éléments décoratifs et colorés, permettant d'articuler le texte.<br>Enfin, des miniatures rectangulaires sur fond doré sont insérées dans les colonnes de textes et sont de véritables vignettes d'illustrations : on reconnaît ici Renart et Ysengrin.<br><br>– Proposer aux élèves d'autres parchemins enluminés (www.bnf.fr).<br><br>– À partir de versions plus récentes du *Roman de Renart*, comparer la présentation du texte, des illustrations… |

**Pour le jour suivant :** lire le texte 12 (2 niveaux de difficulté) ➜

## Étude de la langue • L'atelier des mots / Orthographe

## Séance 1  Les mots de la même famille (2)

| | |
|---|---|
| 10 min<br><br>**collectif<br>oral**<br><br>manuel<br>p. 23, ex. 13, 14 | ❶ **Découverte collective**<br><br>**OBJECTIF** Identifier le mot de base d'une famille (étape 2 de la construction du mémo sur les mots de la même famille).<br><br>– **Exercice 13.** Demander aux élèves de lire individuellement le texte puis d'observer les mots soulignés.<br><br>– Proposer à un élève de lire le texte à voix haute.<br><br>– Demander : *qu'est un renardeau* (rappel de la leçon précédente) ? *D'où vient le mot « renardeau » ? À partir de quel mot est-il formé ?* Dire que « renard » est le mot de base.<br><br>– **Exercice 14.** Demander aux élèves de repérer le mot de base des trois autres mots soulignés après avoir précisé leur signification. |

| | |
|---|---|
| | **Différenciation** Regrouper les élèves en difficulté et les accompagner dans leur lecture et dans leur questionnement. La mise en commun intéressera l'ensemble de la classe. |
| 10 min **individuel écrit / collectif oral** manuel p. 23, ex. 15 cahier de brouillon | **2 Manipulation dans le manuel** OBJECTIF Trouver des mots d'une même famille. – **Exercice 15.** Sur leur cahier de brouillon, les élèves écrivent les différentes familles. – Mise en commun : écrire les propositions correctes des élèves au tableau en précisant leur sens et la façon dont ils sont construits à partir du mot de base. **Différenciation** Regrouper les élèves en difficulté et les accompagner dans la réalisation de l'exercice. On pourra aider tous les élèves pour le début de l'exercice puis les laisser poursuivre seuls. Prévoir une correction-mise en commun en classe entière. |
| mémo p. 34 | **3 Mémo** Construire le mémo avec les élèves à partir de leurs observations. |

## Séance 2 Le son [ə] et le e muet

| | |
|---|---|
| 10 min **individuel ou collectif écrit** manuel p. 23, ex. 11, 12 | **1 Entraînement dans le manuel** 👁 Même démarche qu'en semaine 1, p. 27 du guide. |
| 20 min **individuel écrit** cahier p. 17, ex. 1 à 4 | **2 Entraînement dans le cahier et copie de phrase** 👁 Même démarche qu'en semaine 1, p. 27 du guide. **Différenciation** Regrouper les élèves en difficulté pour les aider à déchiffrer les mots des différents exercices. Écriture : faire lire la phrase à voix haute par un élève puis rappeler les tailles des différentes lettres sous et au-dessus de la ligne de base. |

**Pour le jour suivant :** mémoriser le mémo « Les mots de la même famille (2) » ➜ mémo p. 34.

# 2 unité — La vie au temps des châteaux forts

## SEMAINE 1

| | | | **Jour 1** guide p. 51 |
|---|---|---|---|
| **Atelier d'anticipation (graphophonologie)** | **Moment différencié en atelier** | 20 min | Élèves en atelier d'anticipation, CD, fiche de soutien, ortho. n° 7 <br> Élèves en autonomie, CD, texte de lecture supplémentaire n° 4 |
| **Lecture / Expression** | **Séance 1** | 20 à 40 min | **1.** Découverte de la page d'ouverture, manuel p. 25 <br> **2.** Découverte de la partie 1, manuel p. 26-27 <br> **3.** *Je comprends la partie*, manuel p. 32, ex. 1 |
| | **Séance 2** | 10 à 20 min | Mémorisation des mots-clés de la partie 1, ardoise |
| **Étude de la langue** | **Séance 1** | 20 min | **Orthographe** • Le son [ø] et le son [œ], manuel p. 38, ex. 1, 2 + mémo p. 6 |
| | **Séance 2** | 30 min | Entraînement en atelier des mots, cahier p. 18, ex. 1 à 4 |

Dictée n° 4* (CD + guide p. 13)

## SEMAINE 2

| | | | **Jour 1** guide p. 59 |
|---|---|---|---|
| **Atelier d'anticipation (graphophonologie)** | **Moment différencié en atelier** | 20 min | Élèves en atelier d'anticipation, CD, fiche de soutien, ortho. n° 9 <br> Élèves en autonomie, CD, texte de lecture supplémentaire n° 5 |
| **Lecture / Expression** | **Séance 1** | 20 à 40 min | **1.** Résumé de la partie 1 <br> **2.** Découverte de la partie 2, manuel p. 28-29 <br> **3.** *Je comprends la partie*, manuel p. 34, ex. 1 |
| | **Séance 2** | 10 à 20 min | Mémorisation des mots-clés de la partie 2, ardoise |
| **Étude de la langue** | **Séance 1** | 20 min | **Orthographe** • Le son [j] (1), manuel p. 40, ex. 1, 2 + mémo p. 6 |
| | **Séance 2** | 30 min | Entraînement en vocabulaire, manuel p. 39, ex. 15 + cahier p. 23, ex. 1 à 6 |

Dictée n° 5* (CD + guide p. 13)

## SEMAINE 3

| | | | **Jour 1** guide p. 67 |
|---|---|---|---|
| **Atelier d'anticipation (graphophonologie)** | **Moment différencié en atelier** | 20 min | Élèves en atelier d'anticipation, CD, fiche de soutien, ortho. n° 11 <br> Élèves en autonomie, CD, texte de lecture supplémentaire n° 6 |
| **Lecture / Expression** | **Séance 1** | 20 à 40 min | **1.** Résumé de la partie 2 <br> **2.** Découverte de la partie 3, manuel p. 30-31 <br> **3.** *Je comprends la partie et le document*, manuel p. 36, ex. 1 |
| | **Séance 2** | 10 à 20 min | Mémorisation des mots-clés de la partie 3, ardoise |
| **Étude de la langue** | **Séance 1** | 20 min | **Orthographe** • Le son [b] et le son [p], manuel p. 42, ex. 1, 2 + mémo p. 7 |
| | **Séance 2** | 30 min | Entraînement en atelier des mots, cahier p. 28, ex. 1 à 4 |

Dictée n° 6* (CD + guide p. 13)

* À préparer sur 3 jours et à réaliser le 4e jour.

| Jour 2 guide p. 53 | Jour 3 guide p. 55 | Jour 4 guide p. 57 |
|---|---|---|
| | Élèves en atelier d'anticipation, CD, fiche de soutien, ortho. n° 8<br>Élèves en autonomie, CD, fiche d'activités complémentaires, ortho. n° 4 ou/et lecture n° 4 | |
| 1. Retour sur la partie 1<br>2. *J'apprends des mots nouveaux*, manuel p. 32, ex. 2<br>3. *Je lis à voix haute*, manuel p. 32, ex. 3 | 1. Retour sur la partie 1<br>2. *Je me souviens de la partie*, manuel p. 33, ex. 4, 5<br>3. *J'écris une phrase*, manuel p. 33, ex. 6 | 1. Relecture de la partie 1<br>2. Activités orales de compréhension : résumé et analyse de documents |
| Activités écrites de compréhension, cahier p. 19, 1, 2 | Activités écrites de compréhension, cahier p. 19, ex. 3, 4<br>Copie de phrase (Ⓓ), cahier p. 19 | *D'autres œuvres à découvrir*, manuel p. 44 |
| **Grammaire** • Le nom / Le verbe (2), manuel p. 38, ex. 4 à 7 + mémo p. 17 | **Orthographe** • Le son [ɛ̃], manuel p. 39, ex. 10, 11 + mémo p. 6 | **Vocabulaire** • L'ordre alphabétique (1), manuel p. 39, ex. 13, 14 + mémo p. 35 |
| Entraînement en orthographe, manuel p. 38, ex. 3 + cahier p. 20, ex. 1 à 4<br>Copie de phrase, cahier p. 20 | Entraînement en grammaire, manuel p. 38, ex. 8, 9 + cahier p. 21, ex. 1 à 4 | Entraînement en orthographe, manuel p. 39, ex. 12 + cahier p. 22, ex. 1 à 5<br>Copie de phrase, cahier p. 22 |

| Jour 2 guide p. 61 | Jour 3 guide p. 63 | Jour 4 guide p. 65 |
|---|---|---|
| | Élèves en atelier d'anticipation, CD, fiche de soutien, ortho. n° 10<br>Élèves en autonomie, CD, fiche d'activités complémentaires, ortho. n° 5 ou/et lecture n° 5 | |
| 1. Retour sur la partie 2<br>2. *J'apprends des mots nouveaux*, manuel p. 34, ex. 2 à 4 | 1. Retour sur la partie 2<br>2. *Je me souviens de la partie*, manuel p. 35, ex. 5, 6<br>3. Activités préparatoires à l'expression écrite de la séance 2 | Retour sur l'expression écrite |
| Activités écrites de compréhension, cahier p. 24, ex. 1, 2 | *J'écris un petit texte*, manuel p. 35, ex. 7 | Activités écrites de compréhension, cahier p. 24, ex. 3, 4<br>Copie de phrase (Ⓔ), cahier p. 24 |
| **Grammaire** • Le nom / Le verbe (3), manuel p. 40, ex. 4 à 6 + mémo p. 17 | **Orthographe** • Le son [j] (2), manuel p. 41, ex. 9, 10 + mémo p. 7 | **L'atelier des mots** • Les mots composés, manuel p. 41, ex. 13 à 15 + mémo p. 35 |
| Entraînement en orthographe, manuel p. 40, ex. 3 + cahier p. 25, ex. 1 à 4<br>Copie de phrase, cahier p. 25 | Entraînement en grammaire, manuel p. 40, ex. 7, 8 + cahier p. 26, ex. 1 à 4 | Entraînement en orthographe, manuel p. 41, ex. 11, 12 + cahier p. 27, ex. 1 à 5<br>Copie de phrase, cahier p. 27 |

| Jour 2 guide p. 69 | Jour 3 guide p. 71 | Jour 4 guide p. 73 |
|---|---|---|
| | Élèves en atelier d'anticipation, CD, fiche de soutien, ortho. n° 12<br>Élèves en autonomie, CD, fiche d'activités complémentaires, ortho. n° 6 ou/et lecture n° 6 | |
| 1. Retour sur la partie 3<br>2. *J'apprends des mots nouveaux*, manuel p. 36, ex. 2 | 1. Retour sur tout le documentaire<br>2. *Je me souviens de tout le documentaire*, manuel p. 36, ex. 3 à 5 | *J'utilise le petit dictionnaire*, manuel p. 37, ex. 6 à 9 |
| Activités écrites de compréhension, cahier p. 29, ex. 1, 2 | Activités écrites de compréhension, cahier p. 29, ex. 3, 4<br>Copie de phrase (Ⓐ, Ⓑ, Ⓒ, Ⓓ, Ⓔ), cahier p. 29 | *D'autres œuvres à découvrir*, manuel p. 44 |
| **Grammaire** • Le nom / Le verbe (4), manuel p. 42, ex. 4 à 6 + mémo p. 17 | **Orthographe** • Le son [d] et le son [t], manuel p. 43, ex. 9, 10 + mémo p. 7 | **L'atelier des mots** • Les noms de métiers, manuel p. 43, ex. 12 à 14 + mémo p. 35 |
| Entraînement en orthographe, manuel p. 42, ex. 3 + cahier p. 30, ex. 1 à 4<br>Copie de phrase, cahier p. 30 | Entraînement en grammaire, manuel p. 42, ex. 7, 8 + cahier p. 31, ex. 1 à 5 | Entraînement en orthographe, manuel p. 43, ex. 11 + cahier p. 32, ex. 1 à 4<br>Copie de phrase, cahier p. 32 |

## Le documentaire

Ce texte propose une approche thématique du Moyen Âge. Les élèves étudieront cette période sous un angle historique au cycle 3.

En CE1, les enfants sont trop jeunes pour maîtriser la chronologie. On ne délimite pas ici le Moyen Âge par des dates mais on décrit aux élèves ce « moment » de l'Histoire par des images parfois déjà familières et très parlantes : les châteaux forts, les seigneurs, les tournois…

Dans ce documentaire, les élèves découvrent à quel point les paysans et les seigneurs vivaient une vie différente. On pourra leur expliquer, avec des termes simples, que les premiers obéissaient aux seconds, dans une relation de dépendance non remise en cause durant de longs siècles.

Les deux premières parties du documentaire proposent deux doubles pages qui opposent la vie du paysan à celle du seigneur. On y trouve différents types de documents : des dessins qui illustrent des scènes de la vie quotidienne, des photos (un château construit au Moyen Âge, des sabots, un bouclier), la reproduction d'une tapisserie et une enluminure de manuscrit. Dans la dernière partie, on détaille l'attaque d'un château. Ainsi, les élèves pourront prendre conscience qu'une société différente de celle dans laquelle ils grandissent a existé « il y a longtemps », « à l'époque des chevaliers ». Les conditions de vie étaient différentes, les occupations et les habitudes également.

Pour situer cette période sur le fil du temps qui passe, l'enseignant peut construire une frise chronologique simple dans la classe sur laquelle il fait apparaître des photos de monuments, d'objets ou de scènes de vie du quotidien, de personnages, d'inventions techniques… rencontrées au détour de thèmes évoqués tout au long de l'année scolaire. Ainsi, le déroulement de l'Histoire se met en place petit à petit dans la tête des enfants en travaillant parallèlement l'Histoire des Arts.

Enfin, la dernière page du documentaire présente le site de Guédelon, qui est situé à Treigny, dans l'Yonne et qui se visite une partie de l'année. Sur la page d'accueil du site Internet, on peut lire : « Ils ont retrouvé un site sauvage, une ancienne carrière boisée, un paysage de l'An Mil. Avec cette pierre et ce bois, ils bâtissent un château fort dans le respect des techniques du XIII$^e$ siècle. » L'aventure a commencé en 1997 et devrait se poursuivre pendant 25 ans, le temps pour des bâtisseurs passionnés de faire sortir un château fort de terre.

## Les thèmes

**La vie quotidienne au Moyen Âge :** les élèves vont découvrir cette époque à travers l'habitat, les repas, les vêtements et les occupations des seigneurs et des paysans.

**L'attaque d'un château :** avec un dessin qui illustre parfaitement ce thème, les élèves vont se familiariser, à travers le texte, avec des termes techniques que l'enseignant pourra développer.

**Les métiers :** qui participe à la construction d'un château ? En découvrant l'aventure de Guédelon dans le manuel, et en la prolongeant sur Internet ou même lors d'une visite sur place, on découvre alors tous les métiers indispensables à ce grand chantier.

## Les œuvres en réseau

**Des livres :**

### Rubrique « D'autres œuvres à découvrir », p. 44 du manuel

➥ *Trésors du Moyen Âge*, Caroline Desnoëttes, éd. de la RMN-Grand Palais.

(Voir le déroulement de la séance, p. 73 du guide.)

➥ *Roland à Roncevaux*, Charlotte Censoir, Louise Heugel, éd. Thierry Magnier.

➥ *Jean Barbe de Blé*, Éric Battut, éd. Bilboquet.

➥ *Le château de la duchesse Anne de Bretagne*, Geneviève De La Bretesche, Jean-Philippe Chabot, éd. Gallimard jeunesse.

**Des chansons :**

### Rubrique « D'autres œuvres à découvrir », p. 44 du manuel

♫ *J'ai vu le loup, le renard, la belette*, chanson populaire du Moyen Âge.

(Voir le déroulement de la séance, p. 57 du guide.)

♫ *Le bon roi Dagobert*, chanson populaire.

**Des œuvres picturales :**

📷 *Jeux d'enfants*, peinture à l'huile de Pieter Bruegel l'Ancien (1560).

📷 *La tapisserie de Bayeux* (célébrant la conquête de l'Angleterre par Guillaume le Conquérant en 1066).

**Un site Internet :**

@ www.guedelon.fr

(Voir dans l'introduction p. 16 la présentation du dispositif d'anticipation et des jeux de manipulation.)

| | |
|---|---|
| 20 min<br>**moment différencié**<br><br>Élèves en atelier :<br><br>– cartes des mots<br>– fiche de soutien, ortho. n° 7<br><br>Élèves en autonomie :<br><br>– texte de lecture supplémentaire n° 4 | **❶ Jeux de manipulation avec le son [ø] ou le son [œ]**<br>**OBJECTIFS** Repérer la présence d'un son dans un mot. Identifier la place d'un son dans un mot. Déchiffrer un mot.<br>– « La chasse aux sons »<br>– « Memory » (choisir des mots avec les groupes de lettres « eu », « œu », « ou » et « en »)<br><br>**❷ Fiche de soutien en orthographe n° 7 : le son [ø] ou le son [œ]**<br>**OBJECTIFS** Repérer la présence d'un son dans un mot. Identifier les graphèmes correspondant à un son. Déchiffrer un mot. Écrire des mots qui contiennent les graphèmes du son étudié. |

## Lecture – Expression • **Partie 1**

### Séance 1

| | |
|---|---|
| 5 min<br><br>**collectif oral**<br><br>manuel<br>p. 25 | **❶ Découverte de la page d'ouverture du documentaire**<br>**OBJECTIF** Prendre des informations sur une couverture d'album et sur une image.<br>– Faire lire le titre puis l'indication sur le type de texte.<br>– Faire observer l'illustration et faire lire les mots de la légende.<br>– *Que découvre-t-on d'autre sur ce dessin ?*<br>*Des paysans travaillent la terre, l'un d'entre eux utilise une faux. On distingue aussi un berger et ses moutons, des chevaliers dans la cour du château (certains s'entraînent pour un tournoi), un fauconnier, certaines salles du château et leur mobilier (coffre, tapisserie, lit…) ainsi que la chapelle, un escalier en colimaçon…* |
| 20 min<br><br>**collectif oral**<br><br>manuel<br>p. 26-27 et p. 37 | **❷ Découverte de la partie 1**<br>**OBJECTIFS** Prendre des informations sur une image. Écouter et lire des pages de documentaire.<br>– Inviter les élèves à observer les illustrations et à en distinguer les différents types : des dessins, des photos (le château de Bonaguil et les sabots) et une reproduction de la tapisserie de *La Dame à la licorne*. Lire les légendes à voix haute, en y apportant des précisions si besoin (situer en gros le XVᵉ et le XVIᵉ siècles : le temps des rois ; expliquer la mention « détail » pour *La Dame à la licorne*).<br>**👁 On donnera des précisions sur le patrimoine historique (le château et la tapisserie) en jour 4.**<br>– Proposer une lecture magistrale de l'ensemble des pages 26 et 27, puis laisser les élèves intervenir : recueillir leurs réactions, éclaircir quelques difficultés de compréhension si besoin en proposant à ceux qui le peuvent d'apporter des explications ou des précisions.<br>– Proposer une seconde lecture de la partie en alternant lecture magistrale et lecture par des élèves.<br>**👁 On s'assurera que les élèves inscrivent bien les scènes décrites dans le passé alors que le texte est écrit au présent.**<br>– Préciser que la définition des mots suivis d'un astérisque se trouve dans le « Petit dictionnaire », page 37. Demander aux élèves de relever ces mots (*banquet, convives, tunique*). Laisser à certains le soin de les expliquer avec leurs propres mots puis inviter à découvrir cette page 37. Proposer à trois élèves de lire les définitions.<br>**👁 Faire remarquer que le mot « convive » apparaît sans « s » dans la page du dictionnaire alors qu'il en a un dans le texte.** |

| | – Revenir sur les dessins des pages 26 et 27 et faire décrire les différents éléments qui n'auraient pas été mentionnés. |
|---|---|
| 15 min<br><br>**collectif oral**<br><br>manuel p. 32, ex. 1 | **3** *Je comprends la partie*<br><br>**OBJECTIFS** Identifier les éléments d'un documentaire qu'on a lu. Rendre compte de ce que l'on a lu ou entendu.<br><br>👁 **Même démarche qu'en unité 1, p. 24 du guide.**<br>– Mots-clés à inscrire au tableau : *le château fort, un banquet, des convives, un ménestrel, une chaumière, un paysan, une tunique, des sabots.*<br>– **b**, **c** et **e.** Proposer aux élèves de revenir à la page 26 s'ils veulent s'aider du dessin pour répondre aux questions.<br><br>**Différenciation**<br>– Proposer aux élèves en difficulté de relire les mots qui présentent des difficultés de déchiffrage : *revêtent, directement, ménestrels, paysans*; puis certaines des phrases qui contiennent ces mots.<br>– Revenir sur le sens de certaines expressions : *bordées de fourrure, fabriquées à partir de bandes de peaux.*<br>– Inviter les autres élèves à lister (sur l'ardoise) les éléments communs aux illustrations des pages 26 et 27. |

## Séance 2

| | |
|---|---|
| 20 min<br><br>**individuel écrit**<br><br>ardoise | 🔵 **Mémorisation des mots-clés de la partie 1**<br><br>**OBJECTIFS** Mémoriser les mots-clés du documentaire. Restituer leur orthographe.<br><br>📋 *le château fort, un banquet, les convives, un ménestrel, une chaumière, un paysan, une tunique, des sabots*<br><br>👁 **Même démarche qu'en unité 1, p. 24 du guide.**<br>– Questions à poser : *où vit le seigneur ? Comment appelle-t-on un repas de fête organisé au château ? Comment s'appellent les invités ? Qui chante des chansons pendant le banquet ? Où vit le paysan ? Comment est-il habillé ?* |

**Pour le jour suivant :** lire le texte 1 (2 niveaux de difficulté) ➜

## Étude de la langue • Orthographe / L'atelier des mots

### Séance 1 Le son [ø] ou le son [œ]

| | |
|---|---|
| 20 min<br><br>**collectif oral**<br><br>manuel p. 38, ex. 1, 2<br><br>ardoise ou cahier de brouillon<br><br>mémo p. 6 | 🔵 **Découverte collective**<br><br>**OBJECTIFS** Repérer un son dans un mot. Identifier les graphèmes correspondant à un son. Connaître les graphèmes correspondant à ce son.<br><br>👁 **Même démarche qu'en unité 1, p. 25 du guide.**<br>👁 **La méthode prend le parti de ne pas opposer les sons [ø] et [œ]. Elle laisse à chaque enseignant la possibilité de le faire ou non.**<br><br>**Différenciation**<br>Faire prononcer systématiquement le son [ø] (de «feu») lors du décodage d'un mot comportant le son [œ] (de «cœur») ne gêne pas sa compréhension. Quand l'élève relit le mot dans son intégralité, il prononcera automatiquement le son [œ]. |

## **Séance 2** Les mots de la même famille (2)

| 30 min<br><br>**individuel<br>écrit**<br><br>cahier<br>p. 18, ex. 1 à 4 | 🔵 **Entraînement dans le cahier**<br>👁 **Même démarche qu'en unité 1, p. 41 du guide.**<br><br>**Différenciation**<br>– Regrouper les élèves en difficulté et leur lire le contenu des exercices avant le travail individuel.<br>– Exercice 3 : facultatif. |
|---|---|

**Pour le jour suivant :**
– mémoriser les graphèmes du son [ø] et du son [œ] ➜ mémo p. 6 ;
– activité supplémentaire : *cherche des mots où l'on entend le son [ø] ou le son [œ].*

## Lecture – Expression • **Partie 1**

*Semaine 1
Jour 2*

## **Séance 1**

| 15 min<br><br>**collectif<br>oral** | **1 Retour sur la partie 1**<br>**OBJECTIF** Distinguer les éléments importants d'un texte documentaire.<br><br>– Inviter les élèves à se remémorer la partie découverte la veille : *de quoi parle la première partie de ce documentaire ?* Insister sur les différences entre seigneur et paysan : leur habitat, leurs habitudes de vie quotidienne, leurs vêtements.<br>– Activités de restitution (exemples) :<br>1. repérage de phrases erronées : *La maison est partagée en deux : d'un côté les parents, de l'autre les enfants.*<br>2. vrai/faux : *Les convives mangent dans de belles assiettes en argent.* Vrai ou faux ?<br>3. rebrassage du lexique : *Qui chante des chansons pendant le banquet ? Ce sont les <u>ménestrels</u>.* |
|---|---|
| 15 min<br><br>**collectif<br>oral**<br><br>manuel<br>p. 32, ex. 2 | **2 *J'apprends des mots nouveaux***<br>**OBJECTIF** Affiner le bagage lexical.<br><br>– Lire la consigne à voix haute. Demander à un élève de lire les trois mots proposés puis laisser un temps pour que tous les élèves puissent chercher, avant de demander à certains d'entre eux de proposer des réponses.<br>– Proposer aux élèves d'inventer de nouvelles phrases à partir de ces mots. |
| 10 min<br><br>**individuel<br>oral**<br><br>manuel<br>p. 32, ex. 3 | **3 *Je lis à voix haute***<br>**OBJECTIF** Lire seul et à voix haute en articulant et en respectant la ponctuation.<br>👁 **Même démarche qu'en unité 1, p. 26 du guide.** |

## **Séance 2**

| 10 min<br><br>**individuel<br>écrit**<br><br>cahier<br>p. 19, ex. 1, 2 | 🔵 **Activités écrites de compréhension**<br>👁 **Même démarche qu'en unité 1, p. 26 du guide.**<br><br>**Différenciation**<br>– Regrouper les élèves en difficulté et leur lire le contenu des exercices avant le travail individuel. |
|---|---|

– Proposer aux élèves les plus rapides de réécrire sur l'ardoise les mots-clés vus en jour 1 (voir p. 52 du guide) de mémoire, en faisant attention à l'orthographe (masquer l'affichage). Leur proposer une auto-correction à l'aide de l'affichage.

**Pour le jour suivant :** lire le texte 2 (2 niveaux de difficulté) ➜ ⊙

## Étude de la langue • Grammaire / Orthographe

### Séance 1  Le nom / Le verbe (2)

| 5 min<br>collectif<br>oral | **1 Entrée dans la séance**<br>**OBJECTIF** Distinguer un nom et un verbe en utilisant les connaissances spécifiques à ces natures de mots (déterminant, pronom de conjugaison).<br>– Écrire des noms et des verbes au tableau.<br>👁 **Possibilité de montrer des cartes avec des personnes, des objets ou des actions et faire employer les termes de « nom » et de « verbe » appris la semaine précédente.**<br>– Les élèves produisent oralement des phrases en utilisant les mots écrits au tableau.<br>– Faire une synthèse rapide.<br>👁 **Cette étape doit amener les élèves à se rappeler que les noms et les verbes sont accompagnés d'autres mots (« un »/« une », « il »/« elle »).** |
|---|---|
| 15 min<br>collectif<br>oral<br>manuel<br>p. 38, ex. 4 à 7<br>mémo<br>p. 17 | **2 Découverte collective**<br>**OBJECTIFS** Distinguer un nom et un verbe. Savoir effectuer des substitutions de noms et de verbes dans des phrases.<br>– **Exercices 4 à 7.** Les élèves identifient les noms et les verbes dans les phrases.<br>– Synthèse collective au tableau.<br>👁 **Ce moment doit permettre d'amener les élèves à expliciter leurs stratégies de reconnaissance des verbes et des noms.**<br>– Lecture collective du mémo.<br>– Mémorisation du mémo. |

### Séance 2  Le son [ø] ou le son [œ]

| 10 min<br>individuel ou collectif<br>écrit<br>manuel<br>p. 38, ex. 3 | **1 Entraînement dans le manuel**<br>👁 **Même démarche qu'en unité 1, p. 27 du guide.** |
|---|---|
| 20 min<br>individuel<br>écrit<br>cahier<br>p. 20, ex. 1 à 4 | **2 Entraînement dans le cahier et copie de phrase**<br>👁 **Même démarche qu'en unité 1, p. 27 du guide.**<br>**Différenciation**<br>Regrouper les élèves en difficulté et leur lire le contenu des exercices avant le travail individuel.<br>Écriture : faire lire la phrase à voix haute par un élève puis faire travailler sur l'ardoise la formation isolée du « œ » lié. |

**Pour le jour suivant :** mémoriser le mémo « Le nom / Le verbe (2) » ➜ mémo p. 17.

(Voir dans l'introduction p. 16 la présentation du dispositif d'anticipation et des jeux de manipulation.)

| | |
|---|---|
| 20 min<br>**moment différencié**<br><br>Élèves en atelier :<br><br>– cartes des mots<br>– fiche de soutien, ortho. n° 8<br><br>Élèves en autonomie :<br><br>– fiche d'activités complémentaires, ortho. n° 4 ou/et lecture n° 4 | **1** **Jeux de manipulation avec le son [ɛ̃]**<br>**OBJECTIFS** Repérer la présence d'un son dans un mot. Identifier la place d'un son dans un mot. Déchiffrer un mot.<br>– « Son, y es-tu ? Où es-tu ? »<br>– « Un mot, une image »<br><br>**2** **Fiche de soutien en orthographe n° 8 : le son [ɛ̃]**<br>**OBJECTIFS** Repérer la présence d'un son dans un mot. Identifier les graphèmes correspondant à un son. Déchiffrer des mots. |

## Lecture – Expression • Partie 1

### Séance 1

| | |
|---|---|
| 10 min<br><br>**collectif oral**<br><br>manuel p. 26-27 | **1** **Retour sur la partie 1**<br>**OBJECTIFS** Poser des questions sur un texte. Prélever des informations locales dans un texte.<br>👁 **Même démarche qu'en unité 1, p. 28 du guide.** |
| 15 min<br><br>**collectif oral**<br><br>manuel p. 33, ex. 4, 5 | **2** *Je me souviens de la partie*<br>**OBJECTIF** Comprendre et localiser des informations dans une page de documentaire.<br>– Lire la consigne de l'exercice 4 à voix haute. Laisser un temps pour que tous les élèves lisent les groupes de mots proposés. Puis interroger des élèves un à un en leur demandant de justifier leurs réponses.<br>– Lire la consigne de l'exercice 5 à voix haute.<br><br>**Différenciation**<br>– Avec les élèves en difficulté, lire à voix haute les phrases a et b, puis chercher ensemble à quel endroit elles pourraient être ajoutées.<br>– Laisser les autres élèves travailler en autonomie, en les invitant à retourner aux pages 26 et 27 du manuel.<br><br>– Proposer une correction collective de l'exercice, sans relire la partie entièrement, mais en demandant aux élèves d'indiquer le paragraphe qui pourrait être suivi des phrases a et b. Inviter un élève à en faire la lecture pour que toute la classe valide ce choix. |
| 15 min<br><br>**collectif oral**<br><br>manuel, p. 33, ex. 6<br><br>**individuel écrit**<br><br>ardoise et cahier de classe | **3** *J'écris une phrase*<br>**OBJECTIF** Produire une phrase à partir de mots proposés.<br>👁 **Même démarche qu'en unité 1, p. 28 du guide.** |

## Séance 2

| 15 min<br><br>**individuel<br>écrit**<br><br>cahier<br>p. 19, ex. 3, 4 | ⬤ **Activités écrites de compréhension et copie de phrase**<br><br>👁 Même démarche qu'en unité 1, p. 28 du guide.<br><br>**Différenciation**<br>Regrouper les élèves en difficulté et leur lire le contenu des exercices avant le travail individuel.<br><br>Écriture : faire lire la phrase à voix haute par un élève puis repérer les lettres « 𝒟 » majuscules. |
|---|---|

**Pour le jour suivant :** lire le texte 3 (2 niveaux de difficulté) ➜ ⬤

## Étude de la langue • Orthographe / Grammaire

### Séance 1  Le son [ɛ̃]

| 20 min<br><br>**collectif<br>oral**<br><br>manuel<br>p. 39, ex. 10, 11<br><br>ardoise ou<br>cahier de brouillon<br><br>mémo<br>p. 6 | ⬤ **Découverte collective**<br><br>**OBJECTIFS** Repérer un son dans un mot. Identifier les graphèmes correspondant à un son. Connaître les graphèmes correspondant à ce son.<br><br>👁 Même démarche qu'en unité 1, p. 25 du guide.<br><br>👁 Les sons [w+ɛ̃], produits par le groupe de lettres « oin », seront travaillés la semaine suivante en opposition au groupe de lettres « ion » qui produit les sons [j+ɔ̃].<br>Le son [ɛ̃] sera revu également dans l'unité 5 lors du travail sur les groupes de lettres « in », « im », « ain » et « ein ».<br>Le graphème « un » correspondant au son [œ̃], proche du son [ɛ̃], n'est pas abordé. Les graphies rares (« yn », « ym »…) ne sont pas traitées dans la méthode. |
|---|---|

### Séance 2  Le nom / Le verbe (2)

| 10 min<br><br>**individuel ou<br>collectif<br>écrit**<br><br>manuel<br>p. 38, ex. 8, 9 | ❶ **Entraînement dans le manuel**<br><br>👁 Même démarche qu'en unité 1, p. 29 du guide. |
|---|---|
| 20 min<br><br>**individuel<br>écrit**<br><br>cahier<br>p. 21, ex. 1 à 4 | ❷ **Entraînement dans le cahier**<br><br>👁 Même démarche qu'en unité 1, p. 29 du guide.<br><br>**Différenciation**<br>– Regrouper les élèves en difficulté et leur lire le contenu des exercices avant le travail individuel.<br>– Exercice 4 : facultatif. |

**Pour le jour suivant :**
– mémoriser les graphèmes du son [ɛ̃] ➜ mémo p. 6 ;
– activité supplémentaire : *cherche des mots dans lesquels le son [ɛ̃] s'écrit avec les groupes de lettres « in », « ain » ou « ein ».*

## Séance 1

| | |
|---|---|
| 10 min<br><br>**collectif<br>oral**<br><br>manuel p. 26-27 | **1** **Relecture de la partie 1**<br>👁 Même démarche qu'en unité 1, p. 29 du guide. |
| 20 min<br><br>**collectif<br>oral**<br><br>manuel<br>p. 26-27 | **2** **Activités orales de compréhension : résumé et analyse des documents**<br>**OBJECTIFS** Assimiler et restituer des connaissances. Faire le lien entre ces connaissances et le patrimoine historique.<br>– Activités d'écoute : après lecture d'une ou deux phrases du texte, demander aux élèves si le contenu se rapporte au seigneur ou aux paysans.<br>– Résumés : proposer deux résumés à l'oral et demander aux élèves d'indiquer le plus pertinent en validant leur choix.<br><br>**1.** Durant le Moyen Âge, les seigneurs font souvent la fête. Ils portent leurs plus beaux habits et invitent leurs amis à participer à des banquets.<br>Les paysans ne sont jamais invités au château car ils n'ont pas d'habits bordés de fourrure.<br><br>**2.** Au Moyen Âge, le seigneur vit dans un château fort. Il organise des banquets durant lesquels les convives se divertissent grâce aux ménestrels.<br>Les paysans vivent dans des chaumières : toute la famille mange et dort dans la même pièce.<br><br>– Analyse des documents historiques : faire comprendre aux élèves que le château de Bonaguil (situé dans le Lot-et-Garonne, en Aquitaine) et la tapisserie de *La Dame à la licorne* (conservée au musée national du Moyen Âge, à Paris) font partie du patrimoine français. Ils ont été réalisés à l'époque du Moyen Âge (« il y a longtemps ») et ont été conservés jusqu'à aujourd'hui : ils témoignent des coutumes de l'époque. On sait donc où et comment vivaient les seigneurs, comment les dames et les jeunes filles étaient habillées.<br>👁 **Expliquer brièvement que le Moyen Âge s'étale sur plusieurs siècles (« sur une très longue période ») et que les coutumes des seigneurs et des paysans ont évolué : il y a, par exemple, des assiettes sur la peinture de Bruegel l'Ancien (p. 39 du manuel) alors qu'on dit dans le texte que les seigneurs mangeaient sur des tranches de pain).**<br>– Montrer aux élèves, si possible, la tapisserie complète de *La Dame à la licorne* : elle fait partie d'un ensemble de six tapisseries dont cinq représentent les cinq sens.<br>– Demander aux élèves s'ils connaissent d'autres châteaux du Moyen Âge ou d'une autre époque ; s'ils pensent qu'il existe encore des chaumières de paysans et pourquoi.<br>👁 **L'enseignant peut noter les mots de vocabulaire de cette phase orale sur un affichage, de façon à compléter le lexique de l'unité.** |

## Séance 2

| | |
|---|---|
| 20 min<br><br>**collectif<br>oral**<br><br>manuel<br>p. 44 | 🔵 *D'autres œuvres à découvrir*<br>**OBJECTIF** Comprendre et s'approprier une nouvelle œuvre en lien avec le texte étudié.<br>– Découverte d'une chanson populaire du Moyen Âge : *J'ai vu le loup, le renard, la belette.*<br>L'origine de cette chanson est imprécise. Son thème musical est inspiré d'un chant grégorien : le *Dies Irae* de la Messe des Morts. Le genre musical de la « chanson populaire », chantée par le peuple, n'apparaît qu'au xv<sup>e</sup> siècle. Ces chansons trouvent la plupart du temps leur inspiration dans la musique religieuse.<br>Il existe de nombreuses versions de cette chanson, toutes rattachées à une région distincte : origine occitane, bretonne, bourguignonne… le texte varie et c'est ainsi que la belette devient parfois un lièvre ou une chèvre. Préciser aux élèves qu'une telle chanson fait partie du patrimoine. |

| | – Après avoir fait écouter la chanson aux élèves, proposer une lecture à voix haute du texte pour relever les mots en vieux français et préciser leur sens. La chanson pourra être rechantée les jours suivants.<br>– Faire recopier le premier paragraphe en respectant la présentation.<br>– Il existe des reprises en langue française ou étrangère, plus contemporaines, qu'on pourra sélectionner et faire écouter aux élèves.<br>– Consacrer un temps avec des élèves (un demi-groupe serait idéal) en BCD pour rechercher d'autres livres sur le Moyen Âge. |
|---|---|

**Pour le jour suivant :** lire le texte 4 (2 niveaux de difficulté) ➜ 💿

## Étude de la langue • Vocabulaire / Orthographe

### Séance 1  L'ordre alphabétique (1)

| 5 min<br><br>**collectif oral** | **1** **Entrée dans la séance**<br>**OBJECTIFS** Connaître l'ordre alphabétique. Classer des mots par ordre alphabétique (par la 1$^{re}$ lettre).<br>– Proposer à nouveau les jeux de l'unité 1 tels que :<br>« Le jeu du furet » : le maître dit trois lettres qui se succèdent et l'élève dit les trois suivantes.<br>« Le duel de mots » : deux élèves tirent chacun une étiquette sur laquelle un mot est écrit. Le mot qui commence par la lettre qui arrive en premier dans l'ordre alphabétique l'emporte.<br>👁 **L'objectif de la séance étant de savoir classer des mots par ordre alphabétique, on privilégiera le duel de mots. Le jeu du furet est utile si certains élèves ont encore du mal avec la comptine de l'alphabet. Si la comptine ne pose pas de problème, on peut adapter le jeu en proposant des variantes comme dire une lettre sur deux ou dire les lettres en reculant dans l'alphabet.** |
|---|---|
| 15 min<br><br>**collectif oral**<br><br>manuel p. 39, ex. 13, 14<br><br>mémo p. 35 | **2** **Découverte collective**<br>**OBJECTIFS** Identifier un classement alphabétique de mots. Utiliser l'ordre alphabétique pour placer des mots.<br>– **Exercice 13.** Les élèves lisent les noms classés dans l'ordre alphabétique.<br>– **Exercice 14.** Les élèves placent les mots dans les listes en utilisant l'ordre alphabétique.<br>– Synthèse collective au tableau.<br>– Lecture collective du mémo.<br>– Mémorisation du mémo. |

### Séance 2  Le son [ɛ̃]

| 10 min<br><br>**individuel ou collectif écrit**<br><br>manuel p. 39, ex. 12 | **1** **Entraînement dans le manuel**<br>👁 **Même démarche qu'en unité 1, p. 27 du guide.** |
|---|---|
| 20 min<br><br>**individuel écrit**<br><br>cahier p. 22, ex. 1 à 5 | **2** **Entraînement dans le cahier et copie de phrase**<br>👁 **Même démarche qu'en unité 1, p. 27 du guide.**<br><br>**Différenciation**<br>Regrouper les élèves en difficulté et leur lire le contenu des exercices avant le travail individuel.<br><br>Écriture : faire lire la phrase à voix haute par un élève puis rappeler l'enchaînement du « i » avec le « n » en un seul geste. |

**Pour le jour suivant:** mémoriser le mémo « L'ordre alphabétique (1) » ➜ mémo p. 35.

## Atelier d'anticipation • **Graphophonologie**

*Semaine 2 Jour 1*

(Voir dans l'introduction p. 16 la présentation du dispositif d'anticipation et des jeux de manipulation.)

| | |
|---|---|
| 20 min<br>**moment différencié**<br><br>Élèves en atelier :<br><br><br><br>– cartes des mots<br>– fiche de soutien, ortho. n° 9<br><br>Élèves en autonomie :<br><br><br><br>– texte de lecture supplémentaire n°5 | **1** **Jeux de manipulation avec le son [j]**<br><br>**OBJECTIFS** Repérer la présence d'un son dans un mot. Identifier la place d'un son dans un mot. Déchiffrer un mot.<br><br>– « Le bon choix » (opposition entre les sons [i] et [j])<br>– « Les lettres mobiles »<br><br>**2** **Fiche de soutien en orthographe n° 9: le son [j] (1)**<br><br>**OBJECTIFS** Repérer la présence d'un son dans un mot. Identifier les graphèmes correspondant à un son. Déchiffrer un mot. |

## Lecture – Expression • **Partie 2**

## **Séance 1**

| | |
|---|---|
| 5 min<br><br>**collectif oral** | **1** **Résumé de la partie 1**<br><br>**OBJECTIF** Restituer les informations nécessaires à la compréhension d'un texte.<br><br>👁 **Même démarche qu'en unité 1, p. 32 du guide.** |
| 20 min<br><br>**collectif oral**<br><br>manuel<br>p. 28-29 et p. 37 | **2** **Découverte de la partie 2**<br><br>**OBJECTIFS** Prendre des informations sur une image. Écouter et lire des pages de documentaire.<br><br>– Laisser un temps aux élèves pour qu'ils découvrent les illustrations de la double page.<br><br>– Leur demander de lire les deux premiers paragraphes seuls ou à deux (jusqu'à *de glands ou d'herbes*), puis faire réagir les élèves : *qu'avez-vous appris dans ces deux paragraphes ?*<br><br>– Proposer une lecture magistrale de la page 28 puis marquer une pause et faire réagir les élèves.<br><br>– Continuer la lecture magistrale page 29.<br><br>– Demander aux élèves de relever les mots suivis d'un astérisque (*famine, acclamé, blason*) puis faire lire chaque phrase comportant un de ces mots pour le recontextualiser. Laisser les élèves en donner une définition avec leurs propres mots avant de découvrir les définitions du « Petit dictionnaire », page 37.<br><br>– Proposer à quelques élèves de reprendre la lecture à voix haute du paragraphe de la page 29. |
| 15 min<br><br>**collectif oral**<br><br>manuel<br>page 34, ex. 1 | **3** *Je comprends la partie*<br><br>**OBJECTIFS** Identifier les éléments d'un documentaire qu'on a lu. Rendre compte de ce que l'on a lu ou entendu.<br><br>👁 **Même démarche qu'en unité 1, p. 24 du guide.**<br><br>– Mots-clés à inscrire au tableau : *la terre, les récoltes, la famine, des soupes, des tournois, les chevaliers, le courage*; en ajoutant *la terre, une armure, les paysans braconnent*. |

**Différenciation**

– Proposer aux élèves en difficulté de relire les mots qui présentent des difficultés de déchiffrage : *ils se nourrissent, les glands, ils braconnent, sévèrement, ils s'affrontent, son adversaire* ; puis certaines phrases qui contiennent ces mots.

– Revenir sur le sens de ce mot : *adresse*.

– Inviter les autres élèves, sur l'ardoise, à inventer des phrases à partir des mots-clés ci-dessus (qui apparaissent au tableau).

## Séance 2

| | |
|---|---|
| 20 min | 🟦 **Mémorisation des mots-clés de la partie 2** |
| **individuel écrit** | **OBJECTIFS** Mémoriser les mots-clés du documentaire. Restituer leur orthographe. |
| ardoise | 📋 *les récoltes, la famine, les chevaliers, des tournois, une armure* |
| | 👁 **Même démarche qu'en unité 1, p. 24 du guide.** |
| | Questions à poser : *après avoir cultivé la terre, qu'obtiennent les paysans ? Comment appelle-t-on une période où les paysans n'ont plus rien à manger ? Qui monte sur des chevaux et participe à des combats ? À quelle occasion ? Que portent les chevaliers pour se protéger ?* |

**Pour le jour suivant :** lire le texte 5 (2 niveaux de difficulté) ➜ 💿

## Étude de la langue • Orthographe / Vocabulaire

### Séance 1  Le son [j] (1)

| | |
|---|---|
| 20 min | 🟦 **Découverte collective** |
| **collectif oral** | **OBJECTIFS** Repérer un son dans un mot. Identifier les graphèmes correspondant à un son. Connaître les graphèmes correspondant à ce son. |
| manuel p. 40, ex. 1, 2 | 👁 **Même démarche qu'en unité 1, p. 25 du guide.** |
| ardoise ou cahier de brouillon | 👁 **Expliquer que la lettre «y», lorsqu'elle produit le son [j] à l'intérieur d'un mot, correspond à deux «i» : l'un s'associe à la voyelle précédente, l'autre produit le son [j].** |
| mémo p. 6 | 👁 **Les sons [j+ɛ̃] et les sons [j+ɔ̃] seront vus le jour suivant ; les finales en [j] avec les groupes de lettres «il» et «ille» seront vues dans l'unité 9.** |
| | **Différenciation** |
| | Un travail systématique sur la prononciation des suites de lettres «aille», «eille», «euille» et «ouille» peut s'avérer utile. |

### Séance 2  L'ordre alphabétique (1)

| | |
|---|---|
| 10 min | ❶ **Entraînement dans le manuel** |
| **individuel ou collectif écrit** | 👁 **Même démarche qu'en unité 1, p. 33 du guide.** |
| manuel p. 39, ex. 15 | |
| 20 min | ❷ **Entraînement dans le cahier** |
| **individuel écrit** | 👁 **Même démarche qu'en unité 1, p. 33 du guide.** |

| cahier<br>p. 23, ex. 1 à 6 | **Différenciation**<br>– Regrouper les élèves en difficulté et leur lire le contenu des exercices avant le travail individuel.<br>– Exercice 6: facultatif. |

---

**Pour le jour suivant:**
– mémoriser les graphèmes du son [j] (1) ➜ mémo p. 6;
– activité supplémentaire: *cherche des mots dans lesquels le son [j] s'écrit avec les lettres «i» ou «y» ou les groupes de lettres «il» ou «ill».*

---

## Lecture – Expression • Partie 2

*Semaine 2*
*Jour 2*

### Séance 1

| 15 min<br><br>**collectif<br>oral** | **1** **Retour sur la partie 2**<br>**OBJECTIF** Distinguer les éléments importants d'un texte documentaire.<br>– Inviter les élèves à se remémorer la partie découverte la veille: *de quoi parle la deuxième partie de ce documentaire?* Insister sur la comparaison entre les paysans et le seigneur.<br>– Activités de restitution (exemples):<br>1. repérage de phrases erronées: *Le seigneur organise des tournois pour que les paysans puissent s'entraîner.*<br>2. vrai/faux: *Les paysans braconnent pour attraper des lapins ou des sangliers. Vrai ou faux?*<br>3. rebrassage du lexique: *Que trouve-t-on sur le bouclier de chaque chevalier?* <u>Un blason.</u> |
| 20 min<br><br>**collectif/<br>individuel<br>oral**<br><br>manuel<br>p. 34, ex. 2 à 4 | **2** *J'apprends des mots nouveaux*<br>**OBJECTIF** Affiner le bagage lexical.<br>– Lire la consigne de l'exercice 2 à voix haute puis demander à un élève de lire les trois mots. Laisser un temps à tous les élèves pour compléter les phrases silencieusement puis demander à un élève volontaire de lire une phrase complétée et de l'expliquer. Valider ou reformuler si besoin.<br>– Proposer aux élèves d'inventer de nouvelles phrases à partir de ces mots.<br><br>**Différenciation**<br>Pour les élèves en difficulté, faire l'exercice avec eux en les aidant à formuler leurs phrases.<br><br>– Lire la consigne de l'exercice 3 à voix haute puis laisser un temps aux élèves pour lire silencieusement les trois phrases avant d'interroger des volontaires.<br>– Lire la consigne de l'exercice 4 à voix haute puis laisser un temps aux élèves pour découvrir le document et lire silencieusement les mots de l'équipement du chevalier.<br><br>**Différenciation**<br>Si beaucoup d'élèves semblent en difficulté devant cette activité, les inviter à la réaliser à deux, en tutorat, pour qu'un élève puisse en aider un autre.<br><br>– Valider l'exercice en interrogeant à l'oral différents élèves.<br><br>👁 **On demandera aux élèves de chercher des mots qu'ils connaissent dans la famille de «chausses» («des chaussures») et dans celle de «gantelet» («des gants»).** |

## Séance 2

| | |
|---|---|
| 10 min<br><br>**individuel écrit**<br><br>cahier<br>p. 24, ex. 1, 2 | ⬤ **Activités écrites de compréhension**<br>👁 Même démarche qu'en unité 1, p. 26 du guide.<br><br>**Différenciation**<br>Regrouper les élèves en difficulté et leur lire le contenu des exercices avant le travail individuel. |

**Pour le jour suivant :** lire le texte 6 (2 niveaux de difficulté) → 💿

## Étude de la langue • Grammaire / Orthographe

### Séance 1 Le nom / Le verbe (3)

| | |
|---|---|
| 5 min<br><br>**collectif oral** | **1 Entrée dans la séance**<br>**OBJECTIFS** Associer un nom à un déterminant. Associer un verbe à un pronom de conjugaison.<br>– Écrire au tableau les mots : *un – une – il – elle*.<br>– Demander aux élèves de citer des mots qu'on peut associer aux mots écrits au tableau.<br>👁 **Lors des séances précédentes, la classe est partie d'un nom pour associer un déterminant et d'un verbe pour associer un pronom de conjugaison. Ici, on part du déterminant et du pronom de conjugaison pour construire un nom ou un verbe.**<br>– La classe valide les propositions individuelles des élèves.<br>👁 **Veiller à faire nommer les mots proposés en tant que nom ou verbe.** |
| 15 min<br><br>**collectif oral**<br><br>manuel<br>p. 40, ex. 4 à 6<br><br>mémo<br>p. 17 | **2 Découverte collective**<br>**OBJECTIFS** Comprendre que les mots qui accompagnent le nom et le verbe permettent de définir la nature du mot auquel ils sont associés.<br>– **Exercice 4.** Les élèves placent les mots *un, une, il, elle* dans le texte.<br>– Synthèse rapide au tableau.<br>– **Exercice 5.** Les élèves classent les mots en deux catégories.<br>– Synthèse collective au tableau. Tracer deux colonnes à remplir au fur et à mesure de l'avancée de la correction.<br>– **Exercice 6.** Les élèves associent des noms et des verbes avec les mots qui les précèdent.<br>👁 **Ce temps doit permettre d'amener les élèves à percevoir que le déterminant et le nom forment un tout et que le pronom de conjugaison et le verbe forment également un tout.**<br>– Lecture collective du mémo.<br>– Mémorisation du mémo. |

### Séance 2 Le son [j] (1)

| | |
|---|---|
| 10 min<br><br>**individuel ou collectif écrit**<br><br>manuel<br>p. 40, ex. 3 | **1 Entraînement dans le manuel**<br>👁 Même démarche qu'en unité 1, p. 27 du guide. |
| 20 min<br><br>**individuel écrit** | **2 Entraînement dans le cahier et copie de phrase**<br>👁 Même démarche qu'en unité 1, p. 27 du guide. |

| | |
|---|---|
| cahier<br>p. 25, ex. 1 à 4 | **Différenciation**<br>Regrouper les élèves en difficulté et leur lire le contenu des exercices avant le travail individuel.<br><br>Écriture : faire lire la phrase à voix haute par un élève puis rappeler l'enchaînement du «i» avec le «l» ou les «ll» en un seul geste. |

**Pour le jour suivant :** mémoriser le mémo «Le nom / le verbe (3)» → mémo p. 17.

· · · · · · · · · · · · · · · · · · · · · · · · · · · · · · · · · · · · · · · · · · · · · · ·

## Atelier d'anticipation • **Graphophonologie**

*Semaine 2*
*Jour 3*

(Voir dans l'introduction p. 16 la présentation du dispositif d'anticipation et des jeux de manipulation.)

| | |
|---|---|
| 20 min<br>**moment différencié**<br><br>Élèves en atelier :<br><br>– cartes des mots<br>– fiche de soutien, ortho. n° 10<br><br>Élèves en autonomie :<br><br>– fiche d'activités complémentaires, ortho. n° 5 ou/et lecture n° 5 | **❶ Jeux de manipulation sur les oppositions «oin»/«ion» et «ien»/«ein»**<br>**OBJECTIFS** Repérer la présence d'un son dans un mot. Différencier des graphèmes proches. Déchiffrer un mot.<br>– «Le loto des sons» (avec quatre cases : «ion», «oin», «ien», «ein»)<br>– «L'intrus»<br><br>**❷ Fiche de soutien en orthographe n° 10 : les groupes de lettres «oin», «ion», «ien» et «ein»**<br>**OBJECTIFS** Repérer la présence d'un son dans un mot. Différencier des graphèmes proches. Déchiffrer un mot. Écrire des mots qui contiennent les graphèmes étudiés. |

## Lecture – Expression • **Partie 2**

### Séance 1

| | |
|---|---|
| 10 min<br>**collectif oral**<br>manuel<br>p. 28-29 | **❶ Retour sur la partie 2**<br>**OBJECTIFS** Restituer les informations nécessaires à la compréhension d'un texte.<br>👁 **Même démarche qu'en unité 1, p. 28 du guide.** |
| 20 min<br>**collectif oral**<br>manuel<br>p. 35, ex. 5, 6 | **❷** *Je me souviens de la partie*<br>**OBJECTIF** Comprendre et localiser des informations dans une page de documentaire.<br>– Lire la consigne de l'exercice 5 à voix haute en proposant aux élèves d'indiquer leurs réponses (*vrai* ou *faux*) sur l'ardoise, en face des puces a, b, c…<br><br>**Différenciation**<br>– Avec les élèves en difficulté, lire avec eux chaque phrase puis leur laisser le temps d'écrire leur réponse. Si certains ont du mal à répondre, faire étayer par un élève ou reformuler la phrase avec d'autres mots.<br>– Demander aux autres élèves, s'ils ont terminé rapidement, d'inventer et d'écrire une ou deux nouvelles phrases au dos de leur ardoise, qu'ils liront à la classe qui devra alors fournir une réponse (*vrai* ou *faux*). |

| | |
|---|---|
| | – Proposer une correction orale en demandant à plusieurs élèves de lire les phrases, de proposer une réponse et de la justifier.<br><br>👁 **Préciser aux élèves de ne pas effacer l'ardoise tant que la correction collective n'est pas faite.**<br><br>– Lire la consigne de l'exercice 6 à voix haute ; faire lire les titres par quatre élèves puis les inviter à retourner aux pages 28 et 29. Sans relire les paragraphes, demander aux élèves d'en résumer le contenu puis leur faire associer un titre. |
| **15 min**<br><br>**collectif oral**<br><br>manuel p. 35, ex. 7 | **3** **Activités préparatoires à l'expression écrite de la séance 2**<br><br>**OBJECTIF** Rédiger le portrait d'un personnage.<br><br>👁 **Même démarche qu'en unité 1, p. 36 du guide.** |

## Séance 2

| | |
|---|---|
| **20 min**<br><br>**individuel écrit**<br><br>manuel p. 35, ex. 7<br><br>cahier de brouillon | ◼ *J'écris un petit texte*<br><br>**OBJECTIF** Produire un petit texte d'environ 5 lignes sur la description d'un personnage, en respectant certaines contraintes.<br><br>👁 **Même démarche qu'en unité 1, p. 37 du guide.** |

**Pour le jour suivant :** lire le texte 7 (2 niveaux de difficulté) ➜ 🔵

## Étude de la langue • Orthographe / Grammaire

### Séance 1 Le son [j] (2)

| | |
|---|---|
| **20 min**<br><br>**collectif oral**<br><br>manuel p. 41, ex. 9, 10<br><br>ardoise ou cahier de brouillon<br><br>mémo p. 7 | ◼ **Découverte collective**<br><br>**OBJECTIFS** Repérer un son dans un mot. Différencier des graphèmes proches.<br><br>👁 **Même démarche qu'en unité 1, p. 25 du guide.**<br><br>**Différenciation**<br>Mettre en évidence la place de la lettre « i » dans les mots contenant les groupes de lettres « ion », « oin », « ien » et « ein ». Si elle est au debut de ces groupes de lettres, elle produit le son [j]. |

### Séance 2 Le nom / Le verbe (3)

| | |
|---|---|
| **10 min**<br><br>**individuel ou collectif écrit**<br><br>manuel p. 40, ex. 7, 8 | **1** **Entraînement dans le manuel**<br><br>👁 **Même démarche qu'en unité 1, p. 29 du guide.** |
| **20 min**<br><br>**individuel écrit** | **2** **Entraînement dans le cahier**<br><br>👁 **Même démarche qu'en unité 1, p. 29 du guide.** |

| | |
|---|---|
| cahier p. 26, ex. 1 à 4 | **Différenciation**<br>– Regrouper les élèves en difficulté et leur lire le contenu des exercices avant le travail individuel.<br>– Exercice 4: facultatif. |

**Pour le jour suivant:**
– savoir lire et distinguer les groupes de lettres «oin», «ion», «ein» et «ien» → mémo p. 7 ;
– activité supplémentaire: *cherche des mots qui contiennent les groupes de lettres «oin», «ion», «ein» ou «ien».*

## Lecture - Expression • **Partie 2**

Semaine 2 Jour 4

### Séance 1

| | |
|---|---|
| 40 min<br><br>**individuel écrit**<br><br>cahier d'expression écrite<br><br>👁 Prévoir un travail en autonomie | 🟦 **Retour sur l'expression écrite / Activité en autonomie**<br>**OBJECTIFS** Revenir sur un travail écrit et y apporter les corrections nécessaires. / Travailler en autonomie et silencieusement.<br>👁 **Même démarche qu'en unité 1, p. 38 du guide.** |

### Séance 2

| | |
|---|---|
| 15 min<br><br>**individuel écrit**<br><br>cahier p. 24, ex. 3, 4 | 🟦 **Activités écrites de compréhension et copie de phrase**<br>👁 **Même démarche qu'en unité 1, p. 28 du guide.**<br><br>**Différenciation**<br>Regrouper les élèves en difficulté et leur lire le contenu des exercices avant le travail individuel.<br><br>Écriture: faire lire la phrase à voix haute par un élève puis repérer les lettres «℃» majuscules. |

**Pour le jour suivant:** lire le texte 8 (2 niveaux de difficulté) → 🔵

## Étude de la langue • **L'atelier des mots / Orthographe**

### Séance 1 Les mots composés

| | |
|---|---|
| 10 min<br><br>**collectif oral**<br><br>manuel p. 41, ex. 13, 14 | **1 Découverte collective**<br>**OBJECTIFS** Identifier des mots composés. (Cas particuliers des mots composés de deux mots avec un trait d'union.)<br>– Demander aux élèves de lire individuellement le texte puis d'observer les mots soulignés.<br>– Proposer à un élève de lire le texte à voix haute.<br>– **Exercice 13.** *Que pouvez-vous dire sur les mots soulignés? Préciser éventuellement: comment sont-ils formés? Ils ont deux parties/morceaux séparés par un trait d'union. Ce sont des mots composés de deux parties, de deux mots. On les appelle des mots composés.* |

– Revenir sur les mots *grands-parents, garde-manger, demi-heures : que veulent-ils dire ? Comment chacun des mots «joue-t-il avec l'autre» ?*
*Un garde-manger permet de conserver/garder la nourriture.*
*Les grands-parents sont les parents des parents.*
*Une demi-heure, c'est la moitié d'une heure.*

– Finir avec «pont-levis» et demander aux élèves leurs interprétations du mot à travers ses deux constituants.

– **Exercice 14.** Une fois les termes «demi», «grand» et «garde» ainsi expliqués et expérimentés, demander aux élèves de trouver oralement d'autres mots composés à partir des mots proposés.

– Validation collective. En profiter pour faire prendre conscience aux élèves que tous les mots composés ne sont pas possibles (exemple : «*une demi-mère»).

### Différenciation

Regrouper les élèves en difficulté et les accompagner dans leur lecture et dans leur questionnement. On peut prévoir des jeux d'étiquettes pour l'exercice 14.
La mise en commun intéressera l'ensemble de la classe.

| | |
|---|---|
| 10 min<br><br>**individuel écrit /**<br>**collectif oral**<br><br>manuel<br>p. 41, ex. 15<br><br>cahier de brouillon | **2  Manipulation dans le manuel**<br>**OBJECTIF** Former des mots composés.<br><br>– **Exercice 15.** Les deux listes de mots sont écrites au tableau en deux colonnes avec un trait d'union au centre. Proposer de trouver un exemple de mot composé en choisissant un élément dans chaque colonne, sans oublier le trait d'union.<br>– Sur leur cahier de brouillon, les élèves écrivent les différents mots composés.<br>– Mise en commun : écrire les mots composés au tableau après un échange sur leur signification à travers chacune des deux parties qui les constituent.<br><br>### Différenciation<br><br>Accompagner les élèves en difficulté. On peut également prévoir un jeu d'étiquettes. La mise en commun intéressera l'ensemble de la classe. |
| mémo<br>p. 35 | **3  Mémo**<br>Construire le même avec les élèves à partir de leurs observations. |

## Séance 2  Le son [j] (2)

| | |
|---|---|
| 10 min<br><br>**individuel ou**<br>**collectif écrit**<br><br>manuel<br>p. 41, ex. 11, 12 | **1  Entraînement dans le manuel**<br>👁 Même démarche qu'en unité 1, p. 27 du guide. |
| 20 min<br><br>**individuel**<br>**écrit**<br><br>cahier<br>p. 27, ex. 1 à 5 | **2  Entraînement dans le cahier et copie de phrase**<br>👁 Même démarche qu'en unité 1, p. 27 du guide.<br><br>### Différenciation<br><br>Regrouper les élèves en difficulté et leur lire le contenu des exercices avant le travail individuel.<br><br>Écriture : faire lire la phrase à voix haute par un élève puis rappeler l'enchaînement du «i» avec le «n» en un seul geste. |

**Pour le jour suivant :** mémoriser le mémo «Les mots composés» ➜ mémo p. 35.

(Voir dans l'introduction p. 16 la présentation du dispositif
d'anticipation et des jeux de manipulation.)

| | |
|---|---|
| **20 min**<br>**moment différencié**<br>Élèves en atelier :<br><br>– cartes des mots<br>– fiche de soutien,<br>ortho. n° 11<br>Élèves en autonomie :<br><br>– texte de lecture<br>supplémentaire n° 6 | **❶ Jeux de manipulation avec le son [b] et le son [p]**<br>**OBJECTIFS** Repérer la présence d'un son dans un mot. Discriminer des sons proches. Déchiffrer un mot.<br>– «Le bon choix»<br>– «Le loto des sons»<br><br>**❷ Fiche de soutien en orthographe n° 11 : le son [b] et le son [p]**<br>**OBJECTIFS** Repérer la place d'un son dans un mot. Identifier les graphèmes correspondant à un son. Déchiffrer un mot. Discriminer des sons proches. |

**Lecture – Expression • Partie 3**

**Séance 1**

| | |
|---|---|
| **5 min**<br>**collectif**<br>**oral** | **❶ Résumé de la partie 2**<br>**OBJECTIF** Restituer les informations nécessaires à la compréhension d'un texte.<br>👁 Même démarche qu'en unité 1, p. 32 du guide. |
| **20 min**<br>**collectif**<br>**oral**<br>manuel<br>p. 30-31 et p. 37 | **❷ Découverte de la partie 3**<br>**OBJECTIFS** Prendre des informations sur une image. Écouter et lire la fin d'un documentaire.<br>– Laisser un temps aux élèves pour qu'ils découvrent les illustrations de la double page.<br>– Demander aux élèves de lire le premier paragraphe seul ou à deux (jusqu'à *Les défenseurs empêchent les assaillants d'approcher*) puis leur demander d'en résumer le contenu à l'oral.<br>– Proposer une lecture magistrale de la page 30 puis marquer une pause et faire réagir les élèves.<br>– Pour la page 31, préciser que c'est un document qui présente un lieu : *le château de Guédelon*. En faire une lecture magistrale, puis y apporter des précisions : *c'est un lieu qui existe ; les scènes se passent à notre époque (les photos sont des documents de notre époque, les hommes qui sont dessus aussi, contrairement aux personnages dessinés, peints ou brodés des autres pages)*.<br>– Ensemble, chercher le sens des mots : *chênes, charpentes, cordiers, tuiliers, vanniers*, en faisant appel, pour certains, à des mots de mêmes familles.<br>– Demander aux élèves de relever les mots suivis d'un astérisque (*assaillants, pillages, échafaudages*) puis faire lire chaque phrase comportant un de ces mots pour le recontextualiser. Laisser les élèves en donner une définition avec leurs propres mots avant de découvrir les définitions du «Petit dictionnaire», page 37.<br>– Proposer à quelques élèves de relire à voix haute les pages 30 et 31. |

| | |
|---|---|
| 15 min<br><br>**collectif oral**<br><br>manuel p. 36, ex. 1 | **3** *Je comprends la partie et le document*<br><br>OBJECTIFS Identifier les éléments d'un documentaire qu'on a lu. Rendre compte de ce qu'on a lu ou entendu.<br><br>👁 **Même démarche qu'en unité 1, p. 24 du guide.**<br>– Mots-clés à inscrire au tableau : *un bélier, les défenseurs, les assaillants, des flèches, un bûcheron, un charpentier, un forgeron.*<br><br>**Différenciation**<br>– Proposer aux élèves en difficulté de relire les mots qui présentent des difficultés de déchiffrage : *le guet, ils se réfugient, le pont-levis, les assaillants, des meurtrières, la construction, des outils, les vanniers* ; puis certaines des phrases qui contiennent ces mots.<br>– Inviter les autres élèves à chercher, dans d'autres documentaires, des machines que les assaillants utilisaient pour attaquer un château. Ils pourront ensuite, à tour de rôle, montrer à la classe les illustrations qu'ils ont trouvées en nommant ces machines : *un trébuchet, une tour de siège…* |

## Séance 2

| | |
|---|---|
| 20 min<br><br>**individuel écrit**<br><br>ardoise | 📑 **Mémorisation des mots-clés de la partie 3**<br><br>OBJECTIFS Mémoriser les mots-clés du documentaire. Restituer leur orthographe.<br><br>📋 *les assaillants, les défenseurs, un bélier, des flèches, un bûcheron, un charpentier, un forgeron*<br><br>👁 **Même démarche qu'en unité 1, p. 24 du guide.**<br>– Questions à poser : *qui attaque le château ? Qui le défend ? Qu'est-ce qui permet d'enfoncer la porte du château ? Quelles armes les soldats utilisent-ils ? À Guédelon, qui abat les arbres ? Qui réalise les échafaudages ? Qui fabrique les pièces de fer ?* |

**Pour le jour suivant :** lire le texte 9 (2 niveaux de difficulté) ➜ 💿

## Étude de la langue • Orthographe / L'atelier des mots

## Séance 1  Le son [b] et le son [p]

| | |
|---|---|
| 20 min<br><br>**collectif oral**<br><br>manuel p. 42, ex. 1, 2<br><br>ardoise ou cahier de brouillon<br><br>mémo p. 7 | 📘 **Découverte collective**<br><br>OBJECTIFS Repérer un son dans un mot. Identifier les graphèmes correspondant à un son. Connaître les graphèmes correspondant à ce son. Discriminer des sons proches.<br><br>👁 **Même démarche qu'en unité 1, p. 25 du guide.**<br><br>👁 **Si les confusions persistent à la suite de cet apprentissage systématique et que ces confusions sont aussi présentes à l'oral, il serait bon de proposer aux parents de faire pratiquer un bilan orthophonique.**<br>**Introduire, lors de cette séance, la valeur muette des lettres «p» et «b» situées en finale d'un mot, afin de ne pas installer chez les élèves de faux automatismes. Les lettres muettes seront plus particulièrement travaillées dans les unités 6 et 10.**<br><br>**Différenciation**<br>Outre les problèmes phonologiques, les lettres «p» et «b» ont aussi une proximité graphique. On peut utiliser l'analogie avec le corps humain : *la lettre «p» a un pied et la lettre «b» a un bras.* |

## Séance 2 · Les mots composés

| 30 min<br><br>**individuel<br>écrit**<br><br>cahier<br>p. 28, ex. 1 à 4 | ▬ **Entraînement dans le cahier**<br><br>👁 Même démarche qu'en unité 1, p. 41 du guide.<br><br>**Différenciation**<br>– Regrouper les élèves en difficulté et leur lire le contenu des exercices avant le travail individuel.<br>– Exercice 4 : facultatif. |
|---|---|

**Pour le jour suivant :**

– distinguer les sons [b] et [p] ; mémoriser leurs graphèmes ➜ mémo p. 7 ;

– activité supplémentaire : *cherche des mots dans lesquels le son [p] s'écrit avec les lettres « p » ou « pp » et des mots avec le son [b].*

• • • • • • • • • • • • • • • • • • • • • • • • • • • • • • • • • • • • • • • • • • • • • •

## Lecture - Expression • Partie 3

*Semaine 3<br>Jour 2*

## Séance 1

| 15 min<br><br>**collectif<br>oral** | **1** **Retour sur la partie 3**<br>**OBJECTIF** Distinguer les éléments importants d'un texte.<br><br>– Inviter les élèves à se remémorer la partie découverte la veille : *de quoi parle la dernière partie de ce documentaire ?* Insister sur les acteurs de l'attaque d'un château (*les assaillants, les défenseurs*), sur les noms de métiers qui participent à la construction d'un château (*le bûcheron, le charpentier, le carrier, le charretier, le forgeron*) et sur les matériaux disponibles à l'époque (*le bois, la pierre, le fer*).<br><br>– Activités de restitution (exemples) :<br>1. repérage de phrases erronées : *Des guerriers essaient d'enfoncer une porte à l'aide d'un mouton.*<br>2. vrai/faux. *Les gardes font le guet sur le pont-levis. Vrai ou faux ?*<br>3. rebrassage du lexique. Que se passe-t-il si le château est pris ? *Il y a des pillages.* |
|---|---|
| 15 min<br><br>**collectif<br>oral**<br><br>manuel<br>p. 36, ex. 2 | **2** *J'apprends des mots nouveaux*<br>**OBJECTIF** Affiner le bagage lexical.<br><br>Lire la consigne de l'exercice 2 à voix haute puis laisser un temps aux élèves pour lire silencieusement les deux phrases avant d'interroger des volontaires. |

## Séance 2

| 10 min<br><br>**individuel<br>écrit**<br><br>cahier<br>p. 29, ex. 1, 2 | ▬ **Activités écrites de compréhension**<br><br>👁 Même démarche qu'en unité 1, p. 26 du guide.<br><br>**Différenciation**<br>Regrouper les élèves en difficulté et leur lire le contenu des exercices avant le travail individuel. |
|---|---|

**Pour le jour suivant :** lire le texte 10 (2 niveaux de difficulté) ➜ 💿

## Étude de la langue • Grammaire / Orthographe

### Séance 1 Le nom / Le verbe (4)

| | |
|---|---|
| 5 min<br><br>collectif<br>oral | **1 Entrée dans la séance**<br><br>**OBJECTIFS** Associer un nom à différents déterminants. Associer un verbe à différents pronoms de conjugaison. Comprendre qu'il existe plusieurs déterminants et plusieurs pronoms de conjugaison.<br><br>– Écrire, au tableau, des noms avec les déterminants « un » et « une » et des verbes avec les pronoms de conjugaison « il » et « elle ». Proposer la consigne suivante : *connaissez-vous des mots qui peuvent remplacer « un », « une », « il », « elle » ?*<br><br>👁 Le but de cette étape est d'amener les élèves à faire des substitutions de déterminants et de pronoms de conjugaison. Noter les propositions des élèves au tableau. Celles-ci peuvent amener une modification de l'orthographe (ex : *un chien → les chien*s). Noter la proposition en ajustant l'orthographe sans développer ce point. L'objectif de cette leçon est d'entrer dans le répertoire des déterminants et non de construire les règles de l'orthographe grammaticale. |
| 15 min<br><br>collectif<br>oral<br><br>manuel<br>p. 42, ex. 4 à 6<br><br>mémo<br>p. 17 | **2 Découverte collective**<br><br>**OBJECTIFS** Construire son répertoire de déterminants et de pronoms de conjugaison.<br><br>– **Exercice 4.** Les élèves classent les noms et les verbes.<br>– Faire une synthèse rapide au tableau.<br><br>👁 Cette étape doit permettre d'échanger sur les différentes stratégies qui permettent d'effectuer un tel tri et donc de donner la nature d'un nom et d'un verbe.<br><br>– **Exercices 5 et 6.** Les élèves relèvent les différents déterminants et les différents pronoms de conjugaison.<br><br>– Synthèse collective au tableau. Tracer deux colonnes à remplir au fur et à mesure de l'avancée de la correction.<br><br>👁 On pourra également noter les listes de déterminants et de pronoms de conjugaison sur une affiche que l'on conservera dans la classe afin de permettre aux élèves de s'y reporter.<br><br>– Lecture collective du mémo.<br>– Mémorisation du mémo.<br><br>**Différenciation**<br><br>Construire un jeu de cartes constitué de cartes avec des noms et leur déterminant au recto (ex : *une voiture*) et les mots « déterminant + nom » écrits au verso ; et des cartes avec des verbes et leur pronom de conjugaison au recto (ex : *il joue*) et les mots « pronom de conjugaison + verbe » écrits au verso.<br>Les cartes sont étalées sur la table, recto apparent. Ce jeu se joue en binôme de niveau homogène. Un troisième élève désigne une carte et l'élève le plus rapide pour donner la nature des mots qui composent le groupe remporte la carte. En cas d'erreur, c'est son adversaire qui remporte la carte. À la fin du jeu, celui qui a remporté le plus de cartes a gagné. |

### Séance 2 Le son [b] et le son [p]

| | |
|---|---|
| 10 min<br><br>individuel ou<br>collectif écrit<br><br>manuel<br>p. 42, ex. 3 | **1 Entraînement dans le manuel**<br><br>👁 **Même démarche qu'en unité 1, p. 27 du guide.**<br><br>– L'exercice 3 donne l'occasion de faire produire des phrases contenant des mots tordus.<br>– Pour faire sourire les élèves, on pourra lire la série d'albums de Pef, *Le Prince de Motordu* (Gallimard). |

| | |
|---|---|
| **20 min**<br><br>**individuel**<br>**écrit**<br><br>cahier<br>p. 30, ex. 1 à 4 | **2** **Entraînement dans le cahier et copie de phrase**<br>👁 **Même démarche qu'en unité 1, p. 27 du guide.**<br><br>**Différenciation**<br>Regrouper les élèves en difficulté et leur lire le contenu des exercices avant le travail individuel.<br><br>Écriture : faire lire la phrase à voix haute par un élève puis rappeler les hauteurs respectives des lettres « b » et « p ». |

**Pour le jour suivant :** mémoriser le mémo « Le nom / Le verbe (4) » ➜ mémo p. 17.

•••••••••••••••••••••••••••••••••••••••••••••••••••••••••••••••••••••••••••••••••••••

## Atelier d'anticipation • **Graphophonologie**

*Semaine 3*
*Jour 3*

(Voir dans l'introduction p. 16 la présentation du dispositif d'anticipation et des jeux de manipulation.)

| | |
|---|---|
| **20 min**<br>**moment différencié**<br><br>Élèves en atelier :<br><br><br>– cartes des mots<br>– fiche de soutien, ortho. n° 12<br><br>Élèves en autonomie :<br><br><br>– fiche d'activités complémentaires, ortho. n° 6 ou/et lecture n° 6 | **1** **Jeux de manipulation avec le son [d] et le son [t]**<br>**OBJECTIFS** Repérer la présence d'un son dans un mot. Discriminer des sons proches. Déchiffrer un mot.<br><br>– « Son, y es-tu ? Où es-tu ? »<br>– « Le loto des sons »<br><br>**2** **Fiche de soutien en orthographe n° 12 : le son [d] et le son [t]**<br>**OBJECTIFS** Repérer la place d'un son dans un mot. Identifier les graphèmes correspondant à un son. Déchiffrer un mot. Discriminer des sons proches. |

## Lecture – Expression • **Partie 3**

## Séance 1

| | |
|---|---|
| **15 min**<br><br>**collectif**<br>**oral**<br><br>manuel<br>p. 26-31 | **1** **Retour sur tout le documentaire**<br>**OBJECTIFS** Distinguer les éléments importants d'un documentaire et la façon dont ils sont articulés.<br><br>👁 **Même démarche qu'en unité 1, p. 44 du guide.**<br>– Résumés du documentaire complet à proposer à l'oral : |

**1.** Au Moyen Âge, les paysans et les seigneurs ont une vie très différente. Les premiers vivent dans des chaumières, cultivent la terre et connaissent parfois des périodes de famine. Ils pratiquent le braconnage pour chasser les petits animaux de la forêt. La vie des seigneurs est plus facile. Ils mangent presque toujours à leur faim et organisent des tournois pour se distraire. Mais il arrive que le château soit attaqué. Les paysans se mettent alors à l'abri et les guerriers se livrent un combat impitoyable.

**2.** Un seigneur du Moyen Âge est très occupé : il organise souvent des banquets et invite ses chevaliers à participer à des tournois. Parfois, le château est attaqué par une armée ennemie qui essaie d'enfoncer la porte avec un bélier ou utilise une machine de guerre qui envoie des rochers sur les murailles. Le seigneur fait alors entrer les paysans dans la cour du château pour les protéger et ferme le pont-levis. Les soldats sont à leur poste à l'abri des créneaux et peuvent organiser la défense. Si le château est bien

Si tu veux découvrir un château fort en pleine construction, rends-toi à Guédelon. Tu découvriras la grande aventure des bâtisseurs ! | construit, comme le château de Guédelon, il devrait résister. Sinon, les assaillants le pilleront.

| | |
|---|---|
| 25 min<br><br>**collectif<br>oral**<br><br>manuel<br>p. 36, ex. 3 à 5 | **2** *Je me souviens de tout le documentaire*<br>**OBJECTIFS** Restituer ses connaissances. Participer à un débat en argumentant.<br>– Faire lire la consigne de l'exercice 3 ainsi que les phrases, puis proposer aux élèves d'élaborer des réponses à l'oral.<br>– Faire lire la consigne de l'exercice 4 ainsi que les quatre phrases.<br><br>**Différenciation**<br>– Relire les phrases une par une avec les élèves en difficulté avant de leur demander d'y répondre à l'oral.<br>– Proposer aux autres élèves d'écrire leurs réponses sur l'ardoise et de préciser à quelle page du documentaire on peut retrouver l'information.<br>– Faire une correction collective orale.<br><br>– Lire les questions de l'exercice 5 à voix haute et y répondre une par une pour permettre un débat construit. |

## Séance 2

| | |
|---|---|
| 20 min<br><br>**individuel<br>écrit**<br><br>cahier<br>p. 29, ex. 3, 4 | ⬛ **Activités écrites de compréhension et copie de phrase**<br>👁 Même démarche qu'en unité 1, p. 28 du guide.<br><br>**Différenciation**<br>Regrouper les élèves en difficulté et leur lire le contenu des exercices avant le travail individuel.<br><br>Écriture : faire lire la phrase à voix haute par un élève puis repérer les lettres «𝒜», «ℬ», «𝒞», «𝒟» majuscules. |

**Pour le jour suivant :** lire le texte 11 (2 niveaux de difficulté) ➜ 💿

## Étude de la langue • Orthographe / Grammaire

## Séance 1 Le son [d] et le son [t]

| | |
|---|---|
| 20 min<br><br>**collectif<br>oral**<br><br>manuel<br>p. 43, ex. 9, 10<br><br>ardoise ou<br>cahier de brouillon<br><br>mémo<br>p. 7 | ⬛ **Découverte collective**<br>**OBJECTIFS** Repérer un son dans un mot. Identifier les graphèmes correspondant à un son. Connaître les graphèmes correspondant à ce son. Discriminer des sons prches.<br>👁 Même démarche qu'en unité 1, p. 25 du guide.<br>👁 Si les confusions persistent à la suite de cet apprentissage systématique et que ces confusions sont aussi présentes à l'oral, il serait bon de proposer aux parents de faire pratiquer un bilan orthophonique.<br>Introduire, lors de cette séance, la valeur muette des lettres «d» et «t» situées en finale d'un mot, en précisant qu'on les étudiera plus tard.<br><br>**Différenciation**<br>Pour les élèves qui confondent graphiquement les lettres «b» et «d» (confusion due à la position inversée des deux lettres), on pourra laisser à leur disposition un carton avec deux colonnes : l'une avec les lettres «a, b, c, d» en script, l'autre avec ces mêmes lettres en cursive. Il suffira que l'élève récite le début de l'alphabet pour savoir s'il est confronté à la lettre «b» ou à la lettre «d». |

| 10 min<br><br>individuel ou<br>collectif écrit<br><br>manuel<br>p. 42, ex. 7, 8 | **1** **Entraînement dans le manuel**<br>👁 Même démarche qu'en unité 1, p. 29 du guide. |
|---|---|
| 20 min<br><br>individuel<br>écrit<br><br>cahier<br>p. 31 ex. 1 à 5 | **1** **Entraînement dans le cahier**<br>👁 Même démarche qu'en unité 1, p. 29 du guide.<br><br>**Différenciation**<br>– Regrouper les élèves en difficulté et leur lire le contenu des exercices avant le travail individuel.<br>– Exercice 5 : facultatif. |

**Pour le jour suivant :**
– distinguer les sons [d] et [t] ; mémoriser leurs graphèmes. ➜ mémo p. 7 ;
– activité supplémentaire : *cherche des mots dans lesquels le son [t] s'écrit avec les lettres « t » ou « tt » et des mots avec le son [d].*

**Lecture - Expression • Partie 3**

*Semaine 3*
*Jour 4*

**Séance 1**

| 20 min<br><br>collectif<br>oral<br><br>manuel<br>p. 37, ex. 6 à 9 | 🔷 *J'utilise le petit dictionnaire*<br>**OBJECTIFS** Se repérer dans un dictionnaire. Se familiariser avec sa présentation et son fonctionnement. Réinvestir des notions de grammaire et de vocabulaire.<br>– Lire la consigne de l'exercice 6 puis interroger trois élèves en leur demandant de lire la définition du mot.<br>– Pour l'exercice 7, demander aux élèves ce qu'ils comprennent du mot « article ». Faire pointer du doigt les mots bleus, puis les dénombrer.<br>– L'exercice 8 permet un réinvestissement des notions de nom et de verbe travaillées dans l'unité. On pourra préciser rapidement le sens de « masculin » et « féminin » ou demander à des volontaires de le faire.<br>– Reformuler la consigne de l'exercice 9 pour les élèves qui en auraient besoin. Faire repérer l'initiale des mots du dictionnaire et des trois mots proposés.<br><br>**Différenciation**<br>Laisser la frise-alphabet à la disposition de ceux qui le souhaitent. |
|---|---|

**Séance 2**

| 20 min<br><br>collectif<br>oral<br><br>manuel<br>p. 44 | 🔷 *D'autres œuvres à découvrir*<br>**OBJECTIF** Comprendre et s'approprier une nouvelle œuvre en lien avec le texte étudié.<br>– Découverte d'un livre documentaire : *Trésors du Moyen Âge*, Caroline Desnoëttes, éd. de la RMN-Grand Palais.<br>– Grâce à ce petit livre, les élèves vont découvrir le Moyen Âge à travers des œuvres d'art choisies. Ces œuvres sont autant de petits cailloux qui les guideront dans leur découverte et qui leur permettront de mieux appréhender l'époque et ses réalités. En effet, chaque œuvre est replacée dans son contexte historique grâce à un petit texte explicatif qui l'accompagne. |
|---|---|

On proposera une découverte guidée de cet ouvrage qui permettra d'approfondir l'histoire des Arts.

– Le livre pourra rester à la disposition des élèves dans la bibliothèque de la classe.

– En prolongement :

Aller plus loin dans la découverte du patrimoine : d'autres châteaux, peintures, tapisseries… que l'on pourra intégrer à la frise historique de la classe.

---

**Pour le jour suivant :** lire le texte 12 (2 niveaux de difficulté) ➜

---

## Étude de la langue • L'atelier des mots / Orthographe

### Séance 1  Les noms de métiers

| 10 min<br><br>**collectif oral**<br><br>manuel p. 43, ex. 12, 13 | **1** **Découverte collective**<br>**OBJECTIFS** Identifier le mot de base dans les noms de métiers. Savoir construire des noms de métiers en *-iste, -eur* et *-ier*. Sensibilisation au terme de « suffixe ».<br>– **Exercice 12.** Demander aux élèves de lire individuellement le texte puis d'observer les mots soulignés.<br>– Proposer à un élève de lire le texte à voix haute.<br>– Demander : *qu'est-ce qu'un potier ? D'où vient ce mot ? À partir de quel mot est-il formé ? Du mot « pot » qui est le mot de base de « potier ».*<br>– **Exercice 13.** Demander aux élèves de repérer le mot de base des autres mots de l'exercice après avoir précisé leur signification.<br>– Écrire au tableau les noms de métiers et les mots de base trouvés. Mettre en évidence les suffixes utilisés. Les associer au concept de « celui qui » (*le chanteur, c'est celui qui chante…*).<br><br>**Différenciation**<br>Regrouper les élèves en difficulté et les accompagner dans leur lecture et dans leur questionnement.<br>On peut prévoir des jeux d'étiquettes pour l'exercice 13. La mise en commun intéressera l'ensemble de la classe. |
|---|---|
| 10 min<br><br>**individuel écrit / collectif oral**<br><br>manuel p. 43, ex. 14<br><br>cahier de brouillon ardoise | **2** **Manipulation dans le manuel**<br>**OBJECTIF** Comprendre la construction des noms de métiers.<br>– **Exercice 14.** Sur leur cahier de brouillon, les élèves écrivent les différents noms de métiers qu'ils ont construits.<br>– Mise en commun : écrire les propositions correctes des élèves au tableau en précisant leur sens et la façon dont ils sont construits à partir du mot de base et d'une terminaison qu'on appelle « le suffixe ».<br><br>**Différenciation**<br>Mettre en évidence, sur l'ardoise, la modification des mots de base lors de la construction des noms de métier par ajout des suffixes. |
| mémo p. 35 | **3** **Mémo**<br>Construire le mémo avec les élèves à partir de leurs observations. |

### Séance 2  Le son [d] et le son [t]

| 10 min<br><br>**individuel ou collectif écrit**<br><br>manuel, p. 43, ex. 11 | **1** **Entraînement dans le manuel**<br>👁 **Même démarche qu'en unité 1, p. 27 du guide.**<br>L'exercice 11 donne l'occasion de faire produire des phrases contenant des mots tordus. |
|---|---|

| | |
|---|---|
| 20 min<br><br>**individuel<br>écrit**<br><br>cahier<br>p. 32, ex. 1 à 4 | **2** **Entraînement dans le cahier et copie de phrase**<br><br>👁 **Même démarche qu'en unité 1, p. 27 du guide.**<br><br>**Différenciation**<br>Regrouper les élèves en difficulté et leur lire le contenu des exercices avant le travail individuel.<br><br>Écriture : faire lire la phrase à voix haute par un élève puis rappeler les hauteurs respectives des lettres « t » et « d ». |

**Pour le jour suivant :** mémoriser le mémo « Les noms de métiers » ➜ mémo p. 35.

# S.O.S. dauphins

## SEMAINE 1

| | | | Jour 1 guide p. 79 |
|---|---|---|---|
| **Atelier d'anticipation** (graphophonologie et compréhension/vocabulaire) | **Moment différencié en atelier** | 20 min | Élèves en atelier d'anticipation, CD, fiche de soutien, ortho. n° 13<br>Élèves en autonomie, CD, texte de lecture supplémentaire n° 7 |
| **Lecture / Expression** | **Séance 1** | 20 à 40 min | **1.** Découverte de la page d'ouverture, manuel p. 45<br>**2.** Découverte de l'épisode 1, manuel p. 46-47<br>**3.** *Je comprends l'épisode*, manuel p. 52, ex. 1 |
| | **Séance 2** | 10 à 20 min | Mémorisation des mots-clés de l'épisode 1, ardoise |
| **Étude de la langue**<br><br>Dictée n° 7* (CD + guide p. 13) | **Séance 1** | 20 min | **Orthographe** • Le son [g] et le son [k], manuel p. 58, ex. 1, 2 + mémo p. 8 |
| | **Séance 2** | 30 min | Entraînement en atelier des mots, cahier p. 33, ex. 1 à 5 |

## SEMAINE 2

| | | | Jour 1 guide p. 87 |
|---|---|---|---|
| **Atelier d'anticipation** (graphophonologie et compréhension/vocabulaire) | **Moment différencié en atelier** | 20 min | Élèves en atelier d'anticipation, CD, fiche de soutien, ortho. n° 14<br>Élèves en autonomie, CD, texte de lecture supplémentaire n° 8 |
| **Lecture / Expression** | **Séance 1** | 20 à 40 min | **1.** Résumé de l'épisode 1<br>**2.** Découverte de l'épisode 2, manuel p. 48-49<br>**3.** *Je comprends l'épisode*, manuel p. 54, ex. 1 |
| | **Séance 2** | 10 à 20 min | Mémorisation des mots-clés de l'épisode 2, ardoise |
| **Étude de la langue**<br><br>Dictée n° 8* (CD + guide p. 13) | **Séance 1** | 20 min | **Orthographe** • Le son [ʃ] et le son [ʒ], manuel p. 60, ex. 1, 2 + mémo p. 8 |
| | **Séance 2** | 30 min | Entraînement en vocabulaire, manuel p. 59, ex. 16, 17 + cahier p. 38, ex. 1 à 5 |

## SEMAINE 3

| | | | Jour 1 guide p. 95 |
|---|---|---|---|
| **Atelier d'anticipation** (graphophonologie et compréhension/vocabulaire) | **Moment différencié en atelier** | 20 min | Élèves en atelier d'anticipation, CD, fiche de soutien, ortho. n° 15<br>Élèves en autonomie, CD, texte de lecture supplémentaire n° 9 |
| **Lecture / Expression** | **Séance 1** | 20 à 40 min | **1.** Résumé de l'épisode 2<br>**2.** Découverte de l'épisode 3, manuel p. 50-51<br>**3.** *Je comprends l'épisode*, manuel p. 56, ex. 1 |
| | **Séance 2** | 10 à 20 min | Mémorisation des mots-clés de l'épisode 3, ardoise |
| **Étude de la langue**<br><br>Dictée n° 9* (CD + guide p. 13) | **Séance 1** | 20 min | **Orthographe** • Le son [v] et le son [f], manuel p. 62, ex. 1, 2 + mémo p. 8 |
| | **Séance 2** | 30 min | Entraînement en atelier des mots, cahier p. 43, ex. 1 à 5 |

\* À préparer sur 3 jours et à réaliser le 4e jour.

| Jour 2 guide p. 81 | Jour 3 guide p. 83 | Jour 4 guide p. 85 |
|---|---|---|
| | Élèves en atelier d'anticipation, CD, fiche de soutien, compr./voc. n° 1<br><br>Élèves en autonomie, CD, fiche d'activités complémentaires, ortho. n° 7 ou/et lecture n° 7 | |
| **1.** Retour sur l'épisode 1<br>**2.** *J'apprends des mots nouveaux*, manuel p. 52, ex. 2, 3<br>**3.** *Je lis à voix haute*, manuel p. 52, ex. 4 | **1.** Retour sur l'épisode 1<br>**2.** *Je me souviens de l'épisode*, manuel p. 53, ex. 5 à 7<br>**3.** *J'écris une phrase*, manuel p. 53, ex. 8 | **1.** Relecture de l'épisode 1<br>**2.** Activités orales de compréhension : résumé et anticipation |
| Activités écrites de compréhension, cahier p. 34, ex. 1, 2 | Activités écrites de compréhension, cahier p. 34, ex. 3, 4<br>Copie de phrase (ℱ), cahier p. 34 | *D'autres œuvres à découvrir*, manuel p. 64 |
| **Grammaire** • Le singulier et le pluriel des noms, manuel p. 58, ex. 4 à 6 + mémo p. 18 | **Conjugaison** • Passé, présent, futur (1), manuel p. 59, ex. 9 à 11 + mémo p. 26 | **Vocabulaire** • Les synonymes, manuel p. 59, ex. 14, 15 + mémo p. 36 |
| Entraînement en orthographe, manuel p. 58, ex. 3 + cahier p. 35, ex. 1 à 4<br>Copie de phrase, cahier p. 35 | Entraînement en grammaire, manuel p. 58, ex. 7, 8 + cahier p. 36, ex. 1 à 6 | Entraînement en conjugaison, manuel p. 59, ex. 12, 13 + cahier p. 37, ex. 1 à 5 |

| Jour 2 guide p. 89 | Jour 3 guide p. 91 | Jour 4 guide p. 93 |
|---|---|---|
| | Élèves en atelier d'anticipation, CD, fiche de soutien, compr./voc. n° 2<br><br>Élèves en autonomie, CD, fiche d'activités complémentaires, ortho. n° 8 ou/et lecture n° 8 | |
| **1.** Retour sur l'épisode 2<br>**2.** *J'apprends des mots nouveaux*, manuel p. 54, ex. 2 à 4 | **1.** Retour sur l'épisode 2<br>**2.** *Je me souviens de l'épisode*, manuel p. 55, ex. 5, 6<br>**3.** Activités préparatoires à l'expression écrite de la séance 2 | Retour sur l'expression écrite |
| Activités écrites de compréhension, cahier p. 39, ex. 1, 2 | *J'écris un petit texte*, manuel p. 55, ex. 7 | Activités écrites de compréhension, cahier p. 39, ex. 3, 4<br>Copie de phrase (𝒢), cahier p. 39 |
| **Grammaire** • Noms masculins / Noms féminins, manuel p. 60, ex. 4 à 6 + mémo p. 18 | **Conjugaison** • Passé, présent, futur (2), manuel p. 61, ex. 9 à 11 + mémo p. 26 | **L'atelier des mots** • Les mots en *-ment* (1), manuel p. 61, ex. 14 à 17 + mémo p. 36 |
| Entraînement en orthographe, manuel p. 60, ex. 3 + cahier p. 40, ex. 1 à 4<br>Copie de phrase, cahier p. 40 | Entraînement en grammaire, manuel p. 60, ex. 7, 8 + cahier p. 41, ex. 1 à 6 | Entraînement en conjugaison, manuel p. 61, ex. 12, 13 + cahier p. 42, ex. 1 à 5 |

| Jour 2 guide p. 96 | Jour 3 guide p. 98 | Jour 4 guide p. 100 |
|---|---|---|
| | Élèves en atelier d'anticipation, CD, fiche de soutien, compr./voc. n° 3<br><br>Élèves en autonomie, CD, fiche d'activités complémentaires, ortho. n° 9 ou/et lecture n° 9 | |
| **1.** Retour sur l'épisode 3<br>**2.** *J'apprends des mots nouveaux*, manuel p. 56, ex. 2 | **1.** Retour sur toute l'histoire<br>**2.** *Je me souviens de toute l'histoire*, manuel p. 56, ex. 3 à 5 | *J'utilise le petit dictionnaire*, manuel p. 57, ex. 6 à 8 |
| Activités écrites de compréhension, cahier p. 44, ex. 1, 2 | Activités écrites de compréhension, cahier p. 44, ex. 3, 4<br>Copie de phrase (ℋ), cahier p. 44 | *D'autres œuvres à découvrir*, manuel p. 64 |
| **Grammaire** • Les accords du nom, manuel p. 62, ex. 4 à 6 + mémo p. 18 | **Conjugaison** • L'infinitif du verbe, manuel p. 63, ex. 9 à 11 + mémo p. 26 | **L'atelier des mots** • Les mots en *-ment* (2), manuel p. 63, ex. 14 à 17 + mémo p. 36 |
| Entraînement en orthographe, manuel p. 62, ex. 3 + cahier p. 45, ex. 1 à 5<br>Copie de phrase, cahier p. 45 | Entraînement en grammaire, manuel p. 62, ex. 7, 8 + cahier p. 46, ex. 1 à 5 | Entraînement en conjugaison, manuel p. 63, ex. 12, 13 + cahier p. 47, ex. 1 à 6 |

## L'histoire

Pablo et son père font de la plongée en mer. Ils vont faire une rencontre inattendue, celle d'un dauphin, qui, étonnamment, va faire appel à eux pour sauver son petit. On imagine mal un dauphin demander de l'aide à des humains. Cependant, la façon dont le récit est présenté va rendre l'aventure crédible. L'épisode 1 nous présente les deux personnages dans une situation originale : ils s'apprêtent à faire de la plongée avec un masque, un tuba et des palmes quand, soudain, il se passe quelque chose qui n'était pas prévu.

Pour beaucoup d'élèves, la plongée est une activité peu connue qu'ils vont découvrir ici en «plongeant» dans l'histoire. Ils vont être alors confrontés à un sentiment ambivalent : le dauphin est un animal gentil (c'est une idée qui est déjà en place dans la tête de beaucoup d'enfants de CE1) et pourtant il semble y avoir un danger.

Le début de l'épisode 2 entretient le suspense et le sentiment de peur puis le récit bascule dans un autre sentiment : la complicité, car Pablo et le dauphin parviennent à se comprendre. À partir de ce moment, Pablo et son père vont porter secours au bébé dauphin et lui sauver la vie.

Les illustrations très colorées apportent davantage d'explicite au récit. Elles permettent aussi d'enrichir le lexique sur le thème de la mer.

On notera que le petit garçon est le narrateur du texte, ce qui le rend très vivant. Les élèves s'identifieront facilement au personnage de Pablo.

## Les thèmes

**Le courage :** c'est un thème que l'on retrouve à plusieurs moment de l'histoire. Pablo doit faire preuve de courage dans l'épisode 1 car il se retrouve dans une situation qui présente un danger. Dans l'épisode 2, alors qu'il découvre le bébé dauphin échoué, il est confronté à une situation délicate mais se ressaisit grâce à son courage. Enfin, l'épisode 3 montre Pablo bien décidé à sauver le bébé dauphin car c'est lui qui encourage l'animal : «T'es courageux, t'es fort...»

Dans cette histoire, beaucoup de sentiments, tels la peur, la fierté, l'émotion sont liés au courage, qu'ils en soient la cause ou la conséquence.

**La relation père / fils :** c'est d'abord à travers la pratique de la plongée que les élèves vont découvrir cette relation, d'abord de confiance, où le père apprend à l'enfant. Pablo écoute et reçoit les consignes de son père.

Puis Pablo se retrouve seul pendant quelques instants, mais «heureusement, papa arrive». Le père de Pablo s'est inquiété pour son fils : chacun a besoin de l'autre.

Enfin, le père et le fils tentent ensemble de sauver le petit animal et cette relation d'entraide va permettre une issue heureuse à l'histoire. Sans être évoqué, on a le sentiment que cette aventure a renforcé le lien qui unit les deux personnages.

**La pollution :** à travers cette courte aventure, les thèmes de la pollution et de la protection de l'environnement sont évoqués implicitement. Le petit dauphin se blesse avec un moreau de métal rouillé : ce que fait l'homme peut faire du mal à l'environnement. On retrouvera ce thème dans les documentaires des unités 4 et 8.

## Les œuvres en réseau

**Des livres :**

> **Rubrique «D'autres œuvres à découvrir»,
> p. 64 du manuel**
> ➤ *Mille ans de contes – Mer*, éd. Milan Jeunesse.
> (Voir le déroulement de la séance, p. 100 du guide.)

➤ *La petite sirène*, Hans Christian Andersen, livre audio, éd. Didier Jeunesse.

➤ *Le bord de mer*, Valérie Guidoux, éd. Mango.

**Une poésie et des chansons :**

> **Rubrique «D'autres œuvres à découvrir»,
> p. 64 du manuel**
> ➤ *La mer s'est retirée*, poème de Jacques Charpentreau.
> (Voir le déroulement de la séance, p. 85 du guide.)

♫ *La mer*, Charles Trénet.

♫ *Rame*, Alain Souchon.

♫ *Santiano*, Hugues Auffray.

**Des œuvres picturales :**

📷 *La grande vague*, estampe d'Hokusai.

📷 *Au temps d'harmonie*, huile sur toile de Paul Signac.

**Une œuvre musicale :**

♫ *La mer*, œuvre orchestrale de Claude Debussy.

(Voir dans l'introduction p. 16 la présentation du dispositif d'anticipation et des jeux de manipulation.)

| | |
|---|---|
| **20 min**<br>**moment différencié**<br><br>Élèves en atelier :<br><br><br><br>– cartes des mots<br>– fiche de soutien, ortho. n° 13<br><br>Élèves en autonomie :<br><br><br><br>– texte de lecture supplémentaire n° 7 | **1 Jeux de manipulation avec le son [g] et le son [k]**<br>**OBJECTIFS** Repérer la présence d'un son dans un mot. Discriminer des sons proches. Déchiffrer un mot.<br><br>– « Le son mystère »<br>– « Le loto des sons »<br><br>**2 Fiche de soutien en orthographe n° 13 : le son [g] et le son [k]**<br>**OBJECTIFS** Repérer la présence d'un son dans un mot. Identifier les graphèmes correspondant à un son. Discriminer des sons proches. Déchiffrer un mot. |

**Lecture – Expression • Épisode 1**

**Séance 1**

| | |
|---|---|
| **5 min**<br><br>**collectif**<br>**oral**<br><br>manuel<br>p. 45 | **1 Découverte de la page d'ouverture de l'histoire**<br>**OBJECTIF** Prendre des informations sur une couverture d'album et sur une image.<br><br>– Lecture du titre puis de l'indication sur le type de texte. Relever les réactions des élèves au sigle « S.O.S. » ; recueillir leurs points de vue sur la signification de ce titre.<br><br>👁 **Il s'agit de l'interprétation en code Morse du signal de détresse et de demande de secours immédiat (3 points – 3 traits – 3 points) choisi par la Convention de Berlin en 1906 car facilement transmissible et reconnaissable.**<br><br>– Faire observer l'illustration. Émettre des hypothèses sur les personnages et l'endroit où ils se trouvent et questionner leur attitude. |
| **20 min**<br><br>**collectif**<br>**oral**<br><br>manuel<br>p. 46-47 et p. 57 | **2 Découverte de l'épisode 1**<br>**OBJECTIFS** Prendre des informations sur une image. Écouter et lire un début d'œuvre intégrale courte.<br><br>👁 **Même démarche qu'en unité 1, p. 23 du guide.**<br><br>👁 **Faire remarquer que, dans le « Petit dictionnaire », les mots « marmonne » et « bredouille » apparaissent sous leur forme infinitive ; que le mot « stridents » apparaît sans « s ».** |
| **15 min**<br><br>**collectif**<br>**oral**<br><br>manuel<br>p. 52, ex. 1 | **3 *Je comprends l'épisode***<br>**OBJECTIFS** Identifier les personnages, les événements et les circonstances temporelles et spatiales d'un récit qu'on a lu. Rendre compte de ce que l'on a lu ou entendu.<br><br>👁 **Même démarche qu'en unité 1, p. 24 du guide.**<br><br>– Mots-clés à inscrire au tableau : *la mer, la plage, on plonge, un dauphin, gigantesque, des petits cris stridents, des dents pointues, la peur, prudent.*<br><br>**b.** À ce stade de l'histoire, c'est l'illustration qui va permettre aux élèves de savoir qui est le « je ». Sans cette illustration, il pourrait s'agir d'une petite fille. Faire préciser aux élèves quels éléments leur permettent de répondre.<br><br>**e.** Pour illustrer les propositions d'animaux des élèves, on pourra faire des renvois à l'unité suivante, sans toutefois la dévoiler entièrement. |

> **Différenciation**
>
> – Proposer aux élèves en difficulté de relire les mots qui présentent des difficultés de déchiffrage : *marmonne, d'acccoooord, merveilleux, pointant, gigantesque, impressionnante, pointues, rejoignons* ; puis certaines des phrases qui contiennent ces mots.
>
> – Revenir sur le sens de certaines expressions : *côte à côte, il me saisit fermement le bras.*
>
> – Proposer aux autres élèves d'illustrer la scène du 2e paragraphe de la page 47 : *C'est lui ! Il est là… J'ai peur.*

## Séance 2

| | |
|---|---|
| 20 min<br><br>**individuel**<br>**écrit**<br><br>ardoise | 🔵 **Mémorisation des mots-clés de l'épisode 1**<br><br>**OBJECTIFS** Mémoriser les mots-clés de l'histoire. Restituer leur orthographe.<br><br>📝 *la mer, la plage, on plonge, un dauphin, gigantesque, des petits cris stridents, des dents pointues, la peur, prudent*<br><br>👁 **Même démarche qu'en unité 1, p. 24 du guide.**<br><br>– Questions à poser : *que vont faire les deux personnages au signal ? Quel animal se dirige vers eux ? Comment est-il ? Que ressent l'enfant ? Quel conseil le père donne-t-il à son fils ?* |

**Pour le jour suivant :** lire le texte 1 (2 niveaux de difficulté) ➜ 💿

## Étude de la langue • Orthographe / L'atelier des mots

### Séance 1   Le son [g] et le son [k]

| | |
|---|---|
| 20 min<br><br>**collectif**<br>**oral**<br><br>manuel<br>p. 58, ex. 1, 2<br><br>ardoise ou cahier<br>de brouillon<br><br>mémo<br>p. 8 | 🔵 **Découverte collective**<br><br>**OBJECTIFS** Repérer un son dans un mot. Identifier les graphèmes correspondant à un son. Connaître les graphèmes correspondant à ce son. Discriminer des sons proches.<br><br>👁 **Même démarche qu'en unité 1, p. 25 du guide.**<br><br>👁 **Si les confusions persistent à la suite de cet apprentissage systématique et que ces confusions sont aussi présentes à l'oral, il serait bon de proposer aux parents de faire pratiquer un bilan orthophonique.**<br><br>👁 **On étudiera, plus loin, de manière plus approfondie les réalisations des lettres « g » et « c ».**<br><br>**Différenciation**<br><br>Les problèmes de confusion des sons [g] et [k] sont renforcés quand ils sont suivis d'un son consonantique : [cl], [gl], [cr], [gr]. Proposer un travail sur des syllabes contenant ces groupes de sons. |

### Séance 2   Les noms de métiers

| | |
|---|---|
| 30 min<br><br>**individuel**<br>**écrit**<br><br>cahier<br>p. 33, ex. 1 à 5 | 🔵 **Entraînement dans le cahier**<br><br>👁 **Même démarche qu'en unité 1, p. 41 du guide.**<br><br>**Différenciation**<br><br>Regrouper les élèves en difficulté et leur lire le contenu des exercices avant le travail individuel. |

## Lecture – Expression • Épisode 1

*Semaine 1
Jour 2*

### Séance 1

| | |
|---|---|
| 15 min<br><br>**collectif oral** | **1 Retour sur l'épisode 1**<br>**OBJECTIF** Distinguer les éléments importants d'un texte.<br><br>– Inviter les élèves à se remémorer l'épisode découvert la veille: *de quoi parle le premier épisode de cette histoire?* Insister sur l'identité des personnages, sur ce qu'ils font, sur ce qui leur arrive soudain et sur la description du dauphin.<br><br>– Activités de restitution (exemples):<br>1. repérage de phrases erronées: *Soudain, je sens une petite tape sur <u>mon épaule.</u>*<br>2. vrai/faux: *Au fond de la mer, il y a des poissons de toutes les couleurs. Vrai ou faux?*<br>3. rebrassage du lexique: *Comment sont les cris du dauphin? <u>Petits et stridents.</u>* |
| 15 min<br><br>**collectif oral**<br><br>manuel<br>p. 52, ex. 2, 3 | **2 J'apprends des mots nouveaux**<br>**OBJECTIF** Affiner le bagage lexical.<br><br>– Pour l'exercice 2, lire la consigne à voix haute puis demander aux élèves de lire les phrases a, b et c silencieusement avant de leur demander d'en expliquer le sens. Reformuler si besoin.<br><br>– Lire la consigne de l'exercice 3 à voix haute. Laisser un temps aux élèves pour que chacun puisse trouver les réponses.<br><br>👁 **Attention à bien distinguer les mots présents dans le texte de ceux qui sont seulement illustrés. Le mot «tuba» apparaît dans le texte page 46, mais pas le mot «palme».** |
| 10 min<br><br>**individuel oral**<br><br>manuel<br>p. 52, ex. 4 | **3 Je lis à voix haute**<br>**OBJECTIF** Lire seul et à voix haute en articulant et en respectant la ponctuation.<br><br>– Inviter les élèves à lire le texte proposé de façon silencieuse. Puis demander à un élève de lire à voix haute la remarque du petit personnage. Demander aux élèves de repérer les points d'exclamation et insister sur le fait qu'il faudra modifier le ton de la voix.<br><br>– Proposer à 5 ou 6 élèves de lire le texte en les reprenant si nécessaire.<br><br>**Différenciation**<br>Proposer aux élèves en difficulté de ne lire qu'une ou deux phrases. |

### Séance 2

| | |
|---|---|
| 10 min<br><br>**individuel écrit**<br><br>cahier<br>p. 34, ex. 1, 2 | **Activités écrites de compréhension**<br>👁 **Même démarche qu'en unité 1, p. 26 du guide.**<br><br>**Différenciation**<br>– Regrouper les élèves en difficulté et leur lire le contenu des exercices avant le travail individuel.<br><br>– Proposer aux élèves les plus rapides de réécrire sur l'ardoise les mots-clés vus en jour 1 (voir p. 80 du guide) de mémoire, en faisant attention à l'orthographe (masquer l'affichage). Leur proposer une auto-correction à l'aide de l'affichage. |

> **Pour le jour suivant:** lire le texte 2 (2 niveaux de difficulté) → 💿

## Étude de la langue • Grammaire / Orthographe

### Séance 1 — Le singulier et le pluriel des noms

| | |
|---|---|
| 5 min<br><br>collectif<br>oral | **1 Entrée dans la séance**<br>**OBJECTIF** Construire les concepts de singulier et de pluriel.<br>– Écrire au tableau des noms d'objets de la classe au singulier. Demander: *comment les écrit-on quand il y en a plusieurs?*<br>👁 **Noter les propositions des élèves. Préciser que la correction se fera à la fin de la séance. Introduire les termes de «singulier» et de «pluriel».** |
| 15 min<br><br>collectif<br>oral<br><br>manuel<br>p. 58, ex. 4 à 6<br><br>mémo<br>p. 18 | **2 Découverte collective**<br>**OBJECTIF** Repérer que les noms changent en devenant pluriel et que la lettre «s» est la marque habituelle du pluriel des noms.<br>– **Exercices 4.** Les élèves repèrent la marque du pluriel des noms.<br>– Synthèse rapide au tableau.<br>– **Exercice 5.** Les élèves repèrent la lettre «x» comme marque du pluriel.<br>👁 **Il s'agit ici de retenir que certains noms ont la lettre «x» comme marque du pluriel.**<br>– Synthèse collective au tableau.<br>– **Exercice 6.** Les élèves repèrent les noms singuliers.<br>– Synthèse collective au tableau.<br>– Lecture collective du mémo.<br>– Mémorisation du mémo.<br>👁 **On pourra conserver, dans la classe, une affiche avec des mots singuliers et pluriels:** *une gomme* → *des gommes; un tableau* → *des tableaux.*<br>– Retour à la situation d'entrée et correction collective des hypothèses initiales afin d'institutionnaliser les connaissances découvertes pendant la séance. |

### Séance 2 — Le son [g] et le son [k]

| | |
|---|---|
| 10 min<br><br>individuel ou<br>collectif<br>écrit<br><br>manuel<br>p. 58, ex. 3 | **1 Entraînement dans le manuel**<br>👁 **Même démarche qu'en unité 1, p. 27 du guide.**<br>– L'exercice 3 donne l'occasion de faire produire des phrases contenant des mots tordus. |
| 20 min<br><br>individuel<br>écrit<br><br>cahier<br>p. 35, ex. 1 à 4 | **2 Entraînement dans le cahier et copie de phrase**<br>👁 **Même démarche qu'en unité 1, p. 27 du guide.**<br><br>**Différenciation**<br>Regrouper les élèves en difficulté et leur lire le contenu des exercices avant le travail individuel.<br><br>Écriture: faire lire la phrase à voix haute par un élève puis rappeler les hauteurs respectives des lettres «g» et «q». |

> **Pour le jour suivant:** mémoriser le mémo «Le singulier et le pluriel des noms» → mémo p. 18.

(Voir dans l'introduction p. 16 la présentation du dispositif d'anticipation.)

| | |
|---|---|
| **20 min**<br>**moment différencié**<br><br>Élèves en atelier :<br><br>– fiche de soutien, compr./voc. n° 1<br><br>Élèves en autonomie :<br><br>– fiche d'activités complémentaires, ortho. n° 7 ou/et lecture n° 7 | **❶ Phase orale**<br>**OBJECTIF** S'approprier les éléments de compréhension globale de l'épisode.<br>– Demander au groupe d'élèves de raconter l'épisode que la classe a découvert en jours 1 et 2.<br>– Faire émerger les mots-clés et les mots du « Petit dictionnaire » en invitant les élèves à en repréciser le sens.<br><br>**❷ Fiche de soutien en compréhension et en vocabulaire n° 1 : épisode 1**<br>**OBJECTIFS** Identifier les personnages, les événements et les circonstances temporelles et spatiales d'un récit qu'on a lu. Comprendre le vocabulaire de l'histoire. |

## Lecture – Expression • **Épisode 1**

### Séance 1

| | |
|---|---|
| **10 min**<br>**collectif oral**<br>manuel p. 46-47 | **❶ Retour sur l'épisode 1**<br>**OBJECTIFS** Poser des questions sur un texte. Prélever des informations locales dans un texte.<br>👁 **Même démarche qu'en unité 1, p. 28 du guide.** |
| **15 min**<br>**collectif oral**<br>manuel p. 53, ex. 5 à 7 | **❷ *Je me souviens de l'épisode***<br>**OBJECTIFS** Comprendre la chronologie de l'histoire. Comprendre le vocabulaire de l'histoire.<br>– Lire la consigne de l'exercice 5 à voix haute.<br><br>**Différenciation**<br>– Pour les élèves en difficulté, lire à voix haute avec eux les phrases a, b et c de l'exercice puis chercher ensemble l'ordre qui convient. Faire relire les trois phrases dans le bon ordre par un élève.<br>– Demander aux autres élèves d'écrire, sur l'ardoise, leurs réponses dans l'ordre puis d'inventer et de rédiger un quatrième événement.<br><br>– Pour l'exercice 6, demander aux élèves de justifier leurs réponses.<br>– Lire la consigne de l'exercice 7 à voix haute puis proposer à des lecteurs hésitants de lire chaque phrase proposée. Laisser un petit temps de réflexion après chaque phrase lue avant de recueillir la réponse. |
| **15 min**<br>**collectif oral**<br>manuel p. 53, ex. 8<br><br>**individuel écrit**<br>ardoise et cahier de classe | **❸ *J'écris une phrase***<br>**OBJECTIF** Produire une phrase à partir de mots proposés.<br>👁 **Même démarche qu'en unité 1, p. 28 du guide.** |

## Séance 2

| | |
|---|---|
| 15 min<br><br>**individuel<br>écrit**<br><br>cahier<br>p. 34, ex. 3, 4 | ● **Activités écrites de compréhension et copie de phrase**<br>◉ Même démarche qu'en unité 1, p. 28 du guide.<br><br>**Différenciation**<br>Regrouper les élèves en difficulté et leur lire le contenu des exercices avant le travail individuel.<br><br>Écriture: faire lire la phrase à voix haute par un élève puis repérer les lettres «ℱ» majuscules. |

**Pour le jour suivant:** lire le texte 3 (2 niveaux de difficulté) ➜ ◉

## Étude de la langue • Conjugaison / Grammaire

## Séance 1 Passé, présent, futur (1)

| | |
|---|---|
| 20 min<br><br>**collectif<br>oral**<br><br>manuel<br>p. 59, ex. 9 à 11<br><br>ardoise ou<br>cahier de brouillon<br><br>mémo<br>p. 26 | ● **Découverte collective**<br>**OBJECTIFS** Distinguer le passé, le présent et le futur. Repérer les connecteurs temporels.<br>– Expliquer que la conjugaison est l'étude du temps dans les phrases.<br>– Lire ou faire lire les couples de phrases de référence à voix haute.<br>– **Exercice 9.** Pour visualiser le déroulement du temps, tracer au tableau une droite orientée sur laquelle un repère est placé. Expliquer que ce repère correspond au présent (écrire le mot) puis placer le passé et le futur (voir p. 26 du mémo).<br>◉ **Expliquer que le présent ne dure pas, que le passé remonte très loin et que le futur ne peut pas être connu.**<br>– **Exercice 10.** Auparavant, les couples de phrases auront été recopiés, chacun, sur une feuille A4 avec le connecteur écrit en rouge. Placez chaque couple de phrases sur la ligne du temps, sous le temps correspondant.<br>– **Exercice 11.** Les élèves recopient la ligne du temps et placent «autrefois», «aujourd'hui» et «plus tard».<br>Collectivement, proposer de classer d'autres phrases en variant les connecteurs.<br><br>**Différenciation**<br>Regrouper les élèves en difficulté et leur proposer de placer des éléments de leur vie dans le passé (quand ils étaient bébés, en maternelle, au CP, ce matin au réveil) / dans le présent (ils sont au CE1, dans la classe) / dans le futur (la prochaine récréation / les prochaines vacances / le CE2).<br><br>– Lecture collective du mémo. *Quels sont les différents mots qui indiquent le temps des phrases?*<br>– Mémorisation du mémo.<br>◉ **L'approche du temps à partir des terminaisons verbales se fera la semaine suivante.** |

## Séance 2 Le singulier et le pluriel des noms

| | |
|---|---|
| 10 min<br><br>**individuel ou<br>collectif<br>écrit**<br><br>manuel<br>p. 58, ex. 7, 8 | ❶ **Entraînement dans le manuel**<br>◉ Même démarche qu'en unité 1, p. 29 du guide. |

| 20 min<br><br>**individuel<br>écrit**<br><br>cahier<br>p. 36, ex. 1 à 6 | **2** **Entraînement dans le cahier**<br>👁 Même démarche qu'en unité 1, p. 29 du guide.<br><br>**Différenciation**<br>– Regrouper les élèves en difficulté et leur lire le contenu des exercices avant le travail individuel.<br>– Exercice 6 : facultatif. |
|---|---|

**Pour le jour suivant :**
– mémoriser le mémo « Passé, présent, futur (1) » ➡ mémo p. 26 ;
– activité supplémentaire : *invente trois phrases à l'oral : une au présent, une au passé, une au futur.*

⸱⸱⸱⸱⸱⸱⸱⸱⸱⸱⸱⸱⸱⸱⸱⸱⸱⸱⸱⸱⸱⸱⸱⸱⸱⸱⸱⸱⸱⸱⸱⸱⸱⸱⸱⸱⸱⸱⸱⸱⸱⸱⸱⸱⸱⸱⸱⸱⸱⸱⸱⸱⸱⸱

## Lecture – Expression • Épisode 1

*Semaine 1<br>Jour 4*

### Séance 1

| 10 min<br><br>**collectif<br>oral**<br><br>manuel p. 46-47 | **1** **Relecture de l'épisode 1**<br>👁 Même démarche qu'en unité 1, p. 29 du guide. |
|---|---|
| 20 min<br><br>**collectif<br>oral**<br><br>manuel<br>p. 46-47 | **2** **Activités orales de compréhension : résumé et anticipation**<br>**OBJECTIFS** Identifier les locuteurs de l'histoire. Choisir un résumé pertinent de l'histoire. Imaginer la suite de l'histoire.<br>👁 Même démarche qu'en unité 1, p. 30 du guide.<br>– Résumés à proposer :<br><br>**1.** Un petit garçon fait de la plongée avec son père. Ils explorent le fond de la mer et découvrent des poissons multicolores et une étoile de mer. Soudain, ils aperçoivent un dauphin qui veut les attaquer. Prudents, ils rentrent. / **2.** Alors qu'un père et son fils font de la plongée, un animal gigantesque se dirige soudain vers eux : c'est un dauphin ! Il pousse des cris stridents. Pas très rassurés, les deux plongeurs décident de regagner la plage. |

### Séance 2

| 20 min<br><br>**collectif<br>oral**<br><br>manuel<br>p. 64 | 🔵 *D'autres œuvres à découvrir*<br>**OBJECTIFS** Comprendre et s'approprier une nouvelle œuvre en lien avec le texte étudié. Réciter un court poème en ménageant des respirations et sans commettre d'erreur.<br><br>– Une poésie : *La mer s'est retirée*, de Jacques Charpentreau.<br>– Jacques Charpentreau est un poète contemporain né en 1928. Il a été instituteur puis professeur de français. Il a écrit une trentaine de recueils de poèmes, dont de nombreux pour les enfants, ainsi que des contes, des nouvelles et des dictionnaires.<br>– Proposer une lecture magistrale du poème, manuel fermé. Puis recueillir les réactions des élèves. Faire émerger le thème, la structure (rythme phrase déclarative / phrase interrogative) et les rimes (« ée » / « a »).<br>– Proposer aux élèves de découvrir le texte, de le lire à voix haute puis travailler sur le sens.<br>– Sur plusieurs jours, leur demander de mémoriser le poème, en insistant sur les éléments de récitation : on s'attachera à ce qu'il ne soit pas récité trop rapidement, avec une intonation montante pour les questions.<br>– Faire recopier le poème en respectant la présentation.<br>– Consacrer un temps avec des élèves (un demi-groupe serait idéal) en BCD pour rechercher d'autres poèmes sur la mer. |

| | |
|---|---|
| **Pour le jour suivant:** lire le texte 4 (2 niveaux de difficulté) → ◉ | |

## Étude de la langue • Vocabulaire / Conjugaison

### Séance 1    Les synonymes

| 5 min<br><br>**collectif**<br>**oral** | **❶ Entrée dans la séance**<br><br>**OBJECTIF** Repérer des phrases qui ont le même sens.<br><br>– Écrire les phrases suivantes au tableau: *Les enfants jouent dans la cour. – Les enfants s'amusent dans la classe. – Les élèves s'amusent dans la cour. – Les enfants jouent dans la classe. – Les élèves jouent dans la cour.*<br>– Demander aux élèves de désigner les phrases qui veulent dire la même chose que la première phrase.<br>👁 **Cette étape doit permettre d'amener les élèves à entrer dans le sens des phrases et des mots.** |
|---|---|
| 15 min<br><br>**collectif**<br>**oral**<br><br>manuel<br>p. 59, ex. 14, 15<br><br>mémo p. 36 | **❷ Découverte collective**<br><br>**OBJECTIF** Identifier deux mots synonymes.<br><br>– **Exercice 14.** Les élèves comparent les deux phrases.<br>– Synthèse collective au tableau.<br>– **Exercice 15.** Les élèves cherchent des mots qui ont un sens identique.<br>– Synthèse collective au tableau.<br>– Lecture collective du mémo.<br>– Mémorisation du mémo. |

### Séance 2    Passé, présent, futur (1)

| 10 min<br><br>**individuel ou**<br>**collectif écrit**<br><br>manuel<br>p. 59, ex. 12, 13 | **❶ Entraînement dans le manuel**<br><br>Pour chaque exercice, lire la consigne à voix haute et la faire reformuler par un élève pour s'assurer qu'elle est comprise.<br><br>👁 **Possibilité de conduire cette phase en collectif pour amorcer le travail écrit sur le cahier d'exercices. Cela servira à rappeler ce qui a été travaillé la veille. Ou proposer de réaliser les activités individuellement sur le cahier de classe par exemple.** |
|---|---|
| 20 min<br><br>**individuel**<br>**écrit**<br><br>cahier<br>p. 37, ex. 1 à 5 | **❷ Entraînement dans le cahier**<br><br>Pour chaque exercice, lire la consigne à voix haute et la faire reformuler par un élève pour s'assurer qu'elle est comprise.<br><br>**Différenciation**<br>– Regrouper les élèves en difficulté et leur lire le contenu des exercices avant le travail individuel.<br>– Exercice 5: facultatif. |

| |
|---|
| **Pour le jour suivant:** mémoriser le mémo «Les synonymes» → mémo p. 36. |

(Voir dans l'introduction p. 16 la présentation du dispositif d'anticipation et des jeux de manipulation.)

| 20 min<br><br>**moment différencié**<br><br>Élèves en atelier :<br><br><br><br>– cartes des mots<br>– fiche de soutien, ortho. n° 14<br><br>Élèves en autonomie :<br><br><br><br>– texte de lecture supplémentaire n° 8 | **1 Jeux de manipulation avec le son [ʃ] et le son [ʒ]**<br>**OBJECTIFS** Repérer la présence d'un son dans un mot. Discriminer des sons proches. Déchiffrer un mot.<br>– «Le bon choix»<br>– «Le loto des sons»<br><br>**2 Fiche de soutien en orthographe n° 14 : le son [ʃ] et le son [ʒ]**<br>**OBJECTIFS** Repérer la présence d'un son dans un mot. Identifier les graphèmes correspondant à un son. Discriminer des sons proches. Déchiffrer un mot. |

## Lecture – Expression • **Épisode 2**

### Séance 1

| 5 min<br><br>**collectif oral** | **1 Résumé de l'épisode 1**<br>**OBJECTIF** Restituer les informations nécessaires à la compréhension d'un texte.<br>👁 **Même démarche qu'en unité 1, p. 32 du guide.** |
|---|---|
| 20 min<br><br>**collectif oral**<br><br>manuel<br>p. 48-49 et p. 57 | **2 Découverte de l'épisode 2**<br>**OBJECTIFS** Prendre des informations sur une image. Écouter et lire un passage d'œuvre intégrale courte.<br>👁 **Même démarche qu'en unité 1, p. 32 du guide.**<br>👁 **On s'assurera que les élèves ont bien compris que les deux personnages n'ont pas rejoint la plage, alors qu'on aurait pu le supposer à la fin de l'épisode 1.** |
| 15 min<br><br>**collectif oral**<br><br>manuel<br>page 54, ex. 1 | **3 *Je comprends l'épisode***<br>**OBJECTIFS** Identifier les personnages, les événements et les circonstances temporelles et spatiales d'un récit qu'on a lu. Rendre compte de ce que l'on a lu ou entendu.<br>👁 **Même démarche qu'en unité 1, p. 24 du guide.**<br>Mots-clés à inscrire au tableau : *la nageoire, la côte, une crique déserte, la mâchoire, le palais, un morceau de métal rouillé.*<br><br>**Différenciation**<br>– Proposer aux élèves en difficulté de relire les mots qui présentent des difficultés de déchiffrage : *nageant, essoufflé, brusquement, balançant, déserte, s'immobilise* ; puis certaines des phrases qui contiennent ces mots.<br>– Revenir sur le sens de certains mots et expressions : *mon visage est tout éclaboussé, rouillé, une cochonnerie.*<br>– Inviter les autres élèves, sur l'ardoise, à inventer des phrases à partir des mots-clés ci-dessus (qui apparaissent au tableau). |

## Séance 2

| | |
|---|---|
| 20 min<br><br>**individuel écrit**<br><br>ardoise | ■ **Mémorisation des mots-clés de l'épisode 2**<br>**OBJECTIFS** Mémoriser les mots-clés de l'histoire. Restituer leur orthographe.<br>📋 *la nageoire, la côte, une crique déserte, un morceau de métal rouillé, les mâchoires, le palais*<br>👁 **Même démarche qu'en unité 1, p. 24 du guide.**<br>Questions à poser : *à quelle partie du dauphin Pablo s'accroche-t-il ? Ensemble, que longent-ils ? Où le dauphin emmène-t-il Pablo ? Qu'est-ce qui est coincé dans la bouche du bébé dauphin ? Où est-ce coincé exactement ? Où est-il blessé ?* |

> **Pour le jour suivant :** lire le texte 5 (2 niveaux de difficulté) ➜ 💿

## Étude de la langue • Orthographe / Vocabulaire

### Séance 1 — Le son [ʃ] et le son [ʒ]

| | |
|---|---|
| 20 min<br><br>**collectif oral**<br><br>manuel p. 60, ex. 1, 2<br><br>ardoise ou cahier de brouillon<br><br>mémo p. 8 | ■ **Découverte collective**<br>**OBJECTIFS** Repérer un son dans un mot. Identifier les graphèmes correspondant à un son. Connaître les graphèmes correspondant à ce son. Discriminer des sons proches.<br>👁 **Même démarche qu'en unité 1, p. 25 du guide.**<br>👁 **Si les confusions persistent à la suite de cet apprentissage systématique et que ces confusions sont aussi présentes à l'oral, il serait bon de proposer aux parents de faire pratiquer un bilan orthophonique.** |

### Séance 2 — Les synonymes

| | |
|---|---|
| 10 min<br><br>**individuel ou collectif écrit**<br><br>manuel p. 59, ex. 16, 17 | **1** **Entraînement dans le manuel**<br>👁 **Même démarche qu'en unité 1, p. 33 du guide.** |
| 20 min<br><br>**individuel écrit**<br><br>cahier p. 38, ex. 1 à 5 | **2** **Entraînement dans le cahier**<br>👁 **Même démarche qu'en unité 1, p. 33 du guide.**<br><br>**Différenciation**<br>– Regrouper les élèves en difficulté et leur lire le contenu des exercices avant le travail individuel.<br>– Exercice 5 : facultatif. |

> **Pour le jour suivant :**
> – distinguer les sons [ʃ] et [ʒ] ; mémoriser leurs graphèmes ➜ mémo p. 8 ;
> – *activité supplémentaire : cherche des mots où l'on entend le son [ʃ] et des mots dans lesquels le son [ʒ] s'écrit avec la lettre « g » ou « j » ou le groupe de lettres « ge ».*

**Séance 1**

| | |
|---|---|
| 15 min<br><br>collectif<br>oral | **❶ Retour sur l'épisode 2**<br>**OBJECTIF** Distinguer les éléments importants d'un texte.<br><br>– Inviter les élèves à se remémorer l'épisode découvert la veille : *de quoi parle le deuxième épisode de cette histoire ?* Insister sur le fait que Pablo a compris ce que voulait le dauphin, sur l'endroit où il l'emmène et sur ce que Pablo découvre.<br>– Activités de restitution (exemples) :<br>1. repérage de phrases erronées : *Le morceau de métal empêche le petit dauphin de <u>respirer</u>.*<br>2. vrai/faux : *Pablo a envie de pleurer car il est seul dans cette crique déserte. Vrai ou faux ?*<br>3. rebrassage du lexique : *Le dauphin et Pablo fendent les vagues le long de la côte. On peut dire aussi qu'<u>ils longent</u> la côte.* |
| 20 min<br><br>collectif /<br>individuel oral<br><br>manuel<br>p. 54, ex. 2 à 4 | **❷ *J'apprends des mots nouveaux***<br>**OBJECTIF** Affiner le bagage lexical.<br><br>– Lire la consigne de l'exercice 2 à voix haute, puis laisser les élèves lire silencieusement les deux phrases. Demander ensuite à un élève volontaire de lire une phrase et de l'expliquer. Valider ou reformuler si besoin.<br>– Lire la consigne de l'exercice 3 à voix haute puis laisser les élèves lire les débuts et les fins de phrases avant d'écouter leurs propositions. Faire expliquer les mots soulignés en cherchant des mots de mêmes familles.<br><br>**Différenciation**<br>– Pour les élèves en difficulté, faire l'exercice 3 avec eux en reprécisant le sens de certains mots : *échoué, ferraille* ; et en les invitant à procéder par élimination.<br>– Demander aux autres élèves, deux par deux, d'inventer de nouvelles fins de phrases à partir des débuts proposés.<br><br>– Lire la consigne de l'exercice 4 à voix haute puis laisser un temps d'observation pour découvrir l'illustration. Procéder aux associations en apportant des précisions si nécessaire.<br>– On pourra distinguer les êtres vivants des objets en demandant aux élèves de les classer dans un tableau, sur leur ardoise. |

**Séance 2**

| | |
|---|---|
| 10 min<br><br>individuel<br>écrit<br><br>cahier<br>p. 39, ex. 1, 2 | 🔷 **Activités écrites de compréhension**<br>👁 Même démarche qu'en unité 1, p. 26 du guide.<br><br>**Différenciation**<br>Regrouper les élèves en difficulté et leur lire le contenu des exercices avant le travail individuel. |

**Pour le jour suivant :** lire le texte 6 (2 niveaux de difficulté) ➔

## Étude de la langue • **Grammaire / Orthographe**

### Séance 1 — Noms masculins / Noms féminins

| 5 min<br>collectif<br>oral | **1 Entrée dans la séance**<br>**OBJECTIF** Construire les concepts de masculin et de féminin.<br>– Demander aux élèves de citer trois prénoms de filles et trois prénoms de garçons. Les écrire dans deux colonnes différentes.<br>– Demander ensuite à toutes les filles de la classe de lever la main, puis à tous les garçons.<br>– Expliquer que le mot qui se rapporte aux filles est le mot «féminin» et que le mot qui se rapporte aux garçons est le mot «masculin».<br>👁 **On peut faire remarquer que «féminin» commence par un «f» comme les mots «fille», «femme»…**<br>– Demander de citer des noms d'objets de la classe. Demander si on les range du côté masculin ou féminin.<br>👁 **Préciser que, pour les objets, le classement est arbitraire.**<br>👁 **Noter les propositions des élèves. Préciser que la correction se fera à la fin de la séance.** |
|---|---|
| 15 min<br>collectif<br>oral<br>manuel<br>p. 60, ex. 4 à 6<br>mémo<br>p. 18 | **2 Découverte collective**<br>**OBJECTIFS** Identifier si un nom est masculin ou féminin. Repérer les déterminants qui accompagnent les noms masculins et féminins.<br>– **Exercice 4.** Les élèves cherchent un personnage masculin et un personnage féminin.<br>– **Exercice 5.** Les élèves repèrent le déterminant qui précède le nom masculin puis celui qui précède le nom féminin.<br>– Synthèse collective au tableau.<br>– **Exercice 6.** Les élèves cherchent les noms masculins et féminins dans un texte.<br>– Synthèse collective au tableau.<br>– Lecture collective du mémo.<br>– Mémorisation du mémo.<br>– Retour à la situation d'entrée et correction collective des hypothèses initiales afin d'institutionnaliser les connaissances découvertes pendant la séance. |

### Séance 2 — Le son [ʃ] et le son [ʒ]

| 10 min<br>individuel ou<br>collectif écrit<br>manuel<br>p. 60, ex. 3 | **1 Entraînement dans le manuel**<br>👁 **Même démarche qu'en unité 1, p. 27 du guide.**<br>L'exercice 11 donne l'occasion de faire produire des phrases contenant des mots tordus. |
|---|---|
| 20 min<br>individuel<br>écrit<br>cahier<br>p. 40, ex. 1 à 4 | **2 Entraînement dans le cahier et copie de phrase**<br>👁 **Même démarche qu'en unité 1, p. 27 du guide.**<br>**Différenciation**<br>Regrouper les élèves en difficulté et leur lire le contenu des exercices avant le travail individuel.<br>Écriture : faire lire la phrase à voix haute par un élève puis faire distinguer le tracé du «ch» de celui du «cl». |

**Pour le jour suivant :** mémoriser le mémo «Noms masculins / Noms féminins» ➜ mémo p. 18.

(Voir dans l'introduction p. 16 la présentation du dispositif d'anticipation.)

| | |
|---|---|
| 20 min<br><br>**moment différencié**<br><br>Élèves en atelier :<br><br><br><br>– fiche de soutien, compr./voc. n° 2<br><br>Élèves en autonomie :<br><br><br><br>– fiche d'activités complémentaires, ortho. n° 8 ou/et lecture n° 8 | **1** **Phase orale**<br>**OBJECTIF** S'approprier les éléments de compréhension globale de l'épisode.<br><br>– Demander au groupe d'élèves de raconter l'épisode que la classe a découvert en jours 1 et 2.<br>– Faire émerger les mots-clés et les mots du « Petit dictionnaire » en invitant les élèves à en repréciser le sens.<br><br>**2** **Fiche de soutien en compréhension et en vocabulaire n° 2 : épisode 2**<br>**OBJECTIFS** Identifier les personnages, les événements et les circonstances temporelles et spatiales d'un récit qu'on a lu. Comprendre le vocabulaire de l'histoire. |

## Lecture – Expression • **Épisode 2**

### Séance 1

| | |
|---|---|
| 10 min<br><br>**collectif oral**<br><br>manuel p. 48-49 | **1** **Retour sur l'épisode 2**<br>**OBJECTIFS** Poser des questions sur un texte. Prélever des informations locales dans un texte.<br><br>👁 **Même démarche qu'en unité 1, p. 28 du guide.** |
| 15 min<br><br>**collectif oral**<br><br>manuel p. 55, ex. 5, 6 | **2** *Je me souviens de l'épisode*<br>**OBJECTIFS** Connaître les mots-clés de l'histoire. Choisir le titre de l'épisode.<br><br>– Lire les consignes des exercices 5 et 6 à voix haute.<br>– Pour l'exercice 5, laisser un temps aux élèves pour qu'ils découvrent le texte silencieusement.<br><br>**Différenciation**<br>– Pour les élèves en difficulté, faire l'exercice 5 à voix haute avec eux.<br>– Demander aux autres élèves de faire l'exercice individuellement en écrivant les mots attendus sur l'ardoise (en colonne pour apparaître dans l'ordre). |
| 15 min<br><br>**collectif oral**<br><br>manuel p. 55, ex. 7 | **3** **Activités préparatoires à l'expression écrite de la séance 2**<br>**OBJECTIF** Imaginer la suite d'une histoire.<br><br>👁 **Même démarche qu'en unité 1, p. 36 du guide.**<br>👁 **On précisera que les verbes peuvent être conjugués en donnant des exemples.** |

## Séance 2

| | |
|---|---|
| 20 min<br>**individuel<br>écrit**<br>manuel<br>p. 55, ex. 7<br>cahier de brouillon | ■ **J'écris un petit texte**<br>**OBJECTIFS** Imaginer la suite d'une histoire. Écrire un petit texte d'environ 5 lignes.<br>👁 **Même démarche qu'en unité 1, p. 37 du guide.** |

**Pour le jour suivant :** lire le texte 7 (2 niveaux de difficulté) ➜ 💿

## Étude de la langue • Conjugaison / Grammaire

## Séance 1   Passé, présent, futur (2)

| | |
|---|---|
| 20 min<br>**collectif<br>oral**<br>manuel<br>p. 61, ex. 9 à 11<br>ardoise ou<br>cahier de brouillon<br>mémo<br>p. 27 | ■ **Découverte collective**<br>**OBJECTIF** Distinguer le passé, le présent et le futur en s'appuyant sur les terminaisons verbales.<br>– Lire ou faire lire les couples de phrases de référence à voix haute.<br>– **Exercice 9.** Tracer, au tableau, la ligne du temps comme la semaine précédente (voir p. 84 du guide) et faire placer les phrases au bon endroit.<br>– **Exercice 10.** Pour analyser la nature des mots en gras, faire appel aux connaissances sur le nom et le verbe (leçons de grammaire des unités 1 et 2) : *comment reconnaît-on les verbes ?*<br>– **Exercice 11.** Faire recopier les trois formes conjuguées du verbe « nager ». *Souligne ce qui ne change pas dans les trois verbes. Entoure ce qui change.*<br>– Collectivement, proposer de rechercher à l'oral, puis à l'écrit, le temps de quelques phrases courtes.<br><br>**Différenciation**<br>– Faire ajouter systématiquement les adverbes « hier », « aujourd'hui », « demain » pour renforcer la notion de temps.<br>– Jeu des jumelles à voyager dans le temps : fabriquer deux paires de jumelles à partir de rouleaux en carton, l'une peinte en vert, l'autre peinte en rouge. Expliquer qu'en prenant les jumelles vertes, on peut voir ce qui se passait autrefois et, qu'avec les jumelles rouges, on peut voir ce qui se passera dans l'avenir. L'élève qui utilise les jumelles rapporte l'action dans le temps demandé.<br><br>– Lecture collective du mémo. *Qu'est-ce qui indique, dans le verbe, le temps d'une phrase ?*<br>👁 Utiliser oralement la notion de « terminaison du verbe » en alternance avec l'expression « la fin du verbe ». Le mot « radical » n'est pas employé. On pourra utiliser le mot « base ».<br>– Mémorisation du mémo. |

## Séance 2   Noms masculins / Noms féminins

| | |
|---|---|
| 10 min<br>**individuel ou<br>collectif écrit**<br>manuel<br>p. 60, ex. 7, 8 | ❶ **Entraînement dans le manuel**<br>👁 **Même démarche qu'en unité 1, p. 29 du guide.** |

| | |
|---|---|
| 20 min<br><br>**individuel<br>écrit**<br><br>cahier<br>p. 41, ex. 1 à 6 | **2** **Entraînement dans le cahier**<br>👁 **Même démarche qu'en unité 1, p. 29 du guide.**<br><br>**Différenciation**<br>– Regrouper les élèves en difficulté et leur lire le contenu des exercices avant le travail individuel.<br>– Exercice 6 : facultatif. |

**Pour le jour suivant :**
– mémoriser le mémo « Passé, présent, futur (2) » ➜ mémo p. 26 ;
– activité supplémentaire : *remplace le verbe « nager » du mémo par le verbe « plonger ».*

● ● ● ● ● ● ● ● ● ● ● ● ● ● ● ● ● ● ● ● ● ● ● ● ● ● ● ● ● ● ● ● ● ● ● ● ● ● ● ●

### Lecture – Expression • **Épisode 2**

*Semaine 2<br>Jour 4*

### Séance 1

| | |
|---|---|
| 40 min<br><br>**individuel<br>écrit**<br><br>cahier<br>d'expression écrite<br><br>👁 Prévoir un travail<br>en autonomie | **Retour sur l'expression écrite / Activité en autonomie**<br>**OBJECTIFS** Revenir sur un travail écrit et y apporter les corrections nécessaires. / Travailler en autonomie et silencieusement.<br>👁 **Même démarche qu'en unité 1, p. 38 du guide.** |

### Séance 2

| | |
|---|---|
| 15 min<br><br>**individuel<br>écrit**<br><br>cahier<br>p. 39, ex. 3, 4 | **Activités écrites de compréhension et copie de phrase**<br>👁 **Même démarche qu'en unité 1, p. 28 du guide.**<br><br>**Différenciation**<br>Regrouper les élèves en difficulté et leur lire le contenu des exercices avant le travail individuel.<br><br>Écriture : faire lire la phrase à voix haute par un élève puis repérer les lettres « 𝒢 » majuscules. |

**Pour le jour suivant :** lire le texte 8 (2 niveaux de difficulté) ➜ 💿

### Étude de la langue • **L'atelier des mots / Conjugaison**

### Séance 1 Les mots en *-ment* (1)

| | |
|---|---|
| 10 min<br><br>**collectif<br>oral**<br><br>manuel<br>p. 61, ex. 14 à 16 | **1** **Découverte collective**<br>**OBJECTIF** Identifier les mots en *-ment* et leur signification (étape 1 de la construction du mémo sur les mots en *-ment*).<br>– **Exercice 14.** Demander aux élèves de lire individuellement le texte puis d'observer les mots soulignés.<br>– Proposer à un élève de lire le texte à voix haute. *Les mots soulignés se ressemblent-ils ? Qu'est-ce qui les fait se ressembler ?* |

– **Exercice 15.** Copier au tableau les quatre mots en écrivant *-ment* dans une couleur différente.

– Mettre en évidence «ce que veulent dire» ces mots («d'une certaine manière») en jouant avec les mots de base à l'oral : *quand c'est facile à faire, on peut dire qu'on fait... facilement.* etc. Identifier chaque mot de base au tableau avec les élèves.

– **Exercice 16.** Recherche collective sur la construction des mots en *-ment* et élaboration du mémo provisoire.

> **Différenciation**
>
> Regrouper les élèves en difficulté et les accompagner dans leur lecture et dans leur questionnement.
> La mise en commun intéressera l'ensemble de la classe.

| | |
|---|---|
| 10 min<br><br>**individuel écrit /<br>collectif oral**<br><br>manuel<br>p. 61, ex. 17<br><br>cahier de brouillon | **2  Manipulation dans le manuel**<br>**OBJECTIF** Construire des mots en *-ment*.<br>– **Exercice 17.** Sur leur cahier de brouillon, les élèves écrivent les mots en *-ment*.<br>– Mise en commun : écrire les mots au tableau.<br>– Reprise du mémo provisoire pour vérification de son bien-fondé. L'enseignant précise que le groupe de lettres *-ment* que l'on ajoute au mot de base s'appelle un suffixe.<br><br>> **Différenciation**<br>> Accompagner les élèves en difficulté.<br>> La mise en commun intéressera l'ensemble de la classe. |
| mémo<br>p. 36 | **3  Mémo**<br>Écrire le mémo provisoire sur une affiche ou au tableau. |

**Séance 2**  Passé, présent, futur (2)

| | |
|---|---|
| 10 min<br><br>**individuel ou<br>collectif écrit**<br><br>manuel<br>p. 61, ex. 12, 13 | **1  Entraînement dans le manuel**<br>👁 Même démarche qu'en semaine 1, p. 86 du guide.<br><br>> **Différenciation**<br>> Avec les élèves en difficulté, souligner les verbes dans l'exercice 12 et les faire oraliser en ajoutant éventuellement «hier», «aujourd'hui», «demain». |
| 20 min<br><br>**individuel<br>écrit**<br><br>cahier<br>p. 42, ex. 1 à 5 | **2  Entraînement dans le cahier**<br>👁 Même démarche qu'en semaine 1, p. 86 du guide.<br><br>> **Différenciation**<br>> – Regrouper les élèves en difficulté et leur lire le contenu des exercices avant le travail individuel.<br>> – Exercice 5 : facultatif. |

**Pour le jour suivant :** mémoriser le mémo « Les mots en *-ment* (1) » ➜ mémo p. 36.

(voir dans l'introduction p. 16 la présentation du dispositif
d'anticipation et des jeux de manipulation)

| | |
|---|---|
| 20 min<br><br>**moment différencié**<br><br>Élèves en atelier :<br><br><br><br>– cartes des mots<br>– fiche de soutien, ortho. n° 15<br><br>Élèves en autonomie :<br><br><br><br>– texte de lecture supplémentaire n° 9 | **❶ Jeux de manipulation avec le son [v] et le son [f]**<br><br>**OBJECTIFS** Repérer la présence d'un son dans un mot. Discriminer des sons proches. Déchiffrer un mot.<br><br>– «Son, y es-tu ? Où es-tu »<br>– « Le loto des sons »<br><br>**❷ Fiche de soutien en orthographe n° 15 : le son [v] et le son [f]**<br><br>**OBJECTIFS** Repérer la place d'un son dans un mot. Identifier les graphèmes correspondant à un son. Déchiffrer un mot. Discriminer des sons proches. |

## Lecture – Expression • Épisode 3

### Séance 1

| | |
|---|---|
| 5 min<br><br>**collectif oral** | **❶ Résumé de l'épisode 2**<br><br>**OBJECTIF** Restituer les informations nécessaires à la compréhension d'un texte.<br><br>👁 Même démarche qu'en unité 1, p. 32 du guide. |
| 20 min<br><br>**collectif oral**<br><br>manuel p. 50-51 et p. 57 | **❷ Découverte de l'épisode 3**<br><br>**OBJECTIFS** Prendre des informations sur une image. Écouter et lire la fin d'une œuvre intégrale courte.<br><br>👁 Même démarche qu'en unité 1, p. 40 du guide. |
| 15 min<br><br>**collectif oral**<br><br>manuel page 56, ex. 1 | **❸ *Je comprends l'épisode***<br><br>**OBJECTIFS** Identifier les personnages, les événements et les circonstances temporelles et spatiales d'un récit qu'on a lu. Rendre compte de ce que l'on a lu ou entendu.<br><br>👁 Même démarche qu'en unité 1, p. 24 du guide.<br><br>– Mots-clés à inscrire au tableau : *courageux, sauvé, heureux, fier, ému, un bond prodigieux.*<br><br>**Différenciation**<br>– Proposer aux élèves en difficulté de relire les mots qui présentent des difficultés de déchiffrage : *queue, réussissons, fier, nous nageons, surgissent*; puis certaines des phrases qui contiennent ces mots.<br>– Revenir sur le sens de cette expression : *notre protégé.*<br>– Inviter les autres élèves à illustrer la maman dauphin qui frotte sa tête contre celle de son petit. |

### Séance 2

| | |
|---|---|
| 20 min<br><br>**individuel écrit** | **Mémorisation des mots-clés de l'épisode 3**<br><br>**OBJECTIFS** Mémoriser les mots-clés de l'histoire. Restituer leur orthographe.<br><br>📝 *courageux, sauver, heureux, fier, ému, un bond prodigieux* |

| ardoise | 👁 **Même démarche qu'en unité 1, p. 24 du guide.**<br><br>– Questions à poser : *quel mot d'encouragement Pablo dit-il au petit dauphin ? Que vont tenter Pablo et son père ? Comment se sentent-ils quand le petit se met à bouger ? Comment le petit dauphin et sa mère les remercient-ils ?* |
|---|---|

**Pour le jour suivant :** lire le texte 9 (2 niveaux de difficulté) ➜ 💿

## Étude de la langue • Orthographe / L'atelier des mots

### Séance 1 Le son [v] et le son [f]

| 20 min<br><br>**collectif<br>oral**<br><br>manuel<br>p. 62, ex. 1, 2<br><br>ardoise ou<br>cahier de brouillon<br><br>mémo p. 8 | 🔵 **Découverte collective**<br><br>OBJECTIFS Repérer un son dans un mot. Identifier les graphèmes correspondant à un son. Connaître les graphèmes correspondant à ce son. Discriminer des sons proches.<br><br>👁 **Même démarche qu'en unité 1, p. 25 du guide.**<br><br>👁 **Si les confusions persistent à la suite de cet apprentissage systématique et que ces confusions sont aussi présentes à l'oral, il serait bon de proposer aux parents de faire pratiquer un bilan orthophonique.** |
|---|---|

### Séance 2 Les mots en *-ment* (1)

| 30 min<br><br>**individuel<br>écrit**<br><br>cahier<br>p. 43, ex. 1 à 5 | 🔵 **Entraînement dans le cahier**<br><br>👁 **Même démarche qu'en unité 1, p. 41 du guide.**<br><br>**Différenciation**<br>Regrouper les élèves en difficulté et leur lire le contenu des exercices avant le travail individuel. |
|---|---|

**Pour le jour suivant :**
– distinguer les sons [v] et [f] ; mémoriser leurs graphèmes ➜ mémo p. 8 ;
– activité supplémentaire : *cherche des mots où l'on entend le son [v] et des mots dans lesquels le son [f] s'écrit avec la lettre « f » ou avec le groupe de lettres « ph ».*

## Lecture – Expression • Épisode 3

*Semaine 3
Jour 2*

### Séance 1

| 15 min<br><br>**collectif<br>oral** | ① **Retour sur l'épisode 3**<br><br>OBJECTIF Distinguer les éléments importants d'un texte.<br><br>– Inviter les élèves à se remémorer l'épisode découvert la veille : *de quoi parle le dernier épisode de cette histoire ?* Insister sur les étapes du sauvetage et les émotions de Pablo et de son père.<br><br>– Activités de restitution (exemples) :<br><br>1. repérage de phrases erronées : *Nos deux amis font un bond prodigieux puis ils filent vers la côte.*<br><br>2. vrai/faux : *Grâce aux caresses de la maman dauphin, son petit se met à bouger. Vrai ou faux ?*<br><br>3. rebrassage du lexique : *Comment est le bébé dauphin après que Pablo et son père l'ont remis à l'eau ? Il est inerte.* |
|---|---|

| | |
|---|---|
| **15 min**<br><br>**collectif oral**<br><br>manuel<br>p. 56, ex. 2 | **2** *J'apprends des mots nouveaux*<br><br>**OBJECTIF** Affiner le bagage lexical.<br><br>– Lire la consigne à voix haute. Laisser les élèves lire silencieusement les trois phrases. Demander ensuite à un élève volontaire de lire une phrase et de l'expliquer. Valider ou reformuler si besoin. |

## Séance 2

| | |
|---|---|
| **10 min**<br><br>**individuel écrit**<br><br>cahier<br>p. 44, ex. 1, 2 | 🔵 **Activités écrites de compréhension**<br><br>👁 Même démarche qu'en unité 1, p. 26 du guide.<br><br>**Différenciation**<br>Regrouper les élèves en difficulté et leur lire le contenu des exercices avant le travail individuel. |

**Pour le jour suivant :** lire le texte 10 (2 niveaux de difficulté) ➜ 💿

## Étude de la langue • Grammaire / Orthographe

## Séance 1    Les accords du nom

| | |
|---|---|
| **5 min**<br><br>**collectif oral** | **1** **Entrée dans la séance**<br><br>**OBJECTIF** Associer les notions de genre et de nombre.<br><br>– Reprendre des noms d'objets de la classe proposés dans les leçons de grammaire des épisodes 1 et 2 (voir p. 82 et 90 du guide).<br><br>– Demander aux élèves quels sont les noms qui sont singuliers, pluriels, masculins ou féminins.<br><br>– Souligner selon un code couleur établi préalablement.<br><br>👁 **Cette étape permet de redéfinir les notions utiles à la leçon.**<br>Noter les propositions des élèves. Préciser que la correction se fera à la fin de la séance. |
| **15 min**<br><br>**collectif oral**<br><br>manuel<br>p. 62, ex. 4 à 6<br><br>mémo<br>p. 18 | **2** **Découverte collective**<br><br>**OBJECTIFS** Construire une procédure efficace pour identifier le genre d'un nom pluriel. Retenir qu'un nom est définissable à la fois par un genre et par un nombre.<br><br>– **Exercice 4.** Les élèves cherchent les noms pluriels dans le texte.<br><br>– Correction collective au tableau.<br><br>– **Exercice 5.** Les élèves identifient les noms féminins pluriels.<br><br>– Synthèse collective au tableau.<br><br>👁 **Cette étape doit permettre de définir une méthodologie pour identifier le genre et le nombre des noms. On doit aboutir à la conclusion qu'en transformant un nom féminin pluriel en nom singulier, on obtient le déterminant «la» qui est la preuve qu'il s'agit bien d'un nom féminin. Exemple :** *les vagues* ➜ *la vague.*<br><br>– **Exercice 6.** Les élèves identifient un nom féminin singulier et un nom masculin singulier.<br><br>– Correction collective au tableau.<br><br>– Lecture collective du mémo.<br><br>– Mémorisation du mémo.<br><br>– Retour à la situation d'entrée et correction collective des hypothèses initiales afin d'institutionnaliser les connaissances découvertes pendant la séance.<br><br>👁 **Il est important que les élèves retiennent que chaque nom est définissable par un genre ET par un nombre.** |

### Séance 2 Le son [v] et le son [f]

| | |
|---|---|
| 10 min<br><br>**individuel ou collectif écrit**<br><br>manuel<br>p. 62, ex. 3 | **❶ Entraînement dans le manuel**<br>👁 Même démarche qu'en unité 1, p. 27 du guide.<br>L'exercice 11 donne l'occasion de faire produire des phrases contenant des mots tordus. |
| 20 min<br><br>**individuel écrit**<br><br>cahier<br>p. 45, ex. 1 à 5 | **❷ Entraînement dans le cahier et copie de phrase**<br>👁 Même démarche qu'en unité 1, p. 27 du guide.<br><br>**Différenciation**<br>Regrouper les élèves en difficulté et leur lire le contenu des exercices avant le travail individuel.<br><br>Écriture : faire lire la phrase à voix haute par un élève puis rappeler le tracé de la lettre « f » et la taille de ses deux « boucles ». |

**Pour le jour suivant :** mémoriser le mémo « Les accords du nom » ➔ mémo p. 18.

### Atelier d'anticipation • Compréhension / Vocabulaire

*Semaine 3 Jour 3*

(Voir dans l'introduction p. 16 la présentation du dispositif d'anticipation.)

| | |
|---|---|
| 20 min<br><br>**moment différencié**<br><br>Élèves en atelier :<br><br>– fiche de soutien, compr./voc. n° 3<br><br>Élèves en autonomie :<br><br>– fiche d'activités complémentaires, ortho. n° 9 ou/et lecture n° 9 | **❶ Phase orale**<br>**OBJECTIF** S'approprier les éléments de compréhension globale de l'épisode.<br>– Demander au groupe d'élèves de raconter l'épisode que la classe a découvert en jours 1 et 2.<br>– Faire émerger les mots-clés et les mots du « Petit dictionnaire » en invitant les élèves à en repréciser le sens.<br><br>**❷ Fiche de soutien en compréhension et en vocabulaire n° 3 : épisode 3**<br>**OBJECTIFS** Identifier les personnages, les événements et les circonstances temporelles et spatiales d'un récit qu'on a lu. Comprendre le vocabulaire de l'histoire. |

### Lecture – Expression • Épisode 3

### Séance 1

| | |
|---|---|
| 15 min<br><br>**collectif oral**<br><br>manuel<br>p. 46-51 | **❶ Retour sur toute l'histoire**<br>**OBJECTIFS** Distinguer les éléments importants d'une histoire. En restituer la chronologie.<br>👁 Même démarche qu'en unité 1, p. 44 du guide.<br>– Résumés de l'histoire complète à proposer à l'oral : |

**1.** Alors que Pablo et son père font tranquillement de la plongée, un dauphin se dirige vers eux. Le père de Pablo décide qu'il est plus prudent de regagner la plage. Mais le dauphin insiste et les

**2.** Pablo et son père font de la plongée sous-marine. Ils observent les poissons multicolores et les étoiles de mer. Soudain, un dauphin fonce droit sur eux. Pablo a peur et veut

suit. Pablo comprend alors que l'animal a besoin d'eux. Sans réfléchir, il s'accroche à sa nageoire et le dauphin l'entraîne vers une petite crique. Là, Pablo et son père, qui l'a rejoint, découvrent un bébé dauphin inerte. Il a un morceau de métal coincé dans la mâchoire. Le père de Pablo retire cette ferraille et, ensemble, ils réussissent à le remettre à l'eau. Avec les caresses de sa mère, le petit ouvre enfin les yeux. Il est sauvé ! Pablo et son père sont très émus.

regagner la plage, quand, soudain il comprend que le dauphin veut lui montrer quelque chose. Il décide de le suivre et découvre un bébé dauphin échoué sur une petite plage. Heureusement, papa les a rejoints. Ensemble, ils arrivent à sauver le petit animal qui repart joyeusement vers la mer avec sa maman. Pour remercier leurs nouveaux amis, ils effectuent un bond gigantesque au-dessus de leur tête. Pablo se sent fier d'avoir sauvé ce bel animal.

| 25 min<br><br>**collectif oral**<br><br>manuel p. 56, ex. 3 à 5 | **2** *Je me souviens de toute l'histoire*<br><br>**OBJECTIFS** Comprendre l'histoire dans sa globalité. Participer à un débat en argumentant.<br><br>– Faire lire la consigne de l'exercice 3 ainsi que les phrases.<br><br>👁 **On pourra suggérer aux élèves d'utiliser les mots du petit dictionnaire dans leurs réponses (puisqu'ils apparaissent sur la page voisine).**<br><br>– Faire lire la consigne de l'exercice 4 et laisser du temps aux élèves pour qu'ils cherchent les réponses d'abord individuellement avant de passer à une mise en commun collective.<br><br>– Lire les questions de l'exercice 5 à voix haute et y répondre une par une pour permettre un débat construit. |
|---|---|

## Séance 2

| 20 min<br><br>**individuel écrit**<br><br>cahier p. 44, ex. 3, 4 | ⬛ **Activités écrites de compréhension et copie de phrase**<br><br>👁 **Même démarche qu'en unité 1, p. 28 du guide.**<br><br>**Différenciation**<br>Regrouper les élèves en difficulté et leur lire le contenu des exercices avant le travail individuel.<br><br>Écriture : faire lire la phrase à voix haute par un élève puis repérer les lettres « *H* » majuscules. |
|---|---|

**Pour le jour suivant :** lire le texte 11 (2 niveaux de difficulté) ➔

## Étude de la langue • Conjugaison / Grammaire

## Séance 1 L'infinitif du verbe

| 20 min<br><br>**collectif oral**<br><br>manuel p. 63, ex. 9 à 11<br><br>ardoise ou cahier de brouillon<br><br>dictionnaire ou liste de verbes<br><br>mémo p. 26 | ⬛ **Découverte collective**<br><br>**OBJECTIFS** Retrouver l'infinitif d'un verbe à partir d'une forme conjuguée.<br><br>– Lire ou faire lire le texte de référence à voix haute. Faire remarquer qu'il s'agit d'extraits de dictionnaire.<br><br>– **Exercice 9.** Faire appel aux connaissances sur le nom et le verbe (leçons de grammaire des unités 1 et 2).<br><br>– **Exercice 10.** Faire recopier, l'une sous l'autre, les deux formes verbales (infinitive et conjuguée). *Souligne ce qui ne change pas dans chaque couple de verbes. Entoure ce qui change.*<br><br>– **Exercice 11.** Collectivement, proposer de rechercher dans un dictionnaire ou dans des listes de verbes les terminaisons de l'infinitif.<br><br>👁 **Faire remarquer qu'un certain nombre de verbes a un infinitif en « er ».**<br><br>👁 **Faire remarquer qu'un verbe est employé soit sous sa forme infinitive (qui ne change jamais), soit sous sa forme conjuguée (qui change souvent).** |
|---|---|

**Différenciation**

– Utiliser la formulation «on peut...» pour faire apparaître l'infinitif. Exemple: *Ils jouent.* → *ON PEUT jouer.*

– En s'appuyant sur des verbes du 1er groupe, proposer une liste de plusieurs formes verbales du même verbe; faire souligner le radical et faire ajouter la terminaison en « er ».

– Lecture collective du mémo. *Comment appelle-t-on un verbe qui n'est pas conjugué ?*

– Mémorisation du mémo.

## Séance 2  Les accords du nom

| | |
|---|---|
| 10 min<br>**individuel ou collectif écrit**<br>manuel<br>p. 62, ex. 7, 8 | **1** **Entraînement dans le manuel**<br>👁 **Même démarche qu'en unité 1, p. 29 du guide.** |
| 20 min<br>**individuel écrit**<br>cahier<br>p. 46 ex. 1 à 5 | **2** **Entraînement dans le cahier**<br>👁 **Même démarche qu'en unité 1, p. 29 du guide.**<br><br>**Différenciation**<br>– Regrouper les élèves en difficulté et leur lire le contenu des exercices avant le travail individuel.<br>– Exercice 4 : facultatif. |

**Pour le jour suivant:**
– mémoriser le mémo «L'infinitif du verbe» → mémo p. 26 ;
– activité supplémentaire : *cherche, dans un dictionnaire, des verbes qui ont un infinitif qui ne se termine pas par « er ».*

● ● ● ● ● ● ● ● ● ● ● ● ● ● ● ● ● ● ● ● ● ● ● ● ● ● ● ● ● ● ● ● ● ● ● ● ● ● ● ● ● ● ● ● ● ● ● ● ● ● ● ● ● ● ● ● ● ● ● ● ● ●

## Lecture – Expression • Épisode 3

*Semaine 3*
*Jour 4*

## Séance 1

| | |
|---|---|
| 20 min<br>**collectif oral**<br>manuel<br>p. 57, ex. 6 à 8 | 🔷 *J'utilise le petit dictionnaire*<br>**OBJECTIFS** Se repérer dans un dictionnaire. Se familiariser avec sa présentation et son fonctionnement. Réinvestir des notions de grammaire et de vocabulaire.<br>– Lire chaque question des exercices 6 à 8 à voix haute et laisser à chaque fois un peu de temps pour que tous les élèves puissent proposer une réponse. Faire pointer du doigt les mots bleus.<br>👁 **Pour l'exercice 7, demander à un élève de rappeler ce qu'est un synonyme.**<br>– Pour l'exercice 8, faire nommer l'initiale de chaque mot et la faire repérer sur la frise-alphabet. |

## Séance 2

| | |
|---|---|
| 20 min<br>**collectif oral** | 🔷 *D'autres œuvres à découvrir*<br>**OBJECTIF** Comprendre et s'approprier une nouvelle œuvre en lien avec le texte étudié.<br>– Découverte d'une œuvre littéraire : *Mille ans de contes – la mer*, Milan Jeunesse. |

| manuel p. 64 | – On pourra piocher, dans ce recueil, différents contes qu'on proposera aux élèves en lecture offerte. |
| | – La lecture de ces contes pourra se poursuivre durant l'étude de l'unité suivante : un documentaire sur la mer et les mammifères marins. |

**Pour le jour suivant :** lire le texte 12 (2 niveaux de difficulté) ➜

## Étude de la langue • L'atelier des mots / Conjugaison

### Séance 1  Les mots en *-ment* (2)

| 10 min<br>**collectif oral**<br>manuel<br>p. 63, ex. 14 à 16 | **1 Découverte collective**<br>**OBJECTIFS** Identifier le mot de base des mots en *-ment*. Repérer que l'on ajoute souvent *-ment* à la fin du mot de base mis au féminin (étape 2 de la construction du mémo sur les mots en *-ment*).<br>– **Exercice 14.** Demander aux élèves de lire individuellement le texte puis d'observer les mots soulignés.<br>– Proposer à un élève de lire le texte à voix haute.<br>– Révision de la séance précédente : *Les mots soulignés se terminent en* -ment. *Ils veulent dire « d'une certaine manière ». Le groupe de lettres* -ment, *qu'on ajoute au mot de base, s'appelle un suffixe.*<br>– **Exercices 15 et 16.** Laisser quelques instants aux élèves pour identifier chaque mot de base.<br>– Mise en commun : *le mot de base de « doucement » est « doux » ; le mot de base de « heureusement » est « heureux ». Pour former les mots qui veulent dire « d'une certaine manière », on a mis le mot de base au féminin puis on a ajouté le suffixe* -ment.<br><br>**Différenciation**<br>Regrouper les élèves en difficulté et les accompagner dans leur lecture et dans leur questionnement.<br>La mise en commun intéressera l'ensemble de la classe. |
| 10 min<br>**individuel écrit / collectif oral**<br>manuel<br>p. 63, ex. 17<br>cahier de brouillon | **2 Manipulation dans le manuel**<br>**OBJECTIF** Construire des mots en *-ment*.<br>– **Exercice 17.** Les élèves travaillent d'abord individuellement sur leur cahier de brouillon.<br>– Mise en commun : les élèves constatent que, dans les deux items proposés, l'observation précédente se vérifie. On pourra revenir sur *rapidement* et *rarement,* vus la semaine précédente, en constatant que les mots de base sont identiques au masculin et au féminin.<br><br>**Différenciation**<br>Accompagner les élèves en difficulté. Leur laisser toutefois davantage d'autonomie. La mise en commun intéressera l'ensemble de la classe. |
| mémo<br>p. 36 | **3 Mémo**<br>Compléter le mémo de la semaine précédente avec les élèves à partir de leurs observations. |

### Séance 2  L'infinitif du verbe

| 10 min<br>**individuel ou collectif écrit** | **1 Entraînement dans le manuel**<br>👁 Même démarche qu'en semaine 1, p. 86 du guide. |

| | |
|---|---|
| manuel<br>p. 63, ex. 12, 13 | **Différenciation**<br>Avec les élèves en difficulté, faire systématiquement utiliser la formulation « On peut… ». Exemple : *ON PEUT… attraper, continuer, entendre*, etc. |
| 20 min<br>**individuel**<br>**écrit**<br>cahier<br>p. 47, ex. 1 à 6 | **2** **Entraînement dans le cahier**<br>◉ **Même démarche qu'en semaine 1, p. 86 du guide.**<br>**Différenciation**<br>– Regrouper les élèves en difficulté et leur lire le contenu des exercices avant le travail individuel.<br>– Exercice 6 : facultatif. |

**Pour le jour suivant :** mémoriser le mémo « Les mots en *-ment* (2) » ➜ mémo p. 36.

| | |
|---|---|
| 30 min<br>**individuel**<br>**écrit**<br>cahier<br>p. 49-50, ex. 1 à 8 | ▮ **Récréation**<br>◉ **Cette double page de synthèse rebrasse les principales notions d'étude de la langue vues dans les unités 1 à 3. Les exercices pourront être réalisés sur plusieurs jours.** |

# Les mammifères marins

## SEMAINE 1

| | | | **Jour 1** guide p. 107 |
|---|---|---|---|
| **Atelier d'anticipation** (graphophonologie et compréhension/vocabulaire) | **Moment différencié en atelier** | 20 min | Élèves en atelier d'anticipation, CD, fiche de soutien, ortho. n° 16<br>Élèves en autonomie, CD, texte de lecture supplémentaire n° 10 |
| **Lecture / Expression** | **Séance 1** | 20 à 40 min | 1. Découverte de la page d'ouverture, manuel p. 65<br>2. Découverte de la partie 1, manuel p. 66-67<br>3. *Je comprends la partie*, manuel p. 72, ex. 1 |
| | **Séance 2** | 10 à 20 min | Mémorisation des mots-clés de la partie 1, ardoise |
| **Étude de la langue** | **Séance 1** | 20 min | **Orthographe** • Les groupes de lettres *pl, cl, gl...*, manuel p. 78, ex. 1, 2 + mémo p. 9 |
| | **Séance 2** | 30 min | Entraînement en atelier des mots, cahier p. 48, ex. 1 à 5 |
| Dictée n° 10* (CD + guide p. 13) | | | |

## SEMAINE 2

| | | | **Jour 1** guide p. 115 |
|---|---|---|---|
| **Atelier d'anticipation** (graphophonologie et compréhension/vocabulaire) | **Moment différencié en atelier** | 20 min | Élèves en atelier d'anticipation, CD, fiche de soutien, ortho. n° 17<br>Élèves en autonomie, CD, texte de lecture supplémentaire n° 11 |
| **Lecture / Expression** | **Séance 1** | 20 à 40 min | 1. Résumé de la partie 1<br>2. Découverte de la partie 2, manuel p. 68-69<br>3. *Je comprends la partie*, manuel p. 74, ex. 1 |
| | **Séance 2** | 10 à 20 min | Mémorisation des mots-clés de la partie 2, ardoise |
| **Étude de la langue** | **Séance 1** | 20 min | **Orthographe** • Les groupes de lettres *pr, cr, tr...*, manuel p. 80, ex. 1, 2 + mémo p. 9 |
| | **Séance 2** | 30 min | Entraînement en vocabulaire, manuel p. 79, ex. 16, 17 + cahier p. 55, ex. 1 à 6 |
| Dictée n° 11* (CD + guide p. 13) | | | |

## SEMAINE 3

| | | | **Jour 1** guide p. 123 |
|---|---|---|---|
| **Atelier d'anticipation** (graphophonologie et compréhension/vocabulaire) | **Moment différencié en atelier** | 20 min | Élèves en atelier d'anticipation, CD, fiche de soutien, ortho. n° 18<br>Élèves en autonomie, CD, texte de lecture supplémentaire n° 12 |
| **Lecture / Expression** | **Séance 1** | 20 à 40 min | 1. Résumé de la partie 2<br>2. Découverte de la partie 3, manuel p. 70-71<br>3. *Je comprends la partie*, manuel p. 76, ex. 1 |
| | **Séance 2** | 10 à 20 min | Mémorisation des mots-clés de la partie 3, ardoise |
| **Étude de la langue** | **Séance 1** | 20 min | **Orthographe** • Les groupes de lettres *on* et *om*, manuel p. 82, ex. 1, 2 + mémo p. 9 |
| | **Séance 2** | 30 min | Entraînement en atelier des mots, cahier p. 60, ex. 1 à 6 |
| Dictée n° 12* (CD + guide p. 13) | | | |

* À préparer sur 3 jours et à réaliser le 4e jour.

| Jour 2 guide p. 109 | Jour 3 guide p. 111 | Jour 4 guide p. 113 |
|---|---|---|
| | Élèves en atelier d'anticipation, CD, fiche de soutien, compr./voc. n° 4<br><br>Élèves en autonomie, CD, fiche d'activités complémentaires, ortho. n° 10 ou/et lecture n° 10 | |
| **1.** Retour sur la partie 1<br>**2.** *J'apprends des mots nouveaux,* manuel p. 72, ex. 2, 3<br>**3.** *Je lis à voix haute,* manuel p. 72, ex. 4 | **1.** Retour sur la partie 1<br>**2.** *Je me souviens de la partie,* manuel p. 73, ex. 5 à 7<br>**3.** *J'écris une phrase,* manuel p. 73, ex. 8 | **1.** Relecture de la partie 1<br>**2.** Activités orales de compréhension : résumé et analyse des documents |
| Activités écrites de compréhension, cahier p. 51, ex. 1, 2 | Activités écrites de compréhension, cahier p. 51, ex. 3, 4<br>Copie de phrase (Ⓓ), cahier p. 51 | *D'autres œuvres à découvrir,* manuel p. 84 |
| **Grammaire** • Les noms et les pronoms, manuel p. 78, ex. 4 à 6 + mémo p. 19 | **Conjugaison** • Le verbe change (1), manuel p. 79, ex. 9 à 11 + mémo p. 27 | **Vocabulaire** • Les contraires, manuel p. 79, ex. 14, 15 + mémo p. 37 |
| Entraînement en orthographe, manuel p. 78, ex. 3 + cahier p. 52, ex. 1 à 5<br>Copie de phrase, cahier p. 52 | Entraînement en grammaire, manuel p. 78, ex. 7, 8 + cahier p. 53, ex. 1 à 5 | Entraînement en conjugaison, manuel p. 79, ex. 12, 13 + cahier p. 54, ex. 1 à 6 |

| Jour 2 guide p. 117 | Jour 3 guide p. 119 | Jour 4 guide p. 121 |
|---|---|---|
| | Élèves en atelier d'anticipation, CD, fiche de soutien, compr./voc. n° 5<br><br>Élèves en autonomie, CD, fiche d'activités complémentaires, ortho. n° 11 ou/et lecture n° 11 | |
| **1.** Retour sur la partie 2<br>**2.** *J'apprends des mots nouveaux,* manuel p. 74, ex. 2 à 4 | **1.** Retour sur la partie 2<br>**2.** *Je me souviens de la partie,* manuel p. 75, ex. 5, 6<br>**3.** Activités préparatoires à l'expression écrite de la séance 2 | Retour sur l'expression écrite |
| Activités écrites de compréhension, cahier p. 56, ex. 1 | *J'écris un petit texte,* manuel p. 75, ex. 7 | Activités écrites de compréhension, cahier p. 56, ex. 2<br>Copie de phrase (Ⓔ), cahier p. 56 |
| **Grammaire** • Le verbe dans la phrase, manuel p. 80, ex. 4 à 6 + mémo p. 19 | **Conjugaison** • Les pronoms, manuel p. 81, ex. 9 à 11 + mémo p. 27 | **L'atelier des mots** • Les noms des petits des animaux, manuel p. 81, ex. 14 à 16 + mémo p. 37 |
| Entraînement en orthographe, manuel p. 80, ex. 3 + cahier p. 57, ex. 1 à 5<br>Copie de phrase, cahier p. 57 | Entraînement en grammaire, manuel p. 80, ex. 7, 8 + cahier p. 58, ex. 1 à 5 | Entraînement en conjugaison, manuel p. 81, ex. 12, 13 + cahier p. 59, ex. 1 à 5 |

| Jour 2 guide p. 125 | Jour 3 guide p. 127 | Jour 4 guide p. 129 |
|---|---|---|
| | Élèves en atelier d'anticipation, CD, fiche de soutien, compr./voc. n° 6<br><br>Élèves en autonomie, CD, fiche d'activités complémentaires, ortho. n° 12 ou/et lecture n° 12 | |
| **1.** Retour sur la partie 3<br>**2.** *J'apprends des mots nouveaux,* manuel p. 76, ex. 2 | **1.** Retour sur tout le documentaire<br>**2.** *Je me souviens de tout le documentaire,* manuel p. 76, ex. 3 à 5 | *J'utilise le petit dictionnaire,* manuel p. 77, ex. 6 à 8 |
| Activités écrites de compréhension, cahier p. 61, ex. 1, 2 | Activités écrites de compréhension, cahier p. 61, ex. 3<br>Copie de phrase (Ⓕ, Ⓖ, Ⓗ, Ⓘ, Ⓙ), cahier p. 61 | *D'autres œuvres à découvrir,* manuel p. 84 |
| **Grammaire** • Le sujet dans la phrase, manuel p. 82, ex. 4, 5 + mémo p. 19 | **Conjugaison** • Le présent des verbes en -*er*, manuel p. 83, ex. 8, 9 + mémo p. 27 | **L'atelier des mots** • Les mots en -*et* ou -*ette*, manuel p. 83, ex. 12 à 14 + mémo p. 37 |
| Entraînement en orthographe, manuel p. 82, ex. 3 + cahier p. 62, ex. 1 à 5<br>Copie de phrase, cahier p. 62 | Entraînement en grammaire, manuel p. 82, ex. 6, 7 + cahier p. 63, ex. 1 à 5 | Entraînement en conjugaison, manuel p. 83, ex. 10, 11 + cahier p. 64, ex. 1 à 5 |

## Le documentaire

Ce documentaire fait suite à l'histoire de l'unité 3 qui se déroulait à la mer et qui peut être considérée comme une entrée en matière. En effet, les élèves ont déjà découvert du vocabulaire sur ce thème.

L'unité 4 aborde plus précisément le thème des mammifères marins. La partie 1 propose une fiche d'identité de ces animaux, qu'on appelle aussi cétacés, à distinguer des poissons.

La partie 2 a pour but de sensibiliser les élèves aux dangers que ces animaux (ainsi que d'autres espèces comme les tortues et les requins) rencontrent dans les océans. On sait combien les enfants sont attachés à la question des espèces menacées et sont très réceptifs à ces problématiques.

Dans la partie 3, on prolonge ce thème en insistant sur la prise de conscience et en prodiguant des conseils et des solutions qui sont mises en œuvre aujourd'hui pour tenter de protéger les animaux marins.

En rapport avec la thématique de la mer, on propose ensuite une fiche de fabrication qui permet aux élèves de réaliser un mobile de la mer en s'essayant à l'origami.

De belles photos accompagnent les textes, ainsi que des dessins qui permettent de rendre plus parlantes certaines informations.

## Les thèmes

**La naissance des mammifères marins :** on insistera sur le fait que tous les mammifères donnent naissance directement à leur petit et l'allaitent.

**La diversité du monde animal marin :** cette unité pourra, bien sûr, donner lieu à des activités transversales en Découverte du monde. En lien avec la découverte du monde, les élèves pourront opérer des classements pour identifier tous les animaux marins évoqués dans le documentaire.

**La protection de l'environnement marin :** amorcé dans l'unité 3, le thème de la pollution des mers et des océans est incontournable et fait partie de l'éducation à l'environnement des enfants.

## Les œuvres en réseau

**Des livres :**

> ### Rubrique « D'autres œuvres à découvrir », p. 84 du manuel
> 📖 *Inventaire illustré de la mer*, Virginie Aladjidi et Emmanuelle Tchoukriel, éd. Albin Michel Jeunesse. (Voir le déroulement de la séance, p. 129 du guide.)

🐋 *Un océan dans les yeux*, Thierry Dedieu, éd. Seuil Jeunesse.

🐋 *Les mers et les océans : des grandes découvertes à l'écologie*, Chantal Henri-Biabaud, éd. La Martinière Jeunesse.

**Des chansons :**

🎵 *Veux-tu monter dans mon bateau*, Anne Sylvestre.

🎵 *La baleine bleue*, Steve Waring.

**Une œuvre picturale :**

> ### Rubrique « D'autres œuvres à découvrir », p. 84 du manuel
> 📷 *Polynésie, La mer*, gouache découpée d'Henri Matisse (1946). (Voir le déroulement de la séance, p. 114 du guide.)

**Un site Internet :**

📧 http://ecoleprimairelesglycines.pagesperso-orange.fr/accueil.html

(Voir dans l'introduction p. 16 la présentation du dispositif
d'anticipation et des jeux de manipulation.)

| | |
|---|---|
| **20 min**<br>**moment différencié**<br><br>Élèves en atelier :<br><br><br>– cartes des mots<br>– fiche de soutien,<br>ortho. n° 16<br><br>Élèves en autonomie :<br><br><br>– texte de lecture<br>supplémentaire n° 10 | **1 Jeux de manipulation avec les groupes de lettres *pl*, *cl*, *gl*…**<br>**OBJECTIF** Déchiffrer un mot en identifiant la place d'un son par rapport à un autre.<br>– Avec des lettres étiquettes, faire lire des syllabes commençant par les lettres «b», «c», «f», «g», «p», «v» (exemple : *ba, cou, fon*…). Les faire écrire.<br>– Ajouter ensuite la lettre «l» avant ou après la voyelle. Faire lire de nouveau les suites de lettres.<br>– Les jeux :<br>– «Les sons-jetons» (le jeton de couleur différente correspond au son [l])<br>– «La silhouette sonore» (le jeton de couleur différente correspond au son [l])<br>– «Le pas à pas»<br><br>**2 Fiche de soutien en orthographe n° 16 : les groupes de lettres *pl*, *cl*, *gl*…**<br>**OBJECTIF** Déchiffrer et écrire un mot en identifiant la place d'un son par rapport à un autre |

## Lecture – Expression • **Partie 1**

### Séance 1

| | |
|---|---|
| **5 min**<br><br>**collectif<br>oral**<br><br>manuel<br>p. 65 | **1 Découverte de la page d'ouverture du documentaire**<br>**OBJECTIF** Prendre des informations sur une couverture d'album et sur une image.<br>– Faire lire le titre puis l'indication sur le type de texte.<br>– Faire observer les illustrations et faire lire les légendes. Faire préciser le type d'illustrations.<br>– Recueillir les remarques des élèves. |
| **20 min**<br><br>**collectif<br>oral**<br><br>manuel<br>p. 66-67 et p. 77 | **2 Découverte de la partie 1**<br>**OBJECTIFS** Prendre des informations sur une image. Écouter et lire des pages de documentaire.<br>– Inviter les élèves à observer les illustrations. Demander s'ils reconnaissent les animaux. Valider leurs réponses pendant la lecture.<br>– Proposer une lecture magistrale de l'ensemble des pages 66 et 67 puis laisser les élèves intervenir : recueillir leurs réactions et éclaircir quelques difficultés de compréhension si besoin en proposant à ceux qui le peuvent d'apporter des explications ou des précisions.<br>– Proposer une seconde lecture de la partie en alternant lecture magistrale et lecture faite par des élèves, en fonction des paragraphes.<br>– Relever les mots suivis d'un astérisque (*oxygène, prédateurs, allaite*) puis laisser à certains le soin de les expliquer avec leurs propres mots. Les inviter à découvrir leur définition page 77 du manuel dans «Le petit dictionnaire». Proposer à trois élèves de lire les définitions.<br>👁 **Faire remarquer que le mot «allaite» apparaît sous sa forme infinitive.** |
| **15 min**<br><br>**collectif<br>oral**<br><br>manuel<br>p. 72, ex. 1 | **3 *Je comprends la partie***<br>**OBJECTIFS** Identifier les éléments d'un documentaire qu'on a lu. Rendre compte de ce que l'on a lu ou entendu.<br>👁 **Même démarche qu'en unité 1, p. 24 du guide.**<br>– Mots-clés à inscrire au tableau : *les mammifères marins, les cétacés, l'oxygène, les prédateurs, l'air, un évent, un alevin, des branchies.*<br>**b.** «Pour respirer» est une réponse acceptable, mais on pourra insister pour que les élèves retiennent ici le terme «oxygène». |

c. Rappeler que « allaiter » et « lait » sont des mots de la même famille.

e. Ce travail de classement peut évoluer vers une activité de découverte du monde.

> **Différenciation**
>
> – Proposer aux élèves en difficulté de relire les mots qui présentent des difficultés de déchiffrage : *régulièrement, dauphineau, delphineau, ouïes* ; puis certaines des phrases qui contiennent ces mots.
>
> – Revenir sur le sens des expressions difficiles : *Ils ont de nombreux cousins. – Les adultes prennent grand soin de leurs bébés.*
>
> – Proposer aux autres élèves de lister (sur l'ardoise) les animaux marins qu'ils connaissent.

## Séance 2

| | |
|---|---|
| 20 min<br><br>**individuel écrit**<br><br>ardoise | ● **Mémorisation des mots-clés de la partie 1**<br><br>**OBJECTIFS** Mémoriser les mots-clés du documentaire. Restituer leur orthographe.<br><br>📑 *les mammifères marins, les cétacés, l'oxygène, un prédateur, l'air, un évent, un alevin, les branchies*<br><br>– Pour fixer les éléments de la partie 1 et l'orthographe des mots récurrents du texte, demander aux élèves d'écrire sur l'ardoise les réponses aux questions suivantes : *comment appelle-t-on les mammifères marins ? De quoi ont-ils besoin pour respirer ? Comment appelle-t-on un animal qui chasse pour se nourrir ? Par où ressort l'air que les cétacés respirent ? Comment appelle-t-on le bébé du poisson ? Par où ressort l'eau que les poissons avalent ?*<br><br>> **Différenciation**<br>> – Préparer la liste des mots-clés pour les élèves en difficulté et leur distribuer individuellement.<br>> – Les autres élèves n'ont plus les mots sous les yeux. Soit ils ont déjà mémorisé l'orthographe du mot, soit ils procèdent à un balayage de la double page étudiée pour retrouver chacun d'entre eux et l'orthographier correctement.<br>> – Interroger d'abord les élèves en difficulté pour s'assurer qu'ils ont mémorisé les éléments de l'histoire.<br><br>👁 **Recopier les mots-clés sur un affichage qui restera en évidence sur un mur de la classe et qui pourra être enrichi au fur et à mesure des séances.** |

**Pour le jour suivant :** lire le texte 1 (2 niveaux de difficulté) ➜ 💿

## Étude de la langue • Orthographe / L'atelier des mots

## Séance 1 Les groupes de lettres *pl, cl, gl…*

| | |
|---|---|
| 20 min<br><br>**collectif oral**<br><br>manuel p. 78, ex. 1, 2<br><br>ardoise ou cahier de brouillon<br><br>mémo p. 9 | ● **Découverte collective**<br><br>**OBJECTIF** Déchiffrer un mot en identifiant la place d'un son par rapport à un autre.<br><br>– Expliquer que l'étude va porter, non plus sur les sons, mais sur les lettres ; ici, les suites de lettres : une consonne + la lettre « l ».<br><br>👁 **Ces groupes de consonnes posent souvent des problèmes de lecture aux apprentis déchiffreurs qui ont tendance à mal positionner le son [l] :** *claquer / calquer.*<br><br>– Faire lire le mot « page » puis ajouter la lettre « l » entre la lettre « p » et la lettre « a ». Faire lire le nouveau mot (*plage*).<br><br>– Faire lire ensuite le mot « claque » puis déplacer la lettre « l » entre la lettre « a » et la lettre « q ». Faire lire le nouveau mot (*calque*). |

– Amener les élèves à identifier la place de la lettre «l» et du son [l] en isolant les suites de lettres pla / cla / cal.

– **Exercice 1.** Faire lire chaque colonne à voix haute. *Dans quels mots la lettre «l» est-elle placée après la consonne / après la voyelle?*

### Différenciation

Avec les élèves en difficulté, poser un cache sur le mot à lire et le faire glisser lettre à lettre, vers la droite, en faisant prononcer à chaque étape le mot en cours de déchiffrage. Une bandelette de papier peut être laissée aux élèves les plus en difficulté.

– **Exercice 2.** Les élèves écrivent les mots au brouillon ou sur l'ardoise. Faire souligner le groupe de lettres identique et le faire lire à haute voix.

### Différenciation

Faire lire des groupes de lettres commençant par les lettres «b», «c», «f», «g», «p», «v» et suivies d'une voyelle ou de la lettre «l»: bla / bal – clo / col – flou / foul…

## Séance 2  Les mots en -ment (2)

| 30 min<br><br>**individuel<br>écrit**<br><br>cahier<br>p. 48, ex. 1 à 5 | 👁 **Entraînement dans le cahier**<br>👁 **Même démarche qu'en unité 1, p. 41 du guide.**<br><br>### Différenciation<br>– Regrouper les élèves en difficulté et leur lire le contenu des exercices avant le travail individuel.<br>– Exercice 5: facultatif. |
|---|---|

**Pour le jour suivant:**
– savoir lire sans erreur des suites de lettres contenant les groupes de lettres «pl», «cl», «gl»… ➜ mémo p. 9;
– activité supplémentaire: *cherche des mots qui commencent par le groupe de lettres «pl» ou «bl», «cl» ou «gl».*

## Lecture – Expression • Partie 1

*Semaine 1
Jour 2*

### Séance 1

| 15 min<br><br>**collectif<br>oral** | **1 Retour sur la partie 1**<br>**OBJECTIF** Distinguer les éléments importants d'un texte documentaire.<br><br>– Inviter les élèves à se remémorer la partie découverte la veille: *de quoi parle la première partie de ce documentaire?* Insister sur les différences entre les cétacés et les poissons.<br>– Activités de restitution (exemples):<br>1. repérage de phrases erronées: *Les cétacés reviennent régulièrement à la surface pour faire le plein de carburant.*<br>2. vrai/faux: *Le cachalot est un des plus terribles prédateurs de la mer. Vrai ou faux?*<br>3. rebrassage du lexique: *Comment la baleine nourrit-elle son petit? En l'allaitant.* |
|---|---|
| 15 min<br><br>**collectif<br>oral** | **2 J'apprends des mots nouveaux**<br>**OBJECTIF** Affiner le bagage lexical.<br><br>– Lire la consigne de l'exercice 2 à voix haute puis laisser les élèves lire les débuts et les fins de phrases, avant d'écouter leurs propositions. |

| | |
|---|---|
| manuel<br>p. 72, ex. 2, 3 | – Demander aux élèves d'inventer des phrases avec les mots de la colonne de gauche : recueillir leurs propositions et les commenter.<br>– Lire la consigne de l'exercice 3 à voix haute puis laisser un temps aux élèves pour lire silencieusement les deux phrases avant d'interroger des volontaires. |
| **10 min**<br>**individuel**<br>**oral**<br>manuel<br>p. 72, ex. 4 | **3** *Je lis à voix haute*<br>**OBJECTIF** Lire seul et à voix haute en articulant et en respectant la ponctuation.<br>– Inviter les élèves à lire le texte proposé de façon silencieuse. Puis demander à un élève de lire à voix haute la remarque du petit personnage. Demander aux élèves de repérer les parenthèses et insister sur le fait qu'il faudra marquer une petite pause.<br>– Proposer à 5 ou 6 élèves de lire le texte en les reprenant si nécessaire.<br><br>**Différenciation**<br>Proposer aux élèves en difficulté de ne lire qu'une ou deux phrases. |

## Séance 2

| | |
|---|---|
| **10 min**<br>**individuel**<br>**écrit**<br>cahier<br>p. 51, ex. 1, 2 | **▬** **Activités écrites de compréhension**<br>**👁** **Même démarche qu'en unité 1, p. 26 du guide.**<br><br>**Différenciation**<br>– Regrouper les élèves en difficulté et leur lire le contenu des exercices avant le travail individuel.<br>– Proposer aux élèves les plus rapides de réécrire sur l'ardoise les mots-clés vus en jour 1 (voir p. 108 du guide) de mémoire, en faisant attention à l'orthographe (masquer l'affichage). Leur proposer une auto-correction à l'aide de l'affichage. |

**Pour le jour suivant :** lire le texte 2 (2 niveaux de difficulté) ➔ 🔵

## Étude de la langue • Grammaire / Orthographe

## Séance 1   Les noms et les pronoms

| | |
|---|---|
| **5 min**<br>**collectif**<br>**oral** | **1** **Entrée dans la séance**<br>**OBJECTIF** Comprendre qu'un nom peut être remplacé par un pronom.<br>– Écrire les phrases suivantes au tableau : *Elles jouent dans la cour. – Ils écrivent au tableau. – Il marche dans le couloir. – Elle attend son tour.*<br>– Demander aux élèves de qui on peut parler dans chacune de ces phrases.<br>**👁** **Noter les propositions des élèves. Préciser que la correction se fera à la fin de la séance.** |
| **15 min**<br>**collectif**<br>**oral**<br>manuel<br>p. 78, ex. 4 à 6<br>mémo<br>p. 19 | **2** **Découverte collective**<br>**OBJECTIFS** Comprendre qu'un nom peut être remplacé par un pronom. Identifier les pronoms en fonction de leur genre et de leur nombre. Comprendre qu'un pronom possède le même genre et le même nombre que le nom qu'il remplace.<br>– **Exercice 4.** Les élèves associent les noms et les pronoms.<br>– **Exercices 5 et 6.** Les élèves repèrent des pronoms masculins et féminins.<br>– Synthèse collective au tableau.<br>**👁** **Cette étape doit amener les élèves à voir qu'un pronom possède le même genre et le même nombre que le nom qu'il remplace.**<br>– Lecture collective du mémo.<br>– Mémorisation du mémo.<br>– Retour à la situation d'entrée et correction collective des hypothèses initiales. |

## Séance 2 Les groupes de lettres *pl, cl, gl...*

| | |
|---|---|
| 10 min<br><br>**individuel ou collectif écrit**<br><br>manuel<br>p. 78, ex. 3 | **1** Entraînement dans le manuel<br><br>👁 Même démarche qu'en unité 1, p. 27 du guide. |
| 20 min<br><br>**individuel écrit**<br><br>cahier<br>p. 52, ex. 1 à 5 | **2** Entraînement dans le cahier et copie de phrase<br><br>👁 Même démarche qu'en unité 1, p. 27 du guide.<br><br>**Différenciation**<br>Regrouper les élèves en difficulté et leur lire le contenu des exercices avant le travail individuel.<br><br>Écriture : faire lire la phrase à voix haute par un élève puis rappeler l'enchaînement du début du « p » avec le « l ». |

**Pour le jour suivant :** mémoriser le mémo « Les noms et les pronoms » ➜ mémo p. 19.

•••••••••••••••••••••••••••••••••••••••••••••••••••••••••••••••••••

## Atelier d'anticipation • **Compréhension / Vocabulaire**

*Semaine 1*
*Jour 3*

(Voir dans l'introduction p. 16 la présentation du dispositif d'anticipation.)

| | |
|---|---|
| 20 min<br><br>**moment différencié**<br><br>Élèves en atelier :<br><br><br><br>– fiche de soutien, compr./voc. n° 4<br><br>Élèves en autonomie :<br><br><br><br>– fiche d'activités complémentaires, ortho. n° 10 ou/et lecture n° 10 | **1** Phase orale<br><br>**OBJECTIF** S'approprier les éléments de compréhension globale de la partie.<br><br>– Demander au groupe d'élèves de raconter la partie du documentaire que la classe a découverte en jours 1 et 2.<br><br>– Faire émerger les mots-clés et les mots du « Petit dictionnaire » en invitant les élèves à en repréciser le sens.<br><br>**2** Fiche de soutien en compréhension et en vocabulaire n° 4 : partie 1<br><br>**OBJECTIFS** Identifier les éléments d'un documentaire qu'on a lu. Comprendre le vocabulaire du documentaire. |

## Lecture – Expression • **Partie 1**

## Séance 1

| | |
|---|---|
| 10 min<br><br>**collectif oral**<br><br>manuel p. 66-67 | **1** Retour sur la partie 1<br><br>**OBJECTIFS** Poser des questions sur un texte. Prélever des informations locales dans un texte.<br><br>👁 Même démarche qu'en unité 1, p. 28 du guide. |

| 15 min | **2** *Je me souviens de la partie* |
|---|---|
| **collectif oral** | **OBJECTIF** Comprendre et localiser des informations dans une page de documentaire. |
| manuel p. 73, ex. 5 à 7 | – Lire la consigne de l'exercice 5 à voix haute. Laisser un temps pour que tous les élèves lisent les phrases proposées. Puis interroger des élèves, un à un, en leur demandant de justifier leur réponse. |
| | – Lire la consigne de l'exercice 6 à voix haute. Faire lire la légende puis recueillir les propositions des élèves. |
| | – Pour l'exercice 7, demander à plusieurs élèves de relire les phrases dans l'ordre. |
| 15 min | **3** *J'écris une phrase* |
| **collectif oral** | **OBJECTIF** Produire une phrase à partir de mots proposés. |
| manuel p. 73, ex. 8 | 👁 **Même démarche qu'en unité 1, p. 28 du guide.** |
| **individuel écrit** | |
| ardoise et cahier de classe | |

## Séance 2

| 15 min | 🔵 **Activités écrites de compréhension et copie de phrase** |
|---|---|
| **individuel écrit** | 👁 **Même démarche qu'en unité 1, p. 28 du guide.** |
| cahier p. 51, ex. 3, 4 | **Différenciation** |
| | Regrouper les élèves en difficulté et leur lire le contenu des exercices avant le travail individuel. |
| | Écriture : faire lire la phrase à voix haute par un élève puis repérer les lettres « ɟ » majuscules. |

**Pour le jour suivant :** lire le texte 3 (2 niveaux de difficulté) ➔ 🔵

## Étude de la langue • Conjugaison / Grammaire

## Séance 1  Le verbe change (1)

| 20 min | 🔵 **Découverte collective** |
|---|---|
| **collectif oral** | **OBJECTIF** Découvrir la notion de terminaison verbale. |
| manuel p. 79, ex. 9 à 11 | – Lire ou faire lire le texte de référence à voix haute. |
| | – **Exercice 9.** Faire appel aux connaissances sur le verbe (leçons de grammaire des unités 1 et 2) pour l'identifier dans les phrases. |
| ardoise ou cahier de brouillon | **Différenciation** |
| | Utiliser la formulation « on peut... » pour faire apparaître l'infinitif : *ON PEUT allaiter*. |
| mémo p. 27 | – **Exercice 10.** Rappeler la « ligne du temps » vue dans l'unité 3 (voir p. 84 du guide). |
| | – **Exercice 11.** Faire recopier, l'une sous l'autre, les trois formes verbales. *Souligne ce qui ne change pas dans les trois verbes. Entoure ce qui change.* |
| | 👁 **Utiliser oralement la notion de « terminaison du verbe » en alternance avec l'expression « la fin du verbe ». Le mot « radical » n'est pas employé. On pourra utiliser le mot « base ».** |

**Différenciation**

Proposer l'infinitif d'un verbe du 1er groupe au tableau et supprimer la terminaison en « er ». Faire employer ce verbe à l'oral dans des phrases. Ajouter à chaque fois la terminaison d'une autre couleur.

– Lecture collective du mémo. *Quelle est la partie du verbe qui change quand on le conjugue ?*
– Mémorisation du mémo.

## Séance 2 · Les noms et les pronoms

| 10 min | **1** Entraînement dans le manuel |
|---|---|
| **individuel ou collectif écrit** | 👁 **Même démarche qu'en unité 1, p. 29 du guide.** |
| manuel p. 78, ex. 7, 8 | |

| 20 min | **2** Entraînement dans le cahier |
|---|---|
| **individuel écrit** | 👁 **Même démarche qu'en unité 1, p. 29 du guide.** |
| cahier p. 53, ex. 1 à 5 | **Différenciation**<br><br>– Regrouper les élèves en difficulté et leur lire le contenu des exercices avant le travail individuel.<br>– Exercice 5 : facultatif. |

**Pour le jour suivant :**

– mémoriser le mémo « Le verbe change (1) » ➜ mémo p. 27 ;
– activité supplémentaire : *remplace le verbe « allaiter » dans l'exemple du mémo par le verbe « caresser ».*

## Lecture – Expression • Partie 1

*Semaine 1
Jour 4*

## Séance 1

| 10 min | **1** Relecture de la partie 1 |
|---|---|
| **collectif oral** | 👁 **Même démarche qu'en unité 1, p. 29 du guide.** |
| manuel p. 66-67 | |

| 20 min | **2** Activités orales de compréhension : résumé et analyse des documents |
|---|---|
| **collectif oral** | **OBJECTIF** Assimiler et restituer des connaissances.<br><br>– Activités d'écoute : après la lecture d'une ou deux phrases du texte, demander aux élèves si le contenu se rapporte aux cétacés ou aux poissons.<br>– Résumés : proposer deux résumés à l'oral et demander aux élèves d'indiquer le plus pertinent en validant leur choix. |
| manuel p. 66-67 | |

| | |
|---|---|
| **1.** Le dauphin, la baleine, ou encore le béluga, sont des mammifères marins qu'on appelle aussi cétacés. Ces animaux reviennent régulièrement à la surface pour avaler un grand bol d'oxygène. Ce n'est pas le cas des poissons qui respirent sans remonter à la surface grâce à leurs branchies. Les cétacés et les poissons ne mettent pas non | **2.** Les cétacés ne peuvent pas respirer sous l'eau. Ils remontent à la surface pour respirer. L'air passe dans leurs poumons et ressort par l'évent situé au-dessus de leur tête. Quand le bébé dauphin sort du ventre de sa mère, celle-ci le pousse vers la surface pour qu'il puisse faire le plein d'oxygène. |

plus au monde leur bébé de la même manière : le petit cétacé sort du ventre de sa maman comme un petit humain alors que le poisson pond des œufs qui deviendront des alevins.

Les poissons, eux, n'ont pas besoin de remonter à la surface. Ils avalent de l'eau qui passe par leurs branchies et ressort par leurs ouïes. Ces branchies retiennent l'oxygène.

– Analyse des documents : insister sur le fait que les documents sont des photos. Nommer les différents animaux pour que les élèves puissent les mémoriser. Sur la page de gauche, de haut en bas : un bélouga, un cachalot, une baleine. Décrire l'environnement sur la photo de la baleine. Page de droite, de haut en bas : un dauphin et son petit, des fonds marins avec des coraux et des poissons multicolores.

– Demander aux élèves d'où a été prise chaque photo : de la surface ou sous l'eau ?

👁 **L'enseignant peut noter les mots de vocabulaire de cette phase orale sur un affichage de façon à compléter le lexique de l'unité.**

## Séance 2

| | |
|---|---|
| 20 min<br><br>collectif<br>oral<br><br>manuel<br>p. 84 | 🔵 *D'autres œuvres à découvrir*<br><br>**OBJECTIF** Comprendre et s'approprier une nouvelle œuvre en lien avec le texte étudié.<br><br>– Une œuvre picturale : *Polynésie, La mer*, gouache découpée d'Henri Matisse.<br><br>– Demander aux élèves ce qu'ils reconnaissent comme formes.<br><br>– On pourra proposer une courte biographie de l'artiste. Présenter d'abord le peintre puis expliquer que Matisse, âgé et malade, se met à la technique des gouaches découpées car il est obligé de rester alité ou en fauteuil. On l'aide à peindre de grandes feuilles de papier dans lesquelles il découpe des formes qu'il associe et qu'il colle sur des fonds également peints.<br><br>– Un travail « à la Matisse » pourra être proposé aux élèves sur un temps d'activité en arts visuels.<br><br>– Consacrer un temps avec des élèves (un demi-groupe serait idéal) en BCD pour rechercher d'autres œuvres d'art sur le thème de la mer. |

**Pour le jour suivant :** lire le texte 4 (2 niveaux de difficulté) ➔

## Étude de la langue • Vocabulaire / Conjugaison

## Séance 1 Les contraires

| | |
|---|---|
| 5 min<br><br>collectif<br>oral | ❶ **Entrée dans la séance**<br><br>**OBJECTIF** Repérer des phrases qui ont un sens contraire.<br><br>– Écrire les phrases suivantes au tableau : *Les enfants sont sages aujourd'hui. – Les élèves sont sages aujourd'hui. – Les élèves sont agités en ce moment. – Les enfants sont agités aujourd'hui. – Les enfants sont calmes.*<br><br>– Demander aux élèves de désigner les phrases qui veulent dire le contraire de la première phrase.<br><br>👁 **Cette étape doit permettre d'amener les élèves à entrer dans le sens des phrases et des mots.** |
| 15 min<br><br>collectif<br>oral<br><br>manuel<br>p. 79, ex. 14, 15<br><br>mémo<br>p. 37 | ❷ **Découverte collective**<br><br>**OBJECTIF** Identifier deux mots contraires.<br><br>– **Exercice 14.** Les élèves comparent les couples de phrases.<br>– Synthèse collective au tableau.<br>– **Exercice 15.** Les élèves cherchent les mots qui ont un sens contraire.<br>– Synthèse collective au tableau.<br>– Lecture collective du mémo.<br>– Mémorisation du mémo. |

## Séance 2 Le verbe change (1)

| | |
|---|---|
| 10 min<br><br>**individuel ou collectif écrit**<br><br>manuel<br>p. 79, ex. 12, 13 | **1** **Entraînement dans le manuel**<br>👁 Même démarche qu'en unité 3, p. 86 du guide. |
| 20 min<br><br>**individuel écrit**<br><br>cahier<br>p. 54, ex. 1 à 6 | **2** **Entraînement dans le cahier**<br>👁 Même démarche qu'en unité 3, p. 86 du guide.<br><br>**Différenciation**<br>– Regrouper les élèves en difficulté et leur lire le contenu des exercices avant le travail individuel.<br>– Exercice 5 : facultatif. |

**Pour le jour suivant :** mémoriser le mémo « Les contraires » ➜ mémo p. 37.

- - - - - - - - - - - - - - - - - - - - - - - - - - - - - - - - - - - - - - - - - - - - -

## Atelier d'anticipation • **Graphophonologie**

*Semaine 2
Jour 1*

(Voir dans l'introduction p. 16 la présentation du dispositif d'anticipation et des jeux de manipulation.)

| | |
|---|---|
| 20 min<br><br>**moment différencié**<br><br>Élèves en atelier :<br><br>– cartes des mots<br>– fiche de soutien, ortho. n° 17<br><br>Élèves en autonomie :<br><br>– texte de lecture supplémentaire n°11 | **1** **Jeux de manipulation avec les groupes de lettres *pr, cr, tr...***<br>**OBJECTIF** Déchiffrer un mot en identifiant la place d'un son par rapport à un autre.<br>👁 Même démarche qu'en semaine 1, p. 107 du guide, avec la lettre « r » au lieu de la lettre « l ».<br><br>**2** **Fiche de soutien en orthographe n° 17 : les groupes de lettres *pr, cr, tr...***<br>**OBJECTIF** Déchiffrer et écrire un mot en identifiant la place d'un son par rapport à un autre. |

## Lecture – Expression • **Partie 2**

## Séance 1

| | |
|---|---|
| 5 min<br><br>**collectif oral** | **1** **Résumé de la partie 1**<br>**OBJECTIF** Restituer les informations nécessaires à la compréhension d'un texte.<br>👁 Même démarche qu'en unité 1, p. 32 du guide. |
| 20 min<br><br>**collectif oral**<br><br>manuel<br>p. 68-69 et p. 77 | **2** **Découverte de la partie 2**<br>**OBJECTIFS** Prendre des informations sur une image. Écouter et lire des pages de documentaire.<br>– Laisser un temps aux élèves pour qu'ils découvrent les illustrations de la double page.<br>– Leur demander de lire le premier paragraphe seul ou à deux (jusqu'à *mourra de faim*) puis faire réagir les élèves : *qu'avez-vous découvert dans ce paragraphe ?* |

| | |
|---|---|
| | – Proposer une lecture magistrale de la page 68 puis marquer une pause et faire réagir les élèves.<br><br>– Continuer la lecture magistrale page 69.<br><br>– Demander aux élèves de relever les mots suivis d'un astérisque (*toxiques, perturbés, récifs, coraux*) puis faire lire chaque phrase comportant un de ces mots pour le recontextualiser. Laisser les élèves en donner une définition avec leurs propres mots avant de découvrir les définitions du «Petit dictionnaire», page 77.<br><br>– Proposer à quelques élèves de reprendre la lecture à voix haute des paragraphes de la page 69. |
| **15 min**<br><br>**collectif oral**<br><br>manuel page 74, ex. 1 | **3** *Je comprends la partie*<br><br>**OBJECTIFS** Identifier les éléments d'un documentaire qu'on a lu. Rendre compte de ce que l'on a lu ou entendu.<br><br>👁 **Même démarche qu'en unité 1, p. 24 du guide.**<br><br>Mots-clés à inscrire au tableau : *le baleineau, les filets de pêche, la pollution, les sous-marins, les espèces menacées, les tortues, les requins, le réchauffement.*<br><br>**Différenciation**<br>– Proposer aux élèves en difficulté de relire les mots qui présentent des difficultés de déchiffrage : *nageant, s'épuisera, nourrissent, s'échouent*; puis certaines des phrases qui contiennent ces mots.<br><br>– Inviter les autres élèves, sur l'ardoise, à inventer des phrases à partir des mots-clés ci-dessus (qui apparaissent au tableau). |

## Séance 2

| | |
|---|---|
| **20 min**<br><br>**individuel écrit**<br><br>ardoise | 📝 **Mémorisation des mots-clés de la partie 2**<br><br>**OBJECTIFS** Mémoriser les mots-clés du documentaire. Restituer leur orthographe.<br><br>📋 *le baleineau, les filets de pêche, la pollution, les sous-marins, les espèces menacées, les tortues, les requins, le réchauffement*<br><br>👁 **Même démarche qu'en semaine 1, p. 108 du guide.**<br><br>Questions à poser : *comment s'appelle le petit de la baleine ? Quels dangers le jeune dauphin peut-il rencontrer ? En général, de quoi souffrent les animaux marins ? Comment appelle-t-on les animaux qui risquent de disparaître ? Pour qui les sacs en plastique sont-ils particulièrement dangereux ? Quels animaux meurent à cause des bateaux-usines ? Qu'est-ce que provoque l'activité des hommes ?* |

**Pour le jour suivant :** lire le texte 5 (2 niveaux de difficulté) ➔

## Étude de la langue • Orthographe / Vocabulaire

## Séance 1  Les groupes de lettres *pr, cr, tr...*

| | |
|---|---|
| **20 min**<br><br>**collectif oral**<br><br>manuel p. 80, ex. 1, 2<br><br>ardoise ou cahier de brouillon<br><br>mémo p. 9 | 📘 **Découverte collective**<br><br>**OBJECTIF** Déchiffrer un mot en identifiant la place d'un son par rapport à un autre.<br><br>👁 **Même démarche qu'en semaine 1, p. 108 du guide.**<br><br>👁 **Les groupes de consonnes posent souvent des problèmes de lecture aux apprentis déchiffreurs qui ont tendance à mal positionner le son [r] : *un tir / un tri*.**<br><br>**Différenciation**<br>Avec les élèves en difficulté, poser un cache sur le mot à lire et le faire glisser lettre à lettre, vers la droite, en faisant prononcer à chaque étape le mot en cours de déchiffrage. Une bandelette de papier peut être laissée aux élèves les plus en difficulté. |

## Séance 2 — Les contraires

| | |
|---|---|
| **10 min**<br><br>**individuel ou collectif écrit**<br><br>manuel<br>p. 79, ex. 16, 17 | **❶ Entraînement dans le manuel**<br><br>👁 Même démarche qu'en unité 1, p. 33 du guide. |
| **20 min**<br><br>**individuel écrit**<br><br>cahier<br>p. 55, ex. 1 à 6 | **❷ Entraînement dans le cahier**<br><br>👁 Même démarche qu'en unité 1, p. 33 du guide.<br><br>**Différenciation**<br>– Regrouper les élèves en difficulté et leur lire le contenu des exercices avant le travail individuel.<br>– Exercice 6 : facultatif. |

**Pour le jour suivant :**
– savoir lire sans erreur des suites de lettres contenant les groupes de lettres « pr », « cr », « tr »… ➜ mémo p. 9 ;
– activité supplémentaire : *cherche des mots qui commencent par le groupe de lettres « pr » ou « br », « cr » ou « gr ».*

## Lecture – Expression • Partie 2

*Semaine 2 Jour 2*

## Séance 1

| | |
|---|---|
| **15 min**<br><br>**collectif oral** | **❶ Retour sur la partie 2**<br><br>OBJECTIF Distinguer les éléments importants d'un texte documentaire.<br><br>– Inviter les élèves à se remémorer la partie découverte la veille : *de quoi parle la deuxième partie de ce documentaire ?* Insister sur les dangers auxquels les animaux marins sont confrontés sans cesse.<br><br>– Activités de restitution (exemples) :<br>1. repérage de phrases erronées : *À cause des bateaux-usines, des millions de <u>baleines</u> meurent chaque année.*<br>2. vrai/faux : *Les tortues marines meurent à cause des sacs en plastique jetés dans la mer. Vrai ou faux ?*<br>3. rebrassage du lexique : *Comment sont les déchets qui rendent malades les animaux marins ? <u>Toxiques</u>.* |
| **20 min**<br><br>**collectif oral**<br><br>manuel<br>p. 74, ex. 2 à 4 | **❷ *J'apprends des mots nouveaux***<br><br>OBJECTIF Affiner le bagage lexical.<br><br>– Lire la consigne de l'exercice 2 à voix haute puis laisser un temps d'observation avant de demander aux élèves de répondre.<br><br>– Laisser les élèves lire la phrase de l'exercice 3 silencieusement avant de recueillir leur réponse.<br><br>– Lire la consigne de l'exercice 4 à voix haute puis laisser un temps aux élèves pour découvrir le document et lire silencieusement « les mots du chalutier ».<br><br>**Différenciation**<br>Si beaucoup d'élèves semblent en difficulté devant cette activité, les inviter à la réaliser deux par deux, en tutorat, pour qu'un élève puisse en aider un autre.<br><br>– Valider l'exercice en interrogeant à l'oral différents élèves. |

| | |
|---|---|
| 10 min<br><br>**individuel écrit**<br><br>cahier<br>p. 56, ex. 1 | ◼ Activités écrites de compréhension<br>◉ Même démarche qu'en unité 1, p. 26 du guide.<br><br>**Différenciation**<br>Regrouper les élèves en difficulté et leur lire le contenu de l'exercice avant le travail individuel. |

**Pour le jour suivant :** lire le texte 6 (2 niveaux de difficulté) ➜

## Étude de la langue • Grammaire / Orthographe

### Séance 1 Le verbe dans la phrase

| | |
|---|---|
| 5 min<br><br>**collectif oral** | **1** Entrée dans la séance<br>**OBJECTIF** Mobiliser ses connaissances sur le verbe.<br>– Demander aux élèves d'expliquer ce qu'est un verbe.<br>– Mise en commun des propositions des élèves.<br>◉ **Il s'agit de faire appel aux connaissances des élèves sur le verbe acquises au cours des différentes séances de grammaire et de conjugaison : son rôle, les pronoms de conjugaison, le temps, l'infinitif... Noter les propositions des élèves. Préciser qu'elles seront validées à la fin de la séance.** |
| 15 min<br><br>**collectif oral**<br><br>manuel<br>p. 80, ex. 4 à 6<br><br>mémo<br>p. 19 | **2** Découverte collective<br>**OBJECTIFS** Identifier le verbe dans la phrase. Comprendre que les verbes conjugués ont une terminaison qui change. Comprendre que le temps est un élément qui fait varier le verbe. Faire la distinction entre un verbe conjugué et un verbe à l'infinitif.<br>– **Exercice 4.** Les élèves retrouvent les verbes dans les phrases.<br>– Synthèse collective au tableau.<br>◉ **Cette étape doit permettre aux élèves d'échanger sur leurs stratégies pour retrouver le verbe dans une phrase.**<br>– **Exercices 5 et 6.** Les élèves cherchent à quel temps les verbes sont conjugués.<br>– Synthèse collective au tableau.<br>– Lecture collective du mémo.<br>– Mémorisation du mémo.<br>– Retour à la situation d'entrée et validation collective des hypothèses initiales. |

### Séance 2 Les groupes de lettres *pr, cr, tr...*

| | |
|---|---|
| 10 min<br><br>**individuel ou collectif écrit**<br><br>manuel<br>p. 80, ex. 3 | **1** Entraînement dans le manuel<br>◉ Même démarche qu'en unité 1, p. 27 du guide. |
| 20 min<br><br>**individuel écrit**<br><br>cahier<br>p. 57, ex. 1 à 5 | **2** Entraînement dans le cahier et copie de phrase<br>◉ Même démarche qu'en unité 1, p. 27 du guide.<br><br>**Différenciation**<br>Regrouper les élèves en difficulté et leur lire le contenu des exercices avant le travail individuel. |

| | Écriture : faire lire la phrase à voix haute par un élève puis rappeler l'enchaînement de la fin du « p » et du « c » avec le début du « r ». |
|---|---|

**Pour le jour suivant :** mémoriser le mémo « Le verbe dans la phrase » ➜ mémo p. 19.

· · · · · · · · · · · · · · · · · · · · · · · · · · · · · · · · · · · · · · · · · · · · · · · · · · · · · · · · · · · · ·

## Atelier d'anticipation • **Compréhension / Vocabulaire**

*Semaine 2
Jour 3*

(Voir dans l'introduction p. 16 la présentation du dispositif d'anticipation.)

| **20 min**<br><br>**moment différencié**<br><br>Élèves en atelier :<br><br>– fiche de soutien, compr./voc. n° 5<br><br>Élèves en autonomie :<br><br>– fiche d'activités complémentaires, ortho. n° 11 ou/et lecture n° 11 | **1** **Phase orale**<br>**OBJECTIF** S'approprier les éléments de compréhension globale de la partie.<br>– Demander au groupe d'élèves de raconter la partie du documentaire que la classe a découverte en jours 1 et 2.<br>– Faire émerger les mots-clés et les mots du « Petit dictionnaire » en invitant les élèves à en repréciser le sens.<br><br>**2** **Fiche de soutien en compréhension et en vocabulaire n° 5 : partie 2**<br>**OBJECTIFS** Identifier les éléments d'un documentaire qu'on a lu. Comprendre le vocabulaire du documentaire. |
|---|---|

## Lecture – Expression • **Partie 2**

### Séance 1

| **10 min**<br><br>**collectif oral**<br><br>manuel p. 68-69 | **1** **Retour sur la partie 2**<br>**OBJECTIFS** Poser des questions sur un texte. Prélever des informations locales dans un texte.<br>👁 **Même démarche qu'en unité 1, p. 28 du guide.** |
|---|---|
| **15 min**<br><br>**collectif oral**<br><br>manuel p. 75, ex. 5, 6<br><br>ardoise | **2** *Je me souviens de la partie*<br>**OBJECTIF** Comprendre et localiser des informations dans une page de documentaire.<br>– Lire la consigne de l'exercice 5 à voix haute en proposant aux élèves d'indiquer leurs réponses sur l'ardoise (en associant chaque lettre à son chiffre).<br><br>**Différenciation**<br>– Avec les élèves en difficulté, lire avec eux chaque phrase puis leur laisser le temps d'écrire leur réponse.<br>– Demander aux autres élèves, s'ils ont terminé rapidement, d'écrire une ou deux nouvelles phrases à partir d'une amorce proposée dans l'exercice en inventant une autre fin possible.<br><br>👁 **Préciser aux élèves de ne pas effacer l'ardoise tant que la correction collective n'est pas faite.**<br>– Proposer une correction orale en demandant à plusieurs élèves de lire chaque phrase.<br>– Lire la consigne de l'exercice 6 à voix haute. |

| | |
|---|---|
| | **Différenciation**<br>– Avec les élèves en difficulté, lire à voix haute les phrases a et b puis chercher ensemble à quel endroit elles pourraient être ajoutées.<br>– Laisser les autres élèves travailler en autonomie en les invitant à retourner aux pages 68 et 69 du manuel.<br><br>– Proposer une correction collective de l'exercice, sans relire la partie entièrement, mais en demandant aux élèves d'indiquer le paragraphe qui pourrait être suivi des phrases a et b. Inviter un élève à en faire la lecture pour que toute la classe valide ce choix. |
| 15 min<br><br>**collectif oral**<br><br>manuel<br>p. 75, ex. 7 | **3** Activités préparatoires à l'expression écrite de la séance 2<br>**OBJECTIF** Rédiger un règlement.<br>👁 **Même démarche qu'en unité 1, p. 36 du guide.**<br>👁 **On précisera que les verbes peuvent être conjugués en donnant des exemples.** |

## Séance 2

| | |
|---|---|
| 20 min<br><br>**individuel écrit**<br><br>manuel<br>p. 75, ex. 7<br><br>ardoise | 🔵 *J'écris un petit texte*<br>**OBJECTIF** Produire un petit texte d'environ 5 lignes pour rédiger un règlement, en respectant certaines contraintes.<br>👁 **Même démarche qu'en unité 1, p. 37 du guide.** |

**Pour le jour suivant :** lire le texte 7 (2 niveaux de difficulté) ➔ 💿

## Étude de la langue • Conjugaison / Grammaire

## Séance 1   Les pronoms

| | |
|---|---|
| 20 min<br><br>**collectif oral**<br><br>manuel<br>p. 81, ex. 9 à 11<br><br>ardoise ou cahier de brouillon<br><br>mémo<br>p. 27 | 🔵 **Découverte collective**<br>**OBJECTIFS** Comprendre le rôle des pronoms de conjugaison. Comprendre leur influence sur la terminaison verbale. Mémoriser les neuf pronoms de conjugaison.<br>– Faire lire la bande dessinée.<br>– **Exercice 9.** Faire appel aux connaissances sur le verbe pour l'identifier dans les phrases.<br>– **Exercice 10.** Faire écrire deux listes : les formes verbales du verbe « aimer » et celles du verbe « détester ». *Souligne ce qui ne change pas dans les verbes. Entoure ce qui change.* Faire recopier à côté de chaque forme le pronom correspondant.<br>– **Exercice 11.** Faire jouer la scène pour trouver le ou les personnage(s) désigné(s) par chaque pronom. *Qui est « tu » ? Les dauphins ou la tortue ? Qui est « je » ? etc.*<br><br>**Différenciation**<br>Faire jouer la scène de la BD par les élèves en difficulté en donnant des prénoms aux personnages et en associant « je » à « moi », « tu » à « toi », etc. : *Nina, tu aimes les sacs en plastique ? Non, moi, Nina, je déteste ça.*<br><br>– Faire rechercher les pronoms dans des phrases à l'oral ou à l'écrit. Faire identifier à chaque fois qui est représenté par le pronom.<br><br>👁 **Prendre l'habitude, à l'oral, de parler de « pronoms de conjugaison » pour désigner les pronoms qui accompagnent les verbes. Bien que ce soit les seuls pronoms étudiés au CE1, la distinction avec les pronoms compléments en sera facilitée lorsque les élèves les découvriront.** |

| | – Lecture collective du mémo. *Quels sont les mots qui font changer la fin du verbe ?*<br>– Mémorisation du mémo. |
|---|---|

## Séance 2  Le verbe dans la phrase

| 10 min<br><br>**individuel ou collectif écrit**<br><br>manuel<br>p. 80, ex. 7, 8 | **1** **Entraînement dans le manuel**<br>👁 Même démarche qu'en unité 1, p. 29 du guide. |
|---|---|
| 20 min<br><br>**individuel écrit**<br><br>cahier<br>p. 58, ex. 1 à 5 | **2** **Entraînement dans le cahier**<br>👁 Même démarche qu'en unité 1, p. 29 du guide.<br><br>**Différenciation**<br>– Regrouper les élèves en difficulté et leur lire le contenu des exercices avant le travail individuel.<br>– Exercice 5 : facultatif. |

**Pour le jour suivant :**
– mémoriser le mémo « Les pronoms » ➜ mémo p. 27 ;
– activité supplémentaire : *cherche, à l'oral, des phrases avec les pronoms de conjugaison* je, tu, nous *et* vous.

## Lecture – Expression • Partie 2

*Semaine 2*
*Jour 4*

### Séance 1

| 40 min<br><br>**individuel écrit**<br><br>cahier<br>d'expression écrite<br><br>👁 Prévoir un travail en autonomie | ■ **Retour sur l'expression écrite / Activité en autonomie**<br>**OBJECTIFS** Revenir sur un travail écrit et y apporter les corrections nécessaires. / Travailler en autonomie et silencieusement.<br>👁 Même démarche qu'en unité 1, p. 38 du guide. |
|---|---|

### Séance 2

| 15 min<br><br>**individuel écrit**<br><br>cahier<br>p. 56, ex. 2 | ■ **Activités écrites de compréhension et copie de phrase**<br>👁 Même démarche qu'en unité 1, p. 28 du guide.<br>Écriture : faire lire la phrase à voix haute par un élève puis repérer les lettres « J » majuscules. |
|---|---|

**Pour le jour suivant :** lire le texte 8 (2 niveaux de difficulté) ➜ 🔵

**Étude de la langue • L'atelier des mots / Conjugaison**

**Séance 1** **Les noms des petits des animaux**

| | |
|---|---|
| 10 min<br><br>**collectif oral**<br><br>manuel<br>p. 81, ex. 14, 15 | **①** **Découverte collective**<br>**OBJECTIFS** Identifier les noms des petits des animaux. Comprendre et manipuler leur construction.<br>– **Exercice 14.** Demander aux élèves de lire silencieusement le texte puis d'observer les noms soulignés.<br>– Proposer à un élève de lire le texte à voix haute. *Les noms soulignés ont-ils quelque chose en commun?*<br>– Reprendre chacun des noms et constater qu'il désigne le petit d'un animal. Copier au tableau les sept noms.<br>– **Exercice 15.** Recherche individuelle.<br>– Réflexion collective: *comment forme-t-on le nom du petit d'un animal? Parfois, on ajoute le suffixe -on, parfois le suffixe -eau.* L'enseignant pourra faire remarquer l'élision de la lettre «e» des mots de base «baleine» et «autruche» dans le nom de leur petit.<br><br>**Différenciation**<br>Regrouper les élèves en difficulté et les accompagner dans leur lecture et dans leur questionnement.<br>La mise en commun intéressera l'ensemble de la classe. |
| 10 min<br><br>**individuel écrit / collectif oral**<br><br>manuel<br>p. 81, ex. 16<br><br>cahier de brouillon | **②** **Manipulation dans le manuel**<br>**OBJECTIF** Comprendre et manipuler la construction des noms des petits des animaux.<br>– **Exercice 16.** Les élèves travaillent individuellement sur leur cahier de brouillon.<br>– Mise en commun: l'enseignant écrit les propositions au tableau.<br>– Pour la phrase b, amener à produire: *L'éléphanteau est le petit de l'éléphant et de l'éléphante.* Puis essai d'application aux autres noms.<br><br>**Différenciation**<br>Accompagner les élèves en difficulté.<br>La mise en commun intéressera l'ensemble de la classe. |
| mémo p. 37 | **③** **Mémo**<br>Construire le mémo avec les élèves à partir de leurs observations. |

**Séance 2** **Les pronoms**

| | |
|---|---|
| 10 min<br><br>**individuel ou collectif écrit**<br><br>manuel<br>p. 81, ex. 12, 13 | **①** **Entraînement dans le manuel**<br>👁 Même démarche qu'en unité 3, p. 86 du guide.<br>– **Exercice 13.** Proposer de relire les phrases de la BD en remplaçant «aimer» par «détester», et inversement.<br>👁 **Faire prendre conscience de l'élision de la lettre «e» dans le pronom «je» devant les voyelles.** |
| 20 min<br><br>**individuel écrit**<br><br>cahier<br>p. 59, ex. 1 à 5 | **②** **Entraînement dans le cahier**<br>👁 Même démarche qu'en unité 3, p. 86 du guide.<br><br>**Différenciation**<br>– Regrouper les élèves en difficulté et leur lire le contenu des exercices avant le travail individuel.<br>– Exercice 5: facultatif. |

> **Pour le jour suivant:** mémoriser le mémo «Les noms des petits des animaux» ➜ mémo p. 37.

## Atelier d'anticipation • **Graphophonologie**

Semaine 3 Jour 1

(Voir dans l'introduction p. 16 la présentation du dispositif d'anticipation et des jeux de manipulation.)

| | |
|---|---|
| **20 min**<br>**moment différencié**<br>Élèves en atelier:<br><br>– cartes des mots<br>– fiche de soutien, ortho. n° 18<br>Élèves en autonomie:<br><br>– texte de lecture supplémentaire n° 12 | **❶ Jeux de manipulation avec les groupes de lettres *on* et *om***<br>**OBJECTIF** Déchiffrer un mot en choisissant la réalisation grapho-phonologique qui convient.<br>– «Un mot, une image»<br>– «Les lettres mobiles avec intrus» (mettre le couple de lettres «m» et «n»)<br>**❷ Fiche de soutien en orthographe n° 18: les groupes de lettres *on* et *om***<br>**OBJECTIFS** Déchiffrer un mot en choisissant la réalisation grapho-phonologique qui convient. Connaître la règle de transformation de la lettre «n» en «m» devant les lettres «m», «p», «b». |

## Lecture – Expression • **Partie 3**

### **Séance 1**

| | |
|---|---|
| **5 min**<br>**collectif oral** | **❶ Résumé de la partie 2**<br>**OBJECTIF** Restituer les informations nécessaires à la compréhension d'un texte.<br>👁 Même démarche qu'en unité 1, p. 32 du guide. |
| **20 min**<br>**collectif oral**<br>manuel p. 70-71 et p. 77 | **❷ Découverte de la partie 3**<br>**OBJECTIFS** Prendre des informations sur une image. Écouter et lire la fin d'un documentaire et une fiche de fabrication.<br>– Laisser un temps aux élèves pour qu'ils découvrent les illustrations de la page 70.<br>– Demander aux élèves de lire le premier paragraphe seul ou à deux (jusqu'à *pièges à dauphins ou à requins*) puis leur demander d'en résumer le contenu à l'oral.<br>– Proposer une lecture magistrale de la page 70 puis marquer une pause et faire réagir les élèves.<br>– Faire relever le mot suivi d'un astérisque (*limitent*) puis le faire rechercher dans la page du «Petit dictionnaire».<br>👁 **Faire remarquer que ce mot apparaît sous sa forme infinitive «limiter».**<br>– Pour la page 71, préciser que c'est une fiche de fabrication. Proposer aux élèves de la lire silencieusement, avant de faire lire les paragraphes par différents élèves.<br>– Reprendre par une lecture magistrale, puis y apporter des précisions. On pourra consacrer un temps à la réalisation du mobile (pendant une séance d'arts visuels).<br>– Proposer à quelques élèves de relire à voix haute les pages 70 et 71. |
| **15 min**<br>**collectif oral**<br>manuel page 76, ex. 1 | **❸ *Je comprends la partie et la fiche de fabrication***<br>**OBJECTIFS** Identifier les éléments d'un documentaire et d'une fiche de fabrication qu'on a lus. Rendre compte de ce que l'on a lu ou entendu.<br>👁 Même démarche qu'en unité 1, p. 24 du guide. |

– Mots-clés à inscrire au tableau : *les usines, les déchets, chasser la baleine, les réserves naturelles marines, un règlement, un pliage, un mobile.*

### Différenciation

– Proposer aux élèves en difficulté de relire les mots qui présentent des difficultés de déchiffrage : *malheureusement, continuent, agissent, reproduire, pointillés, schéma, nœud, suspends* ; puis certaines des phrases qui contiennent ces mots.

– Inviter les autres élèves à recopier, sur l'ardoise, manuel fermé, le matériel nécessaire à la fabrication du mobile de la mer.

## Séance 2

| | |
|---|---|
| 20 min **individuel écrit** ardoise | 🔵 **Mémorisation des mots-clés de la partie 3** **OBJECTIFS** Mémoriser les mots-clés du documentaire. Restituer leur orthographe. 📋 *les usines, les déchets, chasser la baleine, les réserves naturelles marines, un règlement, un mobile, un pliage* 👁 **Même démarche qu'en semaine 1, p. 108 du guide.** – Questions à poser : *qui déverse les déchets dans l'eau ? Qu'est-ce qui tue ou rend malade les animaux ? Que continue de faire des pays comme le Japon ou la Norvège ? Comment appelle-t-on les endroits où les animaux marins sont protégés ? Comment appelle-t-on un texte qui explique ce qu'on ne doit pas faire et ce qu'on doit faire ? Que réalise-t-on à l'aide de la fiche de fabrication ?* |

**Pour le jour suivant :** lire le texte 9 (2 niveaux de difficulté) ➜ 💿

## Étude de la langue • Orthographe / L'atelier des mots

### Séance 1   Les groupes de lettres *on* et *om*

| | |
|---|---|
| 20 min **collectif oral** manuel p. 82, ex. 1, 2 ardoise ou cahier de brouillon mémo p. 9 | 🔵 **Découverte collective** **OBJECTIFS** Déchiffrer un mot en choisissant la réalisation grapho-phonologique correcte. Connaître la règle de transformation de la lettre « n » en « m » devant les lettres « m », « p », « b ». – Expliquer que l'étude va porter sur les groupes de lettres « on » et « om ». 👁 **Cette leçon fait travailler un problème de lecture (comment lire les groupes de lettres « om » et « on » ?) et un problème d'écriture (comment écrire le son [ɔ̃] ?)** – **Exercice 1.** Faire lire chaque colonne à voix haute en précisant d'observer les groupes de lettres « on » et « om ». *Levez la main quand le groupe de lettres « on » ou « om » ne produit pas le même son.* Recopier les mots intrus au tableau. – **Exercice 2.** Faire lire à voix haute les quatre mots qui ont été recopiés au tableau et demander, pour chacun, quel est le son produit par les groupes de lettres « on » et « om ». |

### Différenciation

Pour le problème de lecture, faire souligner systématiquement la lettre qui suit la lettre « n » et la lettre « m ». Si c'est une voyelle, on prononcera [ɔ + n] ou [ɔ + m]. Si c'est une consonne, on prononcera [ɔ̃].

Pour le problème d'écriture, faire souligner systématiquement la lettre qui suit le son [ɔ̃]. Si c'est l'une des lettres « m », « p », « b », on écrira le groupe de lettres « om », sinon on écrira le groupe de lettres « on ».

## Séance 2 · Les noms des petits des animaux

| 30 min<br><br>individuel<br>écrit<br><br>cahier<br>p. 60, ex. 1 à 6 | ● **Entraînement dans le cahier**<br>👁 Même démarche qu'en unité 1, p. 41 du guide.<br><br>**Différenciation**<br>– Regrouper les élèves en difficulté et leur lire le contenu des exercices avant le travail individuel.<br>– Exercice 5 : facultatif. |
|---|---|

**Pour le jour suivant :**
– savoir lire sans erreur des mots contenant les groupes de lettres « om » et « on » ; connaître la règle de transformation de la lettre « n » en « m » devant les lettres « m », « p », « b » ➜ mémo p. 9 ;
– activité supplémentaire : *cherche des mots où le son [ɔ̃] s'écrit avec le groupe de lettres « on » et des mots où il s'écrit avec le groupe de lettres « om ».*

## Lecture – Expression • Partie 3

*Semaine 3*
*Jour 2*

### Séance 1

| 15 min<br><br>collectif<br>oral | **1 Retour sur la partie 3**<br>**OBJECTIF** Distinguer les éléments importants d'un texte.<br><br>– Inviter les élèves à se remémorer la partie découverte la veille : *de quoi parle la dernière partie de ce documentaire ?* Insister sur ce qui pourrait être évité et ce qui est mis en place pour protéger les animaux marins.<br>– Activités de restitution (exemples) :<br>1. repérage de phrases erronées : *Les filets de pêche géants mesurent <u>quelques centimètres</u>.*<br>2. vrai/faux : *La France continue de chasser les baleines. Vrai ou faux ?*<br>3. rebrassage du lexique : *Que disent les règlements dans les réserves naturelles ? Ils <u>limitent</u> la pêche et la navigation des bateaux.* |
|---|---|
| 15 min<br><br>collectif<br>oral<br><br>manuel<br>p. 76, ex. 2 | **2 *J'apprends des mots nouveaux***<br>**OBJECTIF** Affiner le bagage lexical.<br><br>– Lire la consigne de l'exercice 2 à voix haute. Demander à un élève de lire les groupes de mots de la phrase a. Chercher collectivement à remettre la phrase dans l'ordre.<br><br>**Différenciation**<br>– Procéder de la même façon avec les élèves en difficulté pour la phrase b.<br>– Demander aux autres élèves d'écrire seuls la phrase b dans l'ordre sur l'ardoise. |

### Séance 2

| 10 min<br><br>individuel<br>écrit<br><br>cahier<br>p. 61, ex. 1, 2 | ● **Activités écrites de compréhension**<br>👁 Même démarche qu'en unité 1, p. 26 du guide.<br><br>**Différenciation**<br>Regrouper les élèves en difficulté et leur lire le contenu des exercices avant le travail individuel. |
|---|---|

**Pour le jour suivant:** lire le texte 10 (2 niveaux de difficulté) ➜ 💿

## Étude de la langue • **Grammaire / Orthographe**

### Séance 1  Le sujet dans la phrase

| | |
|---|---|
| 5 min<br><br>**collectif**<br>**oral** | **1 Entrée dans la séance**<br>**OBJECTIF** S'appuyer sur le sens des groupes de mots pour identifier le sujet.<br>– Écrire les phrases suivantes au tableau: *Marion joue dans la cour. – Les dauphins nagent en groupe.*<br>– Demander aux élèves: qui «*joue dans la cour*» et qui «*nagent en groupe*»? Entourer les groupes sujets.<br>👁 **Cette étape orale permet de situer l'objet de la séance. Les élèves commencent à construire le concept de sujet du verbe grâce au sens des groupes de mots dans la phrase.** |
| 15 min<br><br>**collectif**<br>**oral**<br><br>manuel<br>p. 82, ex. 4, 5<br><br>mémo<br>p. 19 | **2 Découverte collective**<br>**OBJECTIFS** Identifier le sujet dans la phrase. Comprendre que le sujet influe sur le verbe.<br>– **Exercices 4 et 5.** Les élèves repèrent les changements de sujets et les conséquences qu'ils entrainent sur le verbe.<br>– Synthèse collective au tableau.<br>👁 **Il est important de faire remarquer aux élèves quelles sont les natures des mots employés comme sujet. Dans les phrases a et b, il s'agit de noms, singulier puis pluriel. Dans les phrases c et d, ce sont deux pronoms de conjugaison qui sont utilisés comme sujet.**<br>– Lecture collective du mémo.<br>– Mémorisation du mémo. |

### Séance 2  Les groupes de lettres *on* et *om*

| | |
|---|---|
| 10 min<br><br>**individuel ou**<br>**collectif écrit**<br><br>manuel<br>p. 82, ex. 3 | **1 Entraînement dans le manuel**<br>👁 **Même démarche qu'en unité 1, p. 27 du guide.** |
| 20 min<br><br>**individuel**<br>**écrit**<br><br>cahier<br>p. 62, ex. 1 à 5 | **2 Entraînement dans le cahier et copie de phrase**<br>👁 **Même démarche qu'en unité 1, p. 27 du guide.**<br><br>**Différenciation**<br>Regrouper les élèves en difficulté et leur lire le contenu des exercices avant le travail individuel.<br><br>Écriture: faire lire la phrase à voix haute par un élève puis rappeler l'enchaînement des deux «m» en un seul geste; même chose pour les deux «n». |

**Pour le jour suivant:** mémoriser le mémo «Le sujet dans la phrase» ➜ mémo p. 19.

(Voir dans l'introduction p. 16 la présentation du dispositif d'anticipation.)

| | |
|---|---|
| **20 min**<br><br>**moment différencié**<br><br>Élèves en atelier :<br><br><br>– fiche de soutien, compr./voc. n° 6<br><br>Élèves en autonomie :<br><br><br>– fiche d'activités complémentaires, ortho. n° 12 ou/et lecture n° 12 | **1 Phase orale**<br>**OBJECTIF** S'approprier les éléments de compréhension globale de la partie.<br><br>– Demander au groupe d'élèves de raconter la partie du documentaire que la classe a découverte en jours 1 et 2.<br><br>– Faire émerger les mots-clés et les mots du « Petit dictionnaire » en invitant les élèves à en repréciser le sens.<br><br>**2 Fiche de soutien en compréhension et en vocabulaire n° 6 : partie 3**<br>**OBJECTIFS** Identifier les éléments d'un documentaire qu'on a lu. Comprendre le vocabulaire du documentaire. |

## Lecture – Expression • **Partie 3**

### Séance 1

| | |
|---|---|
| **15 min**<br><br>**collectif oral**<br><br>manuel p. 66-71 | **1 Retour sur tout le documentaire**<br>**OBJECTIF** Distinguer les éléments importants d'un documentaire et la façon dont ils sont articulés.<br><br>👁 **Même démarche qu'en unité 1, p. 44 du guide.**<br>– Résumés à proposer à l'oral :<br><br>**1.** Les animaux marins connaissent de nombreux dangers. Par exemple, les pêcheurs utilisent de très longs filets pour pêcher certains poissons et les cétacés s'y retrouvent parfois pris au piège. Ils sont aussi perturbés par les bruits des bateaux ou des travaux sous la mer. Aujourd'hui, beaucoup d'espèces sont menacées de disparition. C'est pourquoi on crée des réserves naturelles marines pour permettre à ces animaux de vivre en paix.<br><br>**2.** La chasse à la baleine, les filets des pêcheurs, les bateaux-usines sont de grandes menaces pour les mammifères marins. D'autres animaux, comme les tortues, les ours blancs ou les coraux n'ont pas non plus la chance de vivre tranquillement à cause de la pollution des mers. La mer ne doit pas être considérée comme une poubelle. Il faut la respecter pour que tous ces animaux puissent se reproduire et vivre sans danger. |
| **25 min**<br><br>**collectif oral**<br><br>manuel p. 76, ex. 3 à 5 | **2 *Je me souviens de tout le documentaire***<br>**OBJECTIFS** Restituer ses connaissances. Participer à un débat en argumentant.<br><br>– Faire lire la consigne de l'exercice 3 ainsi que les phrases, puis proposer aux élèves d'élaborer des réponses orales.<br><br>– Faire lire la consigne de l'exercice 4.<br><br>**Différenciation**<br>– Réaliser ce travail avec les élèves en difficulté, en collectif, sur une grande feuille. On pourra leur demander de venir écrire chaque mot, tour à tour.<br><br>– Faire apparaître l'affichage des mots-clés pour éviter les fautes d'orthographe.<br><br>– Proposer aux autres élèves de réaliser ce travail en autonomie sur l'ardoise ou sur une feuille ou un cahier pour en conserver une trace.<br><br>– Faire une correction collective orale.<br><br>– Lire les questions de l'exercice 5 à voix haute et y répondre une par une pour permettre un débat construit. |

## Séance 2

| | |
|---|---|
| 20 min<br><br>**individuel<br>écrit**<br><br>cahier<br>p. 61, ex. 3 | ◼ Activités écrites de compréhension et copie de phrase<br>👁 Même démarche qu'en unité 1, p. 28 du guide.<br><br>**Différenciation**<br>Regrouper les élèves en difficulté et leur lire le contenu des exercices avant le travail individuel.<br><br>Écriture : faire lire la phrase à voix haute par un élève puis repérer les lettres «ℱ», «𝒢», «ℋ», «𝒥» et «𝒥» majuscules. |

**Pour le jour suivant :** lire le texte 11 (2 niveaux de difficulté) ➜ 💿

## Étude de la langue • Conjugaison / Grammaire

### Séance 1  Le présent des verbes en *-er*

| | |
|---|---|
| 20 min<br><br>**collectif<br>oral**<br><br>manuel<br>p. 83, ex. 8, 9<br><br>ardoise ou<br>cahier de brouillon<br><br>mémo p. 27 | ◼ **Découverte collective**<br>**OBJECTIFS** Mémoriser, à l'oral, la conjugaison des verbes du 1ᵉʳ groupe au présent et à toutes les personnes. Associer, à l'écrit, les terminaisons verbales aux pronoms.<br>– Faire lire la BD.<br>– **Exercice 8.** Faire appel aux connaissances sur le verbe pour l'identifier dans les phrases et repérer que les verbes sont conjugués au présent.<br>– **Exercice 9.** Faire dresser la liste des pronoms. Faire recopier les formes conjuguées du verbe «chasser» présentes dans la BD en face des pronoms (tous les personnes sont présentes sauf la 3ᵉ personne du singulier).<br>– Faire souligner les terminaisons verbales.<br>– Faire lire oralement la conjugaison du verbe «chasser» en la complétant avec le pronom «il», puis la réciter sans support écrit.<br>– Faire produire à l'oral la conjugaison d'autres verbes du 1ᵉʳ groupe.<br><br>**Différenciation**<br>Pour faciliter la mémorisation de la «comptine» orale de la conjugaison, écrire la liste des pronoms ainsi que le radical du verbe conjugué. L'élève se concentre ainsi sur la formation de la terminaison.<br><br>– Lecture collective du mémo. *Comment s'écrit la conjugaison des verbes en -er au présent ?*<br>– Mémorisation du mémo.<br><br>👁 **Insister sur les dimensions orales et écrites. Les conjugaisons doivent d'abord être récitées oralement pour que les formes soient enregistrées mentalement. Dans un second temps, faire mémoriser la terminaison écrite qui correspond à chaque pronom de conjugaison :** *je* ➜ *pas de marque ; tu* ➜ *«s» ; il/elle/on* ➜ *pas de marque ; nous* ➜ *«ons» ; vous* ➜ *«ez» ; ils/elles* ➜ *nt.*<br><br>**Différenciation**<br>Il est intéressant de consacrer un affichage à ces observations. Cela fournira un référentiel aux élèves qui ont du mal à mémoriser les terminaisons écrites. Cet affichage permettra aussi ultérieurement de rechercher les terminaisons des nouveaux verbes. |

## Séance 2 — Le sujet dans la phrase

| | |
|---|---|
| 10 min <br> **individuel ou collectif écrit** <br> manuel p. 82, ex. 6, 7 | **1** **Entraînement dans le manuel** <br> 👁 **Même démarche qu'en unité 1, p. 29 du guide.** |
| 20 min <br> **individuel écrit** <br> cahier p. 63 ex. 1 à 5 | **2** **Entraînement dans le cahier** <br> 👁 **Même démarche qu'en unité 1, p. 29 du guide.** <br><br> **Différenciation** <br> – Regrouper les élèves en difficulté et leur lire le contenu des exercices avant le travail individuel. <br> – Exercice 4 : facultatif. |

**Pour le jour suivant :**

– mémoriser à l'oral la conjugaison du verbe « chasser » au présent ; mémoriser à l'écrit les terminaisons verbales au présent des verbes en *-er* ➜ mémo p. 27 ;

– activité supplémentaire : *conjugue le verbe « chanter » au présent* (ou tout autre verbe du 1er groupe).

---

## Lecture – Expression • Partie 3

*Semaine 3 Jour 4*

### Séance 1

| | |
|---|---|
| 20 min <br> **collectif oral** <br> manuel p. 77, ex. 6 à 8 | 🔹 *J'utilise le petit dictionnaire* <br> **OBJECTIFS** Se repérer dans un dictionnaire. Se familiariser avec sa présentation et son fonctionnement. Réinvestir des notions de grammaire et de vocabulaire. <br> 👁 **Même démarche qu'en unité 3, p. 100 du guide.** <br> 👁 **L'exercice 7 permet un réinvestissement des notions de grammaire et de vocabulaire découvertes récemment. On pourra redonner des précisions.** <br><br> **Différenciation** <br> Laisser la frise-alphabet à la disposition de ceux qui le souhaitent. |

### Séance 2

| | |
|---|---|
| 20 min <br> **collectif oral** <br> manuel p. 84 | 🔹 *D'autres œuvres à découvrir* <br> **OBJECTIF** Comprendre et s'approprier une nouvelle œuvre en lien avec le texte étudié. <br> – Découverte d'un livre documentaire : *Inventaire illustré de la mer*, Virginie Aladjidi et Emmanuelle Tchoukriel, éd. Albin Michel Jeunesse. <br> – Chaque planche présente le dessin d'un animal marin réalisé à l'encre de Chine et à l'aquarelle, ainsi qu'un petit texte descriptif. L'auteur a choisi un code couleur pour permettre une classification de ces animaux connus ou moins connus. <br> – On pourra proposer de brefs moments de lecture en demandant à un élève de lire à voix haute le texte explicatif de façon à présenter l'animal de son choix à la classe, ceci pendant différents temps de classe. <br> – Le livre pourra rester à la disposition des élèves dans la bibliothèque de la classe. <br> 👁 **En prolongement, on pourra aller plus loin dans la découverte des documentaires consacrés aux animaux marins.** |

**Pour le jour suivant :** lire le texte 12 (2 niveaux de difficulté) ➜ 💿

## Étude de la langue • L'atelier des mots / Conjugaison

### Séance 1 — Les mots en -et ou -ette

| | |
|---|---|
| 10 min<br><br>**collectif<br>oral**<br><br>manuel<br>p. 83, ex. 12, 13 | **❶ Découverte collective**<br><br>**OBJECTIFS** Identifier les mots en -et ou -ette. Comprendre leur sens et leur construction.<br><br>– **Exercice 12.** Demander aux élèves d'observer la liste de mots.<br>– Proposer à un ou deux élèves de lire les mots à voix haute.<br>– Demander aux élèves d'expliquer les différents mots en commençant par « fillette » et « garçonnet ». Laisser éventuellement les élèves exprimer leurs premières observations sur la construction des mots et leur rapport de sens.<br>– **Exercice 13.** Les élèves travaillent individuellement sur leur cahier de brouillon.<br>– Mise en commun : l'enseignant écrit les propositions des élèves au tableau après validation par le groupe.<br>– Réflexion et déduction en précisant la façon dont les mots sont construits à partir du mot de base : *on ajoute le suffixe* -et *pour les noms au masculin et le suffixe* -ette *pour ceux au féminin.*<br><br>**Différenciation**<br>Regrouper les élèves en difficulté et les accompagner dans leur lecture et dans leur questionnement.<br>La mise en commun intéressera l'ensemble de la classe. On peut commencer par laisser s'exprimer un élève qui a été suivi par l'enseignant. |
| 10 min<br><br>**individuel écrit /<br>collectif oral**<br><br>manuel<br>p. 83, ex. 14<br><br>cahier de brouillon | **❷ Manipulation dans le manuel**<br><br>**OBJECTIF** Construire des mots en -et et en -ette.<br><br>– **Exercice 14.** Les élèves travaillent individuellement sur leur cahier de brouillon.<br>– Mise en commun : confirmation de la construction observée et élaboration du mémo.<br><br>**Différenciation**<br>Accompagner les élèves en difficulté. Leur laisser toutefois davantage d'autonomie. La mise en commun intéressera l'ensemble de la classe. |
| mémo<br>p. 37 | **❸ Mémo**<br><br>Construire le mémo avec les élèves à partir de leurs observations. |

### Séance 2 — Le présent des verbes en -er

| | |
|---|---|
| 10 min<br><br>**individuel ou<br>collectif écrit**<br><br>manuel<br>p. 83, ex. 10, 11 | **❶ Entraînement dans le manuel**<br><br>👁 **Même démarche qu'en unité 3, p. 86 du guide.**<br><br>– Proposer quelques brefs exercices oraux de transformation de verbes du 1er groupe d'une personne à une autre : *tu danses* ➜ *pluriel : vous dansez.*<br>– Faire écrire quelques verbes du 1er groupe conjugués à la 3e personne du singulier et à la 3e personne du pluriel avec des sujets qui ne soient pas des pronoms, mais des noms ou des groupes nominaux.<br><br>**Différenciation**<br>– Regrouper les élèves en difficulté pour faire les exercices oralement et en petit groupe.<br>– Les autres élèves peuvent travailler seuls par écrit. |

| | |
|---|---|
| 20 min<br><br>**individuel<br>écrit**<br><br>cahier<br>p. 64 ex. 1 à 5 | **2** **Entraînement dans le cahier**<br><br>👁 **Même démarche qu'en unité 3, p. 86 du guide.**<br><br>**Différenciation**<br>– Regrouper les élèves en difficulté et leur lire le contenu des exercices avant le travail individuel.<br>– Autoriser les élèves qui ont du mal à mémoriser les formes verbales à travailler avec leur mémo.<br>– Exercice 5 : facultatif. |

**Pour le jour suivant :** mémoriser le mémo «Les mots en *-et* ou *-ette*» ➜ mémo p. 37.

# Le rossignol de Chine

## SEMAINE 1

| | | | Jour 1 guide p. 135 |
|---|---|---|---|
| **Atelier d'anticipation** (graphophonologie et compréhension/vocabulaire) | **Moment différencié en atelier** | 20 min | Élèves en atelier d'anticipation, CD, fiche de soutien, ortho. n° 19<br><br>Élèves en autonomie, CD, texte de lecture supplémentaire n° 13 |
| **Lecture / Expression** | **Séance 1** | 20 à 40 min | **1.** Découverte de la page d'ouverture, manuel p. 85<br>**2.** Découverte de l'épisode 1, manuel p. 86-87<br>**3.** *Je comprends l'épisode*, manuel p. 92, ex. 1 |
| | **Séance 2** | 10 à 20 min | Mémorisation des mots-clés de l'épisode 1, ardoise |
| **Étude de la langue** | **Séance 1** | 20 min | **Orthographe** • Les groupes de lettres *an* et *am*, manuel p. 98, ex. 1, 2 + mémo p. 10 |
| | **Séance 2** | 30 min | Entraînement en atelier des mots, cahier p. 65, ex. 1 à 5 |
| Dictée n° 13* (CD + guide p. 13) | | | |

## SEMAINE 2

| | | | Jour 1 guide p. 143 |
|---|---|---|---|
| **Atelier d'anticipation** (graphophonologie et compréhension/vocabulaire) | **Moment différencié en atelier** | 20 min | Élèves en atelier d'anticipation, CD, fiche de soutien, ortho. n° 20<br><br>Élèves en autonomie, CD, texte de lecture supplémentaire n° 14 |
| **Lecture / Expression** | **Séance 1** | 20 à 40 min | **1.** Résumé de l'épisode 1<br>**2.** Découverte de l'épisode 2, manuel p. 88-89<br>**3.** *Je comprends l'épisode*, manuel p. 94, ex. 1 |
| | **Séance 2** | 10 à 20 min | Mémorisation des mots-clés de l'épisode 2, ardoise |
| **Étude de la langue** | **Séance 1** | 20 min | **Orthographe** • Les groupes de lettres *in*, *im* et *ain*, *ein*, manuel p. 100, ex. 1 à 3 + mémo p. 10 |
| | **Séance 2** | 30 min | Entraînement en vocabulaire, manuel p. 99, ex. 12, 13 + cahier p. 70, ex. 1 à 7 |
| Dictée n° 14* (CD + guide p. 13) | | | |

## SEMAINE 3

| | | | Jour 1 guide p. 150 |
|---|---|---|---|
| **Atelier d'anticipation** (graphophonologie et compréhension/vocabulaire) | **Moment différencié en atelier** | 20 min | Élèves en atelier d'anticipation, CD, fiche de soutien, ortho. n° 21<br><br>Élèves en autonomie, CD, texte de lecture supplémentaire n° 15 |
| **Lecture / Expression** | **Séance 1** | 20 à 40 min | **1.** Résumé de l'épisode 2<br>**2.** Découverte de l'épisode 3, manuel p. 90-91<br>**3.** *Je comprends l'épisode*, manuel p. 96, ex. 1 |
| | **Séance 2** | 10 à 20 min | Mémorisation des mots-clés de l'épisode 3, ardoise |
| **Étude de la langue** | **Séance 1** | 20 min | **Orthographe** • Les groupes de lettres *en* et *em*, manuel p. 102, ex. 1, 2 + mémo p. 10 |
| | **Séance 2** | 30 min | Entraînement en atelier des mots, cahier p. 75, ex. 1 à 5 |
| Dictée n° 15* (CD + guide p. 13) | | | |

\* À préparer sur 3 jours et à réaliser le 4e jour.

| **Jour 2** guide p. 137 | **Jour 3** guide p. 139 | **Jour 4** guide p. 141 |
|---|---|---|
| | Élèves en atelier d'anticipation, CD, fiche de soutien, compr./voc. n° 7<br>Élèves en autonomie, CD, fiche d'activités complémentaires, ortho. n° 13 ou/et lecture n° 13 | |
| **1.** Retour sur l'épisode 1<br>**2.** *J'apprends des mots nouveaux*, manuel p. 92, ex. 2<br>**3.** *Je lis à voix haute*, manuel p. 92, ex. 3 | **1.** Retour sur l'épisode 1<br>**2.** *Je me souviens de l'épisode*, manuel p. 93, ex. 4, 5<br>**3.** *J'écris une phrase*, manuel p. 93, ex. 6 | **1.** Relecture de l'épisode 1<br>**2.** Activités orales de compréhension : résumé et anticipation |
| Activités écrites de compréhension, cahier p. 66, ex. 1, 2 | Activités écrites de compréhension, cahier p. 66, ex. 3<br>Copie de phrase (✍), cahier p. 66 | *D'autres œuvres à découvrir*, manuel p. 104 |
| **Grammaire** • Repérer le sujet, manuel p. 98, ex. 4, 5 + mémo p. 20 | **Conjugaison** • Le présent du verbe *avoir*, manuel p. 99, ex. 8, 9 + mémo p. 28 | **Vocabulaire** • L'ordre alphabétique (2), manuel p. 99, ex. 11 + mémo p. 38 |
| Entraînement en orthographe, manuel p. 98, ex. 3 + cahier p. 67, ex. 1 à 5<br>Copie de phrase, cahier p. 67 | Entraînement en grammaire, manuel p. 98, ex. 6, 7 + cahier p. 68, ex. 1 à 5 | Entraînement en conjugaison, manuel p. 99, ex. 10 + cahier p. 69, ex. 1 à 6 |

| **Jour 2** guide p. 145 | **Jour 3** guide p. 147 | **Jour 4** guide p. 149 |
|---|---|---|
| | Élèves en atelier d'anticipation, CD, fiche de soutien, compr./voc. n° 8<br>Élèves en autonomie, CD, fiche d'activités complémentaires, ortho. n° 14 ou/et lecture n° 14 | |
| **1.** Retour sur la partie 2<br>**2.** *J'apprends des mots nouveaux*, manuel p. 94, ex. 2 à 4 | **1.** Retour sur l'épisode 2<br>**2.** *Je me souviens de l'épisode*, manuel p. 95, ex. 5, 6<br>**3.** Activités préparatoires à l'expression écrite de la séance 2 | Retour sur l'expression écrite |
| Activités écrites de compréhension, cahier p. 71, ex. 1 | *J'écris un petit texte*, manuel p. 95, ex. 7 | Activités écrites de compréhension, cahier p. 71, ex. 2, 3<br>Copie de phrase (✍), cahier p. 71 |
| **Grammaire** • L'accord sujet / verbe, manuel p. 100, ex. 5, 6 + mémo p. 20 | **Conjugaison** • Le présent du verbe *être*, manuel p. 101, ex. 9, 10 + mémo p. 28 | **L'atelier des mots** • Les mots en *re-*, manuel p. 101, ex. 12 à 15 + mémo p. 38 |
| Entraînement en orthographe, manuel p. 100, ex. 4 + cahier p. 72, ex. 1 à 5<br>Copie de phrase, cahier p. 72 | Entraînement en grammaire, manuel p. 100, ex. 7, 8 + cahier p. 73, ex. 1 à 6 | Entraînement en conjugaison, manuel p. 101, ex. 11 + cahier p. 74, ex. 1 à 5 |

| **Jour 2** guide p. 152 | **Jour 3** guide p. 154 | **Jour 4** guide p. 156 |
|---|---|---|
| | Élèves en atelier d'anticipation, CD, fiche de soutien, compr./voc. n° 9<br>Élèves en autonomie, CD, fiche d'activités complémentaires, ortho. n° 15 ou/et lecture n° 15 | |
| **1.** Retour sur l'épisode 3<br>**2.** *J'apprends des mots nouveaux*, manuel p. 96, ex. 2 | **1.** Retour sur toute l'histoire<br>**2.** *Je me souviens de toute l'histoire*, manuel p. 96, ex. 3 à 5 | *J'utilise le petit dictionnaire*, manuel p. 97, ex. 6 à 8 |
| Activités écrites de compréhension, cahier p. 76, ex. 1, 2 | Activités écrites de compréhension, cahier p. 76, ex. 3, 4<br>Copie de phrase (✍), cahier p. 76 | *D'autres œuvres à découvrir*, manuel p. 104 |
| **Grammaire** • La phrase interrogative, manuel p. 102, ex. 4, 5 + mémo p. 20 | **Conjugaison** • Le verbe change (2), manuel p. 103, ex. 8, 9 + mémo p. 28 | **L'atelier des mots** • Les mots en *in-* ou *im-*, manuel p. 103, ex. 12 à 14 + mémo p. 38 |
| Entraînement en orthographe, manuel p. 102, ex. 3 + cahier p. 77, ex. 1 à 5<br>Copie de phrase, cahier p. 77 | Entraînement en grammaire, manuel p. 102, ex. 6, 7 + cahier p. 78, ex. 1 à 5 | Entraînement en conjugaison, manuel p. 103, ex. 10, 11 + cahier p. 79, ex. 1 à 5 |

## L'histoire

L'unité 5 présente un nouveau genre de texte : le conte. Il ne s'agit pas d'un « conte de fées », tel que les élèves de CE1 ont pu en rencontrer les années précédentes, mais plutôt d'un « conte moral ou philosophique ». Ce conte marocain rappelle le célèbre conte d'Andersen, *Le Rossignol et l'Empereur* (écrit en 1843).

L'histoire se passe au Maroc et met en scène un riche marchand qui vient de rapporter de Chine un rossignol. Cet oiseau est pour lui « le bien le plus rare et le plus précieux ». On pourra se demander, avec les élèves, pourquoi cet oiseau a tant de valeur. Aux yeux du marchand, il a une vraie valeur marchande mais aussi une valeur affective puisque son premier sourire et son dernier regard de la journée sont adressés à l'oiseau. On sait que cet oiseau est très précieux du fait de sa rareté (et de son coût) mais ce que l'on ne sait pas, c'est s'il chante. Or, c'est précisément ce que savent faire les rossignols : chanter magnifiquement. Peut-être que certains élèves se poseront la question à un moment donné de l'unité.

En revanche, l'oiseau parle puisqu'il dialogue avec le marchand. Il souhaite que le marchand lui ramène sa liberté car celui-ci retourne en Chine. Le marchand refuse, alors le rossignol lui demande de faire passer un message à un oiseau qui lui ressemble.

Quand le marchand tombe sur un rossignol qui ressemble trait pour trait au sien, il transmet son message. Et, soudain, l'oiseau tombe raide mort à terre.

De retour dans son pays, le marchand raconte la scène à son rossignol qui, d'un coup, tombe raide mort au fond de sa cage.

Le marchand, bouleversé, ouvre la porte de la cage et le rossignol s'enfuit.

## Les thèmes

**La liberté :** c'est le grand thème de ce conte. Le rossignol de Chine a beau être dans une cage en or et être parfaitement bien traité par son maître (qui lui offre son premier et son dernier sourire chaque jour !), il est malheureux car il n'est pas libre. Le fait qu'il ne chante pas peut certainement être interprété comme la preuve de son malheur. Mais la liberté finit par triompher à condition de ne pas se résoudre au confort de la capture.

**« Tout ne s'achète pas » :** c'est certainement la morale de ce joli conte. Le marchand a beau être richissime – au passage, on notera page 88 comment on se moque de son travail –, il ne peut acheter la liberté de son rossignol. Celui-ci n'a qu'une idée en tête, la retrouver, et, pour cela, il lui faut une solution. Et comme il le dit en s'envolant : « La liberté ne se donne pas, la liberté se prend. »

**La ruse :** le deuxième rossignol invente un stratagème pour ne pas être, lui aussi, capturé par le marchand. Il fait semblant d'être mort, ce qui éloigne le marchand. On peut imaginer qu'une fois celui-ci parti, l'oiseau remonte tranquillement sur son arbre.

Le rossignol du marchand suit alors l'exemple de l'autre oiseau et, profitant de l'ouverture de sa cage, il s'envole immédiatement.

## Les œuvres en réseau

### Des livres :

> **Rubrique « D'autres œuvres à découvrir », p. 104 du manuel**
>
> 🐦 *Le rossignol et l'empereur*, de Hans Christian Andersen, éd. Mijade.
> (Voir le déroulement de la séance, p. 156 du guide.)

🐦 *L'Afrique de Zigomar*, Philippe Corentin, éd. L'école des loisirs.

🐦 *L'oiseau de vérité*, un conte de Jean-Jacques Fdida, dans la coll. « Un livre, un CD », éd Didier Jeunesse.

🐦 *La chèvre de monsieur Seguin*, Alphonse Daudet, éd. Magnard Jeunesse.

🐦 *La liberté, c'est quoi ?*, Oscar Brenifier, dans la coll. « Philozenfants », éd. Nathan.

### Des poésies et des chansons :

> **Rubrique « D'autres œuvres à découvrir », p. 104 du manuel**
>
> 🐦 *L'oiseau bleu*, Blaise Cendrars, éd. Denoël.
> (Voir le déroulement de la séance, p. 141 du guide.)

🐦 *Pour faire le portrait d'un oiseau*, Jacques Prévert.

🐦 *L'oiseau voyou*, Claude Roy.

🐦 *L'oiseau du Colorado*, Robert Desnos.

🐦 *Eugène et la chouette*, Eugène Guillevic, éd. Gallimard Jeunesse.

🎵 *Ouvrez la cage aux oiseaux*, Pierre Perret.

### Des œuvres picturales :

📷 *La colombe de la paix*, dessin sur affiche de Pablo Picasso (1949).

📷 *Le temps n'a point de rives*, huile sur toile de Marc Chagall (1930-1939).

📷 *Le rossignol chinois*, photomontage de Max Ernst (1920).

### Une œuvre musicale :

🎵 *Le rossignol*, opéra d'Igor Stravinski (1914).

(Voir dans l'introduction p. 16 la présentation du dispositif d'anticipation et des jeux de manipulation.)

| | |
|---|---|
| 20 min<br>**moment différencié**<br>Élèves en atelier :<br><br>– cartes des mots<br>– fiche de soutien, ortho. n° 19<br>Élèves en autonomie :<br><br>– texte de lecture supplémentaire n° 13 | **1 Jeux de manipulation avec les groupes de lettres *an* et *am***<br>**OBJECTIF** Déchiffrer un mot en choisissant la réalisation grapho-phonologique qui convient.<br>– « Un mot, une image »<br>– « Les lettres mobiles avec intrus » (mettre le couple de lettres « m » et « n »)<br>**2 Fiche de soutien en orthographe n° 19 : les groupes de lettres *an* et *am***<br>**OBJECTIFS** Déchiffrer un mot en choisissant la réalisation grapho-phonologique qui convient. Connaître la règle de transformation de la lettre « n » en « m » devant les lettres « m », « p », « b ». |

## Lecture – Expression • **Épisode 1**

## **Séance 1**

| | |
|---|---|
| 5 min<br>**collectif oral**<br>manuel<br>p. 85 | **1 Découverte de la page d'ouverture de l'histoire**<br>**OBJECTIF** Prendre des informations sur une couverture d'album et sur une image.<br>– Lecture du titre puis de l'indication sur le type de texte. Recueillir le point de vue des élèves sur cette page d'ouverture.<br>– Observation de l'illustration. |
| 20 min<br>**collectif oral**<br>manuel<br>p. 86-87 et p. 97 | **2 Découverte de l'épisode 1**<br>**OBJECTIFS** Prendre des informations sur une image. Écouter et lire un début d'œuvre intégrale courte.<br>– Inviter les élèves à observer les illustrations.<br>– Demander aux élèves de lire silencieusement le premier paragraphe de la page 86. Puis recueillir leurs réactions et éclaircir quelques difficultés de compréhension si besoin en proposant à ceux qui le peuvent d'apporter des explications ou des précisions.<br>– Reprendre et poursuivre la lecture de la page 86, en invitant les élèves à suivre le texte des yeux.<br>– Demander aux élèves de relever les mots suivis d'un astérisque (*précieux, ciseler*) ; laisser à certains le soin de les expliquer avec leurs propres mots puis proposer à deux élèves de lire les définitions page 97.<br>– Passer ensuite à la lecture de la page 87 et repérer les deux mots du « Petit dictionnaire » (*clairière, privilège*).<br>– Demander aux élèves à quel temps cette histoire est racontée. |
| 15 min<br>**collectif oral**<br>manuel<br>p. 92, ex. 1 | **3 *Je comprends l'épisode***<br>**OBJECTIFS** Identifier les personnages, les événements et les circonstances temporelles et spatiales d'un récit qu'on a lu. Rendre compte de ce que l'on a lu ou entendu.<br>👁 **Même démarche qu'en unité 1, p. 24 du guide.**<br>Mots-clés à inscrire au tableau : *un rossignol, la Chine, le Maroc, une cage dorée, la liberté, une souffrance, un privilège, vivre, mourir.*<br>**d.** Éclaircir l'argument du marchand si besoin : si le rossignol s'en va, le marchand souffrira et mourra.<br>**e.** Insister sur cette question pour recueillir les avis de tous les élèves. Est-ce mieux pour un oiseau de vivre dans une cage dorée ou dans une cage quelconque ? |

Cette dernière phrase, prononcée par l'oiseau, est en fait un message qu'il va faire passer à l'autre rossignol par l'intermédiaire du marchand.

**Différenciation**

– Proposer aux élèves en difficulté de relire les mots qui présentent des difficultés de déchiffrage : *précieux, ciseler, que deviendrais-je, clairière, privilège* ; puis certaines des phrases qui contiennent ces mots.

– Revenir sur le sens de certains mots ou expressions : le second paragraphe de la page 86, *capturé*.

– Proposer aux autres élèves d'ajouter une phrase au second paragraphe de la page 86, en la rédigeant sur l'ardoise, puis leur demander de la lire à la classe.

## Séance 2

| | |
|---|---|
| 20 min<br><br>**individuel écrit**<br><br>ardoise | ■ **Mémorisation des mots-clés de l'épisode 1**<br>**OBJECTIFS** Mémoriser les mots-clés de l'histoire. Restituer leur orthographe.<br>🗒 *un rossignol, la Chine, le Maroc, une cage dorée, la liberté, une souffrance, un privilège, vivre, mourir*<br>👁 **Même démarche qu'en unité 4, p. 108 du guide.**<br>– Questions à poser : *de quel oiseau parle-t-on dans ce conte ? D'où vient-il ? Où vit le marchand ? Où a-t-il installé son oiseau ? Quel cadeau l'oiseau souhaite-t-il ? Pourquoi le marchand n'est-il pas d'accord ? Quel message le rossignol veut-il faire passer à son semblable ?* |

**Pour le jour suivant :** lire le texte 1 (2 niveaux de difficulté) ➔ ⬤

## Étude de la langue • Orthographe / L'atelier des mots

### Séance 1  Les groupes de lettres *an* et *am*

| | |
|---|---|
| 20 min<br><br>**collectif oral**<br><br>manuel<br>p. 98, ex. 1, 2<br><br>ardoise ou cahier de brouillon<br><br>mémo<br>p. 10 | ■ **Découverte collective**<br>**OBJECTIFS** Déchiffrer un mot en choisissant la réalisation grapho-phonologique correcte. Connaître la règle de transformation de la lettre «n» en «m» devant les lettres «m», «p», «b».<br>👁 **Même démarche qu'en unité 4, semaine 3, p. 124 du guide.** |

### Séance 2  Les mots en *-et* ou *-ette*

| | |
|---|---|
| 30 min<br><br>**individuel écrit**<br><br>cahier<br>p. 65, ex. 1 à 5 | ■ **Entraînement dans le cahier**<br>👁 **Même démarche qu'en unité 1, p. 41 du guide.**<br>**Différenciation**<br>– Regrouper les élèves en difficulté et leur lire le contenu des exercices avant le travail individuel.<br>– Exercice 5 : facultatif. |

**Pour le jour suivant:**

– savoir lire sans erreur des mots contenant les groupes de lettres «an» et «am»; connaître la règle de transformation de la lettre «n» en «m» devant les lettres «m», «p», «b» ➜ mémo p. 10;

– activité supplémentaire: *cherche des mots où le son [ã] s'écrit avec le groupe de lettres «an» et des mots où il s'écrit avec le groupe de lettres «am».*

· · · · · · · · · · · · · · · · · · · · · · · · · · · · · · · · · · · · · · · · · · · · · · · · · · · · · · · · · · · · ·

## Lecture – Expression • Épisode 1

*Semaine 1*
*Jour 2*

### Séance 1

| 15 min<br><br>collectif<br>oral | **1 Retour sur l'épisode 1**<br>**OBJECTIF** Distinguer les éléments importants d'un texte.<br>– Inviter les élèves à se remémorer l'épisode découvert la veille: *de quoi parle le premier épisode de cette histoire?* Insister sur l'identité du personnage, la nature du lien qui l'unit à son oiseau et le souhait de cet oiseau.<br>– Activités de restitution (exemples):<br>1. repérage de phrases erronées: *Le premier regard du matin n'était pas pour son rossignol mais pour <u>sa femme</u>.*<br>2. vrai/faux: *Le marchand fit ciseler une cage en bronze pour son oiseau. Vrai ou faux?*<br>3. rebrassage du lexique: *Dans quel endroit précis de la forêt le marchand va-t-il retourner? Dans <u>la clairière</u> où l'oiseau est né.* |
|---|---|
| 15 min<br><br>collectif<br>oral<br><br>manuel<br>p. 92, ex. 2 | **2 *J'apprends des mots nouveaux***<br>**OBJECTIF** Affiner le bagage lexical.<br>Lire la consigne à voix haute, puis demander à un élève de lire chaque phrase ainsi que les trois mots proposés. Recueillir les réponses et demander aux élèves de les justifier. |
| 10 min<br><br>individuel<br>oral<br><br>manuel<br>p. 92, ex. 3 | **3 *Je lis à voix haute***<br>**OBJECTIF** Lire seul et à voix haute en articulant et en respectant la ponctuation.<br>👁 **Même démarche qu'en unité 3, p. 81 du guide, en faisant repérer les points d'exclamation et d'interrogation.** |

### Séance 2

| 10 min<br><br>individuel<br>écrit<br><br>cahier<br>p. 66, ex. 1, 2 | ■ **Activités écrites de compréhension**<br>👁 **Même démarche qu'en unité 1, p. 26 du guide.**<br><br>**Différenciation**<br>– Regrouper les élèves en difficulté et leur lire le contenu des exercices avant le travail individuel.<br>– Proposer aux élèves les plus rapides de réécrire sur l'ardoise les mots-clés vus en jour 1 (voir p. 136 du guide) de mémoire, en faisant attention à l'orthographe (masquer l'affichage). Leur proposer une auto-correction à l'aide de l'affichage. |
|---|---|

**Pour le jour suivant:** lire le texte 2 (2 niveaux de difficulté) ➜ 💿

## Étude de la langue • Grammaire / Orthographe

### Séance 1 Repérer le sujet

| | |
|---|---|
| 5 min<br><br>collectif<br>oral | **1 Entrée dans la séance**<br><br>**OBJECTIF** Rappeler les informations de la semaine précédente.<br><br>– Écrire un nom commun au tableau. Demander aux élèves de trouver une phrase dans laquelle ce nom est utilisé comme sujet.<br><br>– Propose une autre phrase où le même nom proposé n'est pas utilisé comme sujet. Le faire remarquer aux élèves.<br><br>👁 Cette étape permet de rappeler les informations découvertes lors de la semaine précédente (voir p. 126 du guide): le sujet est celui qui «fait» l'action, il peut toujours être remplacé par un pronom de conjugaison («il», «elle», «ils», «elles»), il influe sur le verbe. |
| 15 min<br><br>collectif<br>oral<br><br>manuel<br>p. 98, ex. 4, 5<br><br>mémo<br>p. 20 | **2 Découverte collective**<br><br>**OBJECTIF** Repérer la place du sujet dans une construction de phrase régulière.<br><br>– **Exercice 4.** Les élèves trouvent les sujets dans le texte.<br><br>– Synthèse collective au tableau.<br><br>– **Exercice 5.** Les élèves repèrent la place du sujet dans la phrase. Ils repèrent la place du sujet par rapport au verbe.<br><br>👁 Dans une construction de phrase régulière, le sujet est au début de la phrase ou en deuxième position après un complément circonstanciel. Le sujet est juste avant le verbe. Toutefois, il est important que les élèves retiennent que, si cette situation est la plus courante, elle n'est pas exclusive. Il s'agit donc d'un indice pour retrouver le sujet dans la phrase, mais cet indice doit être questionné pour être validé.<br><br>– Lecture collective du mémo.<br><br>– Mémorisation du mémo. |

### Séance 2 Les groupes de lettres *an* et *am*

| | |
|---|---|
| 10 min<br><br>individuel ou<br>collectif<br>écrit<br><br>manuel<br>p. 98, ex. 3 | **1 Entraînement dans le manuel**<br><br>👁 Même démarche qu'en unité 1, p. 27 du guide. |
| 20 min<br><br>individuel<br>écrit<br><br>cahier<br>p. 67, ex. 1 à 5 | **2 Entraînement dans le cahier et copie de phrase**<br><br>👁 Même démarche qu'en unité 1, p. 27 du guide.<br><br>**Différenciation**<br><br>Regrouper les élèves en difficulté et leur lire le contenu des exercices avant le travail individuel.<br><br>Écriture: faire lire la phrase à voix haute par un élève puis rappeler l'enchaînement du «i» avec le début du «n» et du «m». |

**Pour le jour suivant:** mémoriser le mémo «Repérer le sujet» ➜ mémo p. 20.

(Voir dans l'introduction p. 16 la présentation du dispositif d'anticipation.)

| | |
|---|---|
| **20 min**<br><br>**moment différencié**<br><br>Élèves en atelier :<br><br>– fiche de soutien, compr./voc. n° 7<br><br>Élèves en autonomie :<br><br>– fiche d'activités complémentaires, ortho. n° 13 ou/et lecture n° 13 | **❶ Phase orale**<br>**OBJECTIF** S'approprier les éléments de compréhension globale de l'épisode.<br>– Demander au groupe d'élèves de raconter l'épisode que la classe a découvert en jours 1 et 2.<br>– Faire émerger les mots-clés et les mots du «Petit dictionnaire» en invitant les élèves à en repréciser le sens.<br><br>**❷ Fiche de soutien en compréhension et en vocabulaire n° 7 : épisode 1**<br>**OBJECTIFS** Identifier les personnages, les événements et les circonstances temporelles et spatiales d'un récit qu'on a lu. Comprendre le vocabulaire de l'histoire. |

## Lecture – Expression • **Épisode 1**

## Séance 1

| | |
|---|---|
| **10 min**<br><br>**collectif oral**<br><br>manuel p. 86-87 | **❶ Retour sur l'épisode 1**<br>**OBJECTIFS** Poser des questions sur un texte. Prélever des informations locales dans un texte.<br>👁 **Même démarche qu'en unité 1, p. 28 du guide.** |
| **15 min**<br><br>**collectif oral**<br><br>manuel p. 93, ex. 4, 5 | **❷ *Je me souviens de l'épisode***<br>**OBJECTIFS** Mémoriser les éléments importants de l'épisode. Choisir un résumé pertinent de l'histoire.<br>– Demander à différents élèves de lire les phrases de l'exercice 4 et de proposer une réponse en la validant.<br>– Lire la consigne de l'exercice 5 à voix haute.<br><br>**Différenciation**<br>– Lire les trois textes avec les élèves en difficulté. Après lecture de chaque texte, leur demander de relever les informations qui leur paraissent erronées.<br>– Demander aux autres élèves de lire silencieusement chacun des textes et de recopier sur l'ardoise les phrases qui leur paraissent fausses (en précisant de quel texte il s'agit).<br><br>– Proposer ensuite une correction collective en procédant à une lecture magistrale de chaque résumé ou en demandant à certains élèves de les lire. Faire émerger les phrases qui ne rendent pas compte du texte pour trouver le résumé qui convient le mieux. |
| **15 min**<br><br>**collectif oral**<br><br>manuel, p. 93, ex. 6<br><br>**individuel écrit**<br><br>ardoise et cahier de classe | **❸ *J'écris une phrase***<br>**OBJECTIF** Produire une phrase à partir de mots proposés.<br>👁 **Même démarche qu'en unité 1, p. 28 du guide.** |

**Séance 2**

| 15 min<br><br>**individuel écrit**<br><br>cahier<br>p. 66, ex. 3 | ● **Activités écrites de compréhension et copie de phrase**<br>👁 Même démarche qu'en unité 1, p. 28 du guide.<br><br>**Différenciation**<br>Regrouper les élèves en difficulté et leur lire le contenu des exercices avant le travail individuel.<br><br>Écriture : faire lire la phrase à voix haute par un élève puis repérer les lettres « ℋ » majuscules. |
|---|---|

**Pour le jour suivant :** lire le texte 3 (2 niveaux de difficulté) ➜ ●

## Étude de la langue • **Conjugaison / Grammaire**

**Séance 1**  Le présent du verbe *avoir*

| 20 min<br><br>**collectif oral**<br><br>manuel<br>p. 99, ex. 8, 9<br><br>ardoise ou cahier de brouillon<br><br>mémo<br>p. 28 | ● **Découverte collective**<br>**OBJECTIFS** Mémoriser, à l'oral, la conjugaison du verbe *avoir* au présent et à toutes les personnes. Associer, à l'écrit, les terminaisons verbales aux pronoms.<br>👁 **Même démarche qu'en unité 4, semaine 3, p. 128 du guide.**<br>– Faire comparer les terminaisons du verbe *avoir* au présent avec celles affichées des verbes du 1er groupe. Observer les régularités.<br>– Lecture collective du mémo. *Comment s'écrit la conjugaison du verbe « avoir » au présent ?*<br>👁 **Le verbe *avoir* étant un auxiliaire, il est appelé à être écrit très souvent. On insistera sur une mémorisation parfaite de toutes ses formes.**<br>– Mémorisation du mémo. |
|---|---|

**Séance 2**  Repérer le sujet

| 10 min<br><br>**individuel ou collectif écrit**<br><br>manuel<br>p. 98, ex. 6, 7 | ❶ **Entraînement dans le manuel**<br>👁 **Même démarche qu'en unité 1, p. 29 du guide.** |
|---|---|
| 20 min<br><br>**individuel écrit**<br><br>cahier<br>p. 68, ex. 1 à 5 | ❷ **Entraînement dans le cahier**<br>👁 **Même démarche qu'en unité 1, p. 29 du guide.**<br><br>**Différenciation**<br>– Regrouper les élèves en difficulté et leur lire le contenu des exercices avant le travail individuel.<br>– Exercice 5 : facultatif. |

**Pour le jour suivant :**
– mémoriser le mémo « Le présent du verbe avoir » ➜ mémo p. 28 ;
– activité supplémentaire : *conjugue au présent « avoir de la chance ».*

## Séance 1

| | |
|---|---|
| 10 min<br><br>collectif oral<br><br>manuel p. 86-87 | **1** **Relecture de l'épisode 1**<br>👁 Même démarche qu'en unité 1, p. 29 du guide. |
| 20 min<br><br>collectif oral<br><br>manuel p. 86-87 | **2** **Activités orales de compréhension : résumé et anticipation**<br>**OBJECTIFS** Identifier les locuteurs de l'histoire. Imaginer la suite de l'histoire.<br>– Activités d'écoute : après lecture d'une prise de parole d'un personnage, demander aux élèves d'identifier ce personnage.<br>– Résumé : faire relire le résumé le plus pertinent de la page 93 (le n° 2).<br>– Lire les deux textes ci-dessous et demander aux élèves de choisir celui qui résume le mieux le souhait du rossignol.<br><br>**1.** Le rossignol propose au marchand de se rendre dans la forêt de Chine où il vivait et de trouver un oiseau qui lui ressemble. Ainsi, l'homme pourra lui apprendre que son oiseau a le privilège de vivre dans une cage dorée. **2.** Le rossignol souhaite que le marchand retrouve la clairière où il a été capturé, dans une forêt de Chine. Ainsi, il pourra retrouver un autre rossignol et lui proposer de vivre également dans une cage dorée en sa compagnie.<br><br>– Anticipation : demander aux élèves d'imaginer la suite de l'histoire.<br>👁 **L'enseignant peut noter quelques propositions sur un affichage, de façon à les conserver pour la semaine suivante, pour une phase de validation après la découverte de l'épisode 2.** |

## Séance 2

| | |
|---|---|
| 20 min<br><br>collectif oral<br><br>manuel p. 104 | 🔵 *D'autres œuvres à découvrir*<br>**OBJECTIFS** Comprendre et s'approprier une nouvelle œuvre en lien avec le texte étudié. Réciter un poème en ménageant des respirations et sans commettre d'erreur.<br>– Une poésie : *L'oiseau bleu*, de Blaise Cendrars.<br>– Blaise Cendrars est un écrivain suisse né en 1887 et mort en 1961. Il mène d'abord une vie d'aventurier avant de se consacrer à l'écriture (poèmes et romans). Son œuvre est en majorité tournée vers le voyage et l'aventure.<br>– Proposer une lecture magistrale du poème, manuel fermé. Puis recueillir les réactions des élèves : le thème, la description très précise de l'oiseau, le vocabulaire des couleurs, les mots difficiles dont il faudra chercher le sens, l'absence de rimes… On pourrait croire que le nom de cet oiseau est imaginaire, ce qui ne serait pas surprenant en poésie, et, pourtant, le septicolore existe : c'est en effet un petit oiseau très coloré qui vit en Amérique du Sud.<br>– Proposer aux élèves de découvrir le texte, de le lire à voix haute puis travailler sur les mots difficiles. Faire remarquer la présence irrégulière de majuscules et de ponctuation.<br>– Faire recopier le poème ou une partie du poème en respectant la présentation.<br>– On pourra demander aux élèves de dessiner l'oiseau en respectant bien sûr les couleurs avant de leur montrer une photo.<br>– Sur plusieurs jours, leur demander de mémoriser le poème : on s'attachera à ce qu'il ne soit pas récité trop rapidement.<br>– Consacrer un temps avec des élèves (un demi-groupe serait idéal) pour rechercher d'autres poèmes sur les oiseaux. |

**Pour le jour suivant :** lire le texte 4 (2 niveaux de difficulté) ➜

**Étude de la langue • Vocabulaire / Conjugaison**

**Séance 1** L'ordre alphabétique (2)

| | |
|---|---|
| 5 min<br><br>**collectif<br>oral** | **1 Entrée dans la séance**<br>**OBJECTIF** Recueillir les connaissances des élèves pour classer les mots par ordre alphabétique.<br>– Écrire les mots suivants au tableau : *crayon – ciseau – colle – cahier – carnet*.<br>– Demander aux élèves de classer ces mots par ordre alphabétique.<br>👁 Cette étape doit permettre d'amener les élèves à expliquer le problème posé par cette consigne : chaque mot commence par la lettre « c ».<br>👁 Noter les propositions des élèves. Préciser que la correction se fera à la fin de la séance. |
| 15 min<br><br>**collectif<br>oral**<br><br>manuel<br>p. 99, ex. 11<br><br>mémo<br>p. 38 | **2 Découverte collective**<br>**OBJECTIF** Comprendre que la 2ᵉ lettre d'un mot est discriminante dans un classement alphabétique de mots qui ont la même initiale.<br>– **Exercice 11.** Les élèves déterminent que le classement des mots est alphabétique. Ils cherchent comment classer des mots qui ont la même initiale.<br>– Synthèse collective au tableau.<br>– Lecture collective du mémo.<br>– Mémorisation du mémo.<br>– Retour à la situation d'entrée et correction collective des hypothèses initiales. |

**Séance 2** Le présent du verbe *avoir*

| | |
|---|---|
| 10 min<br><br>**individuel ou<br>collectif écrit**<br><br>manuel<br>p. 39, ex. 12 | **1 Entraînement dans le manuel**<br>👁 Même démarche qu'en unité 3, p. 86 du guide.<br>👁 Faire prendre conscience de l'élision de la lettre « e » dans le pronom « je » devant la voyelle « a ». |
| 20 min<br><br>**individuel<br>écrit**<br><br>cahier<br>p. 69, ex. 1 à 6 | **2 Entraînement dans le cahier**<br>👁 Même démarche qu'en unité 3, p. 86 du guide.<br><br>**Différenciation**<br>– Regrouper les élèves en difficulté et leur lire le contenu des exercices avant le travail individuel.<br>– Exercice 6 : facultatif.<br><br>Écriture : faire lire la phrase à voix haute par un élève puis rappeler l'enchaînement du « i » avec le « n » en un seul geste. |

**Pour le jour suivant :** mémoriser le mémo « L'ordre alphabétique (2) » ➡ mémo p. 38.

(Voir dans l'introduction p. 16 la présentation du dispositif d'anticipation et des jeux de manipulation.)

| | |
|---|---|
| 20 min<br>**moment différencié**<br>Élèves en atelier:<br><br>– cartes des mots<br>– fiche de soutien, ortho. n° 20<br>Élèves en autonomie:<br><br>– texte de lecture supplémentaire n° 14 | **1** **Jeux de manipulation avec les groupes de lettres** *in*, *im* **et** *ain*, *ein*<br>**OBJECTIF** Déchiffrer un mot en choisissant la réalisation grapho-phonologique qui convient.<br>– «Un mot, une image»<br>– «Les lettres mobiles avec intrus» (mettre le couple de lettres «m» et «n»)<br><br>**2** **Fiche de soutien en orthographe n° 20: les groupes de lettres** *in*, *im* **et** *ain*, *ein*<br>**OBJECTIFS** Déchiffrer un mot en choisissant la réalisation grapho-phonologique qui convient. Connaître la règle de transformation de la lettre «n» en «m» devant les lettres «m», «p», «b». |

## Lecture – Expression • Épisode 2

### Séance 1

| | |
|---|---|
| 5 min<br>**collectif<br>oral** | **1** **Résumé de l'épisode 1**<br>**OBJECTIF** Restituer les informations nécessaires à la compréhension d'un texte.<br>👁 **Même démarche qu'en unité 1, p. 32 du guide.** |
| 20 min<br>**collectif<br>oral**<br>manuel<br>p. 88-89 et p. 97 | **2** **Découverte de l'épisode 2**<br>**OBJECTIFS** Prendre des informations sur une image. Écouter et lire un passage d'œuvre intégrale courte.<br>👁 **Même démarche qu'en unité 1, p. 32 du guide.**<br>👁 **Faire remarquer que le verbe «vacilla» apparaît sous sa forme infinitive dans le «Petit dictionnaire».** |
| 15 min<br>**collectif<br>oral**<br>manuel<br>page 94, ex. 1 | **3** *Je comprends l'épisode*<br>**OBJECTIFS** Identifier les personnages, les événements et les circonstances temporelles et spatiales d'un récit qu'on a lu. Rendre compte de ce que l'on a lu ou entendu.<br>👁 **Même démarche qu'en unité 1, p. 24 du guide.**<br>– Mots-clés à inscrire au tableau: *son métier, la forêt, la clairière, il tomba du haut de l'arbre, favori, le premier regard, le dernier sourire.*<br><br>**Différenciation**<br>– Proposer aux élèves en difficulté de relire les mots qui présentent des difficultés de déchiffrage: *bénéfice, satisfait, clairière, stupéfait, faîte, sœur, vacilla, transforma*; puis certaines des phrases qui contiennent ces mots.<br>– Revenir sur le sens de certains mots ou expressions: *satisfait de lui, stupéfait, un membre de sa famille, il l'interpella, le visage grave.*<br>– Inviter les autres élèves, sur l'ardoise, à inventer des phrases à partir des mots-clés ci-dessus (qui apparaissent au tableau). |

### Séance 2

| | |
|---|---|
| 20 min<br><br>**individuel écrit**<br><br>ardoise | 🔵 **Mémorisation des mots-clés de l'épisode 2**<br><br>**OBJECTIFS** Mémoriser les mots-clés de l'histoire. Restituer leur orthographe.<br><br>📋 *son métier, la forêt, la clairière, il tomba du haut de l'arbre, favori, le premier regard, le dernier sourire*<br><br>👁 **Même démarche qu'en unité 4, p. 108 du guide.**<br><br>Questions à poser : *pourquoi le marchand retourne-t-il en Chine ? Où doit-il se rendre selon le conseil de son rossignol ? Qu'arrive-t-il au rossignol de la clairière quand le marchand lui délivre le message ? De retour à Fès, qui retrouve-t-il ? Que fait le marchand désormais chaque matin et chaque soir ?* |

**Pour le jour suivant :** lire le texte 5 (2 niveaux de difficulté) ➜ 💿

## Étude de la langue • Orthographe / Vocabulaire

### Séance 1   Les groupes de lettres *in*, *im* et *ain*, *ein*

| | |
|---|---|
| 20 min<br><br>**collectif oral**<br><br>manuel<br>p. 100, ex. 1 à 3<br><br>ardoise ou cahier de brouillon<br><br>mémo p. 10 | 🔵 **Découverte collective**<br><br>**OBJECTIFS** Déchiffrer un mot en choisissant la réalisation grapho-phonologique correcte. Connaître la règle de transformation de la lettre « n » en « m » devant les lettres « m », « p », « b ».<br><br>👁 **Même démarche qu'en unité 4, semaine 3, p. 124 du guide.** |

### Séance 2   L'ordre alphabétique (2)

| | |
|---|---|
| 10 min<br><br>**individuel ou collectif écrit**<br><br>manuel<br>p. 99, ex. 12, 13 | ❶ **Entraînement dans le manuel**<br><br>👁 **Même démarche qu'en unité 1, p. 33 du guide.** |
| 20 min<br><br>**individuel écrit**<br><br>cahier<br>p. 70, ex. 1 à 7 | ❷ **Entraînement dans le cahier**<br><br>👁 **Même démarche qu'en unité 1, p. 33 du guide.**<br><br>**Différenciation**<br>– Regrouper les élèves en difficulté et leur lire le contenu des exercices avant le travail individuel.<br>– Exercice 3 : facultatif.<br>– Exercice 7 : possibilité de faire seulement la 1ʳᵉ et/ou la 2ᵉ liste. |

**Pour le jour suivant :**
– savoir lire sans erreur des mots contenant les groupes de lettres « in », « im » et « ain », « ein » ; connaître la règle de transformation de la lettre « n » en « m » devant les lettres « m », « p », « b » ➜ mémo p. 10 ;
– activité supplémentaire : *cherche des mots où le son [ɛ̃] s'écrit avec les groupes de lettres « in » ou « im » ou « ain » ou « ein ».*

## Séance 1

| | |
|---|---|
| 15 min <br><br> collectif <br> oral | **1 Retour sur l'épisode 2** <br> **OBJECTIF** Distinguer les éléments importants d'un texte. <br> – Inviter les élèves à se remémorer l'épisode découvert la veille : *de quoi parle le deuxième épisode de cette histoire ?* Insister sur l'effet produit par le message délivré par le marchand sur l'oiseau de la clairière. <br> – Activités de restitution (exemples) : <br> 1. repérage de phrases erronées : *Quand le marchand arrive dans la clairière, il est désolé de découvrir un oiseau identique au sien.* <br> 2. vrai/faux : *De retour chez lui, le marchand se précipite vers son oiseau pour lui raconter ce qui s'est passé en Chine. Vrai ou faux ?* <br> 3. rebrassage du lexique : *L'oiseau pencha à gauche, à droite. On peut qu'il dire «vacilla».* |
| 25 min <br><br> collectif/ <br> individuel <br> oral <br><br> manuel <br> p. 94, ex. 2 à 4 | **2 *J'apprends des mots nouveaux*** <br> **OBJECTIF** Affiner le bagage lexical. <br> – Lire la consigne de l'exercice 2 à voix haute puis laisser les élèves lire silencieusement les trois phrases. Demander ensuite à un élève volontaire de lire une phrase et de l'expliquer. Valider ou reformuler si besoin. <br> – Demander aux élèves d'inventer de nouvelles phrases à partir de ces expressions. <br> – Lire la consigne de l'exercice 3 à voix haute puis laisser les élèves lire chaque phrase, avant d'écouter leurs propositions. <br> – Lire la consigne de l'exercice 4 à voix haute puis laisser un temps d'observation pour découvrir les photos. L'exercice peut se faire en deux temps : associer d'abord les photos aux noms des animaux, puis lire les phrases qui se rapportent aux cris des oiseaux. Apporter des précisions si nécessaire. <br><br> **Différenciation** <br> On pourra revenir plusieurs fois sur cet exercice pour que les élèves mémorisent les verbes des cris des animaux. |

## Séance 2

| | |
|---|---|
| 10 min <br><br> individuel <br> écrit <br><br> cahier <br> p. 71, ex. 1 | 👁 **Activités écrites de compréhension** <br> 👁 Même démarche qu'en unité 1, p. 26 du guide. <br><br> **Différenciation** <br> Regrouper les élèves en difficulté et leur lire le contenu de l'exercice avant le travail individuel. |

**Pour le jour suivant :** lire le texte 6 (2 niveaux de difficulté) ➔ ⊙

## Étude de la langue • Grammaire / Orthographe

## Séance 1 L'accord sujet / verbe

| | |
|---|---|
| 5 min <br><br> collectif <br> oral | **1 Entrée dans la séance** <br> **OBJECTIF** Expliciter ses connaissances sur les accords dans la phrase. <br> – Écrire la phrase suivante au tableau : *Le garçon marche dans la rue.* <br> – Demander aux élèves de repérer le verbe et le sujet. |

| | |
|---|---|
| | – Demander aux élèves de transformer la phrase en imaginant que plusieurs garçons font l'action. Noter les propositions orthographiques de la classe.<br><br>👁 **Cette étape doit permettre de rappeler les connaissances découvertes dans l'unité 3 sur l'accord du nom.**<br><br>👁 **Noter les propositions des élèves. Préciser que la correction se fera à la fin de la séance.** |
| **15 min**<br><br>**collectif oral**<br><br>manuel p. 100, ex. 5, 6<br><br>mémo p. 20 | **2** **Découverte collective**<br><br>OBJECTIFS Comprendre que le verbe change quand le nombre du sujet change. Repérer les régularités dans les accords sujet / verbe.<br><br>– **Exercice 5.** Les élèves observent le changement des terminaisons des verbes.<br>– Synthèse collective au tableau.<br><br>👁 **Ce temps doit permettre d'éveiller l'attention des élèves sur l'accord sujet / verbe et de récolter leurs hypothèses quant au fonctionnement de cet accord.**<br><br>– **Exercice 6.** Les élèves observent les terminaisons des verbes et en concluent des régularités.<br><br>👁 **L'observation des terminaisons doit permettre aux élèves de construire les concepts nécessaires à la conjugaison.**<br><br>– Synthèse collective au tableau.<br>– Lecture collective du mémo.<br>– Mémorisation du mémo.<br>– Retour à la situation d'entrée et correction collective des hypothèses initiales afin d'institutionnaliser les connaissances découvertes pendant la séance.<br><br>👁 **On pourra afficher dans la classe la phrase modèle de la situation d'entrée, au singulier et au pluriel :** *Le garçon marche dans la rue.* ➜ *Les garçons marchent dans la rue.* **L'affichage servira d'aide aux élèves en difficulté pour réaliser les exercices le lendemain.** |

**Séance 2**   **Les groupes de lettres** *in*, *im* **et** *ain*, *ein*

| | |
|---|---|
| **10 min**<br><br>**individuel ou collectif écrit**<br><br>manuel p. 100, ex. 4 | **1** **Entraînement dans le manuel**<br>👁 **Même démarche qu'en unité 1, p. 27 du guide.** |
| **20 min**<br><br>**individuel écrit**<br><br>cahier p. 72, ex. 1 à 5 | **2** **Entraînement dans le cahier et copie de phrase**<br>👁 **Même démarche qu'en unité 1, p. 27 du guide.**<br><br>**Différenciation**<br>Regrouper les élèves en difficulté et leur lire le contenu des exercices avant le travail individuel.<br><br>Écriture : faire lire la phrase à voix haute par un élève puis rappeler l'enchaînement de la fin du « a » avec le début du « n » et du « m ». |

**Pour le jour suivant :** mémoriser le mémo « L'accord sujet / verbe » ➜ mémo p. 20.

## Atelier d'anticipation • **Compréhension / Vocabulaire**

*Semaine 2*
*Jour 3*

(Voir dans l'introduction p. 16 la présentation du dispositif d'anticipation.)

| | |
|---|---|
| 20 min<br><br>**moment différencié**<br><br>Élèves en atelier :<br><br>– fiche de soutien, compr./voc. n° 8<br><br>Élèves en autonomie :<br><br>– fiche d'activités complémentaires, ortho. n° 14 ou/et lecture n° 14 | **1** **Phase orale**<br>**OBJECTIF** S'approprier les éléments de compréhension globale de l'épisode.<br>– Demander au groupe d'élèves de raconter l'épisode que la classe a découvert en jours 1 et 2.<br>– Faire émerger les mots-clés et les mots du «Petit dictionnaire» en invitant les élèves à en repréciser le sens.<br><br>**2** **Fiche de soutien en compréhension et en vocabulaire n° 8 : épisode 2**<br>**OBJECTIFS** Identifier les personnages, les événements et les circonstances temporelles et spatiales d'un récit qu'on a lu. Comprendre le vocabulaire de l'histoire. |

## Lecture – Expression • **Épisode 2**

### Séance 1

| | |
|---|---|
| 10 min<br><br>**collectif oral**<br><br>manuel p. 88-89 | **1** **Retour sur l'épisode 2**<br>**OBJECTIFS** Poser des questions sur un texte. Prélever des informations locales dans un texte.<br>👁 Même démarche qu'en unité 1, p. 28 du guide. |
| 15 min<br><br>**collectif oral**<br><br>manuel p. 95, ex. 5, 6 | **2** *Je me souviens de l'épisode*<br>**OBJECTIFS** Comprendre la chronologie de l'histoire. Choisir le titre de l'épisode.<br>– Lire la consigne de l'exercice 5 à voix haute.<br><br>**Différenciation**<br>– Pour les élèves en difficulté, faire l'exercice à voix haute avec eux, en proposant à différents élèves de lire chaque phrase.<br>– Demander aux autres élèves de faire l'exercice individuellement sur l'ardoise, en écrivant les lettres dans le bon ordre.<br><br>– Proposer une correction collective.<br>– Faire lire les titres de l'exercice 6 puis demander aux élèves qu'ils justifient la réponse proposée. |
| 15 min<br><br>**collectif oral**<br><br>manuel p. 95, ex. 7 | **3** **Activités préparatoires à l'expression écrite de la séance 2**<br>**OBJECTIF** Imaginer la suite d'une histoire.<br>👁 Même démarche qu'en unité 1, p. 36 du guide.<br>👁 On précisera que les verbes peuvent être conjugués en donnant des exemples. |

## Séance 2

| | |
|---|---|
| 20 min **individuel écrit** manuel p. 95, ex. 7 cahier de brouillon | 🔵 **J'écris un petit texte** **OBJECTIFS** Imaginer la suite d'une histoire. Écrire un petit texte d'environ 5 lignes. 👁 **Même démarche qu'en unité 1, p. 37 du guide.** |

**Pour le jour suivant :** lire le texte 7 (2 niveaux de difficulté) ➜ 💿

## Étude de la langue • Conjugaison / Grammaire

## Séance 1   Le présent du verbe *être*

| | |
|---|---|
| 20 min **collectif oral** manuel p. 101, ex. 9, 10 ardoise ou cahier de brouillon mémo p. 28 | 🔵 **Découverte collective** **OBJECTIFS** Mémoriser, à l'oral, la conjugaison du verbe *être* au présent et à toutes les personnes. Associer, à l'écrit, les terminaisons verbales aux pronoms. 👁 **Même démarche qu'en unité 4, semaine 3, p. 128 du guide.** – Faire comparer les terminaisons du verbe *être* avec celles affichées des verbes du 1er groupe. Observer les régularités et pointer les nombreuses irrégularités. – Lecture collective du mémo. *Comment s'écrit la conjugaison du verbe « être » au présent ?* 👁 **Le verbe *être* étant un auxiliaire, il est appelé à être écrit très souvent. On insistera sur une mémorisation parfaite de toutes ses formes.** – Mémorisation du mémo. |

## Séance 2   L'accord sujet / verbe

| | |
|---|---|
| 10 min **individuel ou collectif écrit** manuel p. 100, ex. 7, 8 | 1️⃣ **Entraînement dans le manuel** 👁 **Même démarche qu'en unité 1, p. 29 du guide.** **Différenciation** Les élèves en difficulté pourront se reporter à l'affichage laissé dans la classe pour réaliser les exercices (voir p. 146 du guide) : *Le garçon marche dans la rue.* ➜ *Les garçons marchent dans la rue.* |
| 20 min **individuel écrit** cahier p. 73, ex. 1 à 6 | 2️⃣ **Entraînement dans le cahier** 👁 **Même démarche qu'en unité 1, p. 29 du guide.** **Différenciation** – Regrouper les élèves en difficulté et leur lire le contenu des exercices avant le travail individuel. – Les élèves en difficulté pourront également se reporter à l'affichage. – Exercice 6 : facultatif. |

**Pour le jour suivant :**
– mémoriser le mémo « Le présent du verbe *être* » ➜ mémo p. 28 ;
– activité supplémentaire : *conjugue au présent « être à l'école ».*

**Séance 1**

| | |
|---|---|
| 40 min<br>**individuel<br>écrit**<br>cahier d'expression<br>écrite<br>👁 Prévoir un travail<br>en autonomie | 🔵 **Retour sur l'expression écrite / Activité en autonomie**<br>**OBJECTIFS** Revenir sur un travail écrit et y apporter les corrections nécessaires. / Travailler en autonomie et silencieusement.<br>👁 **Même démarche qu'en unité 1, p. 38 du guide.** |

**Séance 2**

| | |
|---|---|
| 15 min<br>**individuel<br>écrit**<br>cahier<br>p. 71, ex. 2, 3 | 🔵 **Activités écrites de compréhension et copie de phrase**<br>👁 **Même démarche qu'en unité 1, p. 28 du guide.**<br><br>**Différenciation**<br>Regrouper les élèves en difficulté et leur lire le contenu des exercices avant le travail individuel.<br><br>Écriture : faire lire la phrase à voix haute par un élève puis repérer les lettres « $\mathscr{L}$ » majuscules. |

**Pour le jour suivant :** lire le texte 8 (2 niveaux de difficulté) ➜ 💿

**Étude de la langue • L'atelier des mots / Conjugaison**

**Séance 1** Les mots en *re-*

| | |
|---|---|
| 10 min<br>**collectif<br>oral**<br>manuel<br>p. 101, ex. 12, 13 | **1 Découverte collective**<br>**OBJECTIFS** Identifier les mots en *re-* qui veulent dire « une seconde fois ». Identifier leur construction.<br>– **Exercice 12.** Demander aux élèves de lire individuellement le texte puis d'observer les mots soulignés.<br>– Proposer à un élève de lire le texte à voix haute.<br>– **Exercice 13.** Demander aux élèves ce que signifie « revenir ». *Y a-t-il d'autres mots qui signifient « une seconde fois » ?* Identifier leur mot de base et constater l'ajout de *re-* avant celui-ci.<br>– Sur le tableau, prévoir deux colonnes et regrouper, dans la première, les mots dans lesquels *re-* signifient « une deuxième fois » (*rechantait, revenir, retrouver*), dans la seconde, les autres mots (*refrain, refusait*).<br><br>**Différenciation**<br>Regrouper les élèves en difficulté et les accompagner dans leur lecture et dans leur questionnement.<br>La mise en commun intéressera l'ensemble de la classe. |
| 10 min<br>**individuel écrit /<br>collectif oral**<br>manuel<br>p. 101, ex. 14, 15<br>cahier de brouillon | **2 Manipulation dans le manuel**<br>**OBJECTIFS** Comprendre la construction des mots en *re-*. Introduction du terme de « préfixe ».<br>– **Exercice 14.** Recherche individuelle.<br>– Réflexion collective : *comment forme-t-on les mots qui veulent dire « une seconde fois » ?* Les élèves constatent que l'on ajoute *re-* au début du mot de base. |

– Demander aux élèves comment s'appelle le groupe de lettres que l'on ajoute à la fin des mots comme dans «fillette».

– Préciser que le groupe de lettres que l'on ajoute au début d'un mot s'appelle un préfixe.

– **Exercice 15.** Recherche individuelle.

– Mise en commun et élaboration du mémo.

**Différenciation**

Accompagner les élèves en difficulté.
La mise en commun intéressera l'ensemble de la classe.

| mémo p. 38 | **3 Mémo**<br>Construire le mémo avec les élèves à partir de leurs observations. |

## Séance 2 Le présent du verbe *être*

| 10 min<br>**individuel ou collectif écrit**<br>manuel p. 101, ex. 11 | **1 Entraînement dans le manuel**<br>👁 Même démarche qu'en unité 3, p. 86 du guide.<br>👁 Bien faire noter la différence entre les formes de la 3ᵉ personne du pluriel des verbes «avoir» et «être»: *ils ont* / *ils sont*. |
| 20 min<br>**individuel écrit**<br>cahier p. 74, ex. 1 à 5 | **2 Entraînement dans le cahier**<br>👁 Même démarche qu'en unité 3, p. 86 du guide.<br><br>**Différenciation**<br>– Regrouper les élèves en difficulté et leur lire le contenu des exercices avant le travail individuel.<br>– Exercice 5: facultatif. |

**Pour le jour suivant:** mémoriser le mémo «Les mots en *re-*» ➜ mémo p. 38.

## Atelier d'anticipation • Graphophonologie

*Semaine 3 Jour 1*

(Voir dans l'introduction p. 16 la présentation du dispositif d'anticipation et des jeux de manipulation.)

| 20 min<br>**moment différencié**<br><br>Élèves en atelier:<br><br>– cartes des mots<br>– fiche de soutien, ortho. n° 21<br><br>Élèves en autonomie:<br><br>– texte de lecture supplémentaire n° 15 | **1 Jeux de manipulation avec les groupes de lettres *en* et *em***<br>**OBJECTIF** Déchiffrer un mot en choisissant la réalisation grapho-phonologique qui convient.<br><br>– «Un mot, une image»<br>– «Les lettres mobiles avec intrus» (mettre le couple de lettres «m» et «n»)<br><br>**2 Fiche de soutien en orthographe n° 21: les groupes de lettres *en* et *em***<br>**OBJECTIFS** Déchiffrer un mot en choisissant la réalisation grapho-phonologique qui convient. Connaître la règle de transformation de la lettre «n» en «m» devant les lettres «m», «p», «b». |

### Séance 1

| | |
|---|---|
| 5 min<br><br>**collectif**<br>**oral** | **1** **Résumé de l'épisode 2**<br>**OBJECTIF** Restituer les informations nécessaires à la compréhension d'un texte.<br>👁 **Même démarche qu'en unité 1, p. 32 du guide.** |
| 20 min<br><br>**collectif**<br>**oral**<br><br>manuel<br>p. 90-91 et p. 97 | **2** **Découverte de l'épisode 3**<br>**OBJECTIFS** Prendre des informations sur une image. Écouter et lire la fin d'une œuvre intégrale courte.<br>👁 **Même démarche qu'en unité 1, p. 32 du guide.** |
| 15 min<br><br>**collectif**<br>**oral**<br><br>manuel<br>page 96, ex. 1 | **3** *Je comprends l'épisode*<br>**OBJECTIFS** Identifier les personnages, les événements et les circonstances temporelles et spatiales d'un récit qu'on a lu. Rendre compte de ce que l'on a lu ou entendu.<br>👁 **Même démarche qu'en unité 1, p. 24 du guide.**<br>– Mots-clés à inscrire au tableau : *il tomba raide mort, un éventail, éventer, s'échapper, la solution, faire le mort.*<br><br>**Différenciation**<br>– Proposer aux élèves en difficulté de relire les mots qui présentent des difficultés de déchiffrage : *malheureux, demeurais, inanimé, bougeait, entrouverte, absence* ; puis certaines des phrases qui contiennent ces mots.<br>– Revenir sur le sens de certaines expressions : *par mégarde, tu demeurais dans une cage, maudite, une fenêtre entrouverte.*<br>– Inviter les autres élèves à illustrer le marchand qui pleure à chaudes larmes. |

### Séance 2

| | |
|---|---|
| 20 min<br><br>**individuel**<br>**écrit**<br><br>ardoise | **Mémorisation des mots-clés de l'épisode 3**<br>**OBJECTIFS** Mémoriser les mots-clés de l'histoire. Restituer leur orthographe.<br>📋 *il tomba raide mort, un éventail, éventer, s'échapper, la solution, faire le mort*<br>👁 **Même démarche qu'en unité 4, p. 108 du guide.**<br>– Questions à poser : *que fait le rossignol en entendant le récit du marchand ? Que fait le marchand pour tenter de réanimer le rossignol ? Que se passe-t-il quand le marchand va à la cuisine ? Qu'a révélé le rossignol de la forêt à l'oiseau du marchand ?* |

| |
|---|
| **Pour le jour suivant :** lire le texte 9 (2 niveaux de difficulté) ➜ 🔵 |

## Étude de la langue • **Orthographe / L'atelier des mots**

### Séance 1 — Les groupes de lettres *en* et *em*

| | |
|---|---|
| 20 min<br><br>**collectif**<br>**oral**<br><br>manuel<br>p. 102, ex. 1, 2<br><br>ardoise ou<br>cahier de brouillon | **Découverte collective**<br>**OBJECTIFS** Déchiffrer un mot en choisissant la réalisation grapho-phonologique correcte. Connaître la règle de transformation de la lettre «n» en «m» devant les lettres «m», «p», «b».<br>👁 **Même démarche qu'en unité 4, semaine 3, p. 124 du guide.**<br>👁 **Cette leçon est sensiblement plus complexe que les précédentes dans la mesure où la lettre «e» suivie de la lettre «n» ou de la lettre «m» produit cinq réalisations** |

| mémo<br>p. 10 | différentes : soit [ɑ̃] comme dans « v<u>en</u>tre/m<u>em</u>bre », soit [ə] comme dans « f<u>e</u>nêtre/pr<u>e</u>mier », soit [ɛ] comme dans « <u>an</u>tenne », soit [a] comme dans « f<u>e</u>mme », soit « e muet » comme dans « ils parl<u>en</u>t ». |

## Séance 2  Les mots en *re-*

| 30 min<br><br>individuel<br>écrit<br><br>cahier<br>p. 75, ex. 1 à 5 | ⬤ **Entraînement dans le cahier**<br>👁 **Même démarche qu'en unité 1, p. 41 du guide.**<br><br>**Différenciation**<br>– Regrouper les élèves en difficulté et leur lire le contenu des exercices avant le travail individuel.<br>– Exercice 5 : facultatif. |

**Pour le jour suivant :**
– savoir lire sans erreur des mots contenant les groupes de lettres « en » et « em » ; connaître la règle de transformation de la lettre « n » en « m » devant les lettres « m », « p », « b » → mémo p. 10 ;
– activité supplémentaire : *cherche des mots où le son [ɑ̃] s'écrit avec le groupe de lettres « en » et des mots où il s'écrit avec le groupe de lettres « em ».*

## Lecture - Expression • Épisode 3

*Semaine 3 Jour 2*

### Séance 1

| 15 min<br><br>collectif<br>oral | **1** **Retour sur l'épisode 3**<br>**OBJECTIF** Distinguer les éléments importants d'un texte.<br>– Inviter les élèves à se remémorer l'épisode découvert la veille : *de quoi parle le dernier épisode de cette histoire ?* Insister sur la façon dont le rossignol s'y prend pour s'échapper et sur les réactions du marchand.<br>– Activités de restitution (exemples) :<br>1. repérage de phrases erronées : *Le marchand courut dans la cuisine chercher un <u>éventail</u>. (un bol d'eau)*<br>2. vrai/faux : *Un jour, le marchand décida qu'il était temps de tout raconter au rossignol et il entra dans le salon. Vrai ou faux ?*<br>3. rebrassage du lexique : *Le rossignol est <u>sans vie</u> au fond de sa cage. On peut dire aussi qu'il est « inanimé ».* |
| 15 min<br><br>collectif<br>oral<br><br>manuel<br>p. 96, ex. 2 | **2** ***J'apprends des mots nouveaux***<br>**OBJECTIF** Affiner le bagage lexical.<br>Lire la consigne à voix haute. Laisser les élèves lire silencieusement les trois phrases. Demander ensuite à des élèves volontaires de lire les phrases à voix haute et de les expliquer. Valider ou reformuler si besoin. |

### Séance 2

| 10 min<br><br>individuel<br>écrit<br><br>cahier<br>p. 76, ex. 1, 2 | ⬤ **Activités écrites de compréhension**<br>👁 **Même démarche qu'en unité 1, p. 26 du guide.**<br><br>**Différenciation**<br>Regrouper les élèves en difficulté et leur lire le contenu des exercices avant le travail individuel. |

**Pour le jour suivant :** lire le texte 10 (2 niveaux de difficulté) →

**Séance 1** La phrase interrogative

| | |
|---|---|
| 5 min<br><br>collectif<br>oral | **1 Entrée dans la séance**<br><br>**OBJECTIF** Transformer une phrase déclarative en phrase interrogative.<br><br>– Écrire la phrase suivante au tableau : *L'oiseau mange des graines.*<br><br>– Demander aux élèves de poser une question pour obtenir la phrase du tableau en réponse.<br><br>– Noter les propositions des élèves au tableau.<br><br>👁 **Cette étape doit permettre de rappeler les connaissances découvertes dans l'unité 1 sur la phrase. On rappellera ici la ponctuation particulière de la phrase interrogative.**<br><br>👁 **Noter les propositions des élèves. Préciser que la correction se fera à la fin de la séance.** |
| 15 min<br><br>collectif<br>oral<br><br>manuel<br>p. 102, ex. 4, 5<br><br>mémo<br>p. 20 | **2 Découverte collective**<br><br>**OBJECTIFS** Construire un répertoire de mots interrogatifs. Repérer l'inversion du sujet et du verbe dans une phrase interrogative.<br><br>– **Exercice 4.** Les élèves repèrent le sujet et le verbe dans la phrase interrogative.<br><br>– Synthèse collective au tableau.<br><br>**Différenciation**<br>Pour les élèves en difficulté, possibilité de proposer la phrase déclarative qui correspond à la question du manuel : *Tu peux me raconter ton voyage en Chine.* La recherche du sujet et du verbe doit être facilitée par l'ordre sujet-verbe. Toutefois, ce temps ne peut être qu'une étape et il convient de revenir à la question initiale afin que les élèves repèrent bien l'inversion du sujet et du verbe.<br><br>– **Exercices 5.** Les élèves font la liste des mots interrogatifs du texte.<br><br>– Synthèse collective de la recherche des élèves.<br><br>👁 **On pourra noter cette liste sur une affiche qu'on conservera dans la classe.**<br><br>– Lecture collective du mémo.<br><br>– Mémorisation du mémo.<br><br>– Retour à la situation d'entrée et correction collective des hypothèses initiales afin d'institutionnaliser les connaissances découvertes pendant la séance.<br><br>👁 **On peut utiliser la liste des mots interrogatifs découverts au cours de la séance pour trouver le plus de questions possibles qui permettent de répondre à la consigne de l'étape 1 :** *Qui mange des graines ? – Que mange l'oiseau ? – Que fait l'oiseau avec les graines ?* |

**Séance 2** Les groupes de lettres *en* et *em*

| | |
|---|---|
| 10 min<br><br>individuel ou<br>collectif écrit<br><br>manuel<br>p. 102, ex. 3 | **1 Entraînement dans le manuel**<br><br>👁 **Même démarche qu'en unité 1, p. 27 du guide.** |
| 20 min<br><br>individuel<br>écrit | **2 Entraînement dans le cahier et copie de phrase**<br><br>👁 **Même démarche qu'en unité 1, p. 27 du guide.** |

| cahier p. 77, ex. 1 à 5 | **Différenciation** Regrouper les élèves en difficulté et leur lire le contenu des exercices avant le travail individuel. |
|---|---|
| | Écriture : faire lire la phrase à voix haute par un élève puis rappeler l'enchaînement du « e » avec le début du « n » et du « m ». |

**Pour le jour suivant :** mémoriser le mémo « La phrase interrogative » → mémo p. 20.

• • • • • • • • • • • • • • • • • • • • • • • • • • • • • • • • • • • • • • • • • • • • • • •

## Atelier d'anticipation • Graphophonologie

*Semaine 3 Jour 3*

(Voir dans l'introduction p. 16 la présentation du dispositif d'anticipation.)

| 20 min **moment différencié** Élèves en atelier :  – fiche de soutien, compr./voc. n° 9 Élèves en autonomie :  – fiche d'activités complémentaires, ortho. n° 15 ou/et lecture n° 15 | **❶ Phase orale** **OBJECTIF** S'approprier les éléments de compréhension globale de l'épisode. – Demander au groupe d'élèves de raconter l'épisode que la classe a découvert en jours 1 et 2. – Faire émerger les mots-clés et les mots du « Petit dictionnaire » en invitant les élèves à en repréciser le sens. **❷ Fiche de soutien en compréhension et en vocabulaire n° 9 : épisode 3** **OBJECTIFS** Identifier les personnages, les événements et les circonstances temporelles et spatiales d'un récit qu'on a lu. Comprendre le vocabulaire de l'histoire. |
|---|---|

## Lecture – Expression • Épisode 3

### Séance 1

| 15 min **collectif oral** manuel p. 86-91 | **❶ Retour sur toute l'histoire** **OBJECTIFS** Distinguer les éléments importants d'une histoire. En restituer la chronologie. 👁 **Même démarche qu'en unité 1, p. 44 du guide.** – Résumés de l'histoire complète à proposer à l'oral : |
|---|---|

**1.** Un riche marchand de Fès s'est offert un précieux rossignol de Chine, qu'il installe dans une cage dorée.

Le marchand retourne en Chine et, à la demande de son rossignol, rencontre un autre oiseau, identique au sien.

Quand l'oiseau entend que son semblable vit dans une cage dorée, il tombe de son arbre raide mort.

De retour chez lui, le marchand finit par raconter cet événement à son rossignol, et celui-ci vacille et tombe raide mort au fond de sa cage. Paniqué, le marchand sort l'oiseau de sa cage pour le réanimer. Il court chercher de l'eau à la cuisine. Alors, l'oiseau, qui faisait le mort, en profite pour se sauver.

**2.** Chaque matin et chaque soir, un riche marchand offre son sourire à son oiseau qu'il vient d'acheter en Chine. Dans son palais de Fès, il l'installe dans une cage dorée. Quelques temps plus tard, le rossignol lui demande de retrouver la forêt où il a été capturé et de raconter à tous les oiseaux qu'il fait bon vivre dans une cage ciselée d'or. En entendant cela, un rossignol tombe raide mort aux pieds du marchand.

En rentrant dans son pays, le marchand raconte son histoire à son oiseau qui s'évanouit. Son maître ouvre la porte de la cage pour l'éventer. Soudain, l'oiseau ouvre un œil puis se met à battre des ailes. Il s'envole alors, bien décidé à rentrer en Chine.

| | |
|---|---|
| **25 min**<br><br>**collectif<br>oral**<br><br>manuel<br>p. 96, ex. 3 à 5 | **2** *Je me souviens de toute l'histoire*<br>**OBJECTIFS** Comprendre l'histoire dans sa globalité. Participer à un débat en argumentant.<br>– Faire lire la consigne de l'exercice 3 puis chacune des phrases.<br>👁 **On pourra suggérer aux élèves d'utiliser les mots du petit dictionnaire dans leurs réponses (puisqu'ils apparaissent sur la page voisine).**<br>– Faire lire la consigne de l'exercice 4 puis laisser du temps aux élèves pour qu'ils observent les quatre illustrations et qu'ils les remettent dans l'ordre, d'abord individuellement avant de passer à une correction collective.<br>– Lire les questions de l'exercice 5 à voix haute et y répondre une par une pour permettre un débat construit. |

## Séance 2

| | |
|---|---|
| **20 min**<br><br>**individuel<br>écrit**<br><br>cahier<br>p. 76, ex. 3, 4 | 🟦 Activités écrites de compréhension et copie de phrase<br>👁 Même démarche qu'en unité 1, p. 28 du guide.<br><br>**Différenciation**<br>Regrouper les élèves en difficulté et leur lire le contenu des exercices avant le travail individuel.<br><br>Écriture : faire lire la phrase à voix haute par un élève puis repérer les lettres « *M* » majuscules. |

| |
|---|
| **Pour le jour suivant :** lire le texte 11 (2 niveaux de difficulté) ➜ 💿 |

## Étude de la langue • Conjugaison / Grammaire

## Séance 1  Le verbe change (2)

| | |
|---|---|
| **20 min**<br><br>**collectif<br>oral**<br><br>manuel<br>p. 103, ex. 8, 9<br><br>ardoise ou<br>cahier de brouillon<br><br>mémo<br>p. 28 | 🟦 Découverte collective<br>**OBJECTIF** Prendre conscience des deux causes de transformation des terminaisons verbales : le changement de temps et le changement de sujet.<br>– **Exercice 8.** Faire lire le texte de la bulle orange. Faire appel aux connaissances des élèves sur le verbe pour l'identifier dans les phrases. Faire repérer les sujets et analyser ce qui déclenche la transformation de la terminaison.<br>– **Exercice 9.** Même démarche.<br>– S'entraîner à l'oral, puis à l'écrit, à transformer des verbes en changeant le temps ou le sujet.<br><br>**Différenciation**<br>– Prévoir un jeu de cartes grand format avec quatre couleurs différentes de cartes : sur chaque carte blanche, écrire le radical d'un verbe du 1er groupe ; sur chaque carte bleue, écrire un pronom de conjugaison ; sur chaque carte verte, écrire un connecteur temporel (*hier, aujourd'hui, demain*) ; et sur chaque carte rouge, écrire une terminaison verbale.<br>– Placer au tableau une carte « connecteur temporel », une carte « pronom » et une carte « radical » et demander à un élève de choisir la carte « terminaison » qui convient.<br><br>– Lecture collective du mémo. *Quelles sont les deux raisons qui font changer la fin du verbe ?*<br>– Mémorisation du mémo. |

## Séance 2  La phrase interrogative

| 10 min<br><br>individuel ou<br>collectif écrit<br><br>manuel<br>p. 102, ex. 6, 7 | **1** Entraînement dans le manuel<br>👁 **Même démarche qu'en unité 1, p. 29 du guide.**<br><br>**Différenciation**<br>Pour l'exercice 6, avec les élèves en difficulté, on pourra utiliser des étiquettes de couleurs différentes pour le sujet et le verbe afin de matérialiser l'inversion dans les phrases interrogatives à produire. |
|---|---|
| 20 min<br><br>individuel<br>écrit<br><br>cahier<br>p. 78 ex. 1 à 5 | **2** Entraînement dans le cahier<br>👁 **Même démarche qu'en unité 1, p. 29 du guide.**<br><br>**Différenciation**<br>– Regrouper les élèves en difficulté et leur lire le contenu des exercices avant le travail individuel.<br>– Exercice 5 : facultatif. |

**Pour le jour suivant :**
– mémoriser le mémo « Le verbe change (2) » ➜ mémo p. 28 ;
– activité supplémentaire : *refais le mémo avec le verbe « danser ».*

## Lecture - Expression • Épisode 3

*Semaine 3*
*Jour 4*

### Séance 1

| 20 min<br><br>collectif<br>oral<br><br>manuel<br>p. 97, ex. 6 à 8 | 🔹 *J'utilise le petit dictionnaire*<br>**OBJECTIFS** Se repérer dans un dictionnaire. Se familiariser avec sa présentation et son fonctionnement. Réinvestir des notions de grammaire et de vocabulaire.<br>👁 **Même démarche qu'en unité 3, p. 100 du guide.**<br>👁 **L'exercice 7 permet un réinvestissement des notions de grammaire et de vocabulaire découvertes récemment. On pourra redonner des précisions.**<br><br>**Différenciation**<br>Laisser la frise-alphabet à la disposition de ceux qui le souhaitent. |
|---|---|

### Séance 2

| 20 min<br><br>collectif<br>oral<br><br>manuel<br>p. 104 | 🔹 *D'autres œuvres à découvrir*<br>**OBJECTIF** Comprendre et s'approprier une nouvelle œuvre en lien avec le texte étudié.<br>– Découverte d'une œuvre littéraire : *Le rossignol et l'empereur*, Hans Christian Andersen, éd. Mijade.<br>– Ce conte est un grand classique de la littérature enfantine même s'il ne fait pas partie des plus connus d'Andersen. D'emblée, c'est la beauté du chant du rossignol qui est mise en avant. L'empereur de Chine entend parler de cet oiseau et, aussitôt, envoie son chancelier à sa recherche. Quand l'oiseau arrive, on lui installe un perchoir en or, puis une belle cage dorée.<br>– Proposer une lecture offerte de ce conte, puis faire rechercher les similitudes avec celui de l'unité. |
|---|---|

**Pour le jour suivant :** lire le texte 12 (2 niveaux de difficulté) ➜ 💿

## Séance 1 — Les mots en *in-* ou *im-*

| | |
|---|---|
| 10 min<br><br>**collectif oral**<br><br>manuel<br>p. 103, ex. 12, 13 | **1 Découverte collective**<br>**OBJECTIFS** Identifier les mots en *in-* ou *im-*. Comprendre leur sens et leur construction.<br>– **Exercice 12.** Demander aux élèves de lire individuellement le texte puis d'observer les mots soulignés.<br>– Proposer à un élève de lire le texte à voix haute puis d'indiquer les mots soulignés.<br>– **Exercice 13.** Écrire les mots au tableau et demander aux enfants d'identifier ceux qui veulent dire «le contraire de». Leur demander ensuite d'indiquer le mot de base de chacun des trois mots retenus.<br>– Demander comment s'appelle le groupe de lettres *in-* ou *im-* ajouté au début du mot de base.<br>– Constater avec les élèves que le préfixe s'écrit *im-* devant la lettre «p». Leur préciser qu'il en va de même quand le mot de base commence par la lettre «b» ou par la lettre «m» (éventuellement, recherche d'exemples). |
| 10 min<br><br>**individuel écrit / collectif oral**<br><br>manuel<br>p. 103, ex. 14<br><br>cahier de brouillon | **2 Manipulation dans le manuel**<br>**OBJECTIF** Construire des mots en *in-* ou *im-*.<br>– **Exercice 14.** Les élèves travaillent individuellement sur leur cahier de brouillon.<br>– Mise en commun : écrire les propositions des élèves au tableau après validation par le groupe. La construction *in-/im-* + mot de base est confirmée.<br>– Demander aux élèves dans quels cas le préfixe s'écrit *im-*. S'arrêter sur «immobile» et constater que, devant la lettre «m», il y a un changement de prononciation dû au doublement de la lettre.<br>– On pourra chercher un exemple où le mot de base commence par la lettre «b» (*imbuvable, imbattable…*)<br>– Élaboration du mémo.<br><br>**Différenciation**<br>Prévoir de suivre les élèves en difficulté sans nécessairement les regrouper.<br>La mise en commun et la rédaction du mémo intéresseront l'ensemble de la classe. On peut commencer par laisser s'exprimer l'un des élèves du groupe suivi. |
| mémo p. 38 | **3 Mémo**<br>– Construire le mémo avec les élèves à partir de leurs observations. |

## Séance 2 — Le verbe change (2)

| | |
|---|---|
| 10 min<br><br>**individuel ou collectif écrit**<br><br>manuel<br>p. 103, ex. 10, 11 | **1 Entraînement dans le manuel**<br>👁 Même démarche qu'en unité 3, p. 86 du guide. |
| 20 min<br><br>**individuel écrit**<br><br>cahier<br>p. 79, ex. 1 à 5 | **2 Entraînement dans le cahier**<br>👁 Même démarche qu'en unité 3, p. 86 du guide.<br><br>**Différenciation**<br>– Regrouper les élèves en difficulté et leur lire le contenu des exercices avant le travail individuel.<br>– Exercice 5 : facultatif. |

**Pour le jour suivant :** mémoriser le mémo «Les mots en *in-* ou *im-*» ➜ mémo p. 38.

# **6** unité Karim, Aïcha et Nadir :

## SEMAINE 1

| | | | **Jour 1** guide p. 161 |
|---|---|---|---|
| **Atelier d'anticipation** (graphophonologie et compréhension/vocabulaire) | **Moment différencié en atelier** | 20 min | Élèves en atelier d'anticipation, CD, fiche de soutien, ortho. n° 22 <br> Élèves en autonomie, CD, texte de lecture supplémentaire n° 16 |
| **Lecture / Expression** | **Séance 1** | 20 à 40 min | **1.** Découverte de la page d'ouverture, manuel p. 105 <br> **2.** Découverte de la partie 1, manuel p. 106-107 <br> **3.** *Je comprends la partie*, manuel p. 112, ex. 1 |
| | **Séance 2** | 10 à 20 min | Mémorisation des mots-clés de la partie 1, ardoise |
| **Étude de la langue** | **Séance 1** | 20 min | **Orthographe** • La lettre *r*, manuel p. 118, ex. 1, 2 + mémo p. 11 |
| | **Séance 2** | 30 min | Entraînement en atelier des mots, cahier p. 80, ex. 1 à 5 |

Dictée n° 16* (CD + guide p. 13)

## SEMAINE 2

| | | | **Jour 1** guide p. 168 |
|---|---|---|---|
| **Atelier d'anticipation** (graphophonologie et compréhension/vocabulaire) | **Moment différencié en atelier** | 20 min | Élèves en atelier d'anticipation, CD, fiche de soutien, ortho. n° 23 <br> Élèves en autonomie, CD, texte de lecture supplémentaire n° 17 |
| **Lecture / Expression** | **Séance 1** | 20 à 40 min | **1.** Résumé de la partie 1 <br> **2.** Découverte de la partie 2, manuel p. 108-109 <br> **3.** *Je comprends la partie*, manuel p. 114, ex. 1 |
| | **Séance 2** | 10 à 20 min | Mémorisation des mots-clés de la partie 2, ardoise |
| **Étude de la langue** | **Séance 1** | 20 min | **Orthographe** • La lettre *p*, manuel p. 120, ex. 1, 2 + mémo p. 11 |
| | **Séance 2** | 30 min | Entraînement en vocabulaire, manuel p. 119, ex. 13, 14 + cahier p. 85, ex. 1 à 4 |

Dictée n° 17* (CD + guide p. 13)

## SEMAINE 3

| | | | **Jour 1** guide p. 175 |
|---|---|---|---|
| **Atelier d'anticipation** (graphophonologie et compréhension/vocabulaire) | **Moment différencié en atelier** | 20 min | Élèves en atelier d'anticipation, CD, fiche de soutien, ortho. n° 24 <br> Élèves en autonomie, CD, texte de lecture supplémentaire n° 18 |
| **Lecture / Expression** | **Séance 1** | 20 à 40 min | **1.** Résumé de la partie 3 <br> **2.** Découverte de la partie 3, manuel p. 110-111 <br> **3.** *Je comprends la partie*, manuel p. 116, ex. 1 |
| | **Séance 2** | 10 à 20 min | Mémorisation des mots-clés de la partie 3, ardoise |
| **Étude de la langue** | **Séance 1** | 20 min | **Orthographe** • La lettre *h*, manuel p. 122, ex. 1, 2 + mémo p. 11 |
| | **Séance 2** | 30 min | Entraînement en atelier des mots, cahier p. 90, ex. 1 à 5 |

Dictée n° 18* (CD + guide p. 13)

\* À préparer sur 3 jours et à réaliser le 4e jour.

| **Jour 2** guide p. 163 | **Jour 3** guide p. 165 | **Jour 4** guide p. 166 |
|---|---|---|
| | Élèves en atelier d'anticipation, CD, fiche de soutien, compr./voc. n° 10 <br> Élèves en autonomie, CD, fiche d'activités complémentaires, ortho. n° 16 ou/et lecture n° 16 | |
| **1.** Retour sur la partie 1 <br> **2.** *J'apprends des mots nouveaux*, manuel p. 112, ex. 2 <br> **3.** *Je lis à voix haute*, manuel p. 112, ex. 3 | **1.** Retour sur la partie 1 <br> **2.** *Je me souviens de la partie*, manuel p. 113, ex. 4, 5 <br> **3.** *J'écris des phrases*, manuel p. 113, ex. 6 | **1.** Relecture de la partie 1 <br> **2.** Activités orales de compréhension : résumé et analyse des documents |
| Activités écrites de compréhension, cahier p. 81, ex. 1, 2 | Activités écrites de compréhension, cahier p. 81, ex. 3 <br> Copie de phrase (𝒩), cahier p. 81 | *D'autres œuvres à découvrir*, manuel p. 124 |
| **Grammaire** • La phrase négative, manuel p. 118, ex. 4, 5 + mémo p. 21 | **Conjugaison** • Le futur des verbes en -*er*, manuel p. 119, ex. 8, 9 + mémo p. 29 | **Vocabulaire** • Les différents sens d'un mot, manuel p. 119, ex. 11, 12 + mémo p. 39 |
| Entraînement en orthographe, manuel p. 118, ex. 3 + cahier p. 82, ex. 1 à 4 <br> Copie de phrase, cahier p. 82 | Entraînement en grammaire, manuel p. 118, ex. 6, 7 + cahier p. 83, ex. 1 à 4 | Entraînement en conjugaison, manuel p. 119, ex. 10 + cahier p. 84, ex. 1 à 5 |

| **Jour 2** guide p. 170 | **Jour 3** guide p. 172 | **Jour 4** guide p. 174 |
|---|---|---|
| | Élèves en atelier d'anticipation, CD, fiche de soutien, compr./voc. n° 11 <br> Élèves en autonomie, CD, fiche d'activités complémentaires, ortho. n° 17 ou/et lecture n° 17 | |
| **1.** Retour sur la partie 2 <br> **2.** *J'apprends des mots nouveaux*, manuel p. 114, ex. 2 à 4 | **1.** Retour sur la partie 2 <br> **2.** *Je me souviens de la partie*, manuel p. 115, ex. 5, 6 <br> **3.** Activités préparatoires à l'expression écrite de la séance 2 | Retour sur l'expression écrite |
| Activités écrites de compréhension, cahier p. 86, ex. 1, 2 | *J'écris un petit texte*, manuel p. 115, ex. 7 | Activités écrites de compréhension, cahier p. 86, ex. 3, 4 <br> Copie de phrase (𝒪), cahier p. 86 |
| **Grammaire** • Nom commun / Nom propre, manuel p. 120, ex. 4 à 6 + mémo p. 21 | **Conjugaison** • Le futur du verbe *avoir*, manuel p. 121, ex. 8, 9 + mémo p. 29 | **L'atelier des mots** • Les lettres muettes (1), manuel p. 121, ex. 11 à 13 + mémo p. 39 |
| Entraînement en orthographe, manuel p. 120, ex. 3 + cahier p. 87, ex. 1 à 4 <br> Copie de phrase, cahier p. 87 | Entraînement en grammaire, manuel p. 120, ex. 7 + cahier p. 88, ex. 1 à 4 | Entraînement en conjugaison, manuel p. 121, ex. 10 + cahier p. 89, ex. 1 à 5 |

| **Jour 2** guide p. 177 | **Jour 3** guide p. 179 | **Jour 4** guide p. 181 |
|---|---|---|
| | Élèves en atelier d'anticipation, CD, fiche de soutien, compr./voc. n° 12 <br> Élèves en autonomie, CD, fiche d'activités complémentaires, ortho. n° 18 ou/et lecture n° 18 | |
| **1.** Retour sur la partie 3 <br> **2.** *J'apprends des mots nouveaux*, manuel p. 116, ex. 2 | **1.** Retour sur tout le documentaire <br> **2.** *Je me souviens de tout le documentaire*, manuel p. 116, ex. 3, 4 | *J'utilise le petit dictionnaire*, manuel p. 117, ex. 5 à 7 |
| Activités écrites de compréhension, cahier p. 91, ex. 1, 2 | Activités écrites de compréhension, cahier p. 91, ex. 3, 4 <br> Copie de phrase (ℋ, ℒ, ℳ, 𝒩, 𝒪), cahier p. 91 | *D'autres œuvres à découvrir*, manuel p. 124 |
| **Grammaire** • L'adjectif, manuel p. 122, ex. 4, 5 + mémo p. 21 | **Conjugaison** • Le futur du verbe *être*, manuel p. 123, ex. 8, 9 + mémo p. 29 | **L'atelier des mots** • Les lettres muettes (2), manuel p. 123, ex. 11 à 13 + mémo p. 39 |
| Entraînement en orthographe, manuel p. 122, ex. 3 + cahier p. 92, ex. 1 à 4 <br> Copie de phrase, cahier p. 92 | Entraînement en grammaire, manuel p. 122, ex. 6, 7 + cahier p. 93, ex. 1 à 5 | Entraînement en conjugaison, manuel p. 123, ex. 10 + cahier p. 94, ex. 1 à 5 |

## Le documentaire

Ce document présente les vies bien différentes de trois enfants marocains âgés de 7 à 9 ans. Il offre une plongée dans la vie quotidienne et réserve des surprises pour les élèves !

La présentation de ces trois enfants, Karim, Aïcha et Nadir, permet d'appréhender trois réalités sociales, spatiales et environnementales du Maroc.

Karim est un citadin qui décrit le souk de Fès et ses innombrables boutiques. Il évoque également le travail des artisans, notamment les potiers dont certains élèves connaissent peut-être les méthodes. Le récit de la journée de Karim permet de passer en revue certains traits traditionnels de l'architecture arabe (arcs outrepassés de la porte Boujeloud, minaret au loin…).

Avec Aïcha, on découvre un autre Maroc, celui des Berbères (une ethnie présente au Maroc avant l'arrivée des Arabes). L'architecture est bien différente, moins majestueuse, et les conditions de vie semblent nettement plus difficiles – tous les jours, Aïcha parcourt à pieds les kilomètres qui la séparent de son école ! La richesse de la faune de l'Atlas ravira les enfants qui découvriront, sûrement avec beaucoup d'étonnement, l'existence du lion de l'Atlas et d'une chaîne de montagnes enneigées (sur lesquelles on peut d'ailleurs skier !).

Après la ville et la montagne, le désert. C'est là que vit Nadir, aux portes du Sahara. Aujourd'hui, souvent sédentarisés, les bédouins ont longtemps traversé le désert transportant, sur de très longues distances, des marchandises à dos de dromadaires. La famille de Nadir vit aujourd'hui du tourisme et les dromadaires servent essentiellement à transporter ces derniers dans des paysages féériques, mais dangereux (gare aux vipères et aux scorpions !).

## Les thèmes

**Le cadre de vie au Maroc :** le Maroc présente des facettes très différentes, aussi bien sur le plan de l'architecture (voir ci-dessus) que de la faune et de la flore. Dans les paysages du Haut-Atlas, les plateaux en altitude offrent d'immenses pâturages aux troupeaux de moutons. Dans les montagnes, vivent des animaux sauvages comme le lynx ou le léopard. Dans le Sahara, la faune et la flore sont nettement moins riches que dans l'Atlas, mais le document insiste sur une merveille de la nature : la rose des sables.

**Les relations enfant / père :** dans chacune des vies présentées dans ce documentaire, on découvre quelques informations sur les relations entre l'enfant et son père.

Le père de Karim est médecin et, le samedi, c'est le grand-père qui s'occupe de son petit-fils. Aïcha, quant à elle, passe très certainement de longues semaines sans voir son père parti avec son troupeau sur les plateaux ou dans la ville d'Imilchil pour vendre ses moutons en septembre.

Enfin, Nadir passe son samedi avec son père qui s'occupe des dromadaires pour les touristes. La connaissance du désert passe d'une génération à l'autre – cf. l'explication de la rose des sables page 110 du manuel – et, peut-être qu'un jour, Nadir reprendra le travail de son père.

**La curiosité :** chaque enfant est curieux, avide de connaître le monde qui l'entoure et, indirectement, de nous le faire découvrir.

Karim observe les boutiques de potiers puis visite, « émerveillé », le musée Nejjarine.

Aïcha paraît passer beaucoup de temps dans la nature et on imagine que, lors de ses longues marches vers l'école, elle observe la riche faune qui l'entoure.

Nadir collectionne les roses des sables et, pour cela, il faut être très attentif tant elles se fondent admirablement dans le sable du désert…

## Les œuvres en réseau

**Des livres :**

> **Rubrique « D'autres œuvres à découvrir », p. 124 du manuel**
> 🎵 *La musique du Maghreb, Zowa et l'oasis,* Azouz Begag, éd. Gallimard Jeunesse.
> (Voir le déroulement de la séance, p. 167 du guide.)

◆ *Isli et Tislit*, illustré par Émilie Dedieu, éd. L'Harmattan.

◆ *Mille ans de contes arabes*, éd. Milan Jeunesse.

◆ *Les babouches du sultan*, Ghislaine Biondi, éd. Milan Poche.

◆ *Sagesses et malices de Nasreddine*, Jihad Darwiche, éd. Albin Michel.

**Une œuvre picturale :**

> **Rubrique « D'autres œuvres à découvrir », p. 124 du manuel**
> 📷 *La musique au Maroc,* œuvre d'un artiste contemporain.
> (Voir le déroulement de la séance, p. 181 du guide.)

**Un site Internet :**

@ www.youtube.com : des vidéos de potiers qui façonnent l'argile.

(Voir dans l'introduction p. 16 la présentation du dispositif
d'anticipation et des jeux de manipulation.)

| | |
|---|---|
| **20 min**<br>**moment différencié**<br><br>Élèves en atelier :<br><br>– cartes des mots<br>– fiche de soutien, ortho. n° 22<br><br>Élèves en autonomie :<br><br>– texte de lecture supplémentaire n° 16 | **❶ Jeux de manipulation avec la lettre *r***<br>**OBJECTIFS** Déchiffrer des mots. Analyser les différents rôles d'une lettre.<br>– «Un mot, une image»<br>– «Le Memory» (avec le son [r] et le son [e] qui s'écrit avec le groupe de lettres «er»)<br><br>**❷ Fiche de soutien en orthographe n° 22 : la lettre *r***<br>**OBJECTIFS** Déchiffrer des mots. Analyser les différents rôles d'une lettre. |

## Lecture – Expression • **Partie 1**

### **Séance 1**

| | |
|---|---|
| **5 min**<br><br>**collectif oral**<br><br>manuel p. 105 | **❶ Découverte de la page d'ouverture du documentaire**<br>**OBJECTIF** Prendre des informations sur une couverture d'album et sur une image.<br>– Faire lire le titre puis l'indication sur le type de texte.<br>– Faire observer les photos.<br>– Recueillir les remarques des élèves. |
| **20 min**<br><br>**collectif oral**<br><br>manuel p. 106-107 et p. 117 | **❷ Découverte de la partie 1**<br>**OBJECTIFS** Prendre des informations sur une image. Écouter et lire des pages de documentaire.<br>– Inviter les élèves à observer les illustrations. Demander aux élèves s'ils savent de quelle ville il s'agit et ce qu'ils reconnaissent. Valider leurs réponses pendant la lecture.<br>– Proposer à quelques élèves de lire le premier paragraphe de la page 106, puis leur demander de quoi il parle.<br>– Reprendre une lecture magistrale de la page 106, puis laisser les élèves intervenir : recueillir leurs réactions et éclaircir quelques difficultés de compréhension si besoin en proposant à ceux qui le peuvent d'apporter des explications ou des précisions.<br>– Faire de même pour la page 107.<br>– Relever les mots suivis d'un astérisque (*artisans, argile, céramiques*), puis laisser à certains le soin de les expliquer avec leurs propres mots. Les inviter à découvrir leur définition page 117 dans le «Petit dictionnaire». Proposer à trois élèves de lire les définitions.<br>👁 **Faire remarquer que le mot «artisan» apparaît sans le «s» dans le «Petit dictionnaire».** |
| **15 min**<br><br>**collectif oral**<br><br>manuel p. 112, ex. 1 | **❸ *Je comprends la partie***<br>**OBJECTIFS** Identifier les éléments d'un documentaire qu'on a lu. Rendre compte de ce que l'on a lu ou entendu.<br>👁 **Même démarche qu'en unité 1, p. 24 du guide.**<br>– Mots-clés à inscrire au tableau : *un bel appartement, Fès, rendre visite, le souk, les boutiques, les ateliers, les artisans, les potiers, le musée.* |

| | **Différenciation** |
|---|---|
| | – Proposer aux élèves en difficulté de relire les mots qui présentent des difficultés de déchiffrage : *salam aleikoum, les mathématiques, un appartement, une spécialité, ils façonnent, surpeuplée, émerveillé* ; puis certaines des phrases qui contiennent ces mots. |
| | – Revenir sur le sens de certains mots : *le secteur, ils façonnent, la galerie.* |
| | – Proposer aux autres élèves de lister (sur l'ardoise) tout ce qu'on peut trouver au souk. |

## Séance 2

| 20 min<br>**individuel**<br>**écrit**<br>ardoise | ■ **Mémorisation des mots-clés de la partie 1**<br>**OBJECTIFS** Mémoriser les mots-clés du documentaire. Restituer leur orthographe.<br>📄 *un bel appartement, Fès, rendre visite, le souk, les boutiques, les ateliers, les artisans, les potiers, le musée*<br>👁 **Même démarche qu'en unité 4, p. 108 du guide.**<br>– Questions à poser : *où vit Karim ? Que va-t-il faire cet après-midi-là ? Comment est composé le souk ? Quels artisans regarde-t-il fasciné ? Où va-t-il se rendre ensuite ?* |
|---|---|

| **Pour le jour suivant :** lire le texte 1 (2 niveaux de difficulté) ➜ ● |
|---|

## Étude de la langue • Orthographe / L'atelier des mots

## Séance 1   La lettre *r*

| 20 min<br>**collectif**<br>**oral**<br>manuel<br>p. 118, ex. 1, 2<br>ardoise ou cahier<br>de brouillon<br>mémo<br>p. 11 | ■ **Découverte collective**<br>**OBJECTIF** Analyser les différents rôles d'une lettre.<br>**Phase de recueil des connaissances :**<br>– Avant d'ouvrir le manuel, demander : *Quel(s) son(s) la lettre « r » produit-elle ?*<br>– Écrire au tableau la réponse des élèves en la reformulant : *La lettre « r » produit le son [r].*<br>– Ne pas chercher l'exhaustivité à cette étape. L'important est que la relation graphophonologique principale soit bien pointée.<br>**Phase de recherche :**<br>– Exercice 1 : proposer aux élèves de vérifier et de compléter la remarque écrite au tableau à partir des mots de l'encadré.<br>**Phase de synthèse :**<br>– Exercice 2 : ajouter au tableau les observations faites par les élèves.<br>– Lecture collective du mémo.<br>– Mémorisation du mémo.<br>👁 **Rappeler que l'infinitif de tous les verbes du 1ᵉʳ groupe finit par « er » et que les noms d'arbres et de certains métiers aussi. En faire chercher quelques-uns.**<br><br>**Différenciation**<br>Pour cette recherche, travailler sous forme de dictée à l'adulte pour centrer l'activité de l'élève sur le déchiffrage et l'analyse. |
|---|---|

## Séance 2   Les mots en *in-* ou *im-*

| 30 min<br>**individuel**<br>**écrit** | ■ **Entraînement dans le cahier**<br>👁 **Même démarche qu'en unité 1, p. 41 du guide.** |
|---|---|

| | |
|---|---|
| cahier p. 80, ex. 1 à 5 | **Différenciation**<br>Exercice 5 : avec l'aide de l'enseignant pour les élèves en difficulté. |

**Pour le jour suivant :**
– mémoriser les différentes réalisations phonologiques de la lettre « r » seule ou associée à une autre lettre → mémo p. 11 ;
– activité supplémentaire : *cherche des mots où la lettre « r », seule ou associée à une autre lettre, produit des sons différents.*

● ● ● ● ● ● ● ● ● ● ● ● ● ● ● ● ● ● ● ● ● ● ● ● ● ● ● ● ● ● ● ● ● ● ● ● ● ● ● ● ● ● ● ● ● ● ● ● ● ● ● ● ● ● ● ●

## Lecture – Expression • Partie 1

*Semaine 1 Jour 2*

### Séance 1

| | |
|---|---|
| 15 min<br>**collectif oral** | **1 Retour sur la partie 1**<br>**OBJECTIF** Distinguer les éléments importants d'un texte documentaire.<br>– Inviter les élèves à se remémorer la partie découverte la veille : *de quoi parle la première partie de ce documentaire ?* Insister sur ce que l'on sait sur la ville de Karim.<br>– Activités de restitution (exemples) :<br>1. repérage de phrases erronées : *Dans la cour du musée, j'admire les jardins qui en font le tour.*<br>2. vrai/faux : *La place où le grand-père attend Karim est déserte. Vrai ou faux ?*<br>3. rebrassage du lexique : *Qu'utilisent les potiers pour façonner leur poterie ? De l'argile.* |
| 15 min<br>**collectif oral**<br>manuel p. 112, ex. 2 | **2 *J'apprends des mots nouveaux***<br>**OBJECTIF** Affiner le bagage lexical.<br>– Lire la consigne de l'exercice 2 à voix haute puis laisser un temps aux élèves pour qu'ils trouvent les deux mots du texte : **a.** surpeuplée – **b.** main.<br>– Leur demander ensuite d'expliquer ces mots puis d'inventer de nouvelles phrases à partir de ces mots. Recueillir leurs propositions et les commenter. |
| 10 min<br>**individuel oral**<br>manuel p. 112, ex. 3 | **3 *Je lis à voix haute***<br>**OBJECTIF** Lire seul et à voix haute en articulant et en respectant la ponctuation.<br>👁 **Même démarche qu'en unité 1, p. 26 du guide, en faisant, ici, repérer les deux points.**<br>– Insister sur le fait qu'il faudra marquer une petite pause. Faire repérer ensuite les guillemets et expliquer que le lecteur peut prendre une autre voix, adaptée. |

### Séance 2

| | |
|---|---|
| 10 min<br>**individuel écrit**<br>cahier p. 81, ex. 1, 2 | 🔵 **Activités écrites de compréhension**<br>👁 **Même démarche qu'en unité 1, p. 26 du guide.**<br>**Différenciation**<br>Proposer aux élèves les plus rapides de réécrire sur l'ardoise les mots-clés vus en jour 1 (voir p. 162 du guide) de mémoire, en faisant attention à l'orthographe (masquer l'affichage). Leur proposer une auto-correction à l'aide de l'affichage. |

**Pour le jour suivant :** lire le texte 2 (2 niveaux de difficulté) → ⬤

## Étude de la langue • Grammaire / Orthographe

### Séance 1   La phrase négative

| | |
|---|---|
| 5 min<br><br>**collectif oral** | **❶ Entrée dans la séance**<br><br>OBJECTIF Transformer une phrase affirmative en phrase négative.<br><br>– Écrire la phrase suivante au tableau : *Le vendredi, je vais à l'école.*<br><br>– Demander aux élèves de transformer à l'oral la phrase en commençant par «Le dimanche».<br><br>👁 **Afin d'éviter les malentendus liés à la consigne, rappeler qu'il n'y a pas école le dimanche.**<br><br>👁 **Noter les propositions des élèves. Préciser que la correction se fera à la fin de la séance.** |
| 15 min<br><br>**collectif oral**<br><br>manuel<br>p. 118, ex. 4, 5<br><br>mémo<br>p. 21 | **❷ Découverte collective**<br><br>OBJECTIFS Construire les notions de «phrase affirmative» et de «phrase négative». Repérer les mots de la négation.<br><br>– **Exercice 4.** Les élèves repèrent les phrases affirmatives et les phrases négatives.<br><br>– Synthèse collective au tableau.<br><br>👁 **Cette étape doit permettre d'expliquer aux élèves qu'une phrase affirmative est une phrase qui dit «oui» et qu'une phrase négative est une phrase qui dit «non».**<br><br>– **Exercice 5.** Les élèves repèrent les mots qui permettent d'écrire une phrase négative.<br><br>– Synthèse collective de la recherche des élèves.<br><br>👁 **Il est important d'insister sur la présence du mot «ne».**<br><br>– Lecture collective du mémo.<br><br>– Mémorisation du mémo.<br><br>– Retour à la situation d'entrée et correction collective des hypothèses initiales. |

### Séance 2   La lettre *r*

| | |
|---|---|
| 10 min<br><br>**individuel ou collectif écrit**<br><br>manuel<br>p. 118, ex. 3 | **❶ Entraînement dans le manuel**<br><br>👁 **Même démarche qu'en unité 1, p. 27 du guide.** |
| 20 min<br><br>**individuel écrit**<br><br>cahier<br>p. 82, ex. 1 à 4 | **❷ Entraînement dans le cahier et copie de phrase**<br><br>👁 **Même démarche qu'en unité 1, p. 27 du guide.**<br><br>Écriture : faire lire la phrase à voix haute par un élève puis rappeler le léger dépassement du «r» au-dessus du 1er interligne et pointer l'enchaînement des deux «r». |

**Pour le jour suivant :** mémoriser le mémo «La phrase négative» ➜ mémo p. 21.

(Voir dans l'introduction p. 16 la présentation du dispositif d'anticipation.)

| | |
|---|---|
| **20 min**<br>**moment différencié**<br><br>Élèves en atelier:<br><br><br><br>– fiche de soutien, compr./voc. n° 10<br><br>Élèves en autonomie:<br><br><br><br>– fiche d'activités complémentaires, ortho. n° 16 ou/et lecture n° 16 | **1** **Phase orale**<br>**OBJECTIF** S'approprier les éléments de compréhension globale de la partie.<br>– Demander au groupe d'élèves de raconter la partie du documentaire que la classe a découverte en jours 1 et 2.<br>– Faire émerger les mots-clés et les mots du «Petit dictionnaire» en invitant les élèves à en repréciser le sens.<br><br>**2** **Fiche de soutien en compréhension et en vocabulaire n° 10: partie 1**<br>**OBJECTIFS** Identifier les éléments d'un documentaire qu'on a lu. Comprendre le vocabulaire du documentaire. |

## Lecture – Expression • **Partie 1**

### Séance 1

| | |
|---|---|
| **10 min**<br><br>**collectif**<br>**oral**<br><br>manuel p. 106-107 | **1** **Retour sur la partie 1**<br>**OBJECTIFS** Poser des questions sur un texte. Prélever des informations locales dans un texte.<br>👁 **Même démarche qu'en unité 1, p. 28 du guide.** |
| **15 min**<br><br>**collectif**<br>**oral**<br><br>manuel<br>p. 113, ex. 4, 5 | **2** *Je me souviens de la partie*<br>**OBJECTIF** Comprendre et localiser des informations dans une page de documentaire.<br>– Pour l'exercice 4, laisser un temps pour que tous les élèves lisent les phrases proposées. Puis interroger des élèves, un à un, en leur demandant de justifier leurs réponses.<br>– Lire la consigne de l'exercice 5 à voix haute. Faire lire la légende puis recueillir les propositions des élèves. |
| **15 min**<br><br>**collectif**<br>**oral**<br><br>manuel<br>p. 113, ex. 6<br><br>**individuel**<br>**écrit**<br><br>ardoise<br>et cahier de classe | **3** *J'écris des phrases*<br>**OBJECTIF** Produire deux ou trois phrases à partir de mots proposés.<br>👁 **Même démarche qu'en unité 1, p. 28 du guide, en faisant produire deux ou trois phrases.** |

### Séance 2

| | |
|---|---|
| **15 min**<br><br>**individuel**<br>**écrit**<br><br>cahier<br>p. 81, ex. 3 | ⬤ **Activités écrites de compréhension et copie de phrase**<br>👁 **Même démarche qu'en unité 1, p. 28 du guide.**<br>Écriture: faire lire la phrase à voix haute par un élève puis repérer les lettres «*N*» majuscules. |

| Pour le jour suivant : lire le texte 3 (2 niveaux de difficulté) → 🔵 |
| --- |

## Étude de la langue • **Conjugaison / Grammaire**

### Séance 1 — Le futur des verbes en -er

| | |
| --- | --- |
| 20 min<br><br>collectif<br>oral<br><br>manuel<br>p. 119, ex. 8, 9<br><br>ardoise ou<br>cahier de brouillon<br><br>mémo<br>p. 29 | 🔵 **Découverte collective**<br>**OBJECTIFS** Mémoriser, à l'oral et à l'écrit, la conjugaison des verbes du 1er groupe au futur et à toutes les personnes. Transformer un verbe du 1er groupe du présent au futur, et inversement.<br>👁 **Même démarche qu'en unité 4, semaine 3, p. 128 du guide.**<br>– Faire comparer les terminaisons des verbes du 1er groupe au futur avec celles affichées au présent. Observer les régularités. Faire une nouvelle affiche pour le futur.<br>– Lecture collective du mémo. *Comment s'écrit la conjugaison des verbes en -er au futur ?*<br>– Mémorisation du mémo. |

### Séance 2 — La phrase négative

| | |
| --- | --- |
| 10 min<br><br>individuel ou<br>collectif<br>écrit<br><br>manuel<br>p. 118, ex. 6, 7 | **1** **Entraînement dans le manuel**<br>👁 **Même démarche qu'en unité 1, p. 29 du guide.** |
| 20 min<br><br>individuel<br>écrit<br><br>cahier<br>p. 83, ex. 1 à 4 | **2** **Entraînement dans le cahier**<br>👁 **Même démarche qu'en unité 1, p. 29 du guide.**<br><br>**Différenciation**<br>Exercice 4 : avec l'aide de l'enseignant pour les élèves en difficulté. |

| **Pour le jour suivant :**<br>– mémoriser le mémo « Le futur des verbes en -er » → mémo p. 29 ;<br>– activité supplémentaire : *conjugue au futur « rentrer à la maison ».* |
| --- |

## Lecture – Expression • **Partie 1**

*Semaine 1*
*Jour 4*

### Séance 1

| | |
| --- | --- |
| 10 min<br><br>collectif<br>oral<br><br>manuel p. 106-107 | **1** **Relecture de la partie 1**<br>👁 **Même démarche qu'en unité 1, p. 29 du guide.** |
| 20 min<br><br>collectif<br>oral<br><br>manuel<br>p. 106-107 | **2** **Activités orales de compréhension : résumé et analyse des documents**<br>**OBJECTIF** Assimiler et restituer des connaissances.<br>– Activités d'écoute : après la lecture d'une ou deux phrases du texte, demander aux élèves si le contenu se rapporte au souk ou au musée.<br>– Résumés : proposer deux résumés à l'oral et demander aux élèves d'indiquer le plus pertinent en validant leur choix. |

| | **1.** Karim a 9 ans. Il vit à Fès, dans l'une des plus anciennes villes du Maroc. Quand il a rendez-vous avec son grand-père pour visiter le musée Nejjarine, il traverse le souk et ses nombreuses boutiques. Il adore observer les potiers qui travaillent l'argile. | **2.** Karim est marocain. Il vit à Fès, près de la porte Boujeloud. Le samedi, comme il n'a pas école, il passe parfois l'après-midi avec son grand-père qui l'emmène au musée Nejjarine ou au souk. |

– Analyse des documents : insister sur le fait que les documents sont des photos. Demander aux élèves de décrire chaque photo, de relever les éléments qui les composent. Sur la troisième photo de la page 106, faire remarquer l'âne qui traverse les ruelles du souk, les inscriptions en arabe et en français sur le mur.

👁 **L'enseignant peut noter les mots de vocabulaire de cette phase orale sur un affichage de façon à compléter le lexique de l'unité.**

## Séance 2

| 20 min<br><br>**collectif oral**<br><br>manuel<br>p. 124 | ⬤ *D'autres œuvres à découvrir*<br>**OBJECTIF** Comprendre et s'approprier une nouvelle œuvre en lien avec le texte étudié.<br>– Découverte de *Zowa et l'oasis*, une histoire écrite par Azouz Begag et racontée sur le CD par Fellag.<br>– Proposer une lecture magistrale du livre ou bien une écoute du CD.<br>– Après plusieurs écoutes, le livre-CD permet une découverte, puis une reconnaissance d'une dizaine d'instruments de musique du Maghreb.<br>– On pourra, la 3ᵉ semaine, faire un lien avec l'œuvre picturale présentée à la page 124 du manuel.<br>– Consacrer un temps avec des élèves (un demi-groupe serait idéal) en BCD pour rechercher d'autres récits du Maghreb. |

**Pour le jour suivant :** lire le texte 4 (2 niveaux de difficulté) ➔ ⬤

## Étude de la langue • Vocabulaire / Conjugaison

## Séance 1 Les différents sens d'un mot

| 5 min<br><br>**collectif oral** | **1** **Entrée dans la séance**<br>**OBJECTIF** Savoir chercher un mot dans le dictionnaire.<br>– Demander aux élèves ce qu'il faut faire pour trouver le mot « terre » dans le dictionnaire. Demander ce que la classe va trouver dans l'article de ce mot.<br>– Deux élèves cherchent le mot en suivant les explications de leurs camarades.<br>👁 **Cette étape doit permettre de rappeler ce qu'est un dictionnaire et comment on l'utilise.** |
| 15 min<br><br>**collectif oral**<br><br>manuel<br>p. 119, ex. 11, 12<br><br>mémo<br>p. 39 | **2** **Découverte collective**<br>**OBJECTIF** Comprendre qu'un article de dictionnaire peut proposer différents sens pour un même mot.<br>– **Exercice 11.** Les élèves décrivent les articles de dictionnaire et expliquent que les mots peuvent avoir plusieurs sens.<br>– Synthèse collective au tableau.<br>– **Exercice 12.** Les élèves cherchent des mots qui ont plusieurs sens.<br><br>**Différenciation**<br>Pour les élèves en difficulté, cette recherche peut être faite avec le dictionnaire.<br><br>– Synthèse collective au tableau.<br>– Lecture collective du mémo.<br>– Mémorisation du mémo. |

**Séance 2** Le futur des verbes en *-er*

| | |
|---|---|
| 10 min<br><br>**individuel ou collectif écrit**<br><br>manuel<br>p. 119, ex. 10 | **❶ Entraînement dans le manuel**<br>👁 Même démarche qu'en unité 3, p. 86 du guide.<br>👁 Prolongement :<br>– Faire écrire quelques verbes au futur aux 3ᵉˢ personnes du singulier et du pluriel avec des sujets qui ne soient pas des pronoms, mais des noms ou des groupes nominaux.<br>– Proposer régulièrement quelques exercices oraux de transformation de phrases :<br>• d'une personne à une autre : *Tu danseras.* ➜ pluriel : *Vous danserez.*<br>• d'une forme affirmative vers une autre forme (interrogative ou négative) : *Tu danseras.* ➜ interrogatif : *Danseras-tu ?* ➜ négatif : *Tu ne danseras pas.*<br>• d'un temps à un autre : *Tu danses.* ➜ futur : *Tu danseras.* |
| 20 min<br><br>**individuel écrit**<br><br>cahier<br>p. 84, ex. 1 à 5 | **❷ Entraînement dans le cahier**<br>👁 Même démarche qu'en unité 3, p. 86 du guide.<br><br>**Différenciation**<br>– L'exercice 2 propose une approche plus théorique dans la mesure où il s'agit d'utiliser un vocabulaire grammatical spécifique. Proposer aux élèves qui le souhaitent un affichage qui met en lien chaque pronom avec sa dénomination : *1ʳᵉ personne du singulier* ➜ *Je – 2ᵉ personne…*<br>– Exercice 5 : avec l'aide de l'enseignant pour les élèves en difficulté. |

**Pour le jour suivant :** mémoriser le mémo « Les différents sens d'un mot » ➜ mémo p. 39.

• • • • • • • • • • • • • • • • • • • • • • • • • • • • • • • • • • • • • • • • • • • • • • • • • •

## Atelier d'anticipation • **Graphophonologie**

Semaine 2
Jour 1

(Voir dans l'introduction p. 16 la présentation du dispositif d'anticipation et des jeux de manipulation.)

| | |
|---|---|
| 20 min<br>**moment différencié**<br><br>**Élèves en atelier :**<br><br>– cartes des mots<br>– fiche de soutien, ortho. n° 23<br><br>**Élèves en autonomie :**<br><br>– texte de lecture supplémentaire n° 17 | **❶ Jeux de manipulation avec la lettre *p***<br>**OBJECTIFS** Déchiffrer des mots. Analyser les différents rôles d'une lettre.<br>– « Les lettres mobiles »<br>– « L'intrus » (le son [f] avec le groupe de lettres « ph » parmi des mots qui contiennent le son [p], et inversement).<br>**❷ Fiche de soutien en orthographe n° 23 : la lettre *p***<br>**OBJECTIFS** Déchiffrer des mots. Analyser les différents rôles d'une lettre. |

## Lecture – Expression • **Partie 2**

**Séance 1**

| | |
|---|---|
| 5 min<br><br>**collectif oral** | **❶ Résumé de la partie 1**<br>**OBJECTIF** Restituer les informations nécessaires à la compréhension d'un texte.<br>👁 Même démarche qu'en unité 1, p. 32 du guide. |

| | |
|---|---|
| 20 min<br><br>**collectif<br>oral**<br><br>manuel<br>p. 108-109 et p. 117 | **2** **Découverte de la partie 2**<br><br>**OBJECTIFS** Prendre des informations sur une image. Écouter et lire des pages de documentaire.<br><br>– Laisser un temps aux élèves pour qu'ils découvrent les illustrations de la double page.<br>– Leur demander de lire seuls le premier paragraphe, puis faire réagir les élèves : *qu'avez-vous découvert dans ce paragraphe ?*<br>– Proposer une lecture magistrale de la page 108 et demander à certains élèves de lire les légendes des photos. Marquer une pause et faire réagir les élèves.<br>– Faire de même page 109.<br>– Demander aux élèves de relever les mots suivis d'un astérisque (*bétail, ménagerie*) puis faire lire chaque phrase comportant un de ces mots pour le recontextualiser. Laisser les élèves en donner une définition avec leurs propres mots avant de découvrir les définitions du « Petit dictionnaire », page 117.<br>– Proposer à quelques élèves de reprendre la lecture à voix haute des paragraphes des deux pages. |
| 15 min<br><br>**collectif<br>oral**<br><br>manuel<br>page 114, ex. 1 | **3** *Je comprends la partie*<br><br>**OBJECTIFS** Identifier les éléments d'un documentaire qu'on a lu. Rendre compte de ce que l'on a lu ou entendu.<br><br>👁 **Même démarche qu'en unité 1, p. 24 du guide.**<br>– Mots-clés à inscrire au tableau : *les montagnes du Haut-Atlas, le peuple berbère, un berger, faire paître ses moutons, une grande foire au bétail, la ménagerie royale de Rabat, le lion de l'Atlas.*<br><br>**Différenciation**<br>– Proposer aux élèves en difficulté de relire les mots qui présentent des difficultés de déchiffrage : *maïs, surélevés, Imilchil, risquaient, porcs-épics, lynx, Berbérie* ; puis certaines des phrases qui contiennent ces mots.<br>– Inviter les autres élèves, sur l'ardoise, à inventer des phrases à partir des mots-clés ci-dessus (qui apparaissent au tableau). |

**Séance 2**

| | |
|---|---|
| 20 min<br><br>**individuel<br>écrit**<br><br>ardoise | 📕 **Mémorisation des mots-clés de la partie 2**<br><br>**OBJECTIFS** Mémoriser les mots-clés du documentaire. Restituer leur orthographe.<br><br>📝 *les montagnes du Haut-Atlas, le peuple berbère, un berger, faire paître ses moutons, une grande foire au bétail, la ménagerie royale de Rabat, le lion de l'Atlas*<br><br>👁 **Même démarche qu'en unité 4, p. 108 du guide.**<br><br>Questions à poser : *où vit Aïcha ? Quel peuple vit dans cette région ? Que fait le père d'Aïcha ? Que se passe-t-il à Imilchil ? Quel animal les grands-parents d'Aïcha auraient-ils pu croiser ? En reste-t-il aujourd'hui ?* |

**Pour le jour suivant :** lire le texte 5 (2 niveaux de difficulté) ➜

## Étude de la langue • Orthographe / Vocabulaire

**Séance 1** La lettre *p*

| | |
|---|---|
| 20 min<br><br>**collectif oral**<br><br>manuel p. 120, ex. 1, 2<br><br>ardoise ou cahier de brouillon<br><br>mémo p. 11 | ● **Découverte collective**<br>**OBJECTIFS** Analyser les différents rôles d'une lettre.<br>👁 **Même démarche qu'en semaine 1, p. 162 du guide.**<br>👁 La lettre «p» peut également être muette : «un champ». |

**Séance 2** Les différents sens d'un mot

| | |
|---|---|
| 10 min<br><br>**individuel ou collectif écrit**<br><br>manuel p. 119, ex. 13, 14 | **1** **Entraînement dans le manuel**<br>👁 **Même démarche qu'en unité 1, p. 33 du guide.** |
| 20 min<br><br>**individuel écrit**<br><br>cahier p. 85, ex. 1 à 4 | **2** **Entraînement dans le cahier**<br>👁 **Même démarche qu'en unité 1, p. 33 du guide.**<br><br>**Différenciation**<br>Exercice 2 : avec l'aide de l'enseignant pour les élèves en difficulté. |

**Pour le jour suivant :**
– mémoriser les différentes réalisations phonologiques de la lettre «p» seule ou associée à une autre lettre ➜ mémo p. 11 ;
– activité supplémentaire : *cherche des mots où la lettre «p», seule ou associée à une autre lettre, produit des sons différents.*

## Lecture – Expression • Partie 2

*Semaine 2 Jour 2*

**Séance 1**

| | |
|---|---|
| 15 min<br><br>**collectif oral** | **1** **Retour sur la partie 2**<br>**OBJECTIF** Distinguer les éléments importants d'un texte documentaire.<br>– Inviter les élèves à se remémorer la partie découverte la veille : *de quoi parle la deuxième partie de ce documentaire ?* Insister sur le quotidien d'Aïcha et de son père.<br>– Activités de restitution (exemples) :<br>1. repérage de phrases erronées : *Le peuple berbère vit depuis quelques temps seulement dans le Haut-Atlas.*<br>2. vrai/faux : *Le lion de l'Atlas a complètement disparu. Vrai ou faux ?*<br>3. rebrassage du lexique : *Que vend-on à la grande foire d'Imilchil ? Du bétail.* |
| 25 min<br><br>**collectif oral** | **2** *J'apprends des mots nouveaux*<br>**OBJECTIF** Affiner le bagage lexical.<br>– Lire la consigne de l'exercice 2 à voix haute, puis laisser un temps aux élèves pour qu'ils lisent les débuts et fins de phrases. |

| | |
|---|---|
| manuel<br>p. 114, ex. 2 à 4 | **Différenciation**<br>– Proposer aux élèves en difficulté de faire l'exercice collectivement.<br>– Demander aux autres élèves d'inscrire leurs réponses sur l'ardoise, puis d'inventer de nouvelles fins de phrases aux débuts proposés dans l'exercice.<br><br>– Laisser un élève lire la consigne de l'exercice 3. Les élèves pourront retourner aux pages 108 et 109 pour répondre si besoin.<br>– Lire la consigne de l'exercice 4 à voix haute, puis laisser un temps aux élèves pour découvrir le document et lire silencieusement «les mots de la montagne».<br><br>**Différenciation**<br>Si beaucoup d'élèves semblent en difficulté devant cette activité, les inviter à la réaliser par petit groupe de deux, en tutorat, pour qu'un élève puisse en aider un autre.<br><br>– Valider l'exercice en interrogeant à l'oral différents élèves. |

## Séance 2

| | |
|---|---|
| 10 min<br><br>**individuel<br>écrit**<br><br>cahier<br>p. 86, ex. 1, 2 | ▮ **Activités écrites de compréhension**<br>👁 **Même démarche qu'en unité 1, p. 26 du guide.** |

**Pour le jour suivant:** lire le texte 6 (2 niveaux de difficulté) ➜ 💿

## Étude de la langue • Grammaire / Orthographe

## Séance 1 Nom commun / Nom propre

| | |
|---|---|
| 5 min<br><br>**collectif<br>oral** | **1** **Entrée dans la séance**<br>**OBJECTIF** Rappeler la définition du nom.<br>– Demander aux élèves de citer des noms.<br>– Noter une dizaine de propositions au tableau.<br>👁 **Veiller à avoir des noms propres et des noms communs. Écrire les noms propres avec leur majuscule. Il est important d'écrire un déterminant chaque fois que cela est possible, y compris avec les noms propres (la Loire).**<br>👁 **Cette étape doit permettre de rappeler la définition d'un nom, en n'oubliant pas d'expliquer les propositions erronées des élèves.** |
| 15 min<br><br>**collectif<br>oral**<br><br>manuel<br>p. 120, ex. 4 à 6<br><br>mémo<br>p. 21 | **2** **Découverte collective**<br>**OBJECTIF** Construire les notions de «nom propre» et de «nom commun».<br>– **Exercices 4 et 5.** Les élèves repèrent les noms propres dans la 1re phrase du texte.<br>– Synthèse collective au tableau.<br>👁 **Cette étape doit permettre d'expliquer aux élèves qu'un nom propre s'écrit toujours avec une majuscule.**<br>– **Exercice 6.** Les élèves repèrent les noms communs dans le texte.<br>– Synthèse collective de la recherche des élèves.<br>👁 **On peut insister sur le fait que le nom commun ne s'écrit pas avec une majuscule.**<br>– Lecture collective du mémo.<br>👁 **À cette étape, on découvre que les noms propres désignent des personnes, des villes, des pays, des montagnes…** |

| | – Mémorisation du mémo. |
|---|---|
| | – Retour à la situation d'entrée. La classe distingue les noms propres des noms communs écrits au tableau. |

## Séance 2   La lettre *p*

| 10 min<br><br>**individuel ou collectif écrit**<br><br>manuel<br>p. 120, ex. 3 | **1 Entraînement dans le manuel**<br>👁 **Même démarche qu'en unité 1, p. 27 du guide.** |
|---|---|
| 20 min<br><br>**individuel écrit**<br><br>cahier<br>p. 87, ex. 1 à 4 | **2 Entraînement dans le cahier et copie de phrase**<br>👁 **Même démarche qu'en unité 1, p. 27 du guide.**<br>Écriture : faire lire la phrase à voix haute par un élève puis observer la hauteur et l'enchaînement du groupe de lettres «ph». |

**Pour le jour suivant :** mémoriser le mémo «Nom commun / Nom propre» ➜ mémo p. 21.

• • • • • • • • • • • • • • • • • • • • • • • • • • • • • • • • • • • • • • • • • • • • • • • • • • • •

## Atelier d'anticipation • Compréhension / Vocabulaire

*Semaine 2 Jour 3*

(Voir dans l'introduction p. 16 la présentation du dispositif d'anticipation.)

| 20 min<br><br>**moment différencié**<br><br>Élèves en atelier :<br><br>– fiche de soutien, compr./voc. n° 11<br><br>Élèves en autonomie :<br><br>– fiche d'activités complémentaires, ortho. n° 17 ou/et lecture n° 17 | **1 Phase orale**<br>**OBJECTIF** S'approprier les éléments de compréhension globale de la partie.<br>– Demander au groupe d'élèves de raconter la partie du documentaire que la classe a découverte en jours 1 et 2.<br>– Faire émerger les mots-clés et les mots du «Petit dictionnaire» en invitant les élèves à en repréciser le sens.<br>**2 Fiche de soutien en compréhension et en vocabulaire n° 11 : partie 2**<br>**OBJECTIFS** Identifier les éléments d'un documentaire qu'on a lu. Comprendre le vocabulaire du documentaire. |
|---|---|

## Lecture – Expression • Partie 2

## Séance 1

| 10 min<br><br>**collectif oral**<br><br>manuel<br>p. 108-109 | **1 Retour sur la partie 2**<br>**OBJECTIFS** Poser des questions sur un texte. Prélever des informations locales dans un texte.<br>👁 **Même démarche qu'en unité 1, p. 28 du guide.** |
|---|---|

| | |
|---|---|
| 15 min<br><br>**collectif<br>oral**<br><br>manuel<br>p. 115, ex. 5, 6<br><br>ardoise | **2** *Je me souviens de la partie*<br><br>**OBJECTIF** Comprendre et localiser des informations dans une page de documentaire.<br><br>– Lire la consigne de l'exercice 5 à voix haute et laisser un temps aux élèves avant de recueillir leurs propositions, qu'ils auront à justifier.<br>– Lire la consigne de l'exercice 6.<br><br>**Différenciation**<br>– Avec les élèves en difficulté, demander d'abord de lire l'ensemble du texte à trous puis recueillir leurs propositions à l'oral, phrase par phrase.<br>– Demander aux autres élèves d'inscrire leurs réponses sur l'ardoise.<br><br>👁 Préciser aux élèves de ne pas effacer l'ardoise tant que la correction collective n'est pas faite.<br>– Proposer une correction orale en demandant à plusieurs élèves de lire chaque phrase complétée. |
| 15 min<br><br>**collectif<br>oral**<br><br>manuel<br>p. 115, ex. 7 | **3** Activités préparatoires à l'expression écrite de la séance 2<br>**OBJECTIF** Rédiger une carte postale.<br><br>👁 Même démarche qu'en unité 1, p. 36 du guide.<br>👁 On précisera que les verbes peuvent être conjugués en donnant des exemples. |

## Séance 2

| | |
|---|---|
| 20 min<br><br>**individuel<br>écrit**<br><br>manuel<br>p. 115, ex. 7<br><br>cahier de brouillon | **●** *J'écris un petit texte*<br>**OBJECTIF** Produire un petit texte d'environ 5 lignes pour rédiger une carte postale en respectant certaines contraintes.<br><br>👁 Même démarche qu'en unité 1, p. 37 du guide. |

**Pour le jour suivant :** lire le texte 7 (2 niveaux de difficulté) ➜ 🔵

## Étude de la langue • Conjugaison / Grammaire

### Séance 1  Le futur du verbe *avoir*

| | |
|---|---|
| 20 min<br><br>**collectif<br>oral**<br><br>manuel<br>p. 121, ex. 8, 9<br><br>ardoise ou<br>cahier de brouillon<br><br>mémo p. 29 | **●** Découverte collective<br>**OBJECTIFS** Mémoriser, à l'oral et à l'écrit, la conjugaison du verbe *avoir* au futur et à toutes les personnes. Transformer le verbe *avoir* du présent au futur, et inversement.<br><br>👁 Même démarche qu'en unité 4, semaine 3, p. 128 du guide.<br>– Faire comparer les terminaisons du verbe *avoir* au futur avec celles affichées des verbes du 1er groupe au futur. Pointer la régularité parfaite.<br>– Lecture collective du mémo. *Comment s'écrit la conjugaison du verbe* avoir *au futur ?*<br>– Mémorisation du mémo. |

### Séance 2  Nom commun / Nom propre

| | |
|---|---|
| 10 min<br><br>**individuel ou<br>collectif écrit**<br><br>manuel, p. 120, ex. 7 | **1** Entraînement dans le manuel<br>👁 Même démarche qu'en unité 1, p. 29 du guide. |

| | |
|---|---|
| 20 min<br><br>**individuel<br>écrit**<br><br>cahier<br>p. 88, ex. 1 à 4 | **②** **Entraînement dans le cahier**<br>👁 **Même démarche qu'en unité 1, p. 29 du guide.**<br><br>**Différenciation**<br>Exercice 4 : avec l'aide de l'enseignant pour les élèves en difficulté. |

**Pour le jour suivant :**
– mémoriser le mémo « Le futur du verbe *avoir* » ➜ mémo p. 29 ;
– activité supplémentaire : *conjugue au futur « avoir des vacances ».*

· · · · · · · · · · · · · · · · · · · · · · · · · · · · · · · · · · · · · · · · · · · · · · · · · · · · · · · · · ·

## Lecture - Expression • **Partie 2**

*Semaine 2
Jour 4*

### **Séance 1**

| | |
|---|---|
| 40 min<br><br>**individuel<br>écrit**<br><br>cahier d'expression<br>écrite<br><br>👁 Prévoir un travail<br>en autonomie | **Retour sur l'expression écrite / Activité en autonomie**<br>**OBJECTIFS** Revenir sur un travail écrit et y apporter les corrections nécessaires. / Travailler en autonomie et silencieusement.<br>👁 **Même démarche qu'en unité 1, p. 38 du guide.** |

### **Séance 2**

| | |
|---|---|
| 15 min<br><br>**individuel<br>écrit**<br><br>cahier<br>p. 86, ex. 3, 4 | **Activités écrites de compréhension et copie de phrase**<br>👁 **Même démarche qu'en semaine 1, p. 28 du guide.**<br>Écriture : faire lire la phrase à voix haute par un élève puis repérer les lettres «❍» majuscules. |

**Pour le jour suivant :** lire le texte 8 (2 niveaux de difficulté) ➜ 💿

## Étude de la langue • **L'atelier des mots / Conjugaison**

### **Séance 1** Les lettres muettes (1)

| | |
|---|---|
| 10 min<br><br>**collectif<br>oral**<br><br>manuel<br>p. 121, ex. 11, 12 | **①** **Découverte collective**<br>**OBJECTIFS** Identifier la lettre finale muette des mots qui en comportent (étape 1 de la construction du mémo sur les lettres finales muettes).<br>– **Exercice 11.** Demander aux élèves de lire individuellement le texte puis d'observer les mots soulignés.<br>– Proposer à un élève de lire le texte à voix haute puis d'indiquer les mots soulignés.<br>– Écrire les mots au tableau.<br>– **Exercice 12.** Recherche individuelle sur le cahier de brouillon.<br>– Mise en commun : identification des différents mots de base avec les élèves.<br>– Demander aux élèves de repérer la dernière lettre de chacun des mots : *cette lettre se prononce-t-elle ? Comment savoir que « haut » se termine par la lettre « t » ?* Laisser les élèves énoncer des hypothèses et noter éventuellement des remarques intéressantes au tableau. |

| | |
|---|---|
| | – Préciser que les lettres qui ne se prononcent pas s'appellent des lettres muettes.<br><br>**Différenciation**<br>Regrouper les élèves en difficulté et les accompagner dans leur lecture et dans leur questionnement.<br>La mise en commun intéressera l'ensemble de la classe. |
| **10 min**<br>**individuel écrit /**<br>**collectif oral**<br>manuel<br>p. 121, ex. 13<br>cahier de brouillon | **2 Manipulation dans le manuel**<br>**OBJECTIF** Chercher des mots de la famille d'un mot qui comporte une lettre finale muette.<br>– **Exercice 13.** Recherche individuelle sur le cahier de brouillon.<br>– Mise en commun : écrire les mots au tableau.<br>– Les élèves sont amenés à remarquer que dans « marchandise », on entend le « d », qui est la lettre finale muette du mot base « marchand ». On procède de même pour les autres mots.<br>– S'arrêter sur la lettre « c » de « blanc » associée à la lettre « h » dans « blancheur ».<br><br>**Différenciation**<br>Accompagner les élèves en difficulté.<br>La mise en commun intéressera l'ensemble de la classe. |
| mémo<br>p. 39 | **3 Mémo**<br>Écrire sur une affiche ou sur le tableau le mémo provisoire. |

## **Séance 2** Le futur du verbe *avoir*

| | |
|---|---|
| **10 min**<br>**individuel ou**<br>**collectif écrit**<br>manuel<br>p. 121, ex. 10 | **1 Entraînement dans le manuel**<br>👁 Même démarche qu'en unité 3, p. 86 du guide.<br>👁 Prolongement :<br>Proposer régulièrement quelques exercices oraux de transformation de phrases avec le verbe *avoir* : d'une personne à une autre, d'une forme affirmative vers une autre forme (interrogative ou négative), d'un temps à un autre. |
| **20 min**<br>**individuel**<br>**écrit**<br>cahier<br>p. 89, ex. 1 à 5 | **2 Entraînement dans le cahier**<br>👁 Même démarche qu'en unité 3, p. 86 du guide.<br><br>**Différenciation**<br>– Exercice 2 : rappeler la présence de l'affiche sur la dénomination des pronoms (*1re personne du singulier* ➜ *Je – 2e personne…*).<br>– Exercice 5 : avec l'aide de l'enseignant pour les élèves en difficulté. |

**Pour le jour suivant :** mémoriser le mémo « Les lettres muettes (1) » ➜ mémo p. 39.

• • • • • • • • • • • • • • • • • • • • • • • • • • • • • • • • • • • • • • • • • • • • • • • • • • • • • • • • • • • • •

## Atelier d'anticipation • **Graphophonologie**

*Semaine 3*
*Jour 1*

(Voir dans l'introduction p. 16 la présentation du dispositif d'anticipation et des jeux de manipulation.)

| | |
|---|---|
| **20 min**<br>**moment différencié** | **1 Jeux de manipulation avec la lettre *h***<br>**OBJECTIFS** Déchiffrer des mots. Analyser les différents rôles d'une lettre. |

| | |
|---|---|
| Élèves en atelier : <br>  <br> – cartes des mots <br> – fiche de soutien, ortho. n° 24 <br><br> Élèves en autonomie : <br>  <br> – texte de lecture supplémentaire n° 18 | – « Le pas à pas » <br> – « Les paires » <br><br> **2** **Fiche de soutien en orthographe n° 24 : la lettre *h*** <br> **OBJECTIFS** Déchiffrer des mots. Analyser les différents rôles d'une lettre. |

## Lecture – Expression • Partie 3

## Séance 1

| | |
|---|---|
| **5 min** <br> **collectif oral** | **1** **Résumé de la partie 2** <br> **OBJECTIF** Restituer les informations nécessaires à la compréhension d'un texte. <br> 👁 **Même démarche qu'en unité 1, p. 32 du guide.** |
| **20 min** <br> **collectif oral** <br><br> manuel <br> p. 110-111 et p. 117 | **2** **Découverte de la partie 3** <br> **OBJECTIFS** Prendre des informations sur une image. Écouter et lire la fin d'un documentaire et une recette de cuisine. <br> – Laisser un temps aux élèves pour qu'ils découvrent les illustrations de la page 110. <br> – Demander aux élèves de lire le premier paragraphe puis d'en résumer le contenu à l'oral. <br> – Proposer une lecture magistrale de la page 110 puis marquer une pause et faire réagir les élèves. <br> – Faire relever les mots suivis d'un astérisque (*caravane, sillonné, cristaux*) puis les faire rechercher dans la page du dictionnaire. <br> 👁 **Faire remarquer que le mot « sillonné » apparaît sous sa forme infinitive et qu'on trouve le mot « cristaux » au singlulier ("cristal").** <br> – Pour la page 111, préciser que c'est une recette. Proposer aux élèves de la lire silencieusement, avant de faire lire les paragraphes par différents élèves. <br> – Reprendre par une lecture magistrale, puis y apporter des précisions. <br> – Proposer à quelques élèves de relire à voix haute les deux pages. |
| **15 min** <br> **collectif oral** <br><br> manuel <br> page 116, ex. 1 | **3** *Je comprends la partie et la recette* <br> **OBJECTIFS** Identifier les éléments d'un documentaire et d'une recette qu'on a lus. Rendre compte de ce que l'on a lu ou entendu. <br> 👁 **Même démarche qu'en unité 1, p. 24 du guide.** <br> – Mots-clés à inscrire au tableau : *le Sahara, un erg, les dunes, les dromadaires, les marchandises, les touristes, les roses des sables, se faire piquer, se faire mordre, une vipère à cornes, un scorpion.* <br><br> **Différenciation** <br> – Proposer aux élèves en difficulté de relire les mots qui présentent des difficultés de déchiffrage : *longtemps, photographier, des gerbilles, des fennecs, il collectionne, il incorpore, une cuillère, un réfrigérateur* ; puis certaines des phrases qui contiennent ces mots. <br> – Inviter les autres élèves à recopier sur l'ardoise, manuel fermé, les ingrédients nécessaires à la réalisation des roses des sables en chocolat. |

## Séance 2

| | |
|---|---|
| 20 min<br><br>**individuel<br>écrit**<br><br>ardoise | 🟦 **Mémorisation des mots-clés de la partie 3**<br>**OBJECTIFS** Mémoriser les mots-clés du documentaire. Restituer leur orthographe.<br>📄 *le Sahara, un désert, les dunes, les dromadaires, les marchandises, les touristes, se faire piquer, se faire mordre, une vipère à cornes, un scorpion, les roses des sables*<br>👁 **Même démarche qu'en unité 4, p. 108 du guide.**<br>– Questions à poser : *décris l'endroit où vit Nadir. Quels animaux trouve-t-on dans cet endroit ? Desquels faut-il se méfier ? Pourquoi ? Comment les touristes se promènent-ils dans le désert ? Y a-t-il toujours eu des touristes sur le dos des dromadaires ?* |

**Pour le jour suivant :** lire le texte 9 (2 niveaux de difficulté) ➜ 💿

## Étude de la langue • Orthographe / L'atelier des mots

### Séance 1 La lettre *h*

| | |
|---|---|
| 20 min<br><br>**collectif<br>oral**<br><br>manuel<br>p. 122, ex. 1, 2<br><br>ardoise ou<br>cahier de brouillon<br><br>mémo<br>p. 11 | 🟦 **Découverte collective**<br>**OBJECTIF** Analyser les différents rôles d'une lettre.<br>👁 **Même démarche qu'en semaine 1, p. 162 du guide.**<br>👁 **On peut pointer le fait que la lettre «h», à l'initiale d'un mot, peut être aspirée ou non et que cela a des répercussions sur la lecture. On fait la liaison dans «des habits» mais on ne la fait pas dans «des héros».** |

### Séance 2 Les lettres muettes (1)

| | |
|---|---|
| 30 min<br><br>**individuel<br>écrit**<br><br>cahier<br>p. 90, ex. 1 à 5 | 🟦 **Entraînement dans le cahier**<br>👁 **Même démarche qu'en unité 1, p. 41 du guide.**<br><br>**Différenciation**<br>Exercice 5 : avec l'aide de l'enseignant pour les élèves en difficulté. |

**Pour le jour suivant :**
– mémoriser les différentes réalisations phonologiques de la lettre «h» associée à une autre lettre ➜ mémo p. 11 ;
– activité supplémentaire : *cherche des mots où la lettre «h» associée à une autre lettre produit des sons différents.*

●●●●●●●●●●●●●●●●●●●●●●●●●●●●●●●●●●●●●●●●●●●●●●●●●●●●●●●●●●●●●●●●

## Lecture - Expression • Partie 3

*Semaine 3
Jour 2*

### Séance 1

| | |
|---|---|
| 15 min<br><br>**collectif<br>oral** | **1 Retour sur la partie 3**<br>**OBJECTIF** Distinguer les éléments importants d'un texte.<br>– Inviter les élèves à se remémorer la partie découverte la veille : *de quoi parle la dernière partie de ce documentaire ?* Insister sur ce qu'on trouve dans le désert. |

| | |
|---|---|
| | – Activités de restitution (exemples) : <br> 1. repérage de phrases erronées : *Les touristes risquent de se faire <u>mordre</u> par des scorpions.* <br> 2. vrai/faux : *Pour la recette, il faut d'abord faire fondre le chocolat et le sucre glace. Vrai ou faux ?* <br> 3. rebrassage du lexique : *Comment appelle-t-on les groupes de personnes accompagnées de dromadaires qui sillonnent le désert ? <u>Des caravanes</u>.* |
| **15 min** <br><br> **collectif oral** <br><br> manuel p. 116, ex. 2 | **2 J'apprends des mots nouveaux** <br> **OBJECTIF** Affiner le bagage lexical. <br><br> Lire la consigne de l'exercice 2 à voix haute, puis collecter les réponses en demandant aux élèves de les justifier. |

## Séance 2

| | |
|---|---|
| **10 min** <br><br> **individuel écrit** <br><br> cahier p. 91, ex. 1, 2 | ■ **Activités écrites de compréhension** <br> 👁 Même démarche qu'en unité 1, p. 26 du guide. |

**Pour le jour suivant :** lire le texte 10 (2 niveaux de difficulté) ➜ 💿

## Étude de la langue • **Grammaire / Orthographe**

## Séance 1  L'adjectif

| | |
|---|---|
| **5 min** <br><br> **collectif oral** | **1 Entrée dans la séance** <br> **OBJECTIF** Repérer l'adjectif et son rôle. <br><br> – Écrire les groupes nominaux suivants au tableau : *un château magnifique – un château hanté.* <br><br> – Souligner « un château » dans les deux groupes nominaux en précisant qu'il s'agit d'un nom. <br><br> – Demander aux élèves quel château ils préfèreraient visiter et pourquoi. <br><br> 👁 **Cette étape doit permettre d'attirer l'attention des élèves sur l'adjectif en précisant qu'il s'agit d'un mot qui accompagne le nom.** |
| **15 min** <br><br> **collectif oral** <br><br> manuel p. 122, ex. 4, 5 <br><br> mémo p. 21 | **2 Découverte collective** <br> **OBJECTIF** Construire la notion d'« adjectif qualificatif ». <br><br> – **Exercices 4 et 5.** Les élèves repèrent les adjectifs qualificatifs dans les phrases. Ils découvrent que l'adjectif peut être placé avant ou après le nom qu'il accompagne. <br><br> – Synthèse collective au tableau. <br><br> – Lecture collective du mémo. <br><br> 👁 **À cette étape, on découvre qu'il peut y avoir plusieurs adjectifs dans un même groupe nominal.** <br><br> – Mémorisation du mémo. |

| | |
|---|---|
| 10 min<br><br>**individuel ou collectif écrit**<br><br>manuel<br>p. 122, ex. 3 | **1** **Entraînement dans le manuel**<br>👁 **Même démarche qu'en unité 1, p. 27 du guide.** |
| 20 min<br><br>**individuel écrit**<br><br>cahier<br>p. 92, ex. 1 à 4 | **2** **Entraînement dans le cahier et copie de phrase**<br>👁 **Même démarche qu'en unité 1, p. 27 du guide.**<br>Écriture: faire lire la phrase à voix haute par un élève puis rappeler l'enchaînement du «h» avec la lettre «p» ou la lettre «c» qui précède. |

> **Pour le jour suivant:** mémoriser le mémo «L'adjectif» ➜ mémo p. 21.

## Atelier d'anticipation • **Compréhension / Vocabulaire**

*Semaine 3 Jour 3*

(Voir dans l'introduction p. 16 la présentation du dispositif d'anticipation.)

| | |
|---|---|
| 20 min<br><br>**moment différencié**<br><br>Élèves en atelier:<br><br>– fiche de soutien, compr./voc. n° 12<br><br>Élèves en autonomie:<br><br>– fiche d'activités complémentaires, ortho. n° 18 ou/et lecture n° 18 | **1** **Phase orale**<br>**OBJECTIF** S'approprier les éléments de compréhension globale de la partie.<br>– Demander au groupe d'élèves de raconter la partie du documentaire que la classe a découverte en jours 1 et 2.<br>– Faire émerger les mots-clés et les mots du «Petit dictionnaire» en invitant les élèves à en repréciser le sens.<br>**2** **Fiche de soutien en compréhension et en vocabulaire n° 12: partie 3**<br>**OBJECTIFS** Identifier les éléments d'un documentaire qu'on a lu. Comprendre le vocabulaire du documentaire. |

## Lecture – Expression • **Partie 3**

### Séance 1

| | |
|---|---|
| 15 min<br><br>**collectif oral**<br><br>manuel<br>p. 106-111 | **1** **Retour sur tout le documentaire**<br>**OBJECTIFS** Distinguer les éléments importants d'un documentaire et la façon dont ils sont articulés.<br>👁 **Même démarche qu'en unité 1, p. 44 du guide.**<br>– Résumés à proposer à l'oral (les deux résumés sont corrects mais ne mettent pas en valeur les mêmes éléments du documentaire: les élèves devront argumenter leur préférence):<br><br>**1.** Karim, Aïcha et Nadir sont trois enfants qui vivent au Maroc. Ils n'ont cependant pas la même vie: Karim vit dans une grande ville, à Fès. Il va à l'école et, le samedi, il se rend par- / **2.** Au Maroc, il y a des paysages très variés. On peut découvrir des villes très anciennes comme Fès, avec son célèbre souk et ses beaux musées. Le centre du pays est traversé par les grandes |

| | |
|---|---|
| | fois au musée avec son grand-père. Aïcha, elle, vit dans les montagnes. Son père est berger. Pour rejoindre son école, elle doit marcher plusieurs kilomètres.<br>Quant à Nadir, il vit aux portes du désert. Quand il n'est pas à l'école, il est avec son père, pour s'occuper de leurs dromadaires qui promènent les touristes. | montagnes du Haut-Atlas. Cette région est occupée par des bergers qui font paître leurs moutons et qui se retrouvent à Imilchil, en septembre, pour participer à la grande foire au bétail. Mais il y a aussi au Maroc des grandes étendues de sable que les touristes découvrent à dos de dromadaires. |
| 25 min<br><br>**collectif oral**<br><br>manuel p. 116, ex. 3, 4 | **2** *Je me souviens de tout le documentaire*<br>**OBJECTIFS** Restituer ses connaissances. Participer à un débat en argumentant.<br>– Faire lire la consigne de l'exercice 3 ainsi que les phrases, puis proposer aux élèves d'élaborer des réponses orales.<br>**Différenciation**<br>Faire apparaître l'affichage des mots-clés pour inciter les élèves à les utiliser.<br>– Lire les questions de l'exercice 4 à voix haute et y répondre une par une pour permettre un débat construit. |

## Séance 2

| | |
|---|---|
| 20 min<br><br>**individuel écrit**<br><br>cahier p. 91, ex. 3, 4 | ■ **Activités écrites de compréhension et copie de phrase**<br>👁 **Même démarche qu'en unité 1, p. 28 du guide.**<br>Écriture : faire lire la phrase à voix haute par un élève puis repérer les lettres « H », « L », « M », « N » et « O » majuscules. |

**Pour le jour suivant :** lire le texte 11 (2 niveaux de difficulté) ➜ ◉

## Étude de la langue • Conjugaison / Grammaire

### Séance 1  Le futur du verbe *être*

| | |
|---|---|
| 20 min<br><br>**collectif oral**<br><br>manuel p. 123, ex. 8, 9<br><br>ardoise ou cahier de brouillon<br><br>mémo p. 29 | ■ **Découverte collective**<br>**OBJECTIFS** Mémoriser, à l'oral et à l'écrit, la conjugaison du verbe *être* au futur et à toutes les personnes. Transformer le verbe *être* du présent au futur, et inversement.<br>👁 **Même démarche qu'en unité 4, semaine 3, p. 162 du guide.**<br>– Faire comparer les terminaisons du verbe *être* au futur avec celles affichées des verbes du 1er groupe au futur. Pointer la régularité parfaite.<br>– Lecture collective du mémo *Comment s'écrit la conjugaison du verbe* être *au futur ?*<br>– Mémorisation du mémo. |

### Séance 2  L'adjectif

| | |
|---|---|
| 10 min<br><br>**individuel ou collectif écrit**<br><br>manuel p. 122, ex. 6, 7 | **1** **Entraînement dans le manuel**<br>👁 **Même démarche qu'en unité 1, p. 29 du guide.** |

| | |
|---|---|
| 20 min<br><br>**individuel**<br>**écrit**<br><br>cahier<br>p. 93 ex. 1 à 5 | **2** **Entraînement dans le cahier**<br>👁 Même démarche qu'en unité 1, p. 29 du guide.<br><br>**Différenciation**<br>Exercice 5 : avec l'aide de l'enseignant pour les élèves en difficulté. |

**Pour le jour suivant :**
– mémoriser le mémo « Le futur du verbe *être* » ➜ mémo p. 29 ;
– activité supplémentaire : *conjugue au futur « être au CE2 ».*

**Lecture - Expression • Partie 3**

**Séance 1**

*Semaine 3*
*Jour 4*

| | |
|---|---|
| 20 min<br><br>**collectif**<br>**oral**<br><br>manuel<br>p. 117, ex. 5 à 7 | 🔲 *J'utilise le petit dictionnaire*<br>**OBJECTIFS** Se repérer dans un dictionnaire. Se familiariser avec sa présentation et son fonctionnement. Réinvestir des notions de grammaire et de vocabulaire.<br>👁 Même démarche qu'en unité 3, p. 100 du guide.<br>👁 L'exercice 6 permet un réinvestissement des notions de grammaire et de vocabulaire découvertes récemment. On pourra redonner des précisions.<br><br>**Différenciation**<br>Laisser la frise-alphabet à la disposition de ceux qui le souhaitent. |

**Séance 2**

| | |
|---|---|
| 20 min<br><br>**collectif**<br>**oral**<br><br>manuel<br>p. 124 | 🔲 *D'autres œuvres à découvrir*<br>**OBJECTIF** Comprendre et s'approprier une nouvelle œuvre en lien avec le texte étudié.<br>– Découverte d'une œuvre picturale d'un artiste contemporain anonyme qui représente un orchestre marocain traditionnel.<br>– À travers la découverte du livre-CD, en début d'unité, les élèves se sont familiarisés avec quelques instruments de musique marocaine. On pourra cependant mener une recherche plus approfondie.<br>– Évoquer le costume traditionnel que porte chaque musicien.<br>– Faire repérer les couleurs utilisées, le graphisme…<br>– En prolongement : aller plus loin dans la recherche des représentations de la musique traditionnelle : peintures, affiches, photos… |

**Pour le jour suivant :** lire le texte 12 (2 niveaux de difficulté) ➜ 💿

**Étude de la langue • L'atelier des mots / Conjugaison**

**Séance 1** Les lettres muettes (2)

| | |
|---|---|
| 10 min<br><br>**collectif**<br>**oral**<br><br>manuel<br>p. 123, ex. 11, 12 | **1** **Découverte collective**<br>**OBJECTIF** Identifier la lettre finale muette des mots qui en comportent en cherchant des mots de la même famille (étape 2 de la construction du mémo sur les lettres finales muettes).<br>– **Exercice 11.** Demander aux élèves de lire silencieusement le texte puis d'observer les mots soulignés et de trouver les lettres muettes des trois premiers mots. |

| | – Proposer à un élève de lire le texte à voix haute. Un autre élève indique les mots soulignés. |
|---|---|
| | – Copier les mots au tableau. Demander aux élèves d'indiquer quelle est la lettre finale de chacun des trois premiers mots et de préciser comment ils l'ont repérée. Entourer les propositions sur les mots écrits au tableau. |
| | – **Exercice 12.** Recherche individuelle sur le cahier de brouillon. |
| | – Mise en commun : amener les élèves à préciser que des mots de la même famille permettent de trouver la lettre finale muette du mot de base (confirmation des observations de la semaine précédente, voir p. 174 du guide). |
| | – Pour «marchands», identifier la marque du pluriel et expliquer qu'on cherche la lettre muette du mot de base et qu'un mot de base est toujours considéré au singulier. |
| | **Différenciation** Regrouper les élèves en difficulté et les accompagner dans leur lecture et dans leur questionnement. La mise en commun intéressera l'ensemble de la classe. |
| **10 min** **individuel écrit / collectif oral** manuel p. 123, ex. 13 cahier de brouillon | **2 Manipulation dans le manuel** OBJECTIF Identifier la lettre finale muette des mots qui en comportent. – **Exercice 13.** Recherche individuelle sur le cahier de brouillon. – Mise en commun : écrire les propositions correctes des élèves au tableau. D'autres mots de la même famille peuvent être éventuellement cherchés. **Différenciation** Suivre les élèves en difficulté sans nécessairement les regrouper. Prévoir de les faire intervenir en premier lors de la correction-mise en commun en classe entière de l'exercice. |
| **mémo** p. 39 | **3 Mémo** – Construire le mémo avec les élèves à partir de leurs observations. |

## Séance 2  Le futur du verbe *être*

| **10 min** **individuel ou collectif écrit** manuel p. 123, ex. 10 | **1 Entraînement dans le manuel** 👁 **Même démarche qu'en unité 3, p. 86 du guide.** |
|---|---|
| **20 min** **individuel écrit** cahier p. 94, ex. 1 à 5 | **2 Entraînement dans le cahier** 👁 **Même démarche qu'en unité 3, p. 86 du guide** **Différenciation** – Exercice 2 : rappeler la présence de l'affiche sur la dénomination des pronoms (*1re personne du singulier* ➜ *Je* – *2e personne*...). – Exercice 5 : avec l'aide de l'enseignant pour les élèves en difficulté. |

**Pour le jour suivant :** mémoriser le mémo «Les lettres muettes (2)» ➜ mémo p. 39.

| **30 min** **individuel écrit** cahier p. 96-97, ex. 1 à 7 | ⬤ **Récréation** 👁 **Cette double page de synthèse rebrasse les principales notions d'étude de la langue vues dans les unités 4 à 6. Les exercices pourront être réalisés sur plusieurs jours.** |
|---|---|

# Amour, mon amour

## SEMAINE 1

| | | | Jour 1 guide p. 187 |
|---|---|---|---|
| **Atelier d'anticipation** (graphophonologie et compréhension/vocabulaire) | **Moment différencié en atelier** | 20 min | Élèves en atelier d'anticipation, CD, fiche de soutien, ortho. n° 25 Élèves en autonomie, CD, texte de lecture supplémentaire n° 19 |
| **Lecture / Expression** | **Séance 1** | 20 à 40 min | **1.** Découverte de la page d'ouverture, manuel p. 125 **2.** Découverte de la scène 1, manuel p. 126-127 **3.** *Je comprends la scène*, manuel p. 132, ex. 1 |
| | **Séance 2** | 10 à 20 min | Mémorisation des mots-clés de la scène 1, ardoise |
| **Étude de la langue** | **Séance 1** | 20 min | **Orthographe** • La lettre *t*, manuel p. 138, ex. 1, 2 + mémo p. 12 |
| Dictée n° 19* (CD + guide p. 13) | **Séance 2** | 30 min | Entraînement en atelier des mots, cahier p. 95, ex. 1 à 5 |

## SEMAINE 2

| | | | Jour 1 guide p. 195 |
|---|---|---|---|
| **Atelier d'anticipation** (graphophonologie et compréhension/vocabulaire) | **Moment différencié en atelier** | 20 min | Élèves en atelier d'anticipation, CD, fiche de soutien, ortho. n° 26 Élèves en autonomie, CD, texte de lecture supplémentaire n° 20 |
| **Lecture / Expression** | **Séance 1** | 20 à 40 min | **1.** Résumé de la scène 1 **2.** Découverte de la scène 2, manuel p. 128-129 **3.** *Je comprends la scène*, manuel p. 134, ex. 1 |
| | **Séance 2** | 10 à 20 min | Mémorisation des mots-clés de la scène 2, ardoise |
| **Étude de la langue** | **Séance 1** | 20 min | **Orthographe** • La lettre *s* (1), manuel p. 140, ex. 1, 2 + mémo p. 12 |
| Dictée n° 20* (CD + guide p. 13) | **Séance 2** | 30 min | Entraînement en vocabulaire, manuel p. 139, ex. 15, 16 + cahier p. 102, ex. 1 à 5 |

## SEMAINE 3

| | | | Jour 1 guide p. 203 |
|---|---|---|---|
| **Atelier d'anticipation** (graphophonologie et compréhension/vocabulaire) | **Moment différencié en atelier** | 20 min | Élèves en atelier d'anticipation, CD, fiche de soutien, ortho. n° 27 Élèves en autonomie, CD, texte de lecture supplémentaire n° 21 |
| **Lecture / Expression** | **Séance 1** | 20 à 40 min | **1.** Résumé de la scène 2 **2.** Découverte de la scène 3, manuel p. 130-131 **3.** *Je comprends la scène*, manuel p. 136, ex. 1 |
| | **Séance 2** | 10 à 20 min | Mémorisation des mots-clés de la scène 3, ardoise |
| **Étude de la langue** | **Séance 1** | 20 min | **Orthographe** • La lettre *s* (2), manuel p. 142, ex. 1, 2 + mémo p. 12 |
| Dictée n° 21* (CD + guide p. 13) | **Séance 2** | 30 min | Entraînement en atelier des mots, cahier p. 107, ex. 1 à 5 |

\* À préparer sur 3 jours et à réaliser le 4e jour.

| **Jour 2** guide p. 189 | **Jour 3** guide p. 191 | **Jour 4** guide p. 193 |
|---|---|---|
| | Élèves en atelier d'anticipation, CD, fiche de soutien, compr./voc. n° 13<br><br>Élèves en autonomie, CD, fiche d'activités complémentaires, ortho. n° 19 ou/et lecture n° 19 | |
| **1.** Retour sur la scène 1<br>**2.** *J'apprends des mots nouveaux*, manuel p. 132, ex. 2<br>**3.** *Je lis à voix haute*, manuel p. 132, ex. 3 | **1.** Retour sur la scène 1<br>**2.** *Je me souviens de la scène*, manuel p. 133, ex. 4 à 6<br>**3.** *J'écris des phrases*, manuel p. 133, ex. 7 | **1.** Relecture de la scène 1<br>**2.** Activités orales de compréhension : résumé et anticipation |
| Activités écrites de compréhension, cahier p. 98, ex. 1, 2 | Activités écrites de compréhension, cahier p. 98, ex. 3, 4<br>Copie de phrase (ℙ), cahier p. 98 | *D'autres œuvres à découvrir*, manuel p. 144 |
| **Grammaire** • Les accords dans le groupe nominal (1), manuel p. 138, ex. 4 à 6 + mémo p. 22 | **Conjugaison** • Le présent / Le futur, manuel p. 139, ex. 9, 10 + mémo p. 30 | **Vocabulaire** • L'ordre alphabétique (3), manuel p. 139, ex. 12 à 14 + mémo p. 40 |
| Entraînement en orthographe, manuel p. 138, ex. 3 + cahier p. 99, ex. 1 à 5<br>Copie de phrase, cahier p. 99 | Entraînement en grammaire, manuel p. 138, ex. 7, 8 + cahier p. 100, ex. 1 à 5 | Entraînement en conjugaison, manuel p. 139, ex. 11 + cahier p. 101, ex. 1 à 4 |

| **Jour 2** guide p. 197 | **Jour 3** guide p. 199 | **Jour 4** guide p. 201 |
|---|---|---|
| | Élèves en atelier d'anticipation, CD, fiche de soutien, compr./voc. n° 14<br><br>Élèves en autonomie, CD, fiche d'activités complémentaires, ortho. n° 20 ou/et lecture n° 20 | |
| **1.** Retour sur la scène 2<br>**2.** *J'apprends des mots nouveaux*, manuel p. 134, ex. 2 à 4 | **1.** Retour sur la scène 2<br>**2.** *Je me souviens de la scène*, manuel p. 135, ex. 5, 6<br>**3.** Activités préparatoires à l'expression écrite de la séance 2 | Retour sur l'expression écrite |
| Activités écrites de compréhension, cahier p. 103, ex. 1, 2 | *J'écris un petit texte*, manuel p. 135, ex. 7 | Activités écrites de compréhension, cahier p. 103, ex. 3, 4<br>Copie de phrase (ℭ), cahier p. 103 |
| **Grammaire** • Les accords dans le groupe nominal (2), manuel p. 140, ex. 4 à 6 + mémo p. 22 | **Conjugaison** • Le présent de *dire* et *faire*, manuel p. 141, ex. 9, 10 + mémo p. 30 | **L'atelier des mots** • Construire des mots de la même famille, manuel p. 141, ex. 13, 14 + mémo p. 40 |
| Entraînement en orthographe, manuel p. 140, ex. 3 + cahier p. 104, ex. 1 à 5<br>Copie de phrase, cahier p. 104 | Entraînement en grammaire, manuel p. 140, ex. 7, 8 + cahier p. 105, ex. 1 à 4 | Entraînement en conjugaison, manuel p. 141, ex. 11, 12 + cahier p. 106, ex. 1 à 4 |

| **Jour 2** guide p. 205 | **Jour 3** guide p. 206 | **Jour 4** guide p. 208 |
|---|---|---|
| | Élèves en atelier d'anticipation, CD, fiche de soutien, compr./voc. n° 15<br><br>Élèves en autonomie, CD, fiche d'activités complémentaires, ortho. n° 21 ou/et lecture n° 21 | |
| **1.** Retour sur la scène 3<br>**2.** *J'apprends des mots nouveaux*, manuel p. 136, ex. 2 | **1.** Retour sur toute l'histoire<br>**2.** *Je me souviens de toute l'histoire*, manuel p. 136, ex. 3 à 5 | *J'utilise le petit dictionnaire*, manuel p. 137, ex. 6 à 8 |
| Activités écrites de compréhension, cahier p. 108, ex. 1, 2 | Activités écrites de compréhension, cahier p. 108, ex. 3<br>Copie de phrase (ℛ), cahier p. 108 | *D'autres œuvres à découvrir*, manuel p. 144 |
| **Grammaire** • Éviter la répétition du sujet (1), manuel p. 142, ex. 4 à 7 + mémo p. 22 | **Conjugaison** • Le présent de *aller* et *venir*, manuel p. 143, ex. 10, 11 + mémo p. 30 | **L'atelier des mots** • Construction avec un mot de base modifié (1), manuel p. 143, ex. 14 à 17 + mémo p. 40 |
| Entraînement en orthographe, manuel p. 142, ex. 3 + cahier p. 109, ex. 1 à 4<br>Copie de phrase, cahier p. 109 | Entraînement en grammaire, manuel p. 142, ex. 8, 9 + cahier p. 110, ex. 1 à 4 | Entraînement en conjugaison, manuel p. 143, ex. 12, 13 + cahier p. 111, ex. 1 à 4 |

## La pièce de théâtre

Cette unité présente une courte pièce de théâtre qui met en scène des enfants dans le rôle d'arbres, de plantes et même d'une pierre, tous étant animés et dotés de la parole.
Elle se déroule en trois temps forts.

Dans un premier temps, pour découvrir les personnages, le seul élément dynamique est le vent qui court et qui agace tout le monde ! On se rend compte dès le début que les végétaux parlent et éprouvent des sensations (comme le froid) et des émotions (comme l'amour).

Dans un deuxième temps, un véritable enfant arrive dans la forêt et annonce qu'il abattra un bouleau pour en faire un arc et des flèches. Le moment est dramatique car le bouleau en question est un bouleau-fille amoureuse d'un bouleau-garçon. Le saule pleureur pleure, évidemment !

Enfin, dans un troisième et dernier temps, les arbres décident de se déplacer avant le retour du jour et celui du garçon. C'est le vieux chêne qui embarque tout le monde dans cette aventure. Ne reste alors plus que la pierre qui révèle au garçon, surpris de ne voir personne, que les arbres marchent et ont un cœur et qu'en abattant un bouleau, il allait tout simplement commettre un crime.

Ayant pris conscience de tout cela, le garçon quitte la forêt, « abattu », nous dit-on dans le texte : est-ce un jeu de mots voulu par l'auteure ? On pourra se poser la question avec les élèves. Quoi qu'il en soit, les arbres ont gagné !

## Les thèmes

**L'amour :** l'histoire d'amour entre le bouleau-fille et le bouleau-garçon est au cœur de l'intrigue. Leur amour semble absolu, à tel point que lorsque le garçon décide d'abattre le bouleau-fille, le bouleau-garçon, désespéré, n'a plus qu'une seule idée en tête, être lui aussi abattu. C'est un amour qui ne peut résister à la disparition de l'un des deux amoureux.

Leur amour est si fort que le vieux chêne, qui en a vu d'autre pourtant, prend une décision radicale : « Nous allons partir. » Ainsi, pour protéger le bel amour des deux bouleaux, les arbres iront contre les lois de la nature ! C'est d'ailleurs un deuxième thème qui pourrait être évoqué : l'empathie. Le vieux chêne comprend les deux jeunes amoureux.

**La nature et les hommes :** voilà l'essentiel du message de cette pièce de théâtre. Les êtres humains n'ont pas conscience que la forêt est vivante.

Le petit garçon ne pense pas à mal, il n'est pas un horrible défricheur de forêts protégées mais abattre, ne serait-ce qu'un arbre, a des conséquences qu'il n'aurait jamais imaginées.

Il découvre dans cette histoire que les arbres, non seulement, marchent mais éprouvent des sentiments : ils ont un cœur. C'est une bonne leçon pour le garçon qui en vient à s'excuser : « Pardon, Nature ! Pardon ! »

**Les hommes ont-ils des droits sur la nature ?**
L'auteure de cette pièce semble interdire à un petit garçon de se tailler un arc et des flèches dans le bois du bouleau.
Cela pose plus largement la question de l'usage de la forêt et même de la nature.
L'homme doit-il se contenter de la contempler, de se « promener » comme le suggère la pièce ? Cela peut ouvrir un débat riche dans une classe !

## Les œuvres en réseau

**Des livres :**

> **Rubrique « D'autres œuvres à découvrir »,**
> **p. 144 du manuel**
> ➤ *Les minuscules*, Roald Dahl, éd. Folio Cadet.
> (Voir le déroulement de la séance, p. 208 du guide.)

➤ *Les géants du parc*, Hubert Ben Kemoun, éd. Nathan.

➤ *Ma vallée*, Claude Ponti, éd. L'école des loisirs.

➤ *Dans la forêt profonde*, Anthony Browne, éd. L'école des loisirs.

➤ *Le petit chaperon rouge*, Charles Perrault et Christian Roux, éd. Seuil Jeunesse.

➤ *Voyage au pays des arbres*, de J.M.G. Le Clézio, éd. Gallimard, folio cadet.

**Des poésies et une chanson :**

> **Rubrique « D'autres œuvres à découvrir »,**
> **p. 144 du manuel**
> ➤ *L'épicéa*, poème de Jean-Claude Touzeil.
> ➤ *Pour faire une table*, poème de Gianni Rodari.
> (Voir le déroulement de la séance, p. 193 du guide.)

➤ *On n'est pas n'importe qui*, poème de Jean Rousselot.

♫ *Mon beau sapin.*

**Des œuvres picturales :**

📷 *Le grand arbre Te Rahi raau*, huile sur toile de Paul Gauguin (1891).

📷 *L'arbre de vie*, fresque de Gustave Klimt (1905-1909).

(Voir dans l'introduction p. 16 la présentation du dispositif d'anticipation et des jeux de manipulation.)

| | |
|---|---|
| **20 min**<br><br>**moment différencié**<br><br>Élèves en atelier :<br><br><br><br>– cartes des mots<br>– fiche de soutien, ortho. n° 25<br><br>Élèves en autonomie :<br><br><br><br>– texte de lecture supplémentaire n° 19 | **1 Jeux de manipulation avec la lettre *t***<br>**OBJECTIFS** Déchiffrer des mots. Analyser les différents rôles d'une lettre.<br><br>– « Un mot, une image »<br>– « Le Memory » (avec le son [t], avec le son [ɛ] qui s'écrit avec le groupe de lettres « et » et les sons [sj] qui s'écrit avec le groupe de lettres « ti »)<br><br>**2 Fiche de soutien en orthographe n° 25 : la lettre *t***<br>**OBJECTIFS** Déchiffrer des mots. Analyser les différents rôles d'une lettre. |

## Lecture – Expression • **Scène 1**

### Séance 1

| | |
|---|---|
| **5 min**<br><br>**collectif oral**<br><br>manuel<br>p. 125 et p. 137 | **1 Découverte de la page d'ouverture de l'histoire**<br>**OBJECTIF** Prendre des informations sur une couverture d'album et sur une image.<br><br>– Faire lire le titre puis l'indication sur le type de texte. Laisser un temps aux élèves pour observer la page. Recueillir leurs réactions.<br><br>– Faire lire silencieusement les petits textes qui se rapportent aux personnages, puis inviter certains élèves à les lire à voix haute. Les commenter et apporter des explications.<br><br>– Faire relever le mot suivi d'un astérisque (*graves*) puis se reporter au « Petit dictionnaire », page 137.<br><br>– Expliquer les mots ou expressions suivants : *l'acteur parlera sur le souffle, en allongeant les syllabes, au minimum, mélancolique, empreinte de douceur et d'amour, statique, plaintive.* |
| **20 min**<br><br>**collectif oral**<br><br>manuel<br>p. 126-127 et p. 137 | **2 Découverte de la scène 1**<br>**OBJECTIFS** Prendre des informations sur une image. Écouter et lire un début d'œuvre intégrale courte.<br><br>– Inviter les élèves à observer les illustrations.<br><br>– Annoncer qu'ils vont découvrir une *scène* et non pas un épisode.<br><br>– Demander aux élèves de lire silencieusement la page 126. Puis recueillir leurs réactions et éclaircir quelques difficultés de compréhension si besoin en proposant à ceux qui le peuvent d'apporter des explications ou des précisions. Demander aux élèves à quoi correspondent les mots en gras et les phrases en italique (on pourra utiliser le mot « didascalies »).<br><br>– Reprendre une lecture magistrale de la page 126, en invitant les élèves à suivre le texte des yeux.<br><br>👁 **L'enseignant pourra modifier le timbre de sa voix pour distinguer les personnages. Quand les élèves se seront un peu plus familiarisés avec les personnages, on consacrera un petit moment à rechercher quel timbre de voix associer à chacun. Les élèves ne feront pas forcément les mêmes propositions.**<br><br>– Demander aux élèves de relever les mots suivis d'un astérisque (*s'animent, scène, embrouilles, sève*) ; laisser à certains le soin de les expliquer avec leurs propres mots puis proposer à certains élèves de lire les définitions page 137. |

 Faire remarquer que les verbes «s'animent» et «embrouilles» apparaissent sous leur forme infinitive. Préciser que le «s'» dans «s'animer» représente le petit mot «se» qui s'emploie quelquefois devant le verbe. Donner un exemple de phrase où le verbe est utilisé sans pronominalisation.

– Procéder avec la page 127 comme avec la page 126.

| | |
|---|---|
| **15 min**<br><br>**collectif**<br>**oral**<br><br>manuel<br>p. 132, ex. 1 | **3** *Je comprends la scène*<br>**OBJECTIFS** Identifier les personnages, les événements et les circonstances temporelles et spatiales d'un texte qu'on a lu. Rendre compte de ce que l'on a lu ou entendu.<br>👁 **Même démarche qu'en unité 1, p. 24 du guide.**<br>– Mots-clés à inscrire au tableau : *les personnages, un chêne, une pierre, des fougères, un saule pleureur, des bouleaux, le vent, le feuillage, la sève.*<br>**a.** Expliquer le nom «des végétaux» si besoin.<br>**d.** et **f.** Plus largement, préciser qu'on retrouve souvent cette présentation dans les textes de théâtre.<br><br>**Différenciation**<br>– Proposer aux élèves en difficulté de relire les mots qui présentent des difficultés de déchiffrage : *une scène, tu embrouilles, le saule pleureur, je tourbillonne, enrhumée*; puis certaines des phrases qui contiennent ces mots.<br>– Revenir sur le sens de certains mots ou expressions : *je tourbillonne, je m'abandonne, la roche fragile, enfant de la nature.*<br>– Proposer aux autres élèves de dessiner un des personnages en train de dire une phrase du texte. La faire écrire sous le dessin. |

## Séance 2

| | |
|---|---|
| **20 min**<br><br>**individuel**<br>**écrit**<br><br>ardoise | ⬛ **Mémorisation des mots-clés de la scène 1**<br>**OBJECTIFS** Mémoriser les mots-clés de l'histoire. Restituer leur orthographe.<br>📝 *les personnages, un chêne, une pierre, des fougères, un saule pleureur, des bouleaux, le vent, le feuillage, la sève*<br>👁 **Même démarche qu'en unité 4, p. 108 du guide.**<br>– Questions à poser : *qui sont les trois personnages qui prennent la parole en premier ? Qui empêche le chêne de dormir ? Quels personnages ont le feuillage embrouillé ? Quel est celui dont les larmes de sève sont asséchées ? Comment appelle-t-on l'ensemble des feuilles d'un arbre ? Quelle est la substance liquide qui nourrit les végétaux ?* |

**Pour le jour suivant :** lire le texte 1 (2 niveaux de difficulté) ➜

## Étude de la langue • Orthographe / L'atelier des mots

### Séance 1  La lettre *t*

| | |
|---|---|
| **20 min**<br><br>**collectif**<br>**oral**<br><br>manuel<br>p. 138, ex. 1, 2<br><br>ardoise ou cahier<br>de brouillon<br><br>mémo<br>p. 12 | ⬛ **Découverte collective**<br>**OBJECTIF** Analyser les différents rôles d'une lettre.<br>👁 **Même démarche qu'en unité 6, p. 162 du guide.**<br>👁 **La lettre «t» peut également être muette : «un point».** |

## Séance 2 — Les lettres muettes (2)

| 30 min<br><br>**individuel<br>écrit**<br><br>cahier<br>p. 95, ex. 1 à 5 | ● **Entraînement dans le cahier**<br><br>◉ Même démarche qu'en unité 1, p. 41 du guide.<br><br>**Différenciation**<br>Exercice 5: avec l'aide de l'enseignant pour les élèves en difficulté. |
|---|---|

**Pour le jour suivant:**
– mémoriser les différentes réalisations phonologiques de la lettre «t» seule ou associée à une autre lettre
➜ mémo p. 12;
– activité supplémentaire: *cherche des mots où la lettre «t», seule ou associée à une autre lettre, produit des sons différents.*

••••••••••••••••••••••••••••••••••••••••••••••••••••••••••

## Lecture – Expression • Scène 1

### Séance 1

*Semaine 1*
*Jour 2*

| 15 min<br><br>**collectif<br>oral** | **1 Retour sur la scène 1**<br><br>**OBJECTIF** Distinguer les éléments importants d'un texte.<br><br>– Inviter les élèves à se remémorer la scène découverte la veille: *de quoi parle la première scène de cette pièce de théâtre?* Insister sur l'identité des personnages, sur le lien qui unit les deux bouleaux et sur le caractère du vent.<br><br>– Activités de restitution (exemples):<br>1. repérage de phrases erronées: *Tu sais bien que j'ai la gorge fragile. Je risque d'attraper froid près de toi.*<br>2. vrai/faux: *Les deux bouleaux secouent leurs branches et sont trop bruyants. Vrai ou faux?*<br>3. rebrassage du lexique: *Où les acteurs sont-ils installés pour jouer la pièce? Sur la scène.* |
|---|---|
| 15 min<br><br>**collectif<br>oral**<br><br>manuel<br>p. 132, ex. 2 | **2** *J'apprends des mots nouveaux*<br><br>**OBJECTIF** Affiner le bagage lexical.<br><br>– Demander à différents élèves de lire les phrases proposées, y compris les mots en gras. Les laisser apporter des explications puis reformuler. |
| 10 min<br><br>**individuel<br>oral**<br><br>manuel<br>p. 132, ex. 3 | **3** *Je lis à voix haute*<br><br>**OBJECTIF** Lire seul et à voix haute en articulant et en respectant la ponctuation.<br><br>– Inviter les élèves à lire le texte proposé de façon silencieuse. Puis demander à un élève de lire à voix haute la remarque du petit personnage. Demander aux élèves de repérer qui sont les deux personnages qui prennent la parole. Proposer à deux volontaires de lire ce dialogue.<br><br>– Demander à d'autres binômes de faire de même, en donnant progressivement des conseils sur l'intonation ou le débit à respecter. |

## Séance 2

| 10 min individuel écrit cahier p. 98, ex. 1, 2 | **Activités écrites de compréhension** <br> 👁 Même démarche qu'en unité 1, p. 26 du guide. <br><br> **Différenciation** <br> Proposer aux élèves les plus rapides de réécrire sur l'ardoise les mots-clés vus en jour 1 (voir p. 188 du guide) de mémoire, en faisant attention à l'orthographe (masquer l'affichage). Leur proposer une auto-correction à l'aide de l'affichage. |
|---|---|

**Pour le jour suivant :** lire le texte 2 (2 niveaux de difficulté) ➜ 💿

---

### Étude de la langue • Grammaire / Orthographe

## Séance 1 · Les accords dans le groupe nominal (1)

| 5 min collectif oral | **1 Entrée dans la séance** <br> **OBJECTIF** Recueillir les connaissances des élèves sur l'accord du nom au pluriel. <br> – Écrire le groupe nominal suivant au tableau : *un papillon bleu.* <br> – Demander aux élèves comment écrire ce groupe nominal s'il y a plusieurs papillons. <br> 👁 **Noter les propositions des élèves. Préciser que la correction se fera à la fin de la séance.** |
|---|---|
| 15 min collectif oral manuel p. 138, ex. 4 à 6 mémo p. 22 | **2 Découverte collective** <br> **OBJECTIF** Repérer la marque du pluriel dans un groupe nominal. <br> – **Exercice 4.** Les élèves repèrent les adjectifs qualificatifs dans les groupes nominaux. <br> – Synthèse collective au tableau. <br> – **Exercices 5 et 6.** Les élèves relèvent que la lettre « s » est la marque du pluriel de la majorité des adjectifs. <br> – Synthèse collective au tableau. <br> 👁 **Il est important d'amener les élèves à comprendre que tous les mots qui constituent le groupe nominal s'accordent en nombre.** <br> – Lecture collective du mémo. <br> – Mémorisation du mémo. <br> – Retour à la situation d'entrée et correction collective des hypothèses initiales. |

## Séance 2 · La lettre *t*

| 10 min individuel ou collectif écrit manuel p. 138, ex. 3 | **1 Entraînement dans le manuel** <br> 👁 Même démarche qu'en unité 1, p. 27 du guide. |
|---|---|
| 20 min individuel écrit cahier p. 99, ex. 1 à 5 | **2 Entraînement dans le cahier et copie de phrase** <br> 👁 Même démarche qu'en unité 1, p. 27 du guide. <br> Écriture : faire lire la phrase à voix haute par un élève puis rappeler que, comme la lettre « d », la lettre « t » a une hauteur de deux interlignes. |

**Pour le jour suivant :** mémoriser le mémo « Les accords dans le groupe nominal (1) » ➜ mémo p. 22.

(Voir dans l'introduction p. 16 la présentation du dispositif d'anticipation.)

| | |
|---|---|
| 20 min<br><br>**moment différencié**<br><br>Élèves en atelier :<br><br><br><br>– fiche de soutien, compr./voc. n° 13<br><br>Élèves en autonomie :<br><br><br><br>– fiche d'activités complémentaires, ortho. n° 19 ou/et lecture n° 19 | **1 Phase orale**<br><br>**OBJECTIF** S'approprier les éléments de compréhension globale de la scène.<br><br>– Demander au groupe d'élèves de raconter la scène que la classe a découverte en jours 1 et 2.<br><br>– Faire émerger les mots-clés et les mots du « Petit dictionnaire » en invitant les élèves à en repréciser le sens.<br><br>**2 Fiche de soutien en compréhension et en vocabulaire n° 13 : scène 1**<br><br>**OBJECTIFS** Identifier les personnages, les événements et les circonstances temporelles et spatiales d'un texte qu'on a lu. Comprendre le vocabulaire de l'histoire. |

## Lecture – Expression • **Scène 1**

### Séance 1

| | |
|---|---|
| 10 min<br><br>**collectif oral**<br><br>manuel p. 126-127 | **1 Retour sur la partie 1**<br><br>**OBJECTIFS** Poser des questions sur un texte. Prélever des informations locales dans un texte.<br><br>👁 **Même démarche qu'en unité 1, p. 28 du guide, en attribuant chaque personnage à un élève différent (lancer l'activité avec de bons lecteurs).** |
| 15 min<br><br>**collectif oral**<br><br>manuel p. 133, ex. 4 à 6 | **2** *Je me souviens de la scène*<br><br>**OBJECTIFS** Comprendre la chronologie de l'histoire. Mémoriser les éléments importants de la scène.<br><br>– Demander à différents élèves de lire les phrases de l'exercice 4.<br><br>**Différenciation**<br>– Faire l'exercice à l'oral avec les élèves en difficulté.<br>– Demander aux autres élèves de faire l'exercice sur l'ardoise et d'ajouter une cinquième phrase.<br><br>– Proposer une correction collective.<br><br>– Faire les exercices 5 et 6 ensemble en laissant un temps aux élèves pour qu'ils découvrent les phrases silencieusement. Pour l'exercice 6, demander aux élèves de justifier leurs réponses. |
| 15 min<br><br>**collectif oral**<br><br>manuel p. 133, ex. 7<br><br>**individuel écrit**<br><br>ardoise et cahier de classe | **3** *J'écris des phrases*<br><br>**OBJECTIF** Produire deux ou trois phrases à partir de mots proposés.<br><br>👁 **Même démarche qu'en unité 1, p. 28 du guide, en faisant produire deux ou trois phrases.** |

## Séance 2

| | |
|---|---|
| 15 min<br><br>**individuel<br>écrit**<br><br>cahier<br>p. 98, ex. 3, 4 | ■ **Activités écrites de compréhension et copie de phrase**<br>👁 **Même démarche qu'en unité 1, p. 28 du guide.**<br>Écriture: faire lire la phrase à voix haute par un élève puis repérer les lettres «𝒫» majuscules. |

**Pour le jour suivant:** lire le texte 3 (2 niveaux de difficulté) ➔ 💿

## Étude de la langue • Conjugaison / Grammaire

## Séance 1  Le présent / Le futur

| | |
|---|---|
| 20 min<br><br>**collectif<br>oral**<br><br>manuel<br>p. 139, ex. 9, 10<br><br>ardoise ou<br>cahier de brouillon<br><br>mémo<br>p. 30 | ■ **Découverte collective**<br>**OBJECTIFS** Réviser, à l'oral et à l'écrit, la conjugaison des verbes étudiés au présent et au futur. Transformer un verbe du présent au futur, et inversement.<br>👁 **Cette séquence a une fonction de synthèse et de mise en comparaison des terminaisons verbales. Elle vise tout particulièrement les changements de temps.**<br>– Lecture collective du mémo. *Comment peut-on transformer un verbe du présent au futur, et inversement?*<br>– Mémorisation du mémo. |

## Séance 2  Les accords dans le groupe nominal (1)

| | |
|---|---|
| 10 min<br><br>**individuel<br>ou collectif<br>écrit**<br><br>manuel<br>p. 138, ex. 7, 8 | **❶ Entraînement dans le manuel**<br>👁 **Même démarche qu'en unité 1, p. 29 du guide.** |
| 20 min<br><br>**individuel<br>écrit**<br><br>cahier<br>p. 100, ex. 1 à 5 | **❷ Entraînement dans le cahier**<br>👁 **Même démarche qu'en unité 1, p. 29 du guide.**<br><br>**Différenciation**<br>Exercice 4: avec l'aide de l'enseignant pour les élèves en difficulté. |

**Pour le jour suivant:**
– mémoriser le mémo «Le présent / Le futur» ➔ mémo p. 30;
– activité supplémentaire: *utilise les verbes du mémo page 30 pour fabriquer des phrases à l'oral.*

## Séance 1

| | |
|---|---|
| 10 min<br><br>**collectif<br>oral**<br><br>manuel<br>p. 126-127 | **①** **Relecture de la scène 1**<br><br>👁 Même démarche qu'en unité 1, p. 29 du guide. |
| 20 min<br><br>**collectif<br>oral**<br><br>manuel<br>p. 126-127 | **②** **Activités orales de compréhension : résumé et anticipation**<br><br>**OBJECTIFS** Identifier les locuteurs de l'histoire. Imaginer la suite de l'histoire.<br><br>👁 Même démarche qu'en unité 1, p. 30 du guide.<br><br>Résumés à proposer (les deux résumés sont corrects : les élèves devront argumenter leur préférence) :<br><br>**1.** Dans un coin d'une forêt, quelques arbres discutent quand, soudain, apparaît le vent qui danse et tourbillonne. Il dérange tout le monde alors il s'en va danser et tourbillonner ailleurs. **2.** Sur une scène, différents personnages ont pris l'apparence de végétaux, du vent et d'une pierre. Ils jouent une scène de théâtre qui se situe dans la forêt. |

## Séance 2

| | |
|---|---|
| 20 min<br><br>**collectif<br>oral**<br><br>manuel<br>p. 144 | **▆** *D'autres œuvres à découvrir*<br><br>**OBJECTIFS** Comprendre et s'approprier une nouvelle œuvre en lien avec le texte étudié. Réciter un poème en ménageant des respirations et sans commettre d'erreur.<br><br>– Deux poésies : *L'épicéa*, de Jean Claude Touzeil et *Pour faire une table*, de Gianni Rodari.<br><br>– Jean Claude Touzeil est né en 1946. Il a été professeur de français et anime des ateliers de poésie dans les écoles.<br><br>– Proposer une lecture magistrale du poème, manuel fermé. Puis recueillir les réactions des élèves : le thème, les noms propres, les jeux de langage…<br><br>– Proposer aux élèves de découvrir le texte dans le manuel et de le lire à voix haute.<br><br>– On pourra demander aux élèves d'illustrer le poème après l'avoir recopié, puis de le mémoriser sur plusieurs jours.<br><br>– Gianni Rodari (1920-1980) est considéré comme l'un des plus grands auteurs italiens pour enfants. Il a écrit de nombreux livres dont beaucoup ont été traduits.<br><br>– Le texte étant assez simple, proposer aux élèves de le lire silencieusement puis recueillir leurs réactions.<br><br>– En faire une ou plusieurs lectures magistrales avant de les inviter à le mémoriser.<br><br>– Repérer la construction de ce poème ; on pourra leur proposer d'autres poèmes de ce type (cf. *Dans Paris, il y a une rue*, de Paul Eluard) avant de leur demander d'en écrire un sur ce modèle.<br><br>👁 **« La vie d'un arbre » est un thème que l'on retrouve dans l'unité suivante.**<br><br>– Consacrer un temps avec des élèves (un demi-groupe serait idéal) pour rechercher d'autres poèmes sur les arbres. |

**Pour le jour suivant :** lire le texte 4 (2 niveaux de difficulté) ➜

## Étude de la langue • **Vocabulaire / Conjugaison**

### Séance 1 L'ordre alphabétique (3)

| | |
|---|---|
| 5 min<br><br>collectif<br>oral | **1** **Entrée dans la séance**<br>**OBJECTIF** Classer des mots par ordre alphabétique.<br>– Demander aux élèves comment classer des mots par ordre alphabétique.<br>– Jouer au «duel de mots» (décrit dans l'unité 1 : voir p. 30 du guide) avec des mots qui commencent par les mêmes lettres : «corps» et «cornichon», etc.<br>👁 **Cette étape doit permettre de rappeler comment classer des mots par ordre alphabétique et quelles sont les lettres discriminantes.** |
| 15 min<br><br>collectif<br>oral<br><br>manuel<br>p. 139, ex. 12 à 14<br><br>mémo<br>p. 40 | **2** **Découverte collective**<br>**OBJECTIF** Trouver la place d'un mot dans une liste alphabétique.<br>– **Exercices 12, 13 et 14.** Les élèves intercalent les mots proposés dans les listes de mots en respectant l'ordre alphabétique.<br>– Synthèse collective au tableau.<br>👁 **Pour les élèves qui ont déjà bien compris le principe du classement alphabétique, cette étape a essentiellement valeur d'entraînement afin de favoriser l'aisance dans cet exercice.**<br>– Lecture collective du mémo.<br>– Mémorisation du mémo. |

### Séance 2 Le présent / Le futur

| | |
|---|---|
| 10 min<br><br>individuel ou<br>collectif écrit<br><br>manuel<br>p. 139, ex. 11 | **1** **Entraînement dans le manuel**<br>👁 **Même démarche qu'en unité 3, p. 86 du guide.** |

**Différenciation**

Quatre types d'obstacles peuvent apparaître pour ce genre d'exercice, auxquels une aide adaptée peut être apportée :

| Obstacles | Aides |
|---|---|
| 1. Repérer le verbe dans la phrase. | Rechercher le verbe avec les élèves en utilisant la formulation «on peut...». |
| 2. Transformer une phrase d'un temps à un autre. | Ajouter «demain» ou «maintenant» à chaque phrase. |
| 3. Produire, à l'oral, une forme verbale prenant en compte le temps et la personne. | Aider à la production orale de la phrase puis l'écrire pour la faire lire. |
| 4. Orthographier correctement les terminaisons verbales. | Laisser accès au mémo ou donner le tableau suivant des régularités des verbes du 1er groupe. |

| Présent | Futur |
|---|---|
| Je – | Je -rai |
| Tu -s | Tu -ras |
| Il / Elle – | Il / Elle -ra |
| Nous -ons | Nous -rons |
| Vous -ez | Vous -rez |
| Ils / Elles -nt | Ils / Elles -ront |

| | |
|---|---|
| 20 min<br><br>**individuel<br>écrit**<br><br>cahier<br>p. 101, ex. 1 à 4 | **2** **Entraînement dans le cahier**<br>👁 **Même démarche qu'en unité 3, p. 86 du guide.**<br><br>**Différenciation**<br>Exercices 2 et 3 : avec l'aide de l'enseignant pour les élèves en difficulté. |

**Pour le jour suivant :** mémoriser le mémo « L'ordre alphabétique (3) » ➜ mémo p. 40.

● ● ● ● ● ● ● ● ● ● ● ● ● ● ● ● ● ● ● ● ● ● ● ● ● ● ● ● ● ● ● ● ● ● ● ● ● ● ● ● ● ● ● ● ● ● ● ● ● ● ● ● ●

## Atelier d'anticipation • **Graphophonologie**

*Semaine 2<br>Jour 1*

(Voir dans l'introduction p. 16 la présentation du dispositif
d'anticipation et des jeux de manipulation.)

| | |
|---|---|
| 20 min<br><br>**moment différencié**<br><br>Élèves en atelier :<br><br>– cartes des mots<br>– fiche de soutien,<br>ortho. n° 26<br><br>Élèves en autonomie :<br><br>– texte de lecture<br>supplémentaire n° 20 | **1** **Jeux de manipulation avec la lettre s**<br>**OBJECTIFS** Déchiffrer des mots. Analyser les différents rôles d'une lettre.<br><br>– « Les lettres mobiles »<br>– « L'intrus » (le son [z] parmi des mots qui contiennent le son [s], et inversement)<br><br>**2** **Fiche de soutien en orthographe n° 26 : la lettre s (1)**<br>**OBJECTIFS** Déchiffrer des mots. Analyser les différents rôles d'une lettre. |

## Lecture – Expression • **Scène 2**

### Séance 1

| | |
|---|---|
| 5 min<br><br>**collectif<br>oral** | **1** **Résumé de la scène 1**<br>**OBJECTIF** Restituer les informations nécessaires à la compréhension d'un texte.<br>👁 **Même démarche qu'en unité 1, p. 32 du guide.** |
| 20 min<br><br>**collectif<br>oral**<br><br>manuel<br>p. 128-129 et p. 137 | **2** **Découverte de la scène 2**<br>**OBJECTIFS** Prendre des informations sur une image. Écouter et lire un passage d'œuvre intégrale courte.<br><br>– Laisser un temps aux élèves pour qu'ils découvrent les illustrations de la double page.<br>– Leur demander de lire le début de la page 128 seuls ou à deux (jusqu'à *Nooon !*) puis d'émettre des hypothèses sur la suite de la scène.<br>– Proposer une lecture magistrale de la page 128 puis marquer une pause et faire réagir les élèves.<br>– Leur demander de relever le mot suivi d'un astérisque (*figent*), puis faire lire la phrase comportant ce mot pour le recontextualiser. Laisser les élèves en donner une définition avec leurs propres mots avant de découvrir la définition du « Petit dictionnaire », page 137.<br>👁 **Faire remarquer que le verbe « figent » apparaît sous sa forme infinitive dans le « Petit dictionnaire ».**<br>– Faire de même pour la page 129. |

| | – Proposer à quelques élèves de reprendre la lecture à voix haute des deux pages, en attribuant un rôle à chacun. |
|---|---|
| **15 min** **collectif oral** manuel page 134, ex. 1 | **3** *Je comprends la partie* OBJECTIFS Identifier les personnages, les événements et les circonstances temporelles et spatiales d'un texte qu'on a lu. Rendre compte de ce que l'on a lu ou entendu. 👁 **Même démarche qu'en unité 1, p. 24 du guide.** – Mots-clés à inscrire au tableau : *un garçon, un tronc, un arc, des flèches, l'écorce, abattre un arbre, déraciner un arbre, une solution, des balades nocturnes.* **Différenciation** – Proposer aux élèves en difficulté de relire les mots qui présentent des difficultés de déchiffrage : *je t'abattrai, m'emmener, elle s'assombrit, une solution, il se déracine, des flexions, vous exagérez*; puis certaines des phrases qui contiennent ces mots. – Revenir sur le sens de certains mots ou expressions : *je t'abattrai, on déracine ma vie, les humains écourtent notre jeunesse, des flexions, vous exagérez, des balades nocturnes, je prendrais de nouveau racine.* – Inviter les autres élèves, sur l'ardoise, à inventer des phrases à partir des mots-clés ci-dessus (qui apparaissent au tableau). |

**Séance 2**

| | |
|---|---|
| **20 min** **individuel écrit** ardoise | 📘 **Mémorisation des mots-clés de la scène 2** OBJECTIF Mémoriser les mots-clés de l'histoire. Restituer leur orthographe. 📝 *un garçon, un tronc, un arc, des flèches, l'écorce, abattre un arbre, déraciner un arbre, une solution, des balades nocturnes* 👁 **Même démarche qu'en unité 4, p. 108 du guide.** Questions à poser : *qui le chêne entend-il pénétrer dans la forêt ? Que veut faire ce garçon ? Que propose le chêne ? Que font les arbres dans cette forêt chaque nuit ?* |

**Pour le jour suivant :** lire le texte 5 (2 niveaux de difficulté) ➜ 🔵

## Étude de la langue • Orthographe / Vocabulaire

**Séance 1** La lettre *s* (1)

| | |
|---|---|
| **20 min** **collectif oral** manuel p. 140, ex. 1, 2 ardoise ou cahier de brouillon mémo p. 12 | 📘 **Découverte collective** OBJECTIF Analyser les différents rôles d'une lettre. 👁 **Même démarche qu'en unité 6, p. 162 du guide.** 👁 **Cette leçon est consacrée essentiellement à la valeur de la lettre «s» en fonction des lettres qui l'entourent : voyelles ou consonnes.** 👁 **La lettre «s» est présente à la fin de nombreux noms et adjectifs au pluriel ainsi qu'à la fin des verbes à la 2ᵉ personne du singulier.** **Différenciation** Redonner la liste des voyelles. |

## Séance 2 — L'ordre alphabétique (3)

| | |
|---|---|
| 10 min<br><br>**individuel ou collectif écrit**<br><br>manuel<br>p. 139, ex. 15, 16 | **❶ Entraînement dans le manuel**<br>👁 Même démarche qu'en unité 1, p. 33 du guide. |
| 20 min<br><br>**individuel écrit**<br><br>cahier<br>p. 102, ex. 1 à 5 | **❷ Entraînement dans le cahier**<br>👁 Même démarche qu'en unité 1, p. 33 du guide.<br><br>**Différenciation**<br>Exercices 3 à 5 : possibilité de faire seulement la 1re série de chaque exercice, avec l'aide de l'enseignant pour les élèves les plus en difficulté. |

> **Pour le jour suivant :**
> – mémoriser les différentes réalisations phonologiques de la lettre « s » en fonction des lettres qui l'entourent ➜ mémo p. 12 ;
> – activité supplémentaire : *cherche des mots où la lettre « s » produit soit le son [z], soit le son [s], soit aucun son.*

• • • • • • • • • • • • • • • • • • • • • • • • • • • • • • • • • • • • • • • • • • • • • • • • •

## Lecture – Expression • Scène 2

*Semaine 2*
*Jour 2*

## Séance 1

| | |
|---|---|
| 15 min<br><br>**collectif oral** | **❶ Retour sur la scène 2**<br>**OBJECTIF** Distinguer les éléments importants d'un texte.<br><br>– Inviter les élèves à se remémorer la scène découverte la veille : *de quoi parle la deuxième scène de cette pièce de théâtre ?* Insister sur ce qu'a prévu de faire le petit garçon et sur les réactions des personnages de la forêt.<br><br>– Activités de restitution (exemples) :<br>1. repérage de phrases erronées : *Aucun humain ne se doute que la nature se déracine chaque nuit afin de faire <u>des flexions</u>. (Des balades nocturnes.)*<br>2. vrai/faux : *Dans quelques jours, le garçon viendra abattre le bouleau dans la forêt. Vrai ou faux ?*<br>3. rebrassage du lexique : *Quand le garçon arrive dans la forêt, les personnages <u>deviennent immobiles</u>. On peut dire aussi qu'ils se figent.* |
| 25 min<br><br>**collectif/ individuel oral**<br><br>manuel<br>p. 134, ex. 2 à 4 | **❷ *J'apprends des mots nouveaux***<br>**OBJECTIF** Affiner le bagage lexical.<br><br>– Lire la consigne de l'exercice 2 à voix haute, puis laisser les élèves lire silencieusement les groupes de mots. Demander ensuite à un élève de remettre chaque phrase dans l'ordre et de l'expliquer. Valider ou reformuler si besoin.<br><br>– Lire la consigne de l'exercice 3 à voix haute. Demander aux élèves d'écrire les deux réponses sur l'ardoise, puisqu'elles font partie des mots-clés vus la veille (voir p. 196 du guide).<br>Valider en corrigeant les fautes d'orthographe.<br><br>– Lire la consigne de l'exercice 4 à voix haute, puis laisser un temps d'observation pour découvrir l'illustration. |

**Différenciation**

– Pour les élèves en difficulté, faire l'exercice à voix haute avec eux, en apportant des explications.

– Demander aux autres élèves de faire l'exercice individuellement sur l'ardoise, en associant lettre et chiffre.

– Proposer une correction collective.

👁 **On pourra revenir plusieurs fois sur cet exercice pour que les élèves mémorisent ce vocabulaire.**

## Séance 2

| | |
|---|---|
| 10 min<br><br>**individuel<br>écrit**<br><br>cahier<br>p. 103, ex. 1, 2 | ⬤ **Activités écrites de compréhension**<br>👁 **Même démarche qu'en unité 1, p. 26 du guide.** |

**Pour le jour suivant :** lire le texte 6 (2 niveaux de difficulté) ➔ ⬤

## Étude de la langue • Grammaire / Orthographe

## Séance 1   Les accords dans le groupe nominal (2)

| | |
|---|---|
| 5 min<br><br>**collectif<br>oral** | **❶ Entrée dans la séance**<br>**OBJECTIF** Recueillir les connaissances des élèves sur l'accord au féminin dans le groupe nominal.<br>– Écrire les groupes nominaux suivants au tableau : *un camion vert – un vélo bleu.*<br>– Demander aux élèves comment écrire ces groupes nominaux si on remplace « un camion » et « un vélo » par « des voitures ».<br>👁 **On peut s'attendre à ce que les élèves proposent les réponses suivantes :** *des voitures vertes – des voitures \*bleus.*<br>👁 **Noter les propositions des élèves. Préciser que la correction se fera à la fin de la séance.** |
| 15 min<br><br>**collectif<br>oral**<br><br>manuel<br>p. 140, ex. 4 à 6<br><br>mémo<br>p. 22 | **❷ Découverte collective**<br>**OBJECTIF** Repérer la marque du féminin dans un groupe nominal.<br>– **Exercice 4.** Les élèves repèrent les adjectifs qualificatifs dans les groupes nominaux.<br>– Synthèse collective au tableau.<br>– **Exercice 5.** Les élèves remarquent que la lettre « e » est la marque à l'écrit du féminin singulier et que le groupe de lettres « es » est la marque à l'écrit du féminin pluriel de la majorité des adjectifs.<br>👁 **On peut s'appuyer sur les connaissances découvertes le jour précédent (voir p. 190 du guide) et ainsi amener les élèves à comprendre que l'accord en genre s'applique à tous les mots du groupe nominal, à la manière de l'accord en nombre.**<br>– **Exercice 6.** Les élèves définissent les modalités des accords dans un groupe nominal.<br>– Synthèse collective au tableau.<br>👁 **Il est important d'amener les élèves à comprendre que tous les mots qui constituent un groupe nominal s'accordent à la fois en genre et en nombre.**<br>– Lecture collective du mémo.<br>– Mémorisation du mémo.<br>– Retour à la situation d'entrée et correction collective des hypothèses initiales afin d'institutionnaliser les connaissances découvertes pendant la séance. |

👁 Il est important d'insister sur le fait que l'adjectif prend, à l'écrit, la lettre « e » au féminin même si on ne l'entend pas à l'oral : *bleue, bleues*.

### Différenciation

Certains élèves peuvent être mis en difficulté par la complexité des accords à la fois en genre et en nombre. On pourra ritualiser un jeu de quelques minutes chaque jour qui proposera de transformer des groupes nominaux afin d'en changer le genre, le nombre ou le genre et le nombre.

## Séance 2 La lettre *s* (1)

| | |
|---|---|
| 10 min<br><br>**individuel ou collectif écrit**<br><br>manuel<br>p. 140, ex. 3 | **1** **Entraînement dans le manuel**<br>👁 Même démarche qu'en unité 1, p. 27 du guide. |
| 20 min<br><br>**individuel écrit**<br><br>cahier<br>p. 104, ex. 1 à 5 | **2** **Entraînement dans le cahier et copie de phrase**<br>👁 Même démarche qu'en unité 1, p. 27 du guide.<br>Écriture : faire lire la phrase à voix haute par un élève puis rappeler que la lettre « s » doit dépasser légèrement du 1er interligne. |

**Pour le jour suivant :** mémoriser le mémo « Les accords dans le groupe nominal (2) » → mémo p. 22.

● ● ● ● ● ● ● ● ● ● ● ● ● ● ● ● ● ● ● ● ● ● ● ● ● ● ● ● ● ● ● ● ● ● ● ● ● ● ● ● ● ● ● ● ● ● ● ● ●

## Atelier d'anticipation • Compréhension / Vocabulaire

*Semaine 2 Jour 3*

(Voir dans l'introduction p. 16 la présentation du dispositif d'anticipation.)

| | |
|---|---|
| 20 min<br><br>**moment différencié**<br><br>Élèves en atelier :<br><br>– fiche de soutien, compr./voc. n° 14<br><br>Élèves en autonomie :<br><br>– fiche d'activités complémentaires, ortho. n° 20 ou/et lecture n° 20 | **1** **Phase orale**<br>**OBJECTIF** S'approprier les éléments de compréhension globale de la scène.<br>– Demander au groupe d'élèves de raconter la scène que la classe a découverte en jours 1 et 2.<br>– Faire émerger les mots-clés et les mots du « Petit dictionnaire » en invitant les élèves à en repréciser le sens.<br>**2** **Fiche de soutien en compréhension et en vocabulaire n° 14 : scène 2**<br>**OBJECTIFS** Identifier les personnages, les événements et les circonstances temporelles et spatiales d'un texte qu'on a lu. Comprendre le vocabulaire de l'histoire. |

## Lecture – Expression • Scène 2

### Séance 1

| | |
|---|---|
| 10 min<br>**collectif oral**<br>manuel<br>p. 128-129 | **1** **Retour sur la partie 2**<br>**OBJECTIFS** Poser des questions sur un texte. Prélever des informations locales dans un texte.<br>👁 **Même démarche qu'en unité 1, p. 28 du guide.** |
| 15 min<br>**collectif oral**<br>manuel<br>p. 135, ex. 5, 6 | **2** *Je me souviens de la scène*<br>**OBJECTIF** Mémoriser les éléments importants de la scène.<br>– Lire la consigne des exercices 5 et 6 à voix haute.<br><br>**Différenciation**<br>– Pour les élèves en difficulté, faire les exercices à voix haute avec eux, en proposant à différents élèves de lire chaque phrase.<br>– Demander aux autres élèves de faire les deux exercices individuellement sur l'ardoise.<br><br>– Proposer une correction collective. |
| 15 min<br>**collectif oral**<br>manuel<br>p. 135, ex. 7 | **3** **Activités préparatoires à l'expression écrite de la séance 2**<br>**OBJECTIF** Imaginer la suite d'une histoire.<br>👁 **Même démarche qu'en unité 1, p. 36 du guide.**<br>👁 **On précisera que les verbes peuvent être conjugués en donnant des exemples.** |

### Séance 2

| | |
|---|---|
| 20 min<br>**individuel écrit**<br>manuel<br>p. 135, ex. 7<br>cahier de brouillon | **■** *J'écris un petit texte*<br>**OBJECTIFS** Imaginer la suite d'une histoire. Écrire un petit texte d'environ 5 lignes.<br>👁 **Même démarche qu'en unité 1, p. 37 du guide.** |

**Pour le jour suivant :** lire le texte 7 (2 niveaux de difficulté) ➜ ●

## Étude de la langue • Conjugaison / Grammaire

### Séance 1   Le présent de *dire* et *faire*

| | |
|---|---|
| 20 min<br>**collectif oral**<br>manuel<br>p. 141, ex. 9, 10<br>ardoise ou cahier de brouillon<br>mémo p. 30 | **■** **Découverte collective**<br>**OBJECTIF** Mémoriser, à l'oral et à l'écrit, la conjugaison des verbes *dire* et *faire* au présent et à toutes les personnes.<br>– **Exercice 9.** Préparer à l'avance un affichage avec les pronoms de conjugaison. Collectivement, écrire les formes verbales relevées par les élèves en face des pronoms correspondants.<br>– **Exercice 10.** S'aider de la conjugaison des verbes du 1er groupe affichée dans la classe pour faire produire les formes verbales manquantes des verbes *dire* et *faire*. Compléter ainsi l'affichage qui restera dans la classe. |

| | ⊙ **Pointer la particularité de la 2ᵉ personne du pluriel de ces deux verbes. Noter aussi la prononciation de «faisons».**<br><br>– Lecture collective du mémo. *Comment s'écrivent au présent les verbes «dire» et «faire» à toutes les personnes?*<br><br>– Mémorisation du mémo. |
|---|---|

## Séance 2  Les accords dans le groupe nominal (2)

| 10 min<br><br>**individuel ou collectif écrit**<br><br>manuel<br>p. 140, ex. 7, 8 | **1** **Entraînement dans le manuel**<br>⊙ **Même démarche qu'en unité 1, p. 29 du guide.** |
|---|---|
| 20 min<br><br>**individuel écrit**<br><br>cahier<br>p. 105, ex. 1 à 4 | **2** **Entraînement dans le cahier**<br>⊙ **Même démarche qu'en unité 1, p. 29 du guide.**<br><br>**Différenciation**<br>Exercice 4: avec l'aide de l'enseignant pour les élèves en difficulté. |

**Pour le jour suivant:**
– mémoriser le mémo «Le présent de *dire* et *faire*» ➜ mémo p. 30;
– activité supplémentaire: *continue la conjugaison au présent de: «Je dis ce que je fais.»*

• • • • • • • • • • • • • • • • • • • • • • • • • • • • • • • • • • • • • • • • • • • • • • • • • • • • • • • • • •

## Lecture - Expression • Scène 2

*Semaine 2<br>Jour 4*

## Séance 1

| 40 min<br><br>**individuel écrit**<br><br>cahier d'expression écrite<br><br>⊙ Prévoir un travail en autonomie | ▬ **Retour sur l'expression écrite / Activité en autonomie**<br>**OBJECTIFS** Revenir sur un travail écrit et y apporter les corrections nécessaires. / Travailler en autonomie et silencieusement.<br>⊙ **Même démarche qu'en unité 1, p. 38 du guide.** |
|---|---|

## Séance 2

| 15 min<br><br>**individuel écrit**<br><br>cahier<br>p. 103, ex. 3, 4 | ▬ **Activités écrites de compréhension et copie de phrase**<br>⊙ **Même démarche qu'en semaine 1, p. 28 du guide.**<br><br>**Différenciation**<br>Regrouper les élèves en difficulté et leur lire le contenu de l'exercice 4 avant le travail individuel.<br><br>Écriture: faire lire la phrase à voix haute par un élève puis repérer les lettres «𝒪» majuscules. |
|---|---|

Pour le jour suivant : lire le texte 8 (2 niveaux de difficulté) ➜ 🔵

## Étude de la langue • L'atelier des mots / Conjugaison

### Séance 1  Construire des mots de la même famille

| | |
|---|---|
| 10 min<br><br>**collectif oral**<br><br>manuel p. 141, ex. 13 | **1 Découverte collective**<br>**OBJECTIF** Comprendre le rôle des préfixes et des suffixes dans la construction des mots.<br>– **Exercice 13.** La « machine » du manuel reproduite grossièrement au tableau est, si possible, cachée derrière les panneaux mobiles. Demander aux élèves de découvrir individuellement la machine et de lire la consigne sur leur manuel.<br>– En collectif oral au tableau, décrire les différentes parties de la machine et reprendre l'exemple de la consigne. Selon la rapidité de compréhension des élèves, prévoir éventuellement d'autres exemples.<br>– Écrire au tableau les mots proposés par les élèves. Analyser leur construction : recherche du mot de base + affixe(s) et retour sur le sens des affixes. Il est intéressant d'écrire également les mots qui n'existent pas dans la langue française mais qui ont un sens de par leur construction.<br><br>**Différenciation**<br>Regrouper les élèves en difficulté et les accompagner dans leur lecture et dans leur questionnement.<br>La mise en commun intéressera l'ensemble de la classe. |
| 10 min<br><br>**individuel écrit / collectif oral**<br><br>manuel p. 141, ex. 14<br><br>cahier de brouillon | **2 Manipulation dans le manuel**<br>**OBJECTIF** Construire des mots de la même famille avec des préfixes et/ou des suffixes.<br>– **Exercice 14.** Recherche individuelle sur le cahier de brouillon.<br>– Mise en commun : écrire les mots au tableau. On procède au regroupement des mots dans différentes colonnes selon leur préfixe ou leur suffixe ou encore préfixe + suffixe.<br>– Ne pas rejeter les mots qui n'existent pas dans la langue française (les souligner en précisant qu'on en reparlera plus tard).<br>– Reprendre les mots des différentes colonnes et revenir sur leur sens en fonction des affixes.<br>– Revenir ensuite sur les mots qui « veulent dire quelque chose du fait de leur construction » mais qui n'existent pas dans la langue française : *replumer.*<br><br>**Différenciation**<br>Accompagner les élèves en difficulté.<br>La mise en commun et l'élaboration d'un mémo intéresseront l'ensemble de la classe. |
| mémo p. 40 | **3 Mémo**<br>Construire le mémo avec les élèves à partir de leurs observations. |

### Séance 2  Le présent de *dire* et *faire*

| | |
|---|---|
| 10 min<br><br>**individuel ou collectif écrit**<br><br>manuel p. 141, ex. 11, 12 | **1 Entraînement dans le manuel**<br>👁 Même démarche qu'en unité 3, p. 86 du guide. |

| | |
|---|---|
| 20 min<br><br>**individuel<br>écrit**<br><br>cahier<br>p. 106, ex. 1 à 4 | **2** **Entraînement dans le cahier**<br><br>👁 **Même démarche qu'en unité 3, p. 86 du guide.**<br><br>**Différenciation**<br>Exercice 4 : avec l'aide de l'enseignant pour les élèves en difficulté. |

**Pour le jour suivant :** mémoriser le mémo « Construire des mots de la même famille » → mémo p. 40.

●●●●●●●●●●●●●●●●●●●●●●●●●●●●●●●●●●●●●●●●●●●●●●●●●●●●●●●●●●●●●●●●●●●●●●●●●●●●●●●●

## Atelier d'anticipation • **Graphophonologie**

*Semaine 3<br>Jour 1*

(Voir dans l'introduction p. 16 la présentation du dispositif
d'anticipation et des jeux de manipulation.)

| | |
|---|---|
| 20 min<br><br>**moment différencié**<br><br>Élèves en atelier :<br><br><br>– cartes des mots<br>– fiche de soutien,<br>ortho. n° 27<br><br>Élèves en autonomie :<br><br><br>– texte de lecture<br>supplémentaire n° 21 | **1** **Jeux de manipulation avec la lettre *s***<br>**OBJECTIFS** Déchiffrer des mots. Analyser les différents rôles d'une lettre.<br><br>– Faire écrire les noms « un coussin » et « un cousin ».<br>Demander aux élèves de comprendre pourquoi ils s'écrivent de la sorte.<br>Noter au tableau la règle provisoire qui sera étayée par les exercices du manuel.<br>– Les jeux :<br>– « Le pas à pas »<br>– « La silhouette sonore »<br><br>**2** **Fiche de soutien en orthographe n° 27 : la lettre *s* (2)**<br>**OBJECTIFS** Déchiffrer des mots. Analyser les différents rôles d'une lettre. |

## Lecture – Expression • **Scène 3**

## **Séance 1**

| | |
|---|---|
| 5 min<br><br>**collectif<br>oral** | **1** **Résumé de la scène 2**<br>**OBJECTIF** Restituer les informations nécessaires à la compréhension d'un texte.<br><br>👁 **Même démarche qu'en unité 1, p. 32 du guide.** |
| 20 min<br><br>**collectif<br>oral**<br><br>manuel<br>p. 130-131 et p. 137 | **2** **Découverte de la scène 3**<br>**OBJECTIFS** Prendre des informations sur une image. Écouter et lire la fin d'une œuvre intégrale courte.<br><br>– Laisser un temps aux élèves pour qu'ils découvrent les illustrations de la double page.<br>– Demander aux élèves de lire la page 130 seuls ou à deux, puis d'émettre des hypothèses sur la suite de la scène.<br>– Proposer une lecture magistrale de la page 130 puis marquer une pause et faire réagir les élèves.<br>– Demander aux élèves de relever le mot suivi d'un astérisque (*pousse*), puis faire lire la phrase comportant ce mot pour le recontextualiser. Laisser les élèves en donner une définition avec leurs propres mots avant de découvrir la définition du « Petit dictionnaire », page 137.<br>– Faire de même pour la page 131.<br>– Proposer à quelques élèves de relire à voix haute les pages 130 et 131, en leur attribuant des rôles. |

| 15 min<br><br>**collectif<br>oral**<br><br>manuel<br>page 136, ex. 1 | **3** *Je comprends la scène*<br><br>**OBJECTIFS** Identifier les personnages, les événements et les circonstances temporelles et spatiales d'un texte qu'on a lu. Rendre compte de ce que l'on a lu ou entendu.<br><br>👁 **Même démarche qu'en unité 1, p. 24 du guide.**<br>– Mots-clés à inscrire au tableau : *replanter, une jeune pousse, un amour, un amoureux, une hache, un assassin, un cœur.*<br><br>**Différenciation**<br>– Proposer aux élèves en difficulté de relire les mots qui présentent des difficultés de déchiffrage : *ailleurs, un assassin*; puis les phrases qui contiennent ces mots.<br>– Revenir sur le sens de ces phrases : *Je ne savais pas que les arbres avaient un cœur. – Tu es déjà au courant ?*<br>– Inviter les autres élèves, sur l'ardoise, à inventer des phrases à partir des mots-clés ci-dessus (qui apparaissent au tableau). |

## Séance 2

| 20 min<br><br>**individuel<br>écrit**<br><br>ardoise | 🔵 **Mémorisation des mots-clés de la scène 3**<br><br>**OBJECTIFS** Mémoriser les mots-clés de l'histoire. Restituer leur orthographe.<br><br>📝 *replanter, une jeune pousse, un amour, un amoureux, une hache, un assassin*<br><br>👁 **Même démarche qu'en unité 4, p. 108 du guide.**<br>– Questions à poser : *que vont faire les personnages ? Pourquoi prennent-ils cette décision ? Quel outil le garçon avait-il l'intention d'utiliser ? De quoi la pierre le traite-t-il ?* |

**Pour le jour suivant :** lire le texte 9 (2 niveaux de difficulté) ➜ 💿

## Étude de la langue • Orthographe / L'atelier des mots

### Séance 1 La lettre *s* (2)

| 20 min<br><br>**collectif<br>oral**<br><br>manuel<br>p. 142, ex. 1, 2<br><br>ardoise ou<br>cahier de brouillon<br><br>mémo<br>p. 12 | 🔵 **Découverte collective**<br><br>**OBJECTIF** Analyser les différents rôles d'une lettre.<br><br>👁 **Même démarche qu'en unité 6, p. 162 du guide.**<br><br>👁 **Penser à faire travailler les liaisons :** *ils / elles* + verbes commençant par une voyelle (*ils ont*); déterminants au pluriel + noms commençant par une voyelle (*mes amis*). |

### Séance 2 Construire des mots de la même famille

| 30 min<br><br>**individuel<br>écrit**<br><br>cahier<br>p. 107, ex. 1 à 5 | 🔵 **Entraînement dans le cahier**<br>👁 **Même démarche qu'en unité 1, p. 41 du guide.**<br><br>**Différenciation**<br>Exercice 5 : avec l'aide de l'enseignant pour les élèves en difficulté. |

**Pour le jour suivant :**
– mémoriser l'écriture du son [s] avec la lettre « s » entre deux voyelles ➜ mémo p. 12 ;
– activité supplémentaire : *cherche des mots qui s'écrivent avec les lettres « ss ».*

## Lecture - Expression • Scène 3

*Semaine 3*
*Jour 2*

### Séance 1

| | |
|---|---|
| 15 min<br>**collectif**<br>**oral** | **1 Retour sur la scène 3**<br>**OBJECTIF** Distinguer les éléments importants d'un texte.<br>– Inviter les élèves à se remémorer la scène découverte la veille : *de quoi parle la dernière scène de cette pièce de théâtre ?* Insister sur la solution que propose le chêne, sur les réactions de certains personnages et sur l'échange entre le garçon et la pierre.<br>– Activités de restitution (exemples) :<br>1. repérage de phrases erronées : *Il y en a assez des humains qui <u>plantent</u> les arbres !*<br>2. vrai/faux : *Les personnages de la forêt doivent se mettre en route sans tarder car le jour commence à se lever. Vrai ou faux ?*<br>3. rebrassage du lexique : *Comment appelle-t-on une très jeune plante qui commence à pousser ? <u>Une jeune pousse.</u>* |
| 15 min<br>**collectif**<br>**oral**<br>manuel<br>p. 136, ex. 2 | **2 *J'apprends des mots nouveaux***<br>**OBJECTIF** Affiner le bagage lexical.<br>Lire la consigne à voix haute. Laisser les élèves lire silencieusement les trois phrases. Demander ensuite à un élève volontaire de lire une phrase et de l'expliquer. Valider ou reformuler si besoin. |

### Séance 2

| | |
|---|---|
| 10 min<br>**individuel**<br>**écrit**<br>cahier<br>p. 108, ex. 1, 2 | **Activités écrites de compréhension**<br>👁 **Même démarche qu'en unité 1, p. 26 du guide.** |

**Pour le jour suivant :** lire le texte 10 (2 niveaux de difficulté) ➜

## Étude de la langue • Grammaire / Orthographe

### Séance 1 Éviter la répétition du sujet (1)

| | |
|---|---|
| 5 min<br>**collectif**<br>**oral** | **1 Entrée dans la séance**<br>**OBJECTIF** Dénombrer des phrases et repérer les mots employés à plusieurs reprises.<br>– Reprendre des phrases prononcées par le chêne dans le texte page 130 et les écrire en commençant par le nom du personnage qui les prononce : *Le chêne veut partir. Le chêne projette de se déraciner. Le chêne espère sauver la jeune pousse.*<br>– Demander aux élèves de compter le nombre de phrases. Demander quel est le mot qu'on retrouve le plus souvent.<br>– Demander aux élèves comment ils pourraient écrire ce texte en n'employant le nom « le chêne » qu'une seule fois.<br>👁 **Noter les propositions des élèves. Préciser que la correction se fera à la fin de la séance.** |

| 15 min<br><br>**collectif<br>oral**<br><br>manuel<br>p. 142, ex. 4 à 7<br><br>mémo<br>p. 22 | **2** **Découverte collective**<br><br>OBJECTIFS Dénombrer des phrases et repérer les personnes désignées par les pronoms personnels. Repérer les éléments qui permettent d'éviter la répétition du sujet.<br><br>– **Exercice 4.** Les élèves comparent les deux textes en dénombrant les phrases. Ils précisent qui parle.<br><br>– Synthèse collective au tableau.<br><br>– **Exercices 5 à 7.** Les élèves expliquent comment l'auteur a réussi à regrouper les trois phrases pour n'en faire qu'une. Ils repèrent le mot dont on a évité la répétition et comprennent le rôle de la virgule et de la conjonction de coordination «et».<br><br>– Synthèse collective au tableau.<br><br>– Lecture collective du mémo.<br><br>– Mémorisation du mémo.<br><br>– Retour à la situation d'entrée et correction collective des hypothèses initiales afin d'institutionnaliser les connaissances découvertes pendant la séance.<br><br>– Proposer la phrase suivante en correction : *Le chêne veut partir, projette de se déraciner et espère sauver la jeune pousse.* |

### Séance 2  La lettre s (2)

| 10 min<br><br>**individuel ou<br>collectif écrit**<br><br>manuel<br>p. 142, ex. 3 | **1** **Entraînement dans le manuel**<br><br>👁 Même démarche qu'en unité 1, p. 27 du guide. |
| 20 min<br><br>**individuel<br>écrit**<br><br>cahier<br>p. 109, ex. 1 à 4 | **2** **Entraînement dans le cahier et copie de phrase**<br><br>👁 Même démarche qu'en unité 1, p. 27 du guide.<br><br>Écriture : faire lire la phrase à voix haute par un élève puis attirer l'attention sur l'enchaînement du «b» avec le «r». |

**Pour le jour suivant :** mémoriser le mémo «Éviter la répétition du sujet (1)» ➜ mémo p. 22.

•••••••••••••••••••••••••••••••••••••••••••••••••••••••••••••••••

### Atelier d'anticipation • **Compréhension / Vocabulaire**

*Semaine 3<br>Jour 3*

(Voir dans l'introduction p. 16 la présentation du dispositif d'anticipation.)

| 20 min<br><br>**moment différencié**<br><br>Élèves en atelier :<br><br><br><br>– fiche de soutien,<br>compr./voc. n° 15<br><br>Élèves en autonomie :<br><br><br><br>– fiche d'activités<br>complémentaires,<br>ortho. n° 21 ou/et<br>lecture n° 21 | **1** **Phase orale**<br><br>OBJECTIF S'approprier les éléments de compréhension globale de la scène.<br><br>– Demander au groupe d'élèves de raconter la scène que la classe a découverte en jours 1 et 2.<br><br>– Faire émerger les mots-clés et les mots du «Petit dictionnaire» en invitant les élèves à en repréciser le sens.<br><br>**2** **Fiche de soutien en compréhension et en vocabulaire n° 15 : scène 3**<br><br>OBJECTIFS Identifier les personnages, les événements et les circonstances temporelles et spatiales d'un texte qu'on a lu. Comprendre le vocabulaire de l'histoire. |

## Lecture – Expression • Scène 3

### Séance 1

| | |
|---|---|
| **15 min**<br><br>**collectif oral**<br><br>manuel<br>p. 126-131 | **❶ Retour sur toute l'histoire**<br>**OBJECTIFS** Distinguer les éléments importants d'une histoire. En restituer la chronologie.<br><br>👁 **Même démarche qu'en unité 1, p. 44 du guide, en proposant aux élèves de jouer chacun un personnage. Changer à chaque nouvelle page.**<br>Résumés de la pièce complète à proposer à l'oral :<br><br>**1.** Dans une forêt, un petit garçon repère un beau bouleau : il reviendra demain l'abattre pour se faire un arc et des flèches avec son bois. Tous les amis de ce bouleau sont paniqués à l'idée qu'il puisse mourir. Pour échapper au garçon, ils décident de se déraciner et de se replanter ailleurs. Le lendemain, le garçon ne comprend pas. La pierre, restée là, lui explique qu'ils sont partis et qu'il ne devra revenir dans la forêt que pour s'y promener.<br><br>**2.** Un bouleau-garçon et un bouleau-fille sont amoureux et vivent heureux dans une forêt, entourés de leurs amis les fougères, le saule pleureur, le chêne et la pierre. Quand, soudain, un garçon surgit. Demain, il abattra le bouleau-fille pour s'en faire un arc et des flèches. La nuit venue, le groupe d'amis s'enfuit pour protéger le bouleau-fille. Seule la pierre n'a pas bougé et elle va expliquer au garçon qu'il est un assassin. |
| **25 min**<br><br>**collectif oral**<br><br>manuel<br>p. 136, ex. 3 à 5 | **❷ *Je me souviens de toute l'histoire***<br>**OBJECTIFS** Comprendre l'histoire dans sa globalité. Participer à un débat en argumentant.<br>– Faire lire la consigne de l'exercice 3, puis chacune des phrases.<br><br>👁 **On pourra suggérer aux élèves d'utiliser les mots du petit dictionnaire dans leurs réponses (puisqu'ils apparaissent sur la page voisine).**<br>– Faire lire la consigne de l'exercice 4 puis laisser du temps aux élèves pour qu'ils lisent les quatre phrases et qu'ils observent les illustrations. Demander à des élèves moins à l'aise en lecture de lire les deux premières phrases. Faire une correction collective.<br>– Lire les questions de l'exercice 5 à voix haute et y répondre une par une pour permettre un débat construit. |

### Séance 2

| | |
|---|---|
| **20 min**<br><br>**individuel écrit**<br><br>cahier<br>p. 108, ex. 3 | 🔵 **Activités écrites de compréhension et copie de phrase**<br>👁 **Même démarche qu'en unité 1, p. 28 du guide.**<br>Écriture : faire lire la phrase à voix haute par un élève puis repérer les lettres « *R* » majuscules. |

**Pour le jour suivant :** lire le texte 11 (2 niveaux de difficulté) ➜ 💿

## Étude de la langue • Conjugaison / Grammaire

### Séance 1 — Le présent de *aller* et *venir*

| | |
|---|---|
| **20 min**<br><br>**collectif oral**<br><br>manuel<br>p. 143, ex. 10, 11<br><br>ardoise ou cahier de brouillon<br><br>mémo<br>p. 30 | 🔵 **Découverte collective**<br>**OBJECTIF** Mémoriser, à l'oral et à l'écrit, la conjugaison des verbes *aller* et *venir* au présent et à toutes les personnes.<br><br>👁 **Même démarche qu'en semaine 2, p. 200 du guide.**<br>– Lecture collective du mémo. *Comment s'écrivent au présent les verbes « aller » et « venir » à toutes les personnes ?*<br>– Faire comparer les terminaisons des verbes « aller » et « venir » avec celles des verbes « dire » et « faire » et celles des verbes du 1er groupe. Pointer les similitudes et les différences.<br>– Mémorisation du mémo. |

## Séance 2 · Éviter la répétition du sujet (1)

| | |
|---|---|
| 10 min<br><br>**individuel ou collectif écrit**<br><br>manuel p. 142, ex. 8, 9 | **1** Entraînement dans le manuel<br>👁 Même démarche qu'en unité 1, p. 29 du guide. |
| 20 min<br><br>**individuel écrit**<br><br>cahier p. 110 ex. 1 à 4 | **2** Entraînement dans le cahier<br>👁 Même démarche qu'en unité 1, p. 29 du guide.<br><br>**Différenciation**<br>Exercice 4 : avec l'aide de l'enseignant pour les élèves en difficulté. |

**Pour le jour suivant :**
– mémoriser le mémo « Le présent de *aller* et *venir* » ➜ mémo p. 30 ;
– activité supplémentaire : *continue la conjugaison au présent de : « Je vais et je viens. »*

- - - - - - - - - - - - - - - - - - - - - - - - - - - - - - - - ➜ - - - - - - - - - - - - - - - - - - - - - - - - - -

## Lecture - Expression • Scène 3

*Semaine 3 Jour 4*

### Séance 1

| | |
|---|---|
| 20 min<br><br>**collectif oral**<br><br>manuel p. 137, ex. 6 à 8 | 🔵 *J'utilise le petit dictionnaire*<br>**OBJECTIFS** Se repérer dans un dictionnaire. Se familiariser avec sa présentation et son fonctionnement. Réinvestir des notions de grammaire et de vocabulaire.<br>👁 Même démarche qu'en unité 3, p. 100 du guide.<br>👁 L'exercice 7 permet un réinvestissement des notions de grammaire et de vocabulaire découvertes récemment. On pourra redonner des précisions.<br><br>**Différenciation**<br>Laisser la frise-alphabet à la disposition de ceux qui le souhaitent. |

### Séance 2

| | |
|---|---|
| 30 min<br><br>**collectif oral**<br><br>manuel p. 144 | 🔵 *D'autres œuvres à découvrir*<br>**OBJECTIF** Comprendre et s'approprier une nouvelle œuvre en lien avec le texte étudié.<br>– Découverte d'une œuvre littéraire : *Les minuscules*, de Roald Dahl.<br>– Ce récit fantastique entraîne le lecteur dans une forêt pas comme les autres. On y découvre alors des monstres mais aussi de tout petits hommes qui vont faire entrer le héros dans un monde magique.<br>– Proposer une lecture offerte de ce conte, puis relever les nombreuses descriptions de la forêt.<br>– Observer les très belles illustrations de Patrick Benson, en particulier les détails des troncs et des feuillages.<br>– Consacrer un temps avec des élèves (un demi-groupe serait idéal) pour rechercher d'autres récits sur les arbres. |

**Pour le jour suivant :** lire le texte 12 (2 niveaux de difficulté) ➜ 🔵

## Séance 1 — Construction avec un mot de base modifié (1)

| | |
|---|---|
| 10 min<br><br>**individuel écrit /<br>collectif oral**<br><br>manuel<br>p. 143, ex. 14 à 16<br><br>cahier de brouillon | **1 Découverte collective**<br><br>**OBJECTIF** Remarquer qu'un mot de base peut être modifié dans la construction d'un mot avec un suffixe.<br><br>– **Exercice 14.** Demander aux élèves de lire individuellement la liste de mots et d'écrire les mots de base sur leur cahier de brouillon.<br><br>– Mise en commun : copier les mots suffixés au tableau. Demander aux élèves d'indiquer le mot de base de chacun et l'écrire sous le mot suffixé qui correspond. Faire remarquer aux élèves qu'on ne retrouve pas le mot de base écrit en entier dans le mot avec suffixe mais qu'on l'entend : pommier/pomme = [pomje]/[pom].<br><br>– **Exercice 15.** Même démarche.<br><br>– **Exercice 16.** Recherche individuelle sur le cahier de brouillon.<br><br>– Mise en commun : les mots proposés par les élèves sont écrits au tableau puis analysés.<br><br>**Différenciation**<br>Regrouper les élèves en difficulté et les accompagner dans leur lecture et dans leur questionnement.<br>La mise en commun intéressera l'ensemble de la classe. |
| 10 min<br><br>**individuel écrit /<br>collectif oral**<br><br>manuel<br>p. 143, ex. 17<br><br>cahier de brouillon | **2 Manipulation dans le manuel**<br><br>**OBJECTIF** Construire des mots de la même famille avec un suffixe.<br><br>– **Exercice 17.** Recherche individuelle sur le cahier de brouillon.<br><br>– Mise en commun : écrire au tableau les propositions correctes des élèves. Observation des différents mots de base. D'autres mots fonctionnant sur le même principe peuvent être éventuellement cherchés.<br><br>**Différenciation**<br>Prévoir de suivre les élèves en difficulté sans nécessairement les regrouper.<br>Prévoir de les faire intervenir en premier lors de la correction-mise en commun en classe entière de l'exercice. |
| mémo<br>p. 40 | **3 Mémo**<br>– Construire le mémo avec les élèves à partir de leurs observations. |

## Séance 2 — Le présent de *aller* et *venir*

| | |
|---|---|
| 10 min<br><br>**individuel ou<br>collectif écrit**<br><br>manuel<br>p. 143, ex. 12, 13 | **1 Entraînement dans le manuel**<br>👁 Même démarche qu'en unité 3, p. 86 du guide. |
| 20 min<br><br>**individuel<br>écrit**<br><br>cahier<br>p. 111, ex. 1 à 4 | **2 Entraînement dans le cahier**<br>👁 Même démarche qu'en unité 3, p. 86 du guide<br><br>**Différenciation**<br>Exercice 4 : avec l'aide de l'enseignant pour les élèves en difficulté. |

**Pour le jour suivant :** mémoriser le mémo « Construction avec un mot de base modifié (1) » ➜ mémo p. 40.

# La vie secrète des arbres

## SEMAINE 1

| | | | Jour 1 guide p. 213 |
|---|---|---|---|
| **Atelier d'anticipation** (graphophonologie et compréhension/vocabulaire) | **Moment différencié en atelier** | 20 min | Élèves en atelier d'anticipation, CD, fiche de soutien, ortho. n° 28 — Élèves en autonomie, CD, texte de lecture supplémentaire n° 22 |
| **Lecture / Expression** | **Séance 1** | 20 à 40 min | **1.** Découverte de la page d'ouverture, manuel p. 145 **2.** Découverte de la partie 1, manuel p. 146-147 **3.** *Je comprends la partie*, manuel p. 152, ex. 1, 2 |
| | **Séance 2** | 10 à 20 min | Mémorisation des mots-clés de la partie 1, ardoise |
| **Étude de la langue** | **Séance 1** | 20 min | **Orthographe •** La lettre *c*, manuel p. 158, ex. 1, 2 + mémo p. 13 |
| | **Séance 2** | 30 min | Entraînement en atelier des mots, cahier p. 112, ex. 1 à 5 |

Dictée n° 22* (CD + guide p. 13)

## SEMAINE 2

| | | | Jour 1 guide p. 221 |
|---|---|---|---|
| **Atelier d'anticipation** (graphophonologie et compréhension/vocabulaire) | **Moment différencié en atelier** | 20 min | Élèves en atelier d'anticipation, CD, fiche de soutien, ortho. n° 29 — Élèves en autonomie, CD, texte de lecture supplémentaire n° 23 |
| **Lecture / Expression** | **Séance 1** | 20 à 40 min | **1.** Résumé de la partie 1 **2.** Découverte de la partie 2, manuel p. 148-149 **3.** *Je comprends la partie*, manuel p. 154, ex. 1 |
| | **Séance 2** | 10 à 20 min | Mémorisation des mots-clés de la partie 2, ardoise |
| **Étude de la langue** | **Séance 1** | 20 min | **Orthographe •** Les lettres *c*, *k* et *q*, manuel p. 160, ex. 1, 2 + mémo p. 13 |
| | **Séance 2** | 30 min | Entraînement en vocabulaire, manuel p. 159, ex. 12, 13 + cahier p. 117, ex. 1 à 6 |

Dictée n° 23* (CD + guide p. 13)

## SEMAINE 3

| | | | Jour 1 guide p. 228 |
|---|---|---|---|
| **Atelier d'anticipation** (graphophonologie et compréhension/vocabulaire) | **Moment différencié en atelier** | 20 min | Élèves en atelier d'anticipation, CD, fiche de soutien, ortho. n° 30 — Élèves en autonomie, CD, texte de lecture supplémentaire n° 24 |
| **Lecture / Expression** | **Séance 1** | 20 à 40 min | **1.** Résumé de la partie 2 **2.** Découverte de la partie 3, manuel p. 150-151 **3.** *Je comprends la partie*, manuel p. 156, ex. 1 |
| | **Séance 2** | 10 à 20 min | Mémorisation des mots-clés de la partie 3, ardoise |
| **Étude de la langue** | **Séance 1** | 20 min | **Orthographe •** La lettre *g* (1) manuel p. 162, ex. 1, 2 + mémo p. 13 |
| | **Séance 2** | 30 min | Entraînement en atelier des mots, cahier p. 122, ex. 1 à 5 |

Dictée n° 24* (CD + guide p. 13)

* À préparer sur 3 jours et à réaliser le 4e jour.

| Jour 2 guide p. 215 | Jour 3 guide p. 217 | Jour 4 guide p. 219 |
|---|---|---|
| | Élèves en atelier d'anticipation, CD, fiche de soutien, compr./voc. n° 16<br><br>Élèves en autonomie, CD, fiche d'activités complémentaires, ortho. n° 22 ou/et lecture n° 22 | |
| **1.** Retour sur la partie 1<br>**2.** *J'apprends des mots nouveaux*, manuel p. 152, ex. 3<br>**3.** *Je lis à voix haute*, manuel p. 152, ex. 4 | **1.** Retour sur la partie 1<br>**2.** *Je me souviens de la partie*, manuel p. 153, ex. 5 à 8<br>**3.** *J'écris une phrase*, manuel p. 153, ex. 9 | **1.** Relecture de la partie 1<br>**2.** Activités orales de compréhension : résumé et analyse des documents |
| Activités écrites de compréhension, cahier p. 113, ex. 1, 2 | Activités écrites de compréhension, cahier p. 113, ex. 3<br>Copie de phrase (𝒜), cahier p. 113 | *D'autres œuvres à découvrir*, manuel p. 164 |
| **Grammaire** • Éviter la répétition du sujet (2), manuel p. 158, ex. 4, 5 + mémo p. 23 | **Conjugaison** • L'imparfait des verbes en -er, manuel p. 159, ex. 8, 9 + mémo p. 31 | **Vocabulaire** • Les homophones, manuel p. 159, ex. 11 + mémo p. 41 |
| Entraînement en orthographe, manuel p. 158, ex. 3 + cahier p. 114, ex. 1 à 4<br>Copie de phrase, cahier p. 114 | Entraînement en grammaire, manuel p. 158, ex. 6, 7 + cahier p. 115, ex. 1 à 4 | Entraînement en conjugaison, manuel p. 159, ex. 10 + cahier p. 116, ex. 1 à 5 |

| Jour 2 guide p. 223 | Jour 3 guide p. 225 | Jour 4 guide p. 226 |
|---|---|---|
| | Élèves en atelier d'anticipation, CD, fiche de soutien, compr./voc. n° 17<br><br>Élèves en autonomie, CD, fiche d'activités complémentaires, ortho. n° 23 ou/et lecture n° 23 | |
| **1.** Retour sur la partie 2<br>**2.** *J'apprends des mots nouveaux*, manuel p. 154, ex. 2 à 4 | **1.** Retour sur la partie 2<br>**2.** *Je me souviens de la partie*, manuel p. 155, ex. 5, 6<br>**3.** Activités préparatoires à l'expression écrite de la séance 2 | Retour sur l'expression écrite |
| Activités écrites de compréhension, cahier p. 118, ex. 1, 2 | *J'écris un petit texte*, manuel p. 155, ex. 7 | Activités écrites de compréhension, cahier p. 118, ex. 3, 4<br>Copie de phrase (𝒞), cahier p. 118 |
| **Grammaire** • Les marques du dialogue (1), manuel p. 160, ex. 4, 5 + mémo p. 23 | **Conjugaison** • L'imparfait du verbe *avoir*, manuel p. 161, ex. 7, 8 + mémo p. 31 | **L'atelier des mots** • Construction avec un mot de base modifié (2), manuel p. 161, ex. 11 à 13 + mémo p. 41 |
| Entraînement en orthographe, manuel p. 160, ex. 3 + cahier p. 119, ex. 1 à 4<br>Copie de phrase, cahier p. 119 | Entraînement en grammaire, manuel p. 160, ex. 6 + cahier p. 120, ex. 1 à 4 | Entraînement en conjugaison, manuel p. 161, ex. 9, 10 + cahier p. 121, ex. 1 à 5 |

| Jour 2 guide p. 230 | Jour 3 guide p. 231 | Jour 4 guide p. 233 |
|---|---|---|
| | Élèves en atelier d'anticipation, CD, fiche de soutien, compr./voc. n° 18<br><br>Élèves en autonomie, CD, fiche d'activités complémentaires, ortho. n° 24 ou/et lecture n° 24 | |
| **1.** Retour sur la partie 3<br>**2.** *J'apprends des mots nouveaux*, manuel p. 156, ex. 2 | **1.** Retour sur tout le documentaire<br>**2.** *Je me souviens de tout le documentaire*, manuel p. 156, ex. 3, 4 | *J'utilise le petit dictionnaire*, manuel p. 157, ex. 5 à 7 |
| Activités écrites de compréhension, cahier p. 123, ex. 1, 2 | Activités écrites de compréhension, cahier p. 123, ex. 3<br>Copie de phrase (𝒫, 𝒬, ℛ, 𝒮, 𝒞), cahier p. 123 | *D'autres œuvres à découvrir*, manuel p. 164 |
| **Grammaire** • Les marques du dialogue (2), manuel p. 162, ex. 4 à 6 + mémo p. 23 | **Conjugaison** • L'imparfait du verbe *être*, manuel p. 163, ex. 8, 9 + mémo p. 31 | **L'atelier des mots** • Construction avec un mot de base modifié (3), manuel p. 163, ex. 11 à 13 + mémo p. 41 |
| Entraînement en orthographe, manuel p. 162, ex. 3 + cahier p. 124, ex. 1 à 4<br>Copie de phrase, cahier p. 124 | Entraînement en grammaire, manuel p. 162, ex. 7 + cahier p. 125, ex. 1 à 4 | Entraînement en conjugaison, manuel p. 163, ex. 10 + cahier p. 126, ex. 1 à 5 |

## Le documentaire

La forêt est au cœur de ce très riche dossier documentaire qui propose une plongée de plus en plus précise dans la vie d'un arbre.

Il se compose de documents très variés : des textes explicatifs, des photographies, des dessins, un planisphère légendé et un entretien avec Yann Arthus-Bertrand, célèbre photographe de *La Terre vue du ciel* et président de la fondation « GoodPlanet ».

Le premier document expose la typologie des grandes forêts du monde avant de s'intéresser à l'arbre proprement dit, avec la présentation de son cycle de vie. Puis le zoom se poursuit par un travail sur les feuilles afin de distinguer les deux grandes familles d'arbres – les feuillus et les conifères – et de citer les principaux arbres que l'on rencontre sous les latitudes tempérées.

Afin de fixer au mieux quelques grands repères mondiaux, le document suivant évoque les arbres les plus emblématiques de chaque sous-continent. Les enfants auront compris, grâce au document précédent, que n'est indiqué ici qu'un arbre par région.

L'avant-dernier document s'intéresse à un usage industriel de la forêt. Ici, il a été choisi de décrire, étape par étape, la production d'un meuble en bois, depuis l'abattage de l'arbre jusqu'à l'atelier du menuisier, en passant par le transport et la découpe du bois. D'autres activités industrielles peuvent être évoquées comme la fabrication du papier.

L'entretien accordé par Yann Arthus-Bertrand, grande figure de la défense de l'environnement, permet de préciser certains points essentiels. Selon lui, le problème n'est pas l'usage de la forêt par les hommes mais sa surexploitation. Celle-ci a des conséquences graves puisque la disparition des forêts nous prive d'un purificateur d'air naturel et prive les animaux de leur cadre naturel. Au sein de son association « GoodPlanet », Yann Arthus-Bertrand milite pour un usage raisonné de la forêt par une prise de conscience, notamment chez les plus jeunes !

## Les thèmes

**Découvrir la biodiversité :** l'ensemble du documentaire insiste beaucoup sur la grande variété d'arbres sur notre planète. Pour des enfants qui, trop souvent, ne connaissent qu'un très petit nombre d'essences, c'est là une découverte essentielle.

Une découverte d'autant plus essentielle que, comme le précise Yann Arthus-Bertrand dans l'entretien, lorsque les hommes replantent des arbres pour recréer des forêts, ce sont bien souvent des forêts « moins variées que les forêts naturelles ».

**La protection de la forêt :** c'est le thème essentiel de ce dossier documentaire. Il suggère que, pour bien protéger la forêt, il faut la connaître ; savoir que les forêts sont fragiles et que leur exploitation par les hommes peut les mettre en danger.

Une protection d'autant plus urgente que sa destruction a de graves conséquences sur les hommes et sur les animaux. Protéger la forêt, c'est agir pour l'environnement dans son ensemble.

Cependant, il ne s'agit pas de s'opposer à toute exploitation de la forêt ! Bien au contraire, ce dossier montre qu'un usage respectueux peut parfaitement cohabiter avec une véritable conscience écologique. Voilà de quoi faire réfléchir les enfants !

## Les œuvres en réseau

**Des livres :**

> ### Rubrique « D'autres œuvres à découvrir », p. 164 du manuel
> ◆ *L'écologie*, Stéphanie Ledu, éd. Milan Jeunesse.
> (Voir le déroulement de la séance, p. 219 du guide.)

◆ *La forêt à petits pas*, Jean-Benoît Durand et George Feterman, Actes Sud Junior.

◆ *L'herbier : arbres feuillus d'Europe*, Émilie Vast, éd. MeMo.

◆ *Wangari Maathai, la femme qui plante des millions d'arbres*, Franck Prévot, éd. Rue du monde.

**Des poésies et une chanson :**

◆ *Une graine voyageait*, un poème d'Alain Bosquet.

◆ *L'arbre*, un poème de Jacques Charpentreau.

♫ *L'arbre confiseur*, une chanson d'Anne Sylvestre.

**Des œuvres picturales :**

> ### Rubrique « D'autres œuvres à découvrir », p. 164 du manuel
> 📷 Une photo des jardins du château de Villandry.
> (Voir le déroulement de la séance, p. 234 du guide.)

📷 *Grand pin et Terres rouges*, huile sur toile de Paul Cézanne (1890-1895).

📷 *La forêt*, huile sur toile de Camille Pissarro (1870).

📷 *Allée de châtaigniers à la Celle-Saint-Cloud*, huile sur toile d'Alfred Sisley (1865).

📷 *Cheval attaqué par un jaguar*, huile sur toile du Douanier Rousseau (1910).

## Atelier d'anticipation • **Graphophonologie**

(Voir dans l'introduction p. 16 la présentation du dispositif d'anticipation et des jeux de manipulation.)

| | |
|---|---|
| **20 min**<br><br>**moment différencié**<br><br>Élèves en atelier :<br><br><br>– cartes des mots<br>– fiche de soutien, ortho. n° 28<br><br>Élèves en autonomie :<br><br><br>– texte de lecture supplémentaire n° 22 | **❶ Jeux de manipulation avec la lettre *c***<br>**OBJECTIFS** Déchiffrer des mots. Analyser les différents rôles d'une lettre.<br><br>– « Un mot, une image »<br>– « Le Memory » (avec le son [k] et le son [s])<br><br>**❷ Fiche de soutien en orthographe n° 28 : la lettre *c***<br>**OBJECTIFS** Déchiffrer des mots. Analyser les différents rôles d'une lettre. |

## Lecture – Expression • **Partie 1**

### Séance 1

| | |
|---|---|
| **5 min**<br><br>**collectif oral**<br><br>manuel<br>p. 145 | **❶ Découverte de la page d'ouverture du documentaire**<br>**OBJECTIF** Prendre des informations sur une couverture d'album et sur une image.<br><br>– Faire lire le titre puis l'indication sur le type de texte.<br>– Faire observer les photos. La grande photo représente une vue aérienne d'une nouvelle plantation de palmiers à huile, située sur l'île de Bornéo.<br>– Recueillir les remarques des élèves. |
| **20 min**<br><br>**collectif oral**<br><br>manuel<br>p. 146-147 et p. 157 | **❷ Découverte de la partie 1**<br>**OBJECTIFS** Prendre des informations sur une image. Écouter et lire des pages de documentaire.<br><br>– Inviter les élèves à observer les illustrations. On pourra leur proposer de lire les légendes des trois photos de la page 146 pour commencer.<br>**👁 Situer les pays évoqués sur un planisphère et évoquer le climat de ces régions.**<br>– Proposer aux élèves de lire silencieusement le paragraphe de la page 146, puis leur demander de quoi il parle.<br>– Faire une lecture magistrale de la page 146, puis laisser les élèves intervenir : recueillir leurs réactions et éclaircir quelques difficultés de compréhension si besoin en proposant à ceux qui le peuvent d'apporter des explications ou des précisions.<br>– Relever les mots suivis d'un astérisque (*climat, essences*), puis laisser à certains le soin de les expliquer avec leurs propres mots. Les inviter à découvrir leur définition page 157 dans le « Petit dictionnaire ». Proposer à deux élèves de lire les définitions.<br>– Laisser les élèves découvrir et lire la page 147. Recueillir leurs réactions. Insister sur le fait que les paragraphes se lisent dans un certain ordre. Faire lire à voix haute chaque paragraphe en apportant des précisions si besoin.<br>– Relever les mots suivis d'un astérisque (*germer, pollen*), puis laisser à certains le soin de les expliquer avec leurs propres mots. Les inviter à découvrir leur définition page 157 dans le « Petit dictionnaire ». Proposer à deux élèves de lire les définitions. |

| | |
|---|---|
| 15 min<br><br>**collectif oral**<br><br>manuel<br>p. 152, ex. 1, 2 | **3** *Je comprends la partie*<br><br>**OBJECTIFS** Identifier les éléments d'un documentaire qu'on a lu. Rendre compte de ce que l'on a lu ou entendu.<br><br>– Pour l'exercice 1, inscrire au tableau, au fur et à mesure des réponses, les mots-clés de la partie 1 : *le pôle Nord, le désert, les régions, froid, chaud, humide, quatre saisons, germer, un sol terreux, les racines, la vieillesse, l'orage.*<br><br>– Lire la consigne de l'exercice 2 à voix haute, puis faire réexpliquer les caractéristiques de chaque forêt. Proposer aux élèves de faire l'exercice sur l'ardoise, puis proposer une correction collective.<br><br>**Différenciation**<br><br>– Proposer aux élèves en difficulté de relire les mots qui présentent des difficultés de déchiffrage : *des millions, les températures, des essences, terreux, elles se développent, la vieillesse, foudroyé* ; puis certaines des phrases qui contiennent ces mots.<br><br>– Revenir sur le sens de certains mots : *humide, terreux, la sécheresse, foudroyé.*<br><br>– Proposer aux autres élèves de lister (sur l'ardoise) les noms de tous les arbres qu'ils connaissent, puis consacrer un petit temps avec toute la classe pour partager leurs propositions. |

## Séance 2

| | |
|---|---|
| 20 min<br><br>**individuel écrit**<br><br>ardoise | **Mémorisation des mots-clés de la partie 1**<br><br>**OBJECTIFS** Mémoriser les mots-clés du documentaire. Restituer leur orthographe.<br><br>📋 *le pôle Nord, le désert, les régions, froid, chaud, humide, quatre saisons, une forêt tempérée, germer, un sol terreux, les racines, la vieillesse, l'orage*<br><br>👁 **Même démarche qu'en unité 4, p. 108 du guide.**<br><br>– Questions à poser : *où ne peut-on pas trouver de forêt ? Est-ce que le climat est le même partout dans le monde ? Comment appelle-t-on les forêts de France ? Que va faire une graine dans un sol terreux et humide ? Comment un arbre peut-il mourir ?* |

**Pour le jour suivant :** lire le texte 1 (2 niveaux de difficulté) ➔ 🔵

## Étude de la langue • Orthographe / L'atelier des mots

## Séance 1   La lettre *c*

| | |
|---|---|
| 20 min<br><br>**collectif oral**<br><br>manuel<br>p. 158, ex. 1, 2<br><br>ardoise ou cahier de brouillon<br><br>mémo<br>p. 13 | **Découverte collective**<br><br>**OBJECTIF** Analyser les différents rôles d'une lettre.<br><br>👁 **Même démarche qu'en unité 6, p. 162 du guide.**<br><br>👁 **Cette leçon est consacrée essentiellement à la valeur de la lettre « c » en fonction de la lettre qui suit.**<br><br>👁 **La lettre « c » peut également être muette : « un banc ».** |

## Séance 2   Construction avec un mot de base modifié (1)

| | |
|---|---|
| 30 min<br><br>**individuel écrit** | **Entraînement dans le cahier**<br><br>👁 **Même démarche qu'en unité 1, p. 41 du guide.** |

| | |
|---|---|
| cahier p. 112, ex. 1 à 5 | **Différenciation**<br>Exercice 4 : avec l'aide de l'enseignant pour les élèves en difficulté. |

**Pour le jour suivant :**

– mémoriser les différentes réalisations phonologiques de la lettre « c » en fonction de la lettre qui suit ➔ mémo p. 13 ;

– activité supplémentaire : *cherche des mots où la lettre « c » produit le son [k] et des mots où elle produit le son [s]*.

## Lecture – Expression • Partie 1

*Semaine 1 Jour 2*

### Séance 1

| | |
|---|---|
| 15 min<br>**collectif oral** | **1 Retour sur la partie 1**<br>**OBJECTIF** Distinguer les éléments importants d'un texte documentaire.<br>– Inviter les élèves à se remémorer la partie découverte la veille : *de quoi parle la première partie de ce documentaire ?* Insister sur l'existence de différentes forêts, puis sur les étapes de la vie d'un arbre.<br>– Activités de restitution (exemples) :<br>1. repérage de phrases erronées : *Les forêts les plus anciennes se sont formées après l'arrivée des hommes.*<br>2. vrai/faux : *C'est seulement le vent qui peut déplacer les graines dans la forêt. Vrai ou faux ?*<br>3. rebrassage du lexique : *Comment appelle-t-on les différentes espèces d'arbres ? Des essences.* |
| 15 min<br>**collectif oral**<br>manuel p. 152, ex. 3 | **2 J'apprends des mots nouveaux**<br>**OBJECTIF** Affiner le bagage lexical.<br>– Lire la consigne de l'exercice 3 à voix haute puis demander aux élèves volontaires de lire chaque phrase et de l'expliquer. Apporter des précisions si nécessaire. |
| 10 min<br>**individuel oral**<br>manuel p. 152, ex. 4 | **3 Je lis à voix haute**<br>**OBJECTIF** Lire seul et à voix haute en articulant et en respectant la ponctuation.<br>👁 **Même démarche qu'en unité 1, p. 26 du guide, en faisant repérer les points de suspension et en insistant sur le fait qu'il ne faudra pas baisser le ton.** |

### Séance 2

| | |
|---|---|
| 10 min<br>**individuel écrit**<br>cahier p. 113, ex. 1, 2 | ⬛ **Activités écrites de compréhension**<br>👁 **Même démarche qu'en unité 1, p. 26 du guide.**<br>**Différenciation**<br>Proposer aux élèves les plus rapides de réécrire sur l'ardoise les mots-clés vus en jour 1 (voir p. 214 du guide) de mémoire, en faisant attention à l'orthographe (masquer l'affichage). Leur proposer une auto-correction à l'aide de l'affichage. |

**Pour le jour suivant :** lire le texte 2 (2 niveaux de difficulté) ➔ 💿

**Séance 1** Éviter la répétition du sujet (2)

| | |
|---|---|
| **5 min**<br>**collectif oral** | **❶ Entrée dans la séance**<br>**OBJECTIF** Remplacer les mots employés à plusieurs reprises dans un texte court.<br>– Écrire le texte suivant au tableau : *Le bûcheron marche dans la forêt. Le bûcheron repère un arbre couché par terre. Le bûcheron démarre sa tronçonneuse.*<br>– Demander aux élèves de compter le nombre de phrases. Demander quel est le nom que l'on retrouve le plus souvent. Souligner le nom « le bûcheron » dans les trois phrases.<br>– Demander aux élèves de proposer des mots qui permettront de remplacer le nom « le bûcheron ».<br>👁 Noter les propositions des élèves. Préciser que la correction se fera à la fin de la séance. |
| **15 min**<br>**collectif oral**<br>manuel<br>p. 158, ex. 4, 5<br>mémo<br>p. 23 | **❷ Découverte collective**<br>**OBJECTIFS** Repérer les mots répétés. Savoir remplacer les mots répétés en utilisant des synonymes ou des pronoms.<br>– **Exercice 4.** Les élèves comparent les deux textes en repérant les différences.<br>– Synthèse collective au tableau.<br>– **Exercice 5.** Les élèves observent les mots qui remplacent le nom répété et identifient leur nature.<br>– Synthèse collective au tableau.<br>👁 **Cette étape doit permettre de faire comprendre aux élèves qu'un nom peut être remplacé par un autre nom ou par un pronom.**<br>– Lecture collective du mémo.<br>– Mémorisation du mémo.<br>– Retour à la situation d'entrée et correction collective des hypothèses initiales.<br>– Proposer la correction suivante : *Le bûcheron marche dans la forêt. Il repère un arbre couché par terre. L'homme démarre sa tronçonneuse.* |

**Séance 2** La lettre *c*

| | |
|---|---|
| **10 min**<br>**individuel ou collectif écrit**<br>manuel<br>p. 158, ex. 3 | **❶ Entraînement dans le manuel**<br>👁 **Même démarche qu'en unité 1, p. 27 du guide.** |
| **20 min**<br>**individuel écrit**<br>cahier<br>p. 114, ex. 1 à 4 | **❷ Entraînement dans le cahier et copie de phrase**<br>👁 **Même démarche qu'en unité 1, p. 27 du guide.**<br>Écriture : faire lire la phrase à voix haute par un élève puis travailler de manière isolée le tracé de la cédille. |

**Pour le jour suivant :** mémoriser le mémo « Éviter la répétition du sujet (2) » ➜ mémo p. 23.

(Voir dans l'introduction p. 16 la présentation du dispositif d'anticipation.)

| | |
|---|---|
| 20 min<br><br>**moment différencié**<br><br>Élèves en atelier :<br><br><br><br>– fiche de soutien, compr./voc. n° 16<br><br>Élèves en autonomie :<br><br><br><br>– fiche d'activités complémentaires, ortho. n° 22 ou/et lecture n° 22 | **❶ Phase orale**<br>**OBJECTIF** S'approprier les éléments de compréhension globale de la partie.<br>– Demander au groupe d'élèves de raconter la partie que la classe a découverte en jours 1 et 2.<br>– Faire émerger les mots-clés et les mots du « Petit dictionnaire » en invitant les élèves à en repréciser le sens.<br><br>**❷ Fiche de soutien en compréhension et en vocabulaire n° 16 : partie 1**<br>**OBJECTIFS** Identifier les éléments d'un documentaire qu'on a lu. Comprendre le vocabulaire du documentaire. |

**Lecture – Expression • Partie 1**

**Séance 1**

| | |
|---|---|
| 10 min<br><br>**collectif oral**<br><br>manuel p. 146-147 | **❶ Retour sur la partie 1**<br>**OBJECTIFS** Poser des questions sur un texte. Prélever des informations locales dans un texte.<br>👁 **Même démarche qu'en unité 1, p. 28 du guide.** |
| 15 min<br><br>**collectif oral**<br><br>manuel p. 153, ex. 5 à 8<br><br>ardoise | **❷** *Je me souviens de la partie*<br>**OBJECTIF** Comprendre et localiser des informations dans une page de documentaire.<br>– Pour l'exercice 5, laisser un temps pour que tous les élèves lisent les phrases proposées. Puis interroger des élèves, un à un, en leur demandant de justifier leur réponse.<br>– Lire la consigne de l'exercice 6 à voix haute. Laisser un peu de temps pour que tous les élèves lisent les phrases proposées puis recueillir les réponses en demandant aux élèves de se reporter au texte de la partie 1 et de retrouver les phrases correctes.<br>– L'exercice 7 pourra être fait sur l'ardoise.<br><br>**Différenciation**<br>– Proposer aux élèves en difficulté d'inscrire le mot qui convient devant le chiffre recopié, en faisant attention à la copie.<br>– Inviter les autres élèves à lire la liste des mots proposés puis leur demander de faire l'exercice sur l'ardoise, manuel fermé.<br><br>– Demander à différents élèves de lire les phrases de l'exercice 8.<br><br>**Différenciation**<br>– Faire l'exercice à l'oral avec les élèves en difficulté.<br>– Demander aux autres élèves de faire l'exercice sur l'ardoise et d'ajouter une quatrième phrase en se reportant à la page 147 du manuel.<br><br>– Proposer une correction collective. |

| | |
|---|---|
| 15 min<br><br>**collectif<br>oral**<br><br>manuel<br>p. 153, ex. 9<br><br>**individuel<br>écrit**<br><br>ardoise<br>et cahier de classe | **3** *J'écris une phrase*<br><br>**OBJECTIF** Produire une phrase à partir de mots proposés.<br><br>👁 Même démarche qu'en unité 1, p. 28 du guide. |

### Séance 2

| | |
|---|---|
| 15 min<br><br>**individuel<br>écrit**<br><br>cahier<br>p. 113, ex. 3 | ⬤ **Activités écrites de compréhension et copie de phrase**<br><br>👁 Même démarche qu'en unité 1, p. 28 du guide.<br><br>Écriture : faire lire la phrase à voix haute par un élève puis repérer les lettres « 𝒮 » majuscules. |
| **Pour le jour suivant :** lire le texte 3 (2 niveaux de difficulté) ➜ ⬤ | |

## Étude de la langue • **Conjugaison / Grammaire**

### Séance 1  L'imparfait des verbes en *-er*

| | |
|---|---|
| 20 min<br><br>**collectif<br>oral**<br><br>manuel<br>p. 159, ex. 8, 9<br><br>ardoise ou<br>cahier de brouillon<br><br>mémo<br>p. 31 | ⬤ **Découverte collective**<br><br>**OBJECTIFS** Mémoriser, à l'oral et à l'écrit, la conjugaison des verbes du 1ᵉʳ groupe à l'imparfait et à toutes les personnes. Transformer un verbe du 1ᵉʳ groupe aux trois temps : présent, futur, imparfait.<br><br>👁 **Même démarche qu'en unité 4, semaine 3, p. 128 du guide.**<br><br>– Faire comparer les terminaisons des verbes du 1ᵉʳ groupe à l'imparfait avec celles affichées au présent et au futur. Observer les régularités. Faire une nouvelle affiche pour l'imparfait.<br><br>– Lecture collective du mémo. *Comment s'écrit la conjugaison des verbes en -er à l'imparfait ?*<br><br>– Mémorisation du mémo. |

### Séance 2  Éviter la répétition du sujet (2)

| | |
|---|---|
| 10 min<br><br>**individuel ou<br>collectif<br>écrit**<br><br>manuel<br>p. 158, ex. 6, 7 | **1** **Entraînement dans le manuel**<br><br>👁 Même démarche qu'en unité 1, p. 29 du guide. |
| 20 min<br><br>**individuel<br>écrit**<br><br>cahier<br>p. 115, ex. 1 à 4 | **2** **Entraînement dans le cahier**<br><br>👁 Même démarche qu'en unité 1, p. 29 du guide.<br><br>**Différenciation**<br>Exercice 4 : avec l'aide de l'enseignant pour les élèves en difficulté. |

**Pour le jour suivant :**
– mémoriser le mémo « L'imparfait des verbes en -er » ➔ mémo p. 31 ;
– activité supplémentaire : *conjugue à l'imparfait « arriver à l'école ».*

**Lecture – Expression • Partie 1**

## Séance 1

| | |
|---|---|
| 10 min<br>**collectif**<br>**oral**<br>manuel p. 146-147 | **1** **Relecture de la partie 1**<br>👁 **Même démarche qu'en unité 1, p. 29 du guide.** |
| 20 min<br>**collectif**<br>**oral**<br>manuel<br>p. 146-147 | **2** **Activités orales de compréhension : résumé et analyse des documents**<br>**OBJECTIF** Assimiler et restituer des connaissances.<br>– Activités d'écoute : après la lecture d'une ou deux phrases du texte, demander aux élèves si le contenu se rapporte à la forêt boréale, tropicale ou tempérée.<br>– Résumés : proposer deux résumés à l'oral et demander aux élèves d'indiquer le plus pertinent en validant leur choix. |

**1.** On trouve des forêts partout dans le monde, sauf dans les zones très froides ou très sèches. En fonction du climat, différentes essences d'arbres vont pousser. C'est pour cela que toutes les forêts ne se ressemblent pas.
Une petite graine qui germe suffit à donner, plusieurs années après, un bel arbre qui donnera des fruits, puis, un jour, mourra.

**2.** Tous les arbres ne poussent pas dans les mêmes forêts. Il y a de très nombreuses essences d'arbres. Les pins poussent dans les régions froides alors que les chênes se trouvent plutôt dans des régions où il y a quatre saisons. Quant aux palmiers, ils préfèrent les régions où il fait chaud et humide.

👁 **L'enseignant peut noter les mots de vocabulaire de cette phase orale sur un affichage, de façon à compléter le lexique de l'unité.**

## Séance 2

| | |
|---|---|
| 20 min<br>**collectif**<br>**oral**<br>manuel<br>p. 164 | ▬ *D'autres œuvres à découvrir*<br>**OBJECTIF** Comprendre et s'approprier une nouvelle œuvre en lien avec le texte étudié.<br>– Un documentaire : *L'écologie*, Stéphanie Ledu, éd. Milan Jeunesse.<br>– Chaque double page de ce livre commence par une question sur l'écologie que de nombreux élèves ont déjà dû se poser. Les réponses apportées en paragraphes concis et très pédagogiques permettent d'y voir, progressivement, beaucoup plus clair. Ainsi, les quinze questions de ce livre pourront être posées durant toute l'étude de l'unité. Chaque jour, la question sera le point de départ d'un court débat et les élèves pourront faire part de leurs connaissances ou de leurs propres expériences. |

**Pour le jour suivant :** lire le texte 4 (2 niveaux de difficulté) ➔ 💿

## Étude de la langue • Vocabulaire / Conjugaison

### Séance 1  Les homophones

| | |
|---|---|
| 5 min<br><br>collectif<br>oral | **1 Entrée dans la séance**<br>**OBJECTIF** Chercher les sens de différents homophones.<br>– Demander aux élèves de donner à l'oral le nombre de sens qu'ils connaissent pour le mot [vɛr].<br>– Les élèves citent les différents sens qu'ils connaissent.<br>– Noter au tableau les homophones avec leur orthographe différente, accompagnés d'une courte définition : *un ver : un animal – un verre : un récipient qu'on utilise pour boire – vert : une couleur – vers : pour indiquer une direction – (on pourra ajouter) le vair : la fourrure d'un animal.*<br>👁 **Cette étape doit permettre de montrer aux élèves que, malgré l'orthographe différente et les sens différents, ces mots se prononcent de la même manière.**<br>– Demander aux élèves s'ils connaissent d'autres mots qui se prononcent de la même manière. |
| 15 min<br><br>collectif<br>oral<br><br>manuel<br>p. 159, ex. 11<br><br>mémo<br>p. 41 | **2 Découverte collective**<br>**OBJECTIF** Reconnaître des homophones.<br>– **Exercice 11.** Les élèves trouvent les homophones dans les phrases.<br>– Synthèse collective au tableau.<br>👁 **Au cours de la synthèse, on peut demander aux élèves de donner le sens des différents homophones afin d'insister sur le fait qu'ils ont des sens différents. Cet échange peut apporter une méthodologie aux élèves pour qui la compréhension en lecture peut poser problèmes.**<br>– Lecture collective du mémo.<br>– Mémorisation du mémo. |

### Séance 2  L'imparfait des verbes en -er

| | |
|---|---|
| 10 min<br><br>individuel ou collectif écrit<br><br>manuel<br>p. 159, ex. 10 | **1 Entraînement dans le manuel**<br>👁 **Même démarche qu'en unité 3, p. 86 du guide.**<br>👁 **Prolongement :**<br>Proposer régulièrement quelques exercices oraux de transformation de phrases : d'une personne à une autre, d'une forme affirmative vers une autre forme (interrogative ou négative), d'un temps à un autre. |
| 20 min<br><br>individuel écrit<br><br>cahier<br>p. 116, ex. 1 à 5 | **2 Entraînement dans le cahier**<br>👁 **Même démarche qu'en unité 3, p. 86 du guide.**<br><br>**Différenciation**<br>Exercice 5 : avec l'aide de l'enseignant pour les élèves en difficulté. |

**Pour le jour suivant :** mémoriser le mémo « Les homophones » ➔ mémo p. 41.

(Voir dans l'introduction p. 16 la présentation du dispositif d'anticipation et des jeux de manipulation.)

| | |
|---|---|
| **20 min**<br><br>**moment différencié**<br><br>Élèves en atelier :<br><br><br><br>– cartes des mots<br>– fiche de soutien, ortho. n° 29<br><br>Élèves en autonomie :<br><br><br><br>– texte de lecture supplémentaire n° 23 | **❶ Jeux de manipulation avec les lettres *c*, *k* et *q***<br><br>**OBJECTIFS** Déchiffrer des mots. Connaître les différents graphèmes d'un son.<br><br>– «Les lettres mobiles»<br>– «Un mot, une image»<br><br>**❷ Fiche de soutien en orthographe n° 29 : les lettres *c*, *k* et *q***<br><br>**OBJECTIFS** Déchiffrer des mots. Connaître les différents graphèmes d'un son. |

## Lecture – Expression • Partie 2

### Séance 1

| | |
|---|---|
| **5 min**<br><br>**collectif oral** | **❶ Résumé de la partie 1**<br><br>**OBJECTIF** Restituer les informations nécessaires à la compréhension d'un texte.<br><br>👁 Même démarche qu'en unité 1, p. 32 du guide. |
| **20 min**<br><br>**collectif oral**<br><br>manuel p. 148-149 et p. 157 | **❷ Découverte de la partie 2**<br><br>**OBJECTIFS** Prendre des informations sur une image. Écouter et lire des pages de documentaire.<br><br>– Laisser un temps aux élèves pour qu'ils découvrent les illustrations de la double page.<br><br>– Leur demander de lire seuls les deux premiers paragraphes de la page 148 puis faire réagir les élèves : *qu'avez-vous découvert ?* Faire une lecture magistrale des paragraphes.<br><br>– Demander aux élèves de relever les mots suivis d'un astérisque (*caduques, persistantes*), puis faire lire chaque phrase comportant un de ces mots pour le recontextualiser. Laisser les élèves en donner une définition avec leurs propres mots avant de découvrir les définitions du «Petit dictionnaire», page 157.<br><br>– Leur demander ensuite d'observer les illustrations des six feuilles et de retrouver les feuilles de feuillus.<br><br>– Faire une lecture magistrale du dernier paragraphe.<br><br>– Laisser un temps d'observation pour qu'ils répondent à la question du bas de la page.<br><br>– Inviter ensuite différents élèves à lire les paragraphes de la page 149 en indiquant dans quel sous-continent on peut trouver chacun des arbres.<br><br>– Proposer à quelques élèves de reprendre la lecture à voix haute des paragraphes des deux pages. |
| **15 min**<br><br>**collectif oral**<br><br>manuel page 154, ex. 1 | **❸ *Je comprends la partie***<br><br>**OBJECTIFS** Identifier les éléments d'un documentaire qu'on a lu. Rendre compte de ce que l'on a lu ou entendu.<br><br>👁 Même démarche qu'en unité 1, p. 24 du guide.<br><br>– Mots-clés à inscrire au tableau : *les feuillus, les conifères, des feuilles plates, à nervures, caduques, des feuilles simples ou composées, des feuilles persistantes, des aiguilles, un chêne, un baobab, un séquoia, un eucalyptus.* |

**Différenciation**

– Proposer aux élèves en difficulté de relire les mots qui présentent des difficultés de déchiffrage : *des feuillus, persistantes, un marronnier, des aiguilles, un séquoia, une occasion, le printemps, du caoutchouc, un eucalyptus* ; puis certaines des phrases qui contiennent ces mots.

– Revenir sur le sens de certains mots : *des aiguilles, un cône, majestueux, la floraison, le caoutchouc, frileux.*

– Inviter les autres élèves, sur l'ardoise, à inventer des phrases à partir des mots-clés (qui apparaissent au tableau).

## Séance 2

| | |
|---|---|
| 20 min<br>**individuel**<br>**écrit**<br>ardoise | 🔵 **Mémorisation des mots-clés de la partie 2**<br>**OBJECTIFS** Mémoriser les mots-clés du documentaire. Restituer leur orthographe.<br>📝 *les feuillus, les conifères, des feuilles plates, à nervures, caduques, des feuilles simples ou composées, des feuilles persistantes, des aiguilles, un chêne, un baobab, un séquoia, un eucalyptus*<br>👁 **Même démarche qu'en unité 4, p. 108 du guide.**<br>Questions à poser : *comment peut-on classer les différents arbres ? Pouvez-vous expliquer ce qu'est un feuillu ? Un conifère ? Comment sont les feuilles d'un arbre ? Quel arbre peut vivre plus de mille ans ? Quel est celui qui peut contenir 9 000 litres d'eau ? Quel est l'arbre le plus haut du monde ? Quel arbre fait le régal des koalas ?* |

**Pour le jour suivant :** lire le texte 5 (2 niveaux de difficulté) ➜ 💿

## Étude de la langue • Orthographe / Vocabulaire

### Séance 1 Les lettres *c*, *k* et *q*

| | |
|---|---|
| 20 min<br>**collectif**<br>**oral**<br>manuel<br>p. 160, ex. 1, 2<br>ardoise ou<br>cahier de brouillon<br>mémo<br>p. 13 | 🔵 **Découverte collective**<br>**OBJECTIF** Connaître les différents graphèmes d'un son.<br>– Commencer par interroger les élèves : *quelles sont les lettres qui peuvent produire le son [k] ?*<br>– En faire la liste au tableau puis passer aux exercices du manuel.<br>👁 **De nombreux graphèmes correspondent au son [k]. Seuls les principaux sont étudiés ici. Leur mémorisation fera l'objet d'un apprentissage en orthographe lexicale tout au long de la scolarité. Rappeler cependant que le graphème le plus fréquent est bien la lettre « c ».**<br>👁 **La lettre « x » qui produit les sons [ks] sera étudiée dans l'unité 10.** |

### Séance 2 Les homophones

| | |
|---|---|
| 10 min<br>**individuel ou**<br>**collectif écrit**<br>manuel<br>p. 159, ex. 12, 13 | ❶ **Entraînement dans le manuel**<br>👁 **Même démarche qu'en unité 1, p. 33 du guide.** |

| | |
|---|---|
| 20 min<br><br>**individuel<br>écrit**<br><br>cahier<br>p. 117, ex. 1 à 6 | **2** **Entraînement dans le cahier**<br><br>👁 Même démarche qu'en unité 1, p. 33 du guide.<br><br>**Différenciation**<br><br>Exercices 2, 3 et 6: ces exercices nécessitant de connaître l'orthographe de chaque homophone pourront être réalisés avec un dictionnaire. |

**Pour le jour suivant:**

– mémoriser les principaux graphèmes qui produisent le son [k] ➜ mémo p. 13;

– activité supplémentaire: *cherche des mots où le son [k] est produit par le groupe de lettres «qu» ou la lettre «k».*

---

## Lecture – Expression • Partie 2

*Semaine 2<br>Jour 2*

### Séance 1

| | |
|---|---|
| 15 min<br><br>**collectif<br>oral** | **1** **Retour sur la partie 2**<br><br>**OBJECTIF** Distinguer les éléments importants d'un texte documentaire.<br><br>– Inviter les élèves à se remémorer la partie découverte la veille: *de quoi parle la deuxième partie de ce documentaire?* Insister sur la façon de reconnaître les différents arbres puis tenter de lister tous les arbres évoqués page 149.<br><br>– Activités de restitution (exemples):<br>1. repérage de phrases erronées: *Un feuillu n'est jamais «tout nu» comme peut l'être un conifère.*<br>2. vrai/faux: *Dans une grappe de fruits du dattier, il peut y avoir plus de 5 000 fruits. Vrai ou faux?*<br>3. rebrassage du lexique: *Les feuilles des feuillus tombent à l'automne. On dit qu'elles sont <u>caduques</u>.* |
| 25 min<br><br>**collectif/<br>individuel<br>oral**<br><br>manuel<br>p. 154, ex. 2 à 4 | **2** *J'apprends des mots nouveaux*<br><br>**OBJECTIF** Affiner le bagage lexical.<br><br>– Lire la consigne de l'exercice 2 à voix haute, puis proposer aux élèves volontaires d'apporter une explication. Compléter si besoin.<br><br>– Laisser un élève lire la consigne de l'exercice 3, puis laisser un temps d'observation. Les élèves pourront retourner à la page 149 si besoin.<br><br>– Lire la consigne de l'exercice 4 à voix haute, puis laisser un temps aux élèves pour découvrir le document et lire silencieusement «les mots des sous-bois».<br><br>**Différenciation**<br><br>Si beaucoup d'élèves semblent en difficulté devant cette activité, les inviter à la réaliser par petit groupe de deux, en tutorat, pour qu'un élève puisse en aider un autre.<br><br>– Valider l'exercice en interrogeant à l'oral différents élèves. |

### Séance 2

| | |
|---|---|
| 10 min<br><br>**individuel<br>écrit**<br><br>cahier<br>p. 118, ex. 1, 2 | 🔵 **Activités écrites de compréhension**<br><br>👁 Même démarche qu'en unité 1, p. 26 du guide. |

**Pour le jour suivant:** lire le texte 6 (2 niveaux de difficulté) ➜ 🔵

## Étude de la langue • Grammaire / Orthographe

### Séance 1 — Les marques du dialogue (1)

| | |
|---|---|
| 5 min<br><br>**collectif oral**<br><br>manuel p. 87 | **1 Entrée dans la séance**<br><br>**OBJECTIF** Lire un dialogue en repérant les changements de locuteurs.<br><br>– Trois élèves lisent le texte de la page 87 du manuel. Un élève lit la partie narrative. Un autre lit ce que dit le marchand. Le troisième lit ce que dit le rossignol.<br><br>👁 **Cette étape s'appuie sur un texte que les élèves connaissent déjà afin d'évacuer l'obstacle que représenterait la découverte d'un nouveau texte (en particulier, pour les moins bons lecteurs).**<br><br>– Demander comment les élèves savent qu'ils doivent changer de lecteur. Dans ce texte, les élèves pourront s'appuyer autant sur les tirets que sur les verbes introducteurs.<br><br>👁 **Au cours de cette séance, on n'insistera pas sur les verbes introducteurs qui seront étudiés la semaine suivante (voir p. 231 du guide).**<br><br>– Profiter de cette étape pour demander aux élèves ce qu'est un dialogue dans un texte afin d'apporter une définition précise de ce mot. |
| 15 min<br><br>**collectif oral**<br><br>manuel p. 160, ex. 4, 5<br><br>mémo p. 23 | **2 Découverte collective**<br><br>**OBJECTIFS** Repérer les changements de locuteurs en relevant les marques du dialogue. Dans un dialogue, distinguer les paroles prononcées et les parties narratives.<br><br>– **Exercice 4.** Les élèves identifient les locuteurs du dialogue.<br><br>– Synthèse collective au tableau.<br><br>– **Exercice 5.** Les élèves relèvent les indices dans le texte qui permettent d'identifier les locuteurs. Les élèves distinguent les paroles des personnages et les parties narratives.<br><br>– Synthèse collective au tableau.<br><br>– Lecture collective du mémo.<br><br>– Mémorisation du mémo. |

### Séance 2 — Les lettres *c*, *k* et *q*

| | |
|---|---|
| 10 min<br><br>**individuel ou collectif écrit**<br><br>manuel p. 160, ex. 3 | **1 Entraînement dans le manuel**<br><br>👁 **Même démarche qu'en unité 1, p. 27 du guide.** |
| 20 min<br><br>**individuel écrit**<br><br>cahier p. 119, ex. 1 à 4 | **2 Entraînement dans le cahier et copie de phrase**<br><br>👁 **Même démarche qu'en unité 1, p. 27 du guide.**<br><br>Écriture : faire lire la phrase à voix haute par un élève puis travailler de manière isolée le tracé du « k » en opposition à celui du « h ». |

**Pour le jour suivant :** mémoriser le mémo « Les marques du dialogue (1) » → mémo p. 23.

(Voir dans l'introduction p. 16 la présentation du dispositif d'anticipation.)

| | |
|---|---|
| 20 min<br><br>**moment différencié**<br><br>Élèves en atelier :<br><br>– fiche de soutien, compr./voc. n° 17<br><br>Élèves en autonomie :<br><br>– fiche d'activités complémentaires, ortho. n° 23 ou/et lecture n° 23 | **1 Phase orale**<br>**OBJECTIF** S'approprier les éléments de compréhension globale de la scène.<br>– Demander au groupe d'élèves de raconter la scène que la classe a découverte en jours 1 et 2.<br>– Faire émerger les mots-clés et les mots du « Petit dictionnaire » en invitant les élèves à en repréciser le sens.<br><br>**2 Fiche de soutien en compréhension et en vocabulaire n° 17 : partie 2**<br>**OBJECTIFS** Identifier les éléments d'un documentaire qu'on a lu. Comprendre le vocabulaire du documentaire. |

## Lecture – Expression • **Partie 2**

### Séance 1

| | |
|---|---|
| 10 min<br><br>**collectif oral**<br><br>manuel<br>p. 148-149 | **1 Retour sur la partie 2**<br>**OBJECTIFS** Poser des questions sur un texte. Prélever des informations locales dans un texte.<br>👁 Même démarche qu'en unité 1, p. 28 du guide. |
| 15 min<br><br>**collectif oral**<br><br>manuel<br>p. 155, ex. 5, 6<br><br>ardoise | **2 *Je me souviens de la partie***<br>**OBJECTIF** Comprendre et localiser des informations dans une page de documentaire.<br>– Lire la consigne de l'exercice 5 à voix haute. Valider l'exercice en demandant à la classe de se reporter à la page 148 pour lire le petit texte ajouté à la suite du paragraphe concerné.<br>– Lire la consigne de l'exercice 6<br><br>**Différenciation**<br>– Avec les élèves en difficulté, faire l'exercice ensemble à voix haute.<br>– Demander aux autres élèves d'écrire les réponses sur l'ardoise en associant la lettre au chiffre qui correspond.<br><br>– Proposer une correction orale collective. |
| 15 min<br><br>**collectif oral**<br><br>manuel<br>p. 155, ex. 7 | **3 Activités préparatoires à l'expression écrite de la séance 2**<br>**OBJECTIF** Rédiger une description.<br>👁 Même démarche qu'en unité 1, p. 36 du guide.<br>👁 On précisera que les verbes peuvent être conjugués en donnant des exemples. |

### Séance 2

| | |
|---|---|
| 20 min<br><br>**individuel écrit** | **■ *J'écris un petit texte***<br>**OBJECTIF** Produire un petit texte d'environ 5 lignes pour rédiger une description, en respectant certaines contraintes. |

| | |
|---|---|
| manuel p. 155, ex. 7 | 👁 **Même démarche qu'en unité 1, p. 37 du guide.** |
| cahier de brouillon | |

**Pour le jour suivant :** lire le texte 7 (2 niveaux de difficulté) ➜ 💿

## Étude de la langue • Conjugaison / Grammaire

### Séance 1 — L'imparfait du verbe *avoir*

| | |
|---|---|
| 20 min<br><br>**collectif oral**<br><br>manuel p. 161, ex. 7, 8<br><br>ardoise ou cahier de brouillon<br><br>mémo p. 31 | **Découverte collective**<br><br>**OBJECTIFS** Mémoriser, à l'oral et à l'écrit, la conjugaison du verbe *avoir* à l'imparfait et à toutes les personnes. Transformer le verbe *avoir* aux trois temps : présent, futur et imparfait.<br><br>– **Exercices 7 et 8.** Faire construire le tableau de conjugaison du verbe *avoir* à l'imparfait.<br><br>– Faire comparer les terminaisons du verbe *avoir* à l'imparfait avec celles affichées des verbes du 1er groupe à l'imparfait. Observer la régularité parfaite.<br><br>– Lecture collective du mémo. *Comment s'écrit la conjugaison du verbe avoir à l'imparfait ?*<br><br>– Mémorisation du mémo. |

### Séance 2 — Les marques du dialogue (1)

| | |
|---|---|
| 10 min<br><br>**individuel ou collectif écrit**<br><br>p. 160, ex. 6 | **1 Entraînement dans le manuel**<br><br>👁 **Même démarche qu'en unité 1, p. 29 du guide.** |
| 20 min<br><br>**individuel écrit**<br><br>cahier p. 120, ex. 1 à 4 | **2 Entraînement dans le cahier**<br><br>👁 **Même démarche qu'en unité 1, p. 29 du guide.**<br><br>**Différenciation**<br>Exercice 4 : avec l'aide de l'enseignant pour les élèves en difficulté. |

**Pour le jour suivant :**
– mémoriser le mémo « L'imparfait du verbe *avoir* » ➜ mémo p. 31 ;
– activité supplémentaire : *conjugue à l'imparfait « avoir cinq ans ».*

## Lecture - Expression • Partie 2

*Semaine 2 Jour 4*

### Séance 1

| | |
|---|---|
| 40 min<br><br>**individuel écrit**<br><br>cahier d'expression écrite<br><br>👁 Prévoir un travail en autonomie | **Retour sur l'expression écrite / Activité en autonomie**<br><br>**OBJECTIFS** Revenir sur un travail écrit et y apporter les corrections nécessaires. / Travailler en autonomie et silencieusement.<br><br>👁 **Même démarche qu'en unité 1, p. 38 du guide.** |

## Séance 2

| | |
|---|---|
| 15 min<br>**individuel<br>écrit**<br>cahier<br>p. 118, ex. 3, 4 | 🔵 **Activités écrites de compréhension et copie de phrase**<br>👁 **Même démarche qu'en semaine 1, p. 28 du guide.**<br>Écriture : faire lire la phrase à voix haute par un élève puis repérer les lettres «𝓒» majuscules. |

**Pour le jour suivant :** lire le texte 8 (2 niveaux de difficulté) ➜ 🔵

## Étude de la langue • L'atelier des mots / Conjugaison

## Séance 1   Construction avec un mot de base modifié (2)

| | |
|---|---|
| 10 min<br>**collectif<br>oral**<br>manuel<br>p. 161, ex. 11, 12 | **❶ Découverte collective**<br>**OBJECTIFS** Remarquer qu'un mot de base peut être écrit en entier dans un mot de la même famille mais qu'il ne se prononce pas de la même manière qu'isolément.<br>– **Exercices 11 et 12.** Demander aux élèves de lire individuellement la liste de mots et d'écrire les mots de base sur leur cahier de brouillon.<br>– Mise en commun : copier, au tableau, les mots suffixés donnés dans le manuel. Demander aux élèves d'indiquer le mot de base de chacun et l'écrire sous le mot qui correspond.<br>– Faire remarquer aux élèves que chaque mot de base est écrit en entier dans le mot mais ne se prononce pas tout à fait pareil. Les groupes de lettres «ion» (*camion*), «on» (*prison*, *citron*), «in» (*patin*, *magasin*) sont transformés phonologiquement.<br>– Pour le mot de base «colle», il s'agit d'un mot de base monosyllabique dont la structure phonologique change dans les mots dérivés : colle = une seule syllabe [cɔl] ➜ collage = 2 syllabes [cɔ /laʒ]. Faire remarquer aux élèves le découpage syllabique.<br>– Revenir sur le sens de chaque mot en partant du sens de son mot de base.<br>– Laisser un moment de réflexion individuelle sur la construction des mots puis mise en commun collective. Les élèves observent l'ajout des suffixes «-eur», «-ier», «-ade» et «-age».<br>– Faire remarquer le doublement de la lettre «n» dans «camionneur», «prisonnier» et «citronnade».<br>**Différenciation**<br>Prévoir de suivre les élèves en difficulté sans nécessairement les regrouper.<br>La mise en commun intéressera l'ensemble de la classe. |
| 10 min<br>**individuel écrit /<br>collectif oral**<br>manuel<br>p. 161, ex. 13<br>cahier de brouillon | **❷ Manipulation dans le manuel**<br>**OBJECTIF** Construire des mots de la même famille avec un suffixe.<br>– **Exercice 13.** Recherche individuelle sur le cahier de brouillon.<br>– Mise en commun : même démarche que pour l'exercice précédent et élaboration du mémo.<br>**Différenciation**<br>Accompagner les élèves en difficulté.<br>La mise en commun et l'élaboration d'un mémo intéresseront l'ensemble de la classe. |
| mémo<br>p. 41 | **❸ Mémo**<br>Construire le mémo avec les élèves à partir de leurs observations. |

## Séance 2 L'imparfait du verbe *avoir*

| | |
|---|---|
| 10 min<br><br>**individuel ou collectif écrit**<br><br>manuel<br>p. 161, ex. 9, 10 | **1** **Entraînement dans le manuel**<br>👁 **Même démarche qu'en unité 3, p. 86 du guide.**<br>👁 **Prolongement :**<br>Proposer régulièrement quelques exercices oraux de transformation de phrases avec le verbe *avoir* : d'une personne à une autre, d'une forme affirmative vers une autre forme (interrogative ou négative), d'un temps à un autre. |
| 20 min<br><br>**individuel écrit**<br><br>cahier<br>p. 121, ex. 1 à 5 | **2** **Entraînement dans le cahier**<br>👁 **Même démarche qu'en unité 3, p. 86 du guide.**<br><br>**Différenciation**<br>Exercice 4 : avec l'aide de l'enseignant pour les élèves en difficulté. |

**Pour le jour suivant :** mémoriser le mémo « Construction avec un mot de base modifié (2) » ➜ mémo p. 41.

━━━━━━━━━━━━━━━━━━━━━━━━━━━━━━━━━━━━━━━━━━━━━━━━

## Atelier d'anticipation • Graphophonologie

*Semaine 3
Jour 1*

(Voir dans l'introduction p. 16 la présentation du dispositif d'anticipation et des jeux de manipulation.)

| | |
|---|---|
| 20 min<br><br>**moment différencié**<br><br>Élèves en atelier :<br><br>– cartes des mots<br>– fiche de soutien, ortho. n° 30<br><br>Élèves en autonomie :<br><br>– texte de lecture supplémentaire n° 24 | **1** **Jeux de manipulation avec la lettre *g***<br>**OBJECTIFS** Déchiffrer des mots. Analyser les différents rôles d'une lettre.<br>– « Le pas à pas »<br>– « L'intrus » (son [g] parmi des mots qui contiennent le son [ʒ], et inversement).<br>**2** **Fiche de soutien en orthographe n° 30 : la lettre *g* (1)**<br>**OBJECTIFS** Déchiffrer des mots. Analyser les différents rôles d'une lettre. |

## Lecture – Expression • Partie 3

## Séance 1

| | |
|---|---|
| 5 min<br><br>**collectif oral** | **1** **Résumé de la partie 2**<br>**OBJECTIF** Restituer les informations nécessaires à la compréhension d'un texte.<br>👁 **Même démarche qu'en unité 1, p. 32 du guide.** |
| 20 min<br><br>**collectif oral**<br><br>manuel<br>p. 150-151 et p. 157 | **2** **Découverte de la partie 3**<br>**OBJECTIFS** Prendre des informations sur une image. Écouter et lire la fin d'un documentaire et une recette de cuisine.<br>– Laisser un temps aux élèves pour qu'ils découvrent la page 150 et son illustration.<br>– Demander aux élèves de lire silencieusement le premier paragraphe puis chaque petite étape, de 1 à 6. |

| | |
|---|---|
| | – Leur proposer ensuite de lire à voix haute. Reprendre l'ensemble de la page, dernier paragraphe inclus, en lecture magistrale.<br><br>– Faire relever le mot suivi d'un astérisque (*déforestation*) puis le faire rechercher dans la page du dictionnaire.<br><br>– Pour la page 151, préciser qu'il s'agit d'une interview. Définir ou faire définir le terme. Présenter rapidement Yann Arthus-Bertrand : c'est un photographe qui se sent très concerné par les problèmes de la planète et l'écologie.<br><br>– Proposer aux élèves de lire à voix haute les questions qui apparaissent en gras pour qu'ils puissent se faire une idée du contenu du texte.<br><br>– Proposer ensuite une lecture magistrale, puis y apporter des précisions.<br><br>– Faire relever le mot suivi d'un astérisque (*biodiversité*) puis le faire rechercher dans la page du dictionnaire.<br><br>– Proposer à quelques élèves de relire à voix haute les différents paragraphes. |
| 15 min<br><br>collectif<br>oral<br><br>manuel<br>page 156, ex. 1 | **3** *Je comprends la partie et l'interview*<br><br>**OBJECTIFS** Identifier les éléments d'un documentaire et d'une interview qu'on a lus. Rendre compte de ce que l'on a lu ou entendu.<br><br>👁 **Même démarche qu'en unité 1, p. 24 du guide.**<br><br>– Mots-clés à inscrire au tableau : *des meubles, des crayons, le forestier, le bûcheron, le menuisier, la déforestation, la biodiversité.*<br><br>**Différenciation**<br>– Proposer aux élèves en difficulté de relire les mots qui présentent des difficultés de déchiffrage : *une scierie, la déforestation, l'agriculture, des milliards, l'environnement* ; puis certaines des phrases qui contiennent ces mots.<br><br>– Inviter les autres élèves à écrire, sur l'ardoise, les noms de métiers découverts dans la page 150. |

## Séance 2

| | |
|---|---|
| 20 min<br><br>individuel<br>écrit<br><br>ardoise | ⬛ **Mémorisation des mots-clés de la partie 3**<br><br>**OBJECTIFS** Mémoriser les mots-clés du documentaire. Restituer leur orthographe.<br><br>📋 *des meubles, des crayons, le forestier, le bûcheron, le menuisier, la déforestation, la biodiversité*<br><br>👁 **Même démarche qu'en unité 4, p. 108 du guide.**<br><br>– Questions à poser : *pouvez-vous citer des objets réalisés avec du bois ? Quels sont les métiers évoqués dans le texte ? Comment appelle-t-on le fait de couper trop d'arbres et de détruire les forêts ? Comment appelle-t-on l'ensemble des êtres vivants d'un même endroit ?* |

**Pour le jour suivant :** lire le texte 9 (2 niveaux de difficulté) ➜ 🔵

## Étude de la langue • Orthographe / L'atelier des mots

## Séance 1 La lettre *g* (1)

| | |
|---|---|
| 20 min<br><br>collectif<br>oral<br><br>manuel<br>p. 162, ex. 1, 2<br><br>ardoise ou<br>cahier de brouillon | ⬛ **Découverte collective**<br><br>**OBJECTIF** Analyser les différents rôles d'une lettre.<br><br>👁 **Même démarche qu'en unité 6, p. 162 du guide.**<br><br>👁 **Rappeler aussi que le son [g] peut s'écrire avec les lettres « gu ».**<br><br>👁 **La lettre « g » peut également être muette : « un poing ».** |

| mémo p. 13 | **Différenciation** <br> Quand on rencontre la lettre «g» dans un mot, faire souligner la lettre qui suit. Ce travail systématique aidera à mémoriser les différentes réalisations phonologiques de la lettre «g» selon sa position dans le mot. |
|---|---|

## Séance 2  Construction avec un mot de base modifié (2)

| 30 min <br> **individuel écrit** <br> cahier p. 122, ex. 1 à 5 | ⬤ **Entraînement dans le cahier** <br> 👁 Même démarche qu'en unité 1, p. 41 du guide. <br><br> **Différenciation** <br> Exercice 4 : avec l'aide de l'enseignant pour les élèves en difficulté. |
|---|---|

**Pour le jour suivant :**

– mémoriser les différentes réalisations phonologiques de la lettre «g» en fonction de la lettre qui suit ➜ mémo p. 13 ;

– activité supplémentaire : *cherche des mots où la lettre «g» produit des sons différents.*

---

## Lecture - Expression • Partie 3

*Semaine 3 Jour 2*

## Séance 1

| 15 min <br> **collectif oral** | **1** **Retour sur la partie 3** <br> OBJECTIF Distinguer les éléments importants d'un texte. <br><br> – Inviter les élèves à se remémorer la partie découverte la veille : *de quoi parle la dernière partie de ce documentaire ?* Insister sur les différentes étapes de la fabrication d'un meuble, puis essayer de lister avec les élèves les points importants de l'interview. <br> – Activités de restitution (exemples) : <br> 1. repérage de phrases erronées : *La meilleure façon de protéger les animaux, c'est de ne pas protéger leur environnement.* <br> 2. vrai/faux : *Les hommes détruisent les forêts uniquement parce qu'ils ont besoin de bois pour fabriquer des meubles. Vrai ou faux ?* <br> 3. rebrassage du lexique : *Comment appelle-t-on l'ensemble des êtres qui vivent dans un même endroit ? La biodiversité.* |
|---|---|
| 15 min <br> **collectif oral** <br> manuel p. 156, ex. 2 | **2** *J'apprends des mots nouveaux* <br> OBJECTIF Affiner le bagage lexical. <br><br> Lire la consigne de l'exercice 2 à voix haute, puis collecter les réponses en demandant aux élèves de les justifier. |

## Séance 2

| 10 min <br> **individuel écrit** <br> cahier p. 123, ex. 1, 2 | ⬤ **Activités écrites de compréhension** <br> 👁 Même démarche qu'en unité 1, p. 26 du guide. |
|---|---|

**Pour le jour suivant :** lire le texte 10 (2 niveaux de difficulté) ➜

## Séance 1 · Les marques du dialogue (2)

| | |
|---|---|
| 5 min<br><br>**collectif oral**<br><br>manuel p. 162 | **1** **Entrée dans la séance**<br>**OBJECTIF** Lire un dialogue en repérant les changements de locuteurs.<br>Quatre élèves lisent le texte de la page 162 en se répartissant les rôles : le narrateur, le chêne, le sapin, la fleur.<br>👁 **Au cours de cette étape, la classe rappelle ce qu'elle sait déjà sur le dialogue.** |
| 15 min<br><br>**collectif oral**<br><br>manuel p. 162, ex. 4 à 6<br><br>mémo p. 23 | **2** **Découverte collective**<br>**OBJECTIFS** Repérer les verbes et les signes typographiques qui introduisent des paroles dans un texte. Construire un répertoire de verbes introducteurs.<br>– **Exercice 4.** Les élèves identifient les deux points et les guillemets comme signes introducteurs de parole.<br>– Synthèse collective au tableau.<br>– **Exercice 5.** Les élèves repèrent le verbe « dit » et cherchent des synonymes dans le texte.<br>– **Exercice 6.** Les élèves distinguent les mots prononcés par un locuteur de ceux qui introduisent les paroles.<br>– Synthèse collective au tableau.<br>– Lecture collective du mémo.<br>– Mémorisation du mémo.<br>👁 **Il est important d'amener les élèves à construire les repères suivants : les guillemets introduisent et closent le dialogue. Les tirets annoncent le changement de locuteur.** |

## Séance 2 · La lettre *g* (1)

| | |
|---|---|
| 10 min<br><br>**individuel ou collectif écrit**<br><br>manuel p. 162, ex. 3 | **1** **Entraînement dans le manuel**<br>👁 **Même démarche qu'en unité 1, p. 27 du guide.** |
| 20 min<br><br>**individuel écrit**<br><br>cahier p. 124, ex. 1 à 4 | **2** **Entraînement dans le cahier et copie de phrase**<br>👁 **Même démarche qu'en unité 1, p. 27 du guide.**<br>Écriture : faire lire la phrase à voix haute par un élève puis rappeler que, comme la lettre « p », la lettre « g » descend de deux interlignes. |

> **Pour le jour suivant :** mémoriser le mémo « Les marques du dialogue (2) » ➜ mémo p. 23.

## Atelier d'anticipation • Compréhension / Vocabulaire

*Semaine 3 Jour 3*

(Voir dans l'introduction p. 16 la présentation du dispositif d'anticipation.)

| | |
|---|---|
| 20 min<br><br>**moment différencié** | **1** **Phase orale**<br>**OBJECTIF** S'approprier les éléments de compréhension globale de la scène. |

| | |
|---|---|
| Élèves en atelier :  – fiche de soutien, compr./voc. n° 18 Élèves en autonomie :  – fiche d'activités complémentaires, ortho. n° 24 ou/et lecture n° 24 | – Demander au groupe d'élèves de raconter la scène que la classe a découverte en jours 1 et 2. – Faire émerger les mots-clés et les mots du «Petit dictionnaire» en invitant les élèves à en repréciser le sens. **2** **Fiche de soutien en compréhension et en vocabulaire n° 18 : partie 3** **OBJECTIFS** Identifier les éléments d'un documentaire qu'on a lu. Comprendre le vocabulaire du documentaire. |

## Lecture – Expression • **Partie 3**

### Séance 1

| | |
|---|---|
| 15 min **collectif oral** manuel p. 146-151 | **1** **Retour sur tout le documentaire** **OBJECTIF** Distinguer les éléments importants d'un documentaire et la façon dont ils sont articulés. 👁 **Même démarche qu'en unité 1, p. 44 du guide.** – Résumés à proposer à l'oral : |
| | **1.** Il y a de nombreuses forêts sur la planète. Les arbres y naissent, grandissent et meurent. Les forêts purifient l'air que nous respirons, elles fournissent le bois dont nous avons besoin, de la nourriture et des plantes très utiles. Elles abritent aussi la moitié des animaux qui vivent sur terre. C'est pour toutes ces raisons qu'il faut lutter contre la déforestation car les arbres sont essentiels à la vie de tous les êtres. | **2.** Dans toutes les forêts du monde, qu'elles soient tempérées, boréales ou tropicales, vivent des plantes et des animaux en grand nombre. Cette biodiversité est aujourd'hui en danger dans certaines régions car les hommes détruisent les forêts. Il faut arrêter de couper les arbres de toute urgence sinon les koalas ne pourront plus se nourrir de feuilles d'eucalyptus. |
| 25 min **collectif oral** manuel p. 156, ex. 3, 4 | **2** *Je me souviens de tout le documentaire* **OBJECTIFS** Restituer ses connaissances. Participer à un débat en argumentant. – Pour l'exercice 3, demander à différents élèves de lire les phrases puis de justifier leurs réponses. – Lire les questions de l'exercice 4 à voix haute et y répondre une par une pour permettre un débat construit. |

### Séance 2

| | |
|---|---|
| 20 min **individuel écrit** cahier p. 123, ex. 3 | ▉ **Activités écrites de compréhension et copie de phrase** 👁 **Même démarche qu'en unité 1, p. 28 du guide.** Écriture : faire lire la phrase à voix haute par un élève puis repérer les lettres «𝓟», «𝓠», «𝓡», «𝓢» et «𝓣» majuscules. |

**Pour le jour suivant :** lire le texte 11 (2 niveaux de difficulté) ➜

**Séance 1** L'imparfait du verbe *être*

| | |
|---|---|
| **20 min**<br><br>**collectif oral**<br><br>manuel<br>p. 163, ex. 8, 9<br><br>ardoise ou cahier de brouillon<br><br>mémo<br>p. 31 | ● **Découverte collective**<br><br>**OBJECTIFS** Mémoriser, à l'oral et à l'écrit, la conjugaison du verbe *être* à l'imparfait et à toutes les personnes. Transformer le verbe *être* aux trois temps : présent, futur et imparfait.<br><br>◉ **Même démarche qu'en semaine 2, p. 226 du guide.**<br><br>– Faire comparer les terminaisons du verbe *être* à l'imparfait avec celles affichées des verbes du 1er groupe à l'imparfait. Observer la régularité parfaite.<br><br>– Lecture collective du mémo. *Comment s'écrit la conjugaison du verbe* être *à l'imparfait ?*<br><br>– Mémorisation du mémo. |

**Séance 2** Les marques du dialogue (2)

| | |
|---|---|
| **10 min**<br><br>**individuel ou collectif écrit**<br><br>manuel<br>p. 162, ex. 7 | ❶ **Entraînement dans le manuel**<br><br>◉ **Même démarche qu'en unité 1, p. 29 du guide.** |
| **20 min**<br><br>**individuel écrit**<br><br>cahier<br>p. 125 ex. 1 à 4 | ❷ **Entraînement dans le cahier**<br><br>◉ **Même démarche qu'en unité 1, p. 29 du guide.**<br><br>**Différenciation**<br>Exercice 4 : avec l'aide de l'enseignant pour les élèves en difficulté. |

> **Pour le jour suivant :**
> – mémoriser le mémo « L'imparfait du verbe *être* » ➜ mémo p. 31 ;
> – activité supplémentaire : *conjugue à l'imparfait « être au CP ».*

---

**Lecture - Expression • Partie 3**   *Semaine 3 Jour 4*

**Séance 1**

| | |
|---|---|
| **20 min**<br><br>**collectif oral**<br><br>manuel<br>p. 157, ex. 5 à 7 | ● *J'utilise le petit dictionnaire*<br><br>**OBJECTIFS** Se repérer dans un dictionnaire. Se familiariser avec sa présentation et son fonctionnement. Réinvestir des notions de grammaire et de vocabulaire.<br><br>◉ **Même démarche qu'en unité 3, p. 100 du guide.**<br><br>◉ **L'exercice 6 permet un réinvestissement des notions de grammaire et de vocabulaire découvertes récemment.** On pourra redonner des précisions.<br><br>**Différenciation**<br>Laisser la frise-alphabet à la disposition de ceux qui le souhaitent. |

**Séance 2**

| | |
|---|---|
| 20 min<br><br>collectif<br>oral<br><br>manuel<br>p. 164 | ● *D'autres œuvres à découvrir*<br><br>OBJECTIF Comprendre et s'approprier une nouvelle œuvre en lien avec le texte étudié.<br><br>– Découverte d'une photo des jardins du château de Villandry.<br><br>– En opposition à la forêt, qui n'est en principe pas domestiquée, il est intéressant de montrer aux élèves qu'on peut aussi «dompter» la nature en créant des jardins où les arbres et les fleurs sont sans arrêt plantés, taillés et coupés par la main de l'homme.<br><br>– Laisser un temps d'observation avant de demander aux élèves de décrire la photo. Introduire le terme de «jardin à la française»; faire décrire le métier de jardinier et de paysagiste puis proposer également des photos de jardins plus sauvages…<br><br>– En prolongement: aller plus loin dans la recherche des représentations de nature domestiquée. |

> **Pour le jour suivant:** lire le texte 12 (2 niveaux de difficulté) → ●

## Étude de la langue • L'atelier des mots / Conjugaison

**Séance 1** **Construction avec un mot de base modifié (3)**

| | |
|---|---|
| 10 min<br><br>collectif<br>oral<br><br>manuel<br>p. 163, ex. 11 | **1** **Découverte collective**<br><br>OBJECTIF Remarquer que certains mots de base peuvent être modifiés dans les mots de la même famille.<br><br>– **Exercice 11.** Demander aux élèves de lire individuellement la liste de mots et d'écrire les mots de base sur leur cahier de brouillon.<br><br>– Mise en commun: les mots de l'exercice sont copiés au tableau. Demander aux élèves d'indiquer les mots de la même famille. Les entourer en choisissant une couleur différente pour chaque famille. Proposer d'expliquer le sens de chaque mot.<br><br>– Mettre en évidence le mot de base. Demander aux élèves de réagir (ou bien leur faire remarquer) que le mot de base est modifié de façon importante dans les mots de la même famille.<br><br>**Différenciation**<br>Regrouper les élèves en difficulté et les accompagner dans leur lecture et dans leur questionnement.<br>La mise en commun intéressera l'ensemble de la classe. |
| 10 min<br><br>individuel écrit /<br>collectif oral<br><br>manuel<br>p. 163, ex. 12, 13<br><br>cahier de brouillon | **2** **Manipulation dans le manuel**<br><br>OBJECTIF Trouver des mots de base ou des mots de la même famille.<br><br>– **Exercices 12 et 13.** Recherche individuelle sur le cahier de brouillon.<br><br>– Mise en commun: écrire les propositions correctes des élèves au tableau. Observation des différents mots de base et confirmation de l'observation précédente.<br><br>**Différenciation**<br>Suivre les élèves en difficulté sans nécessairement les regrouper.<br>Prévoir de les faire intervenir en premier lors de la correction-mise en commun en classe entière de l'exercice. |
| mémo<br>p. 41 | **3** **Mémo**<br>Construire le mémo avec les élèves à partir de leurs observations (à la suite du mémo précédent). |

## Séance 2 — L'imparfait du verbe *être*

| | |
|---|---|
| 10 min<br><br>**individuel ou collectif écrit**<br><br>manuel<br>p. 163, ex. 10 | **1** **Entraînement dans le manuel**<br>👁 **Même démarche qu'en unité 3, p. 86 du guide.**<br>👁 **Prolongement :**<br>Proposer régulièrement quelques exercices oraux de transformation de phrases avec le verbe *être* : d'une personne à une autre, d'une forme affirmative vers une autre forme (interrogative ou négative), d'un temps à un autre. |
| 20 min<br><br>**individuel écrit**<br><br>cahier<br>p. 126, ex. 1 à 5 | **2** **Entraînement dans le cahier**<br>👁 **Même démarche qu'en unité 3, p. 86 du guide**<br><br>**Différenciation**<br>Exercice 4 : avec l'aide de l'enseignant pour les élèves en difficulté. |

**Pour le jour suivant :** mémoriser le mémo « Construction avec un mot de base modifié (3) » ➜ mémo p. 41.

## SEMAINE 1

| | | | **Jour 1** guide p. 239 |
|---|---|---|---|
| **Atelier d'anticipation** (compréhension/vocabulaire) | **Moment différencié en atelier** | 20 min | Élèves en atelier d'anticipation, CD, fiche de soutien, compr./voc. n° 19<br>Élèves en autonomie, CD, texte de lecture supplémentaire n° 25 |
| **Lecture / Expression** | **Séance 1** | 20 à 40 min | **1.** Découverte de la page d'ouverture, manuel p. 165<br>**2.** Découverte de l'épisode 1, manuel p. 166-168<br>**3.** *Je comprends l'épisode*, manuel p. 174, ex. 1 |
| | **Séance 2** | 10 à 20 min | Mémorisation des mots-clés de l'épisode 1, ardoise |
| **Étude de la langue**<br><br>Dictée n° 25* (CD + guide p. 13) | **Séance 1** | 20 min | **Orthographe •** La lettre *g* (2), manuel p. 180, ex. 1 à 3 + mémo p. 14 |
| | **Séance 2** | 30 min | Entraînement en atelier des mots, cahier p. 127, ex. 1 à 4 |

## SEMAINE 2

| | | | **Jour 1** guide p. 247 |
|---|---|---|---|
| **Atelier d'anticipation** (compréhension/vocabulaire) | **Moment différencié en atelier** | 20 min | Élèves en atelier d'anticipation, CD, fiche de soutien, compr./voc. n° 21<br>Élèves en autonomie, CD, texte de lecture supplémentaire n° 26 |
| **Lecture / Expression** | **Séance 1** | 20 à 40 min | **1.** Résumé de l'épisode 1<br>**2.** Découverte de l'épisode 2, manuel p. 169-171<br>**3.** *Je comprends l'épisode*, manuel p. 176, ex. 1 |
| | **Séance 2** | 10 à 20 min | Mémorisation des mots-clés de l'épisode 2, ardoise |
| **Étude de la langue**<br><br>Dictée n° 26* (CD + guide p. 13) | **Séance 1** | 20 min | **Orthographe •** La lettre *l*, manuel p. 182, ex. 1 à 3 + mémo p. 14 |
| | **Séance 2** | 30 min | Entraînement en vocabulaire, manuel p. 181, ex. 15 + cahier p. 132, ex. 1 à 5 |

## SEMAINE 3

| | | | **Jour 1** guide p. 254 |
|---|---|---|---|
| **Atelier d'anticipation** (compréhension/vocabulaire) | **Moment différencié en atelier** | 20 min | Élèves en atelier d'anticipation, CD, fiche de soutien, compr./voc. n° 23<br>Élèves en autonomie, CD texte de lecture supplémentaire n° 27 |
| **Lecture / Expression** | **Séance 1** | 20 à 40 min | **1.** Résumé de l'épisode 2<br>**2.** Découverte de l'épisode 3, manuel p. 172-173<br>**3.** *Je comprends l'épisode*, manuel p. 178, ex. 1 |
| | **Séance 2** | 10 à 20 min | Mémorisation des mots-clés de l'épisode 3, ardoise |
| **Étude de la langue**<br><br>Dictée n° 27* (CD + guide p. 13) | **Séance 1** | 20 min | **Orthographe •** Les mots qui se terminent par *il* ou *ille*, manuel p. 184, ex. 1 à 3 + mémo p. 14 |
| | **Séance 2** | 30 min | Entraînement en atelier des mots, cahier p. 137, ex. 1 à 5 |

\* À préparer sur 3 jours et à réaliser le 4e jour.

| **Jour 2** guide p. 241 | **Jour 3** guide p. 243 | **Jour 4** guide p. 245 |
|---|---|---|
| | Élèves en atelier d'anticipation, CD, fiche de soutien, compr./voc. n° 20<br><br>Élèves en autonomie, CD, fiche d'activités complémentaires, ortho. n° 25 ou/et lecture n° 25 | |
| 1. Retour sur l'épisode 1<br>2. *J'apprends des mots nouveaux*, manuel p. 174, ex. 2<br>3. *Je lis à voix haute*, manuel p. 174, ex. 3 | 1. Retour sur l'épisode 1<br>2. *Je me souviens de l'épisode*, manuel p. 175, ex. 4 à 6<br>3. *J'écris des phrases*, manuel p. 175, ex. 7 | 1. Relecture de l'épisode 1<br>2. Activités orales de compréhension : résumé et anticipation |
| Activités écrites de compréhension, cahier p. 128, ex. 1, 2 | Activités écrites de compréhension, cahier p. 128, ex. 3<br>Copie de phrase (𝓛), cahier p. 128 | *D'autres œuvres à découvrir*, manuel p. 186 |
| **Grammaire** • L'adverbe, manuel p. 180, ex. 5, 6 + mémo p. 24 | **Conjugaison** • Présent, futur, imparfait, manuel p. 181, ex. 9, 10 + mémo p. 32 | **Vocabulaire** • L'ordre alphabétique (4), manuel p. 181, ex. 13, 14 + mémo p. 42 |
| Entraînement en orthographe, manuel p. 180, ex. 4 + cahier p. 129, ex. 1 à 4<br>Copie de phrase, cahier p. 129 | Entraînement en grammaire, manuel p. 180, ex. 7, 8 + cahier p. 130, ex. 1 à 5 | Entraînement en conjugaison, manuel p. 181, ex. 11, 12 + cahier p. 131, ex. 1 à 4 |

| **Jour 2** guide p. 249 | **Jour 3** guide p. 251 | **Jour 4** guide p. 253 |
|---|---|---|
| | Élèves en atelier d'anticipation, CD, fiche de soutien, compr./voc. n° 22<br><br>Élèves en autonomie, CD, fiche d'activités complémentaires, ortho. n° 26 ou/et lecture n° 26 | |
| 1. Retour sur l'épisode 2<br>2. *J'apprends des mots nouveaux*, manuel p. 176, ex. 2 à 4 | 1. Retour sur l'épisode 2<br>2. *Je me souviens de l'épisode*, manuel p. 177, ex. 5 à 7<br>3. Activités préparatoires à l'expression écrite de la séance 2 | Retour sur l'expression écrite |
| Activités écrites de compréhension, cahier p. 133, ex. 1, 2 | *J'écris un petit texte*, manuel p. 177, ex. 8 | Activités écrites de compréhension, cahier p. 133, ex. 3, 4<br>Copie de phrase (𝓥), cahier p. 133 |
| **Grammaire** • Le complément du verbe, manuel p. 182, ex. 5 à 7 + mémo p. 24 | **Conjugaison** • Le passé composé des verbes en -*er* (1), manuel p. 183, ex. 10 à 12 + mémo p. 32 | **L'atelier des mots** • Connaître et appliquer les règles de construction (1), manuel p. 183, ex. 15 à 17 |
| Entraînement en orthographe, manuel p. 182, ex. 4 + cahier p. 134, ex. 1 à 4<br>Copie de phrase, cahier p. 134 | Entraînement en grammaire, manuel p. 182, ex. 8, 9 + cahier p. 135, ex. 1 à 5 | Entraînement en conjugaison, manuel p. 183, ex. 13, 14 + cahier p. 136, ex. 1 à 5 |

| **Jour 2** guide p. 256 | **Jour 3** guide p. 258 | **Jour 4** guide p. 260 |
|---|---|---|
| | Élèves en atelier d'anticipation, CD, fiche de soutien, compr./voc. n° 24<br><br>Élèves en autonomie, CD, fiche d'activités complémentaires, ortho. n° 27 ou/et lecture n°27 | |
| 1. Retour sur l'épisode 3<br>2. *J'apprends des mots nouveaux*, manuel p. 178, ex. 2 | 1. Retour sur toute l'histoire<br>2. *Je me souviens de toute l'histoire*, manuel p.178, ex. 3 à 5 | *J'utilise le petit dictionnaire*, manuel p. 179, ex. 6, 7 |
| Activités écrites de compréhension, cahier p. 138, ex. 1, 2 | Activités écrites de compréhension, cahier p. 138, ex. 3<br>Copie de phrase (𝓦), cahier p. 138 | *D'autres œuvres à découvrir*, manuel p. 186 |
| **Grammaire** • Des mots pour dire *quand, où…*, manuel p. 184, ex. 5, 6 + mémo p. 24 | **Conjugaison** • Le passé composé du verbe *avoir*, manuel p. 185, ex. 8, 9 + mémo p. 32 | **L'atelier des mots** • Connaître et appliquer les règles de construction (2), manuel p. 185, ex. 12, 13 |
| Entraînement en orthographe, manuel p. 184, ex. 4 + cahier p. 139, ex. 1 à 4<br>Copie de phrase, cahier p. 139 | Entraînement en grammaire, manuel p. 184, ex. 7 + cahier p. 140, ex. 1 à 5 | Entraînement en conjugaison, manuel p. 185, ex. 10, 11 + cahier p. 141, ex. 1 à 6 |

## L'histoire

Ce récit nous plonge dans un moment très particulier chez les Indiens d'Amérique : le grand rassemblement de printemps, au cours duquel de nombreuses tribus, parfois très hostiles les unes envers les autres, se retrouvent pour célébrer l'entrée dans la nouvelle saison, synonyme de renouveau. C'est une trêve. Théoriquement, les ennemis de la veille peuvent discuter calmement. Cette fête avait réellement lieu et cette histoire, évidemment fictive, repose sur des vérités historiques qui fascineront les enfants.

Le personnage principal est un jeune garçon lakota du nom de Plume-Rouge. Il déambule entre les campements en nous faisant partager son étonnement devant ses découvertes, lui qui ne connaît que sa tribu.

La trêve est bien réelle et il s'en rend vite compte lorsqu'il sympathise avec Luciole, une jeune fille de la tribu crow, les ennemis jurés des Lakotas. Mais les tensions sont évidemment toujours bien présentes. Lors d'une partie de crosse, un sport collectif qui ressemble un peu au hockey d'aujourd'hui, Plume-Rouge suscite la colère de Loup-Renard, un jeune Crow.

Alors que Plume-Rouge s'amuse avec Luciole, Loup-Renard et cinq autres guerriers crows s'approchent et accusent le jeune Lakota d'avoir volé le sac-médecine de la tribu, un objet sacré qui apporte bonheur et gloire !

La guerre semble proche… Mais, finalement, dans un retournement de situation, le père de Luciole découvre le sac-médecine caché dans la tente de Loup-Renard. Plume-Rouge est innocenté.

## Les thèmes

**La remise en cause des préjugés :** Plume-Rouge a sûrement entendu beaucoup de mal à propos des Crows. Il ne voit en eux que des Indiens assoiffés de sang n'ayant qu'une idée en tête : scalper des Lakotas.

Mais, en pénétrant dans le campement crow, Plume-Rouge découvre une autre réalité. Les enfants pratiquent un sport qu'il connaît et, surtout, il est fasciné par la beauté des broderies réalisées par la mère de Luciole. « Les Crows ne sont donc pas seulement des guerriers sanguinaires ! » Voilà une bien belle leçon à méditer pour les enfants. Connaître les autres permet de faire tomber bien des préjugés destructeurs.

**La jalousie et le pardon :** toute l'intrigue repose sur ces deux thèmes. Loup-Renard a été humilié par Plume-Rouge lors de la partie de crosse. Il est surtout jaloux de l'amitié naissante (et peut-être plus…) entre le jeune Lakota et la jolie Luciole. Fou de rage, il accuse à tort Plume-Rouge de vol espérant agir ainsi sur les plus bas instincts de sa tribu : un Lakota ne peut être qu'un voleur !

Mais Plume-Rouge, qui a la possibilité de faire tuer Loup-Renard, préfère lui pardonner parce qu'il sait qu'il a agi par jalousie. Selon lui, la jalousie est un sentiment bien naturel et qui ne mérite assurément pas la mort !

## Les œuvres en réseau

**Des livres :**

> ### Rubrique « D'autres œuvres à découvrir », p. 186 du manuel
> ➨ *Yakari, La barrière de feu*, Derib et Job, éd. Le Lombard. (Voir le déroulement de la séance, p. 260 du guide.)

➨ *Le dico des Indiens*, Michel Piquemal, éd. de la Martinière Jeunesse.

➨ *Les Indiens*, Sylvie Deraime, éd. Fleurus.

➨ *Cheval vêtu*, Fred Bernard, éd. Albin Michel Jeunesse.

➨ *Tintin en Amérique*, Hergé, éd. Casterman.

**Des chansons :**

> ### Rubrique « D'autres œuvres à découvrir », p. 186 du manuel
> ♫ *Nagawicka*, une chanson de Jacky Galou. (Voir le déroulement de la séance, p. 245 du guide.)

♫ *Un petit Indien des Andes*, une chanson de Pierre Chêne.

**Une œuvre picturale :**

📷 *Les Indiens d'Amérique du Nord*, livre de photos d'Edward Curtis, éd. Taschen.

**Un site Internet :**

@ www.artisanatindien.com

(Voir dans l'introduction p. 16 la présentation du dispositif d'anticipation.)

| | |
|---|---|
| 20 min<br><br>**moment différencié**<br><br><u>Élèves en atelier :</u><br><br>– fiche de soutien, compr./voc. n° 19<br><br><u>Élèves en autonomie :</u><br><br>– texte de lecture supplémentaire n° 25 | **1 Phase orale**<br>**OBJECTIF** Se familiariser avec les éléments de compréhension du texte de l'unité.<br>– Présenter, en quelques mots, le thème de l'unité.<br>– Inviter les élèves à faire partager leurs connaissances sur le thème.<br><br>**2 Fiche de soutien en compréhension et en vocabulaire n° 19 : épisode 1**<br>**OBJECTIF** Acquérir des éléments de compréhension, et en particulier du vocabulaire, qui faciliteront la découverte du texte. |

## Lecture – Expression • **Épisode 1**

### Séance 1

| | |
|---|---|
| 5 min<br><br>**collectif oral**<br><br>manuel p. 165 | **1 Découverte de la page d'ouverture de l'histoire**<br>**OBJECTIF** Prendre des informations sur une couverture d'album et sur une image.<br>– Faire lire le titre puis l'indication sur le type de texte. Laisser un temps aux élèves pour observer la page.<br>– Recueillir leurs réactions. |
| 20 min<br><br>**collectif oral**<br><br>manuel p. 166-168 et p. 179 | **2 Découverte de l'épisode 1**<br>**OBJECTIFS** Prendre des informations sur une image. Écouter et lire un début d'œuvre intégrale.<br>– Préciser que cet épisode se déroule sur trois pages.<br>– Inviter les élèves à observer les illustrations.<br>– Leur demander de lire silencieusement le premier paragraphe de la page 166. Puis recueillir leurs réactions et éclaircir quelques difficultés de compréhension si besoin en proposant à ceux qui le peuvent d'apporter des explications ou des précisions. S'assurer que tous ont compris les éléments importants du récit.<br>– Faire de même avec la fin de la page 166.<br>– Reprendre avec les élèves la lecture des noms de tribus difficiles à prononcer : les Blackfeet, les Cheyennes et les Pawnees.<br>– Expliquer rapidement que la Danse du Soleil est un rituel religieux qui a lieu une fois par an et qui dure de quatre à huit jours. Ce rituel a pour but de garantir l'harmonie entre les êtres vivants (www.artisanatindien.com).<br>– Demander aux élèves de relever les mots suivis d'un astérisque (*clans, troc, brave*) ; laisser à certains le soin de les expliquer avec leurs propres mots puis proposer à trois élèves de lire les définitions page 179.<br>– Reprendre une lecture magistrale de la page 166, en invitant les élèves à suivre le texte des yeux.<br>– Procéder de la même façon pour les pages 167 (mots du dictionnaire : *chaman, prodige, scalp*) et 168 (*trêve, calumet, crosse, malice*). |

| 15 min<br><br>collectif<br>oral<br><br>manuel<br>p. 174, ex. 1 | **3** *Je comprends l'épisode*<br><br>**OBJECTIFS** Identifier les personnages, les événements et les circonstances temporelles et spatiales d'un récit qu'on a lu. Rendre compte de ce que l'on a lu ou entendu.<br><br>👁 **Même démarche qu'en unité 1, p. 24 du guide.**<br><br>Mots-clés à inscrire au tableau : *Plume-Rouge, la tribu des Lakotas, le rassemblement de printemps, les clans, le campement crow, une coiffe, une trêve, Luciole, une partie de crosse.*<br><br>**Différenciation**<br><br>– Proposer aux élèves en difficulté de relire les mots qui présentent des difficultés de déchiffrage : *ils se rejoignent, le rassemblement, un scalp* ; puis les phrases qui contiennent ces mots.<br><br>– Revenir sur le sens de certains mots et expressions : *le crâne rasé, une cage d'osier, des corbeaux apprivoisés, une coiffe, frissonner, il ricane.*<br><br>– Proposer aux autres élèves de lister sur leur ardoise ce que l'on sait de l'apparence physique des trois jeunes personnages. |

## Séance 2

| 20 min<br><br>individuel<br>écrit<br><br>ardoise | 🔹 **Mémorisation des mots-clés de l'épisode 1**<br><br>**OBJECTIFS** Mémoriser les mots-clés de l'histoire. Restituer leur orthographe.<br><br>📄 *Plume-Rouge, la tribu des Lakotas, le rassemblement de printemps, les clans, le campement crow, une coiffe, une trêve, Luciole, une partie de crosse, Loup-Renard*<br><br>👁 **Même démarche qu'en unité 4, p. 108 du guide.**<br><br>– Questions à poser : *comment s'appellent les trois jeunes personnages ? À quelles tribus appartiennent-ils ? Pourquoi sont-ils réunis au même endroit alors que leurs tribus ne s'entendent pas ? Comment appelle-t-on chaque grande famille d'Indiens ? Où se trouve Plume-Rouge quand il a envie de faire demi-tour ? À quel jeu les trois enfants jouent-ils ?* |

| **Pour le jour suivant :** lire le texte 1 (2 niveaux de difficulté) ➜ 💿 |

## Étude de la langue • Orthographe / L'atelier des mots

### Séance 1    La lettre *g* (2)

| 20 min<br><br>collectif<br>oral<br><br>manuel<br>p. 180, ex. 1 à 3<br><br>ardoise ou cahier<br>de brouillon<br><br>mémo<br>p. 14 | 🔹 **Découverte collective**<br><br>**OBJECTIF** Analyser les différents rôles d'une lettre.<br><br>👁 **Même démarche qu'en unité 6, p. 162 du guide.**<br><br>👁 **Faire lire des mots où le groupe de lettres «gu» ne se prononce pas [g] mais [gy] :** *un légume, une figure, le singulier, aiguë…* |

| 30 min<br><br>individuel<br>écrit<br><br>cahier<br>p. 127, ex. 1 à 4 | ● **Entraînement dans le cahier**<br>👁 **Même démarche qu'en unité 1, p. 41 du guide.**<br><br>**Différenciation**<br>Exercice 4 : avec l'aide de l'enseignant pour les élèves en difficulté. |
| --- | --- |

**Pour le jour suivant :**

– mémoriser les différentes réalisations phonologiques de la lettre « g » en fonction de la lettre qui suit ; comprendre le rôle de la lettre « u » pour produire le son [g] ➡ mémo p. 14 ;

– activité supplémentaire : *cherche des mots où la lettre « g » produit le son [g] et des mots où elle produit le son [ʒ].*

● ● ● ● ● ● ● ● ● ● ● ● ● ● ● ● ● ● ● ● ● ● ● ● ● ● ● ● ● ● ● ● ● ● ● ● ● ● ● ● ● ● ● ●

**Lecture – Expression • Épisode 1**

*Semaine 1<br>Jour 2*

**Séance 1**

| 15 min<br><br>collectif<br>oral | **1** **Retour sur l'épisode 1**<br>**OBJECTIF** Distinguer les éléments importants d'un texte.<br><br>– Inviter les élèves à se remémorer l'épisode découvert la veille : *de quoi parle le premier épisode de cette histoire ?* Insister sur le moment où se passe l'histoire, l'identité des personnages et les sentiments qui les animent.<br><br>– Activités de restitution (exemples) :<br>1. repérage de phrases erronées : *Durant <u>une nuit entière</u>, ce ne sera que troc et échanges, chants et danses…*<br>2. vrai/faux : *Plume-Rouge reconnaît les terribles guerriers crows grâce à leurs armes. Vrai ou faux ?*<br>3. rebrassage du lexique : *Que fument ensemble les pires ennemis durant la trêve ? <u>Le calumet de la paix</u>.* |
| --- | --- |
| 15 min<br><br>collectif<br>oral<br><br>manuel<br>p. 174, ex. 2 | **2** *J'apprends des mots nouveaux*<br>**OBJECTIF** Affiner le bagage lexical.<br><br>Demander à différents élèves de lire les phrases. Les laisser apporter des explications puis reformuler. |
| 10 min<br><br>individuel<br>oral<br><br>manuel<br>p. 174, ex. 3 | **3** *Je lis à voix haute*<br>**OBJECTIF** Lire seul et à voix haute en articulant et en respectant la ponctuation.<br><br>– Inviter les élèves à lire le texte proposé de façon silencieuse. Puis demander à un élève de lire à voix haute la remarque du petit personnage.<br><br>– Demander aux élèves de repérer les tirets : *quel personnage prend la parole à chaque tiret ?* Puis faire repérer les groupes de mots en gras : *que signifient-ils ?* Chercher ensemble sur quel ton chaque phrase peut être lue en fonction de ces indications.<br><br>– Demander à trois élèves de lire le texte en donnant progressivement des conseils sur l'intonation ou le débit à respecter. Renouveler la lecture avec d'autres groupes de trois élèves. |

## Séance 2

| | |
|---|---|
| 10 min<br><br>**individuel<br>écrit**<br><br>cahier<br>p. 128, ex. 1, 2 | ● **Activités écrites de compréhension**<br>👁 Même démarche qu'en unité 1, p. 26 du guide.<br><br>**Différenciation**<br>Proposer aux élèves les plus rapides de réécrire sur l'ardoise les mots-clés vus en jour 1 (voir p. 240 du guide) de mémoire, en faisant attention à l'orthographe (masquer l'affichage). Leur proposer une auto-correction à l'aide de l'affichage. |

**Pour le jour suivant :** lire le texte 2 (2 niveaux de difficulté) ➜ 💿

## Étude de la langue • Grammaire / Orthographe

### Séance 1   L'adverbe

| | |
|---|---|
| 5 min<br><br>**collectif<br>oral**<br><br>manuel<br>p. 180 | **1** **Entrée dans la séance**<br>**OBJECTIF** Identifier le rôle de chaque mot ou groupe de mots dans une phrase.<br>– Les élèves lisent la première phrase du texte de référence page 180.<br>– Demander à quelques élèves de mimer ce qui est décrit dans cette phrase : *Plume-Rouge marche fièrement dans le camp des Crows.*<br>– Demander aux différents élèves «comédiens» d'expliquer pourquoi ils ont joué comme ils viennent de le faire.<br>👁 **Cette étape doit permettre aux élèves d'expliquer l'importance de chaque mot ou groupe de mots qui compose la phrase. On peut s'attendre à ce que certains élèves «jouent» la fierté et d'autres non. Le débat peut s'orienter autour de cette différence.** |
| 15 min<br><br>**collectif<br>oral**<br><br>manuel<br>p. 180, ex. 5, 6<br><br>mémo<br>p. 24 | **2** **Découverte collective**<br>**OBJECTIFS** Comprendre la construction des adverbes en *-ment*. Comprendre le rôle de l'adverbe dans la phrase.<br>– **Exercice 5.** Les élèves identifient les verbes dans les phrases. Ils relèvent les adverbes qui les accompagnent et notent leur construction en *-ment*.<br>– Synthèse collective au tableau.<br>– **Exercice 6.** Les élèves repèrent les adverbes. Ils manipulent les phrases avec ou sans adverbes et définissent le rôle des adverbes.<br>– Synthèse collective au tableau.<br>– Lecture collective du mémo.<br>– Mémorisation du mémo. |

### Séance 2   La lettre *g* (2)

| | |
|---|---|
| 10 min<br><br>**individuel ou<br>collectif<br>écrit**<br><br>manuel<br>p. 180, ex. 4 | **1** **Entraînement dans le manuel**<br>👁 Même démarche qu'en unité 1, p. 27 du guide. |

| | |
|---|---|
| 20 min<br><br>**individuel<br>écrit**<br><br>cahier<br>p. 129, ex. 1 à 4 | **2** **Entraînement dans le cahier et copie de phrase**<br><br>👁 **Même démarche qu'en unité 1, p. 27 du guide.**<br><br>Écriture : faire lire la phrase à voix haute par un élève. Cette phrase ne présente pas de difficulté d'écriture. |

**Pour le jour suivant :** mémoriser le mémo « L'adverbe » ➜ mémo p. 24.

- - - - - - - - - - - - - - - - - - - - - - - - - - - - - - - - - - - - - - - - - - - - - - - - - - - - - - - -

## Atelier d'anticipation • **Compréhension / Vocabulaire**

*Semaine 1<br>Jour 3*

(Voir dans l'introduction p. 16 la présentation du dispositif d'anticipationn.)

| | |
|---|---|
| 20 min<br><br>**moment différencié**<br><br>Élèves en atelier :<br><br><br><br>– fiche de soutien,<br>compr./voc. n° 20<br><br>Élèves en autonomie :<br><br><br><br>– fiche d'activités<br>complémentaires,<br>ortho. n° 25 ou/et<br>lecture n° 25 | **1** **Phase orale**<br><br>**OBJECTIF** S'approprier les éléments de compréhension globale de l'épisode.<br><br>– Demander aux élèves de raconter l'épisode que la classe a découvert en jours 1 et 2.<br><br>– Faire émerger les mots-clés et les mots du « Petit dictionnaire » en invitant les élèves à en repréciser le sens.<br><br>**2** **Fiche de soutien en compréhension et en vocabulaire n° 20 : épisode 1**<br><br>**OBJECTIFS** Identifier les personnages, les événements et les circonstances temporelles et spatiales d'un récit qu'on a lu. Comprendre le vocabulaire de l'histoire. |

## Lecture – Expression • **Épisode 1**

### Séance 1

| | |
|---|---|
| 10 min<br><br>**collectif<br>oral**<br><br>manuel p. 166-168 | **1** **Retour sur l'épisode 1**<br><br>**OBJECTIFS** Poser des questions sur un texte. Prélever des informations locales dans un texte.<br><br>👁 **Même démarche qu'en unité 1, p. 28 du guide.** |
| 15 min<br><br>**collectif<br>oral**<br><br>manuel<br>p. 175, ex. 4 à 6 | **2** *Je me souviens de l'épisode*<br><br>**OBJECTIFS** Comprendre la chronologie de l'histoire. Mémoriser les éléments importants de l'épisode.<br><br>**Différenciation**<br>– Faire l'exercice 4 à l'oral avec les élèves en difficulté en leur demandant de lire tour à tour les différentes phrases.<br>– Demander aux autres élèves de faire l'exercice sur l'ardoise (en indiquant les lettres dans le bon ordre) puis de rédiger une sixième phrase.<br><br>– Proposer une correction collective.<br>– Faire les exercices 5 et 6 ensemble en laissant un temps aux élèves pour qu'ils découvrent les phrases silencieusement. Pour l'exercice 5, demander aux élèves de justifier leurs réponses. Pour l'exercice 6, rechercher les groupes de mots dans le texte. |

| | |
|---|---|
| 15 min<br><br>**collectif<br>oral**<br><br>manuel<br>p. 175, ex. 7<br><br>**individuel<br>écrit**<br><br>ardoise<br>et cahier de classe | **3** *J'écris des phrases*<br><br>**OBJECTIF** Produire deux ou trois phrases à partir de mots proposés.<br><br>👁 **Même démarche qu'en unité 1, p. 28 du guide, en faisant produire deux ou trois phrases.** |

### Séance 2

| | |
|---|---|
| 15 min<br><br>**individuel<br>écrit**<br><br>cahier<br>p. 128, ex. 3 | 🔵   **Activités écrites de compréhension et copie de phrase**<br><br>👁 **Même démarche qu'en unité 1, p. 28 du guide.**<br><br>Écriture : faire lire la phrase à voix haute par un élève puis repérer les lettres « 𝓤 » majuscules. |

**Pour le jour suivant :** lire le texte 3 (2 niveaux de difficulté) ➜ 💿

### Étude de la langue • **Conjugaison / Grammaire**

### Séance 1   Présent, futur, imparfait

| | |
|---|---|
| 20 min<br><br>**collectif<br>oral**<br><br>manuel<br>p. 181, ex. 9, 10<br><br>ardoise ou<br>cahier de brouillon<br><br>mémo<br>p. 32 | 🔵   **Découverte collective**<br><br>**OBJECTIFS** Identifier les modifications liées au changement de temps dans une phrase. Réviser, à l'oral et à l'écrit, la conjugaison des verbes étudiés au présent, au futur et à l'imparfait. Transformer un verbe d'un temps à un autre.<br><br>👁 **Cette leçon a une fonction de synthèse et de mise en comparaison des terminaisons verbales. Elle vise tout particulièrement les changements de temps.**<br><br>👁 **Cette leçon permet aussi de faire prendre conscience que le choix du temps dans une phrase influe sur le sens de cette phrase.**<br><br>– On attirera l'attention des élèves sur le moment de l'action dans chaque phrase des bulles colorées : la première correspond au récit en train de se dérouler, la deuxième correspond à un souvenir de la fête de printemps, la troisième correspond à un espoir de la fête à venir.<br><br>– Lecture collective du mémo.<br><br>– Mémorisation du mémo. |

### Séance 2   L'adverbe

| | |
|---|---|
| 10 min<br><br>**individuel ou<br>collectif<br>écrit**<br><br>manuel<br>p. 180, ex. 7, 8 | **1**   **Entraînement dans le manuel**<br><br>👁 **Même démarche qu'en unité 1, p. 29 du guide.** |

| | |
|---|---|
| 20 min<br>**individuel<br>écrit**<br>cahier<br>p. 130, ex. 1 à 5 | **2** **Entraînement dans le cahier**<br>👁 Même démarche qu'en unité 1, p. 29 du guide.<br><br>**Différenciation**<br>Exercice 5 : avec l'aide de l'enseignant pour les élèves en difficulté. |

**Pour le jour suivant :**

– mémoriser le mémo « Présent, futur, imparfait » → mémo p. 32 ;

– activité supplémentaire : *fabrique trois phrases à des temps différents en utilisant le sujet « Plume-Rouge » et le verbe « regarder ».*

● ● ● ● ● ● ● ● ● ● ● ● ● ● ● ● ● ● ● ● ● ● ● ● ● ● ● ● ● ● ● ● ● ● ● ● ● ● ● ● ● ● ● ● ● ● ● ● ● ● ●

**Lecture – Expression • Épisode 1**

*Semaine 1<br>Jour 4*

**Séance 1**

| | |
|---|---|
| 10 min<br>**collectif<br>oral**<br>manuel p. 166-168 | **1** **Relecture de l'épisode 1**<br>👁 Même démarche qu'en unité 1, p. 29 du guide. |
| 20 min<br>**collectif<br>oral**<br>manuel<br>p. 166-168 | **2** **Activités orales de compréhension : résumé et anticipation**<br>**OBJECTIFS** Identifier les locuteurs de l'histoire. Imaginer la suite de l'histoire.<br>👁 Même démarche qu'en unité 1, p. 30 du guide.<br>Résumés à proposer (les deux résumés sont corrects mais ne correspondent pas au même point de vue narratif : amener les élèves à choisir le 2e résumé qui correspond au point de vue narratif de l'histoire) :<br><br>**1.** Luciole et Loup-Renard sont deux jeunes Indiens de la tribu crow. Ils assistent avec leur clan au grand rassemblement de printemps. Ils commencent une partie de crosse avec des amis quand, soudain, ils s'aperçoivent qu'un jeune Indien lakota les observe. Loup-Renard n'aime pas les Lakotas mais Luciole se tourne gentiment vers le jeune garçon et demande s'il veut jouer avec eux. / **2.** Plume-Rouge est un jeune Indien lakota qui participe avec sa tribu au grand rassemblement de printemps. En se promenant, il tombe sur le campement crow, dont les terribles guerriers sont les ennemis de son propre clan. Courageux, il décide de ne pas rebrousser chemin. C'est alors qu'une jolie Indienne lui propose de faire une partie de crosse. Elle se prénomme Luciole. |

**Séance 2**

| | |
|---|---|
| 20 min<br>**collectif<br>oral**<br>manuel<br>p. 186 | 🔵 *D'autres œuvres à découvrir*<br>**OBJECTIFS** Comprendre et s'approprier une nouvelle œuvre en lien avec le texte étudié. Mémoriser les paroles d'une chanson et la chanter en classe.<br>– Une chanson : *Nagawika*, de Jacky Galou.<br>– Cette chanson fait partie des incontournables de l'école et plaît beaucoup aux enfants. Il sera facile de trouver des versions à écouter sur Internet. On peut aussi imaginer chanter cette chanson en faisant danser les élèves, à la manière des Indiens.<br>– Faire recopier une partie de la chanson en respectant la présentation. |

**Pour le jour suivant :** lire le texte 4 (2 niveaux de difficulté) →

## Étude de la langue • Vocabulaire / Conjugaison

### Séance 1   L'ordre alphabétique (4)

| 5 min<br>**collectif<br>oral** | **1 Entrée dans la séance**<br>**OBJECTIF** Classer des mots par ordre alphabétique.<br>Jouer au «duel de mots» (décrit dans l'unité 1 : voir p. 30 du guide) avec des mots qui commencent avec les mêmes lettres : «corps» et «cornichon», etc.<br>👁 **Cette étape doit permettre de rappeler comment classer des mots par ordre alphabétique et quelles sont les lettres discriminantes.** |
|---|---|
| 15 min<br>**collectif<br>oral**<br>manuel<br>p. 181, ex. 13, 14<br>mémo<br>p. 42 | **2 Découverte collective**<br>**OBJECTIFS** Classer des mots entre deux mots repères. Se repérer dans un dictionnaire grâce aux mots repères.<br>– **Exercices 13 et 14.** Les élèves comprennent le rôle des mots repères dans un dictionnaire.<br>– Synthèse collective au tableau.<br>👁 **Utiliser un dictionnaire et montrer des mots repères.**<br>– Lecture collective du mémo.<br>– Mémorisation du mémo. |

### Séance 2   Présent, futur, imparfait

| 10 min<br>**individuel ou<br>collectif écrit**<br>manuel<br>p. 181, ex. 11, 12 | **1 Entraînement dans le manuel**<br>👁 **Même démarche qu'en unité 3, p. 86 du guide.**<br>**Différenciation**<br>Mêmes obstacles qu'en semaine 1 de l'unité 7 : voir p. 194 du guide.<br>Les exercices nécessitant un rappel complet de ce qui a été travaillé précédemment, on pourra soit laisser accès au mémo soit donner les tableaux ci-dessous pour les verbes du 1er groupe : |
|---|---|

| Présent | Futur | Imparfait |
|---|---|---|
| Je – | Je -rai | Je -ais |
| Tu -s | Tu -ras | Tu -ais |
| Il / Elle – | Il / Elle -ra | Il / Elle -ait |
| Nous -ons | Nous -rons | Nous -ions |
| Vous -ez | Vous -rez | Vous -iez |
| Ils / Elles -nt | Ils / Elles -ront | Ils / Elles -aient |

| 20 min<br>**individuel<br>écrit**<br>cahier<br>p. 131, ex. 1 à 4 | **2 Entraînement dans le cahier**<br>👁 **Même démarche qu'en unité 3, p. 86 du guide.**<br>**Différenciation**<br>Exercice 4 : avec l'aide de l'enseignant pour les élèves en difficulté. |
|---|---|

**Pour le jour suivant :** mémoriser le mémo «L'ordre alphabétique (4)» ➜ mémo p. 42.

(Voir dans l'introduction p. 16 la présentation du dispositif d'anticipation.)

| | |
|---|---|
| 20 min<br><br>**moment différencié**<br><br>Élèves en atelier :<br><br>– fiche de soutien, compr./voc. n° 21<br><br>Élèves en autonomie :<br><br>– texte de lecture supplémentaire n° 26 | **❶ Phase orale**<br>**OBJECTIF** Se familiariser avec les éléments de compréhension du texte de l'unité.<br>– Revenir, en quelques mots, sur le thème de l'unité.<br>– Inviter les élèves à faire partager leurs connaissances sur le thème.<br><br>**❷ Fiche de soutien en compréhension et en vocabulaire n° 21 : épisode 2**<br>**OBJECTIF** Acquérir des éléments de compréhension, et en particulier du vocabulaire, qui faciliteront la découverte du texte. |

## Lecture – Expression • Épisode 2

### Séance 1

| | |
|---|---|
| 5 min<br><br>**collectif oral** | **❶ Résumé de l'épisode 1**<br>**OBJECTIF** Restituer les informations nécessaires à la compréhension d'un texte.<br>👁 **Même démarche qu'en unité 1, p. 32 du guide.** |
| 20 min<br><br>**collectif oral**<br><br>manuel<br>p. 169-171 et p. 179 | **❷ Découverte de l'épisode 2**<br>**OBJECTIFS** Prendre des informations sur une image. Écouter et lire un passage d'œuvre intégrale.<br>– Laisser un temps aux élèves pour qu'ils découvrent les illustrations des pages 169, 170 et 171.<br>– Leur demander de lire seuls le premier paragraphe de la page 169, puis d'émettre des hypothèses sur la suite du récit.<br>– Proposer une lecture magistrale de la page 169 puis marquer une pause et faire réagir les élèves.<br>– Leur demander de relever le mot suivi d'un astérisque (*humilié*), puis faire lire la phrase comportant ce mot pour le recontextualiser. Laisser les élèves en donner une définition avec leurs propres mots avant de découvrir la définition du «Petit dictionnaire», page 179.<br>– Faire de même pour les pages 170 (mots du dictionnaire : *tipi, gaine*) et 171.<br>– Proposer à quelques élèves de reprendre la lecture à voix haute des trois pages. |
| 15 min<br><br>**collectif oral**<br><br>manuel<br>page 176, ex. 1 | **❸ *Je comprends l'épisode***<br>**OBJECTIFS** Identifier les personnages, les événements et les circonstances temporelles et spatiales d'un récit qu'on a lu. Rendre compte de ce que l'on a lu ou entendu.<br>👁 **Même démarche qu'en unité 1, p. 24 du guide.**<br>– Mots-clés à inscrire au tableau : *le but décisif, féliciter, fier, le grand tipi, une brodeuse, une ceinture, un poney, encercler.* |

| | |
|---|---|
| | **Différenciation**<br>– Proposer aux élèves en difficulté de relire les mots qui présentent des difficultés de déchiffrage : *elles se cognent, décisif, orgueilleux, fier, les flancs, sanguinaires, encerclés* ; puis certaines des phrases qui contiennent ces mots.<br>– Revenir sur le sens de certains mots et expressions : *il doit faire honneur à son peuple, le but décisif, orgueilleux, les flancs, sa monture, impatiente, des guerriers sanguinaires.*<br>– Inviter les autres élèves, sur l'ardoise, à inventer des phrases à partir des mots-clés ci-avant (qui apparaissent au tableau). |

## Séance 2

| | |
|---|---|
| 20 min<br>**individuel écrit**<br>ardoise | 🔵 **Mémorisation des mots-clés de l'épisode 2**<br>**OBJECTIFS** Mémoriser les mots-clés de l'histoire. Restituer leur orthographe.<br>📋 *le but décisif, féliciter, fier, le grand tipi, une brodeuse, une ceinture, un poney, encercler*<br>👁 Même démarche qu'en unité 4, p. 108 du guide.<br>Questions à poser : *comment se termine la fin de la partie de crosse ? Quelle est la réaction de Luciole ? Que ressent Plume-Rouge quand Luciole l'invite à revenir le lendemain ? Où vivent les parents de Luciole ? Que fait sa mère ? Et Luciole, qu'est-elle en train de réaliser ? Que font les deux enfants dans la grande prairie ? Soudain, que font les guerriers crows qui viennent d'arriver à vive allure ?* |

| |
|---|
| **Pour le jour suivant :** lire le texte 5 (2 niveaux de difficulté) ➜ 💿 |

## Étude de la langue • Orthographe / Vocabulaire

### Séance 1    La lettre *l*

| | |
|---|---|
| 20 min<br>**collectif oral**<br>manuel<br>p. 182, ex. 1 à 3<br>ardoise ou cahier de brouillon<br>mémo p. 14 | 🔵 **Découverte collective**<br>**OBJECTIF** Analyser les différents rôles d'une lettre.<br>👁 Même démarche qu'en unité 6, p. 162 du guide.<br>👁 Ce n'est que l'usage qui permet de savoir si le groupe de lettres « ill » produit le son [j] (la pai**ll**e), les sons [ij] (un papi**ll**on) ou les sons [il] (une vi**ll**e).<br>👁 La lettre « l » peut également être muette : « genti**l** ». |

### Séance 2    L'ordre alphabétique (4)

| | |
|---|---|
| 10 min<br>**individuel ou collectif écrit**<br>manuel<br>p. 181, ex. 15 | **❶ Entraînement dans le manuel**<br>👁 Même démarche qu'en unité 1, p. 33 du guide. |
| 20 min<br>**individuel écrit**<br>cahier<br>p. 132, ex. 1 à 5 | **❷ Entraînement dans le cahier**<br>👁 Même démarche qu'en unité 1, p. 33 du guide.<br><br>**Différenciation**<br>Exercice 3 : avec l'aide de l'enseignant pour les élèves en difficulté. |

**Pour le jour suivant :**
– mémoriser les différentes réalisations phonologiques des groupes de lettres « il » et « ill » ➜ mémo p. 14 ;
– activité supplémentaire : *cherche des mots où les groupes de lettres « ill » et « il » produisent des sons différents.*

**Lecture – Expression • Épisode 2**

*Semaine 2
Jour 2*

**Séance 1**

| | |
|---|---|
| 15 min<br><br>collectif<br>oral | **1 Retour sur l'épisode 2**<br>**OBJECTIF** Distinguer les éléments importants d'un texte.<br><br>– Inviter les élèves à se remémorer l'épisode découvert la veille : *de quoi parle le deuxième épisode de cette histoire ?* Insister sur l'issue de la partie de crosse et ses conséquences : Luciole invite Plume-Rouge à revenir. Décrire ce que les deux enfants découvrent ensemble.<br><br>– Activités de restitution (exemples) :<br>1. repérage de phrases erronées : *Plume-Rouge montre à Luciole comment, au petit trot, il est capable de cueillir des fleurs au vol.*<br>2. vrai/faux : *Dès que Plume-Rouge rentre de la partie de crosse, il prépare son poney pour le lendemain matin. Vrai ou faux ?*<br>3. rebrassage du lexique : *Comment se sent Loup-Renard à la fin de la partie de crosse ? Il se sent humilié.* |
| 25 min<br><br>collectif/<br>individuel<br>oral<br><br>manuel<br>p. 176, ex. 2 à 4<br><br>ardoise | **2 J'apprends des mots nouveaux**<br>**OBJECTIF** Affiner le bagage lexical.<br>– Lire la consigne de l'exercice 2 à voix haute.<br><br>**Différenciation**<br>– Pour les élèves en difficulté, faire l'exercice avec eux, en les invitant à se reporter aux paragraphes des pages 170 et 171. Une fois guidés, leur demander d'écrire leurs réponses sur l'ardoise.<br>– Demander aux autres élèves de faire l'exercice individuellement sur l'ardoise, sans l'aide du manuel si possible.<br><br>– Proposer une correction collective.<br>– Lire la consigne de l'exercice 3 à voix haute. Laisser un temps aux élèves pour découvrir les phrases puis recueillir leurs réponses.<br>– Lire la consigne de l'exercice 4 à voix haute, puis laisser un temps d'observation pour découvrir l'illustration et « les mots sur le cheval indien ».<br><br>**Différenciation**<br>– Pour les élèves en difficulté, faire l'exercice à voix haute avec eux, en apportant des explications.<br>– Demander aux autres élèves de faire l'exercice individuellement sur l'ardoise, en associant lettres et chiffres.<br><br>– Proposer une correction collective.<br><br>👁 **On pourra revenir plusieurs fois sur cet exercice pour que les élèves mémorisent ce vocabulaire.** |

| 10 min<br><br>**individuel<br>écrit**<br><br>cahier<br>p. 133, ex. 1, 2 | ● **Activités écrites de compréhension**<br>👁 Même démarche qu'en unité 1, p. 26 du guide. |
| --- | --- |

**Pour le jour suivant :** lire le texte 6 (2 niveaux de difficulté) ➜ ⬤

## Étude de la langue • **Grammaire / Orthographe**

**Séance 1**   Le complément du verbe

| 5 min<br><br>**collectif<br>oral** | **1** **Entrée dans la séance**<br>**OBJECTIF** Identifier les groupes de mots dans la phrase.<br>– Écrire le début de phrase suivant au tableau : *Le bison mange…*<br>– Expliquer que c'est le début d'une phrase. Demander aux élèves quels mots forment le sujet et quel mot forme le verbe. Entourer le verbe et souligner le sujet.<br>– Demander aux élèves de faire des propositions de fins de phrases.<br>👁 Cette étape doit permettre de faire le point sur les fonctions dans la phrase que les élèves connaissent déjà.<br>👁 Noter les propositions des élèves. Préciser que les phrases proposées seront lues à la fin de la séance. |
| --- | --- |
| 15 min<br><br>**collectif<br>oral**<br><br>manuel<br>p. 182, ex. 5 à 7<br><br>mémo<br>p. 24 | **2** **Découverte collective**<br>**OBJECTIF** Comprendre le rôle du complément du verbe (ici, le COD) dans la phrase.<br>– **Exercice 5.** Les élèves relèvent les similitudes (le sujet et le verbe) et les différences (les compléments du verbe) entre les phrases.<br>– Synthèse collective au tableau.<br>– **Exercices 6 et 7.** Les élèves repèrent les informations apportées par les compléments du verbe (ici, des COD). Ils construisent une méthode pour repérer le COD dans une phrase.<br>– Synthèse collective au tableau.<br>👁 Cette étape permet de voir que le COD répond à la question : quoi ?<br>– Lecture collective du mémo.<br>– Mémorisation du mémo.<br>– Retour à la situation d'entrée : on recherche les COD dans les phrases produites au début de la séance en posant la question : *Le bison mange quoi ?*<br><br>**Différenciation**<br>– Certains élèves auront peut-être des difficultés pour construire le concept de « complément ». On pourra alors proposer des jeux comme le cadavre exquis : les élèves choisissent, tour à tour, un groupe de mots dans une liste pour produire une phrase et nomment son rôle dans la phrase : sujet, verbe, complément du verbe.<br>– On ne proposera dans la liste que des verbes qui appellent des COD.<br>– On pourra augmenter la difficulté du jeu en ne fournissant plus de liste de mots : les élèves cherchent seuls des groupes de mots sujets, des verbes et des groupes de mots compléments du verbe. |

**Séance 2** La lettre *l*

| | |
|---|---|
| 10 min<br><br>individuel ou collectif écrit<br><br>manuel p. 182, ex. 4 | **1** **Entraînement dans le manuel**<br>👁 Même démarche qu'en unité 1, p. 27 du guide. |
| 20 min<br><br>individuel écrit<br><br>cahier p. 134, ex. 1 à 4 | **2** **Entraînement dans le cahier et copie de phrase**<br>👁 Même démarche qu'en unité 1, p. 27 du guide.<br>Écriture : faire lire la phrase à voix haute par un élève puis rappeler l'enchaînement des lettres entre elles dans les groupes de lettres « ill » et « ille » en fin de mot. |

**Pour le jour suivant :** mémoriser le mémo « Le complément du verbe » → mémo p. 24.

---

## Atelier d'anticipation • **Compréhension / Vocabulaire**

*Semaine 2 Jour 3*

(Voir dans l'introduction p. 16 la présentation du dispositif d'anticipation.)

| | |
|---|---|
| 20 min<br><br>moment différencié<br><br>Élèves en atelier :<br><br>– fiche de soutien, compr./voc. n° 22<br><br>Élèves en autonomie :<br><br>– fiche d'activités complémentaires, ortho. n° 26 ou/et lecture n° 26 | **1** **Phase orale**<br>**OBJECTIF** S'approprier les éléments de compréhension globale de l'épisode.<br>– Demander aux élèves de raconter l'épisode que la classe a découvert en jours 1 et 2.<br>– Faire émerger les mots-clés et les mots du « Petit dictionnaire » en invitant les élèves à en repréciser le sens.<br><br>**2** **Fiche de soutien en compréhension et en vocabulaire n° 22 : épisode 2**<br>**OBJECTIFS** Identifier les personnages, les événements et les circonstances temporelles et spatiales d'un récit qu'on a lu. Comprendre le vocabulaire de l'histoire. |

## Lecture – Expression • **Épisode 2**

## Séance 1

| | |
|---|---|
| 10 min<br><br>collectif oral<br><br>manuel p. 169-171 | **1** **Retour sur l'épisode 2**<br>**OBJECTIFS** Poser des questions sur un texte. Prélever des informations locales dans un texte.<br>👁 Même démarche qu'en unité 1, p. 28 du guide. |
| 15 min<br><br>collectif oral | **2** *Je me souviens de l'épisode*<br>**OBJECTIFS** Comprendre la chronologie de l'histoire. Synthétiser une partie de l'histoire en lui associant un titre. |

| | |
|---|---|
| manuel p. 177, ex. 5 à 7 ardoise | – Lire la consigne de l'exercice 5 à voix haute, puis demander aux élèves de lire silencieusement le petit texte. À l'oral, situer la place de ce texte dans l'histoire. Valider la proposition des élèves en enchaînant à voix haute la fin de la page 171 et le petit texte proposé. |
| | – Lire les consignes des exercices 5 et 6 à voix haute. |
| | **Différenciation** |
| | – Avec les élèves en difficulté, faire les deux exercices à voix haute avec eux, en proposant à différents élèves de lire chaque phrase de l'exercice 5, puis chaque titre de l'exercice 6. |
| | – Demander aux autres élèves de faire les deux exercices individuellement sur l'ardoise, puis de rechercher un titre pour l'épisode 2 en entier. |
| | – Proposer une correction collective. |
| 15 min **collectif oral** manuel p. 177, ex. 8 | **3** **Activités préparatoires à l'expression écrite de la séance 2** |
| | **OBJECTIF** Imaginer la suite d'une histoire. |
| | 👁 **Même démarche qu'en unité 1, p. 36 du guide.** |
| | 👁 **On précisera que les verbes peuvent être conjugués en donnant des exemples.** |

## Séance 2

| | |
|---|---|
| 20 min **individuel écrit** manuel p. 177, ex. 8 cahier de brouillon | 🔵 *J'écris un petit texte* |
| | **OBJECTIFS** Imaginer la suite d'une histoire. Écrire un petit texte d'environ 5 lignes. |
| | 👁 **Même démarche qu'en unité 1, p. 37 du guide.** |

---

**Pour le jour suivant :** lire le texte 7 (2 niveaux de difficulté) ➜ 🔵

---

## Étude de la langue • Conjugaison / Grammaire

## Séance 1  Le passé composé des verbes en *-er* (1)

| | |
|---|---|
| 20 min **collectif oral** manuel p. 183, ex. 10 à 12 ardoise ou cahier de brouillon mémo p. 32 | 🔵 **Découverte collective** |
| | **OBJECTIFS** Comprendre la formation d'un verbe du 1er groupe au passé composé. Mémoriser, à l'oral et à l'écrit, la conjugaison d'un verbe du 1er groupe au passé composé avec l'auxiliaire « avoir ». Transformer un verbe d'un temps à un autre. |
| | 👁 **Pour la première fois, les élèves découvrent qu'un verbe peut être composé de deux mots : l'auxiliaire et le participe passé.** |
| | 👁 **Ils découvrent aussi que le passé peut être marqué de deux manières : l'imparfait et le passé composé.** |
| | – À la suite des exercices, faire dresser le tableau de conjugaison en marquant bien la séparation entre les deux parties de la forme verbale : auxiliaire / participe passé. |
| | – Lecture collective du mémo. *Comment s'écrit la conjugaison d'un verbe en -er au passé composé ?* |
| | – Mémorisation du mémo. |

## Séance 2 — Le complément du verbe

| | |
|---|---|
| 10 min<br><br>**individuel ou collectif écrit**<br><br>manuel<br>p. 182, ex. 8, 9 | **1** **Entraînement dans le manuel**<br>👁 **Même démarche qu'en unité 1, p. 29 du guide.** |
| 20 min<br><br>**individuel écrit**<br><br>cahier<br>p. 135, ex. 1 à 5 | **2** **Entraînement dans le cahier**<br>👁 **Même démarche qu'en unité 1, p. 29 du guide.**<br><br>**Différenciation**<br>Exercice 4 : avec l'aide de l'enseignant pour les élèves en difficulté. |

**Pour le jour suivant :**
– mémoriser le mémo « Le passé composé des verbes en *-er* (1) » ➜ mémo p. 32 ;
– activité supplémentaire : *conjugue au passé composé « participer à une fête »*.

---

## Lecture - Expression • **Épisode 2**

*Semaine 2 Jour 4*

### Séance 1

| | |
|---|---|
| 40 min<br><br>**individuel écrit**<br><br>cahier d'expression écrite<br><br>👁 Prévoir un travail en autonomie | 🟦 **Retour sur l'expression écrite / Activité en autonomie**<br>**OBJECTIFS** Revenir sur un travail écrit et y apporter les corrections nécessaires. / Travailler en autonomie et silencieusement.<br><br>👁 **Même démarche qu'en unité 1, p. 38 du guide.** |

### Séance 2

| | |
|---|---|
| 15 min<br><br>**individuel écrit**<br><br>cahier<br>p. 133, ex. 3, 4 | 🟦 **Activités écrites de compréhension et copie de phrase**<br>👁 **Même démarche qu'en unité 1, p. 28 du guide.**<br>Écriture : faire lire la phrase à voix haute par un élève puis repérer les lettres « 𝒰 » majuscules. |

**Pour le jour suivant :** lire le texte 8 (2 niveaux de difficulté) ➜ 💿

---

## Étude de la langue • **L'atelier des mots / Conjugaison**

### Séance 1 — Connaître et appliquer les règles de construction (1)

| | |
|---|---|
| 20 min<br><br>**individuel écrit / collectif oral**<br><br>manuel<br>p. 183, ex. 15 à 17 | 🟦 **Manipulation collective**<br>**OBJECTIFS** Révision. Appliquer les règles de construction découvertes depuis le début de l'année.<br><br>👁 **Cette séance ayant une fonction de révision, il n'est proposé que des exercices de manipulation.** |

| cahier de brouillon | – **Exercices 15, 16 et 17.** Même démarche pour chaque exercice. |
|---|---|
| | – Demander aux élèves de lire la consigne et la liste de mots de l'exercice. Vérifier la bonne compréhension de la consigne puis laisser les élèves travailler individuellement sur leur cahier de brouillon. |
| | – Mise en commun : demander à un ou plusieurs élève(s) d'indiquer les différents mots construits. Copier les mots au tableau. Revenir sur leur sens et le rôle des préfixes et des suffixes après les avoir identifiés. Faire une remarque sur la lettre «m» dans «impatient». |
| | – Entraîner les élèves à utiliser les mémos : *où peut-on trouver la réponse quand on hésite ?* Laisser les élèves chercher le mémo pour chaque exercice de révision proposé. |
| | **Différenciation** |
| | – Travailler avec le groupe d'élèves encore en difficulté pour ces exercices de révision. |
| | – On pourra, par ailleurs, reprendre les exercices à un autre moment de manière à évaluer les acquisitions de chaque élève. |
| | – La mise en commun intéressera l'ensemble de la classe. |

## Séance 2 Le passé composé des verbes en *-er* (1)

| 10 min<br><br>individuel ou collectif écrit<br><br>manuel p. 183, ex. 13, 14 | **1** **Entraînement dans le manuel**<br><br>👁 **Même démarche qu'en unité 3, p. 86 du guide.**<br><br>👁 **Prolongement :**<br>proposer des transformations de phrases à l'oral :<br>– passé composé ➜ présent ou imparfait ;<br>– présent ou imparfait ➜ passé composé. |
|---|---|
| 20 min<br><br>individuel écrit<br><br>cahier p. 136, ex. 1 à 5 | **2** **Entraînement dans le cahier**<br><br>👁 **Même démarche qu'en unité 3, p. 86 du guide.**<br><br>**Différenciation**<br>Exercice 5 : avec l'aide de l'enseignant pour les élèves en difficulté. |

## Atelier d'anticipation • Compréhension / Vocabulaire

*Semaine 3 Jour 1*

(Voir dans l'introduction p. 16 la présentation du dispositif d'anticipation.)

| 20 min<br><br>moment différencié<br><br>Élèves en atelier :<br><br>– fiche de soutien, compr./voc. n° 23<br><br>Élèves en autonomie :<br><br>– texte de lecture supplémentaire n° 27 | **1** **Phase orale**<br><br>**OBJECTIF** Se familiariser avec les éléments de compréhension du texte de l'unité.<br><br>– Revenir, en quelques mots, sur le thème de l'unité.<br>– Inviter les élèves à faire partager leurs connaissances sur le thème.<br><br>**2** **Fiche de soutien en compréhension et en vocabulaire n° 23 : épisode 3**<br><br>**OBJECTIF** Acquérir des éléments de compréhension, et en particulier du vocabulaire, qui faciliteront la découverte du texte. |
|---|---|

## Séance 1

| | |
|---|---|
| 5 min<br><br>**collectif<br>oral** | **❶ Résumé de l'épisode 2**<br><br>**OBJECTIF** Restituer les informations nécessaires à la compréhension d'un texte.<br><br>👁 **Même démarche qu'en unité 1, p. 32 du guide.** |
| 20 min<br><br>**collectif<br>oral**<br><br>manuel<br>p. 172-173 et p. 179 | **❷ Découverte de l'épisode 3**<br><br>**OBJECTIFS** Prendre des informations sur une image. Écouter et lire la fin d'une œuvre intégrale courte.<br><br>– Laisser un temps aux élèves pour qu'ils découvrent les illustrations de la double page.<br><br>– Demander aux élèves de lire seuls la page 172 (ou de lire uniquement le premier paragraphe pour les élèves en difficulté). Proposer à ceux qui en ont lu toute la page de raconter ce qu'ils viennent de découvrir, puis, à tous, d'émettre des hypothèses sur la suite du récit.<br><br>– Demander aux élèves de relever les mots suivis d'un astérisque (*cabrer, offenser, tomahawks*), puis faire lire chaque phrase comportant un de ces mots pour le recontextualiser. Laisser les élèves en donner une définition avec leurs propres mots avant de découvrir la définition du «Petit dictionnaire», page 179.<br><br>– Proposer une lecture magistrale de la page 172 puis marquer une pause et faire réagir les élèves.<br><br>– Faire de même pour la page 173.<br><br>– Proposer à quelques élèves de relire à voix haute les pages 172 et 173. |
| 15 min<br><br>**collectif<br>oral**<br><br>manuel<br>page 178, ex. 1 | **❸ *Je comprends l'épisode***<br><br>**OBJECTIFS** Identifier les personnages, les événements et les circonstances temporelles et spatiales d'un récit qu'on a lu. Rendre compte de ce que l'on a lu ou entendu.<br><br>👁 **Même démarche qu'en unité 1, p. 24 du guide.**<br><br>– Mots-clés à inscrire au tableau : *accusé, le sac-médecine, le chaman, un objet sacré, Tonnerre-Grondant, la jalousie.*<br><br>**Différenciation**<br><br>– Proposer aux élèves en difficulté de relire les mots qui présentent des difficultés de déchiffrage : *impressionner, l'agitation, questionner*; puis les phrases qui contiennent ces mots.<br><br>– Revenir sur le sens de certains mots et expressions : *impressionner, l'audace, Plume-Rouge n'en mène pas large, ils brandissent, la sagesse, dans un silence de mort, injustement, en rougissant.*<br><br>– Inviter les autres élèves à inventer, sur leur ardoise, des phrases à partir des mots-clés qui apparaissent au tableau. |

## Séance 2

| | |
|---|---|
| 20 min<br><br>**individuel<br>écrit**<br><br>ardoise | **⬤ Mémorisation des mots-clés de l'épisode 3**<br><br>**OBJECTIFS** Mémoriser les mots-clés de l'histoire. Restituer leur orthographe.<br><br>📋 *accusé, le sac-médecine, le chaman, un objet sacré, Tonnerre-Grondant, la jalousie*<br><br>👁 **Même démarche qu'en unité 4, p. 108 du guide.**<br><br>– Questions à poser : *que reproche-t-on à Plume-Rouge? Qui est l'homme que tout le monde respecte? Que représente le sac-médecine? Quel personnage arrive au grand galop accompagné d'un groupe de guerriers? Pourquoi Loup-Renard a-t-il fait accuser Plume-Rouge?* |

**Pour le jour suivant :** lire le texte 9 (2 niveaux de difficulté) ➜

## Étude de la langue • Orthographe / L'atelier des mots

### Séance 1 Les mots qui se terminent par *il* ou *ille*

| | |
|---|---|
| 20 min<br><br>**collectif<br>oral**<br><br>manuel<br>p. 184, ex. 1 à 3<br><br>ardoise ou<br>cahier de brouillon<br><br>mémo<br>p. 14 | ● **Découverte collective**<br><br>OBJECTIF Savoir écrire le son [j] à la fin des mots.<br><br>– Proposer d'écrire le mot «travail» et faire prendre conscience qu'on peut avoir «un travail» et «il travaille».<br>– Faire réfléchir les élèves sur une première règle d'orthographe que les exercices du manuel viendront conforter ou infirmer.<br><br>👁 Expliquer que le mot «portefeuille» est masculin et qu'il s'écrit pourtant «ille» à la fin car c'est un mot composé à partir du nom féminin «une feuille».<br><br>**Différenciation**<br>Pour les élèves en difficulté, proposer des lectures de syllabes comportant les suites de lettres «ille», «aille», «eille», «euille», «ouille». |

### Séance 2 Connaître et appliquer les règles de construction (1)

| | |
|---|---|
| 30 min<br><br>**individuel<br>écrit**<br><br>cahier<br>p. 137, ex. 1 à 5 | ● **Entraînement dans le cahier**<br><br>👁 Même démarche qu'en unité 1, p. 41 du guide.<br><br>**Différenciation**<br>Pour les élèves en difficulté, laisser accès aux différents mémos de ces exercices de révision. |

**Pour le jour suivant:**
– mémoriser la règle d'écriture des noms et des verbes qui se terminent par le son [j] ➜ mémo p. 14;
– activité supplémentaire: *cherche des noms qui finissent par le son [j] écrit avec le groupe de lettres «il» ou écrit avec le groupe de lettres «ille».*

• • • • • • • • • • • • • • • • • • • • • • • • • • • • • • • • • • • • • • • • • • • • • • • • • •

## Lecture - Expression • Épisode 3

*Semaine 3
Jour 2*

### Séance 1

| | |
|---|---|
| 15 min<br><br>**collectif<br>oral** | **1** **Retour sur l'épisode 3**<br><br>OBJECTIF Distinguer les éléments importants d'un texte.<br><br>– Inviter les élèves à se remémorer l'épisode découvert la veille: *de quoi parle le dernier épisode de cette histoire?* Insister sur ce qui est reproché à Plume-Rouge, sur le dénouement et sur l'état d'esprit de Plume-Rouge.<br><br>– Activités de restitution (exemples):<br>1. repérage de phrases erronées: *Les deux clans s'installent face à face, attendant le jugement de Luciole.*<br>2. vrai/faux: *Le chaman retrouve le sac-médecine dans le tipi de Loup-Renard. Vrai ou faux?*<br>3. rebrassage du lexique: *Les chevaux des guerriers crows qui encerclent Luciole et Plume-Rouge se mettent sur leurs pattes arrière. On dit aussi qu'ils se cabrent.* |
| 15 min<br><br>**collectif<br>oral**<br><br>manuel<br>p. 178, ex. 2 | **2** *J'apprends des mots nouveaux*<br><br>OBJECTIF Affiner le bagage lexical.<br><br>Lire la consigne à voix haute. Laisser les élèves lire silencieusement les quatre phrases. Demander ensuite à un élève volontaire de lire une phrase et de l'expliquer. Valider ou reformuler si besoin. |

| 10 min<br><br>**individuel<br>écrit**<br><br>cahier<br>p. 138, ex. 1, 2 | ● **Activités écrites de compréhension**<br>◉ Même démarche qu'en unité 1, p. 26 du guide.<br><br>**Différenciation**<br>Regrouper les élèves en difficulté et leur lire les résumés de l'exercice 2 avant le travail individuel. |
|---|---|

**Pour le jour suivant:** lire le texte 10 (2 niveaux de difficulté) ➜ ◉

## Étude de la langue • Grammaire / Orthographe

**Séance 1** Des mots pour dire *quand, où...*

| 5 min<br><br>**collectif<br>oral** | **1 Entrée dans la séance**<br>**OBJECTIF** Identifier les groupes de mots dans la phrase.<br><br>– Écrire la phrase suivante au tableau: *Sur son cheval, le grand chef regarde la plaine pendant des heures.*<br><br>– Demander aux élèves de couper cette phrase en groupes de mots. Préciser que chaque groupe doit apporter une information différente des autres. Préciser également qu'un groupe peut ne comporter qu'un seul mot (exemple: le verbe).<br><br>◉ Cette étape doit permettre de faire le point sur les fonctions dans la phrase que les élèves connaissent déjà et, notamment, de revenir sur le complément d'objet direct.<br><br>◉ Noter les propositions des élèves. Préciser que la correction se fera à la fin de la séance. |
|---|---|
| 15 min<br><br>**collectif<br>oral**<br><br>manuel<br>p. 184, ex. 5, 6<br><br>mémo<br>p. 24 | **2 Découverte collective**<br>**OBJECTIF** Comprendre le rôle des compléments circonstanciels dans la phrase.<br><br>– **Exercice 5.** Les élèves repèrent les informations apportées par les compléments circonstanciels.<br>– Synthèse collective au tableau.<br>– **Exercice 6.** Les élèves construisent une méthode pour identifier les différents compléments.<br>– Synthèse collective au tableau.<br>– Lecture collective du mémo.<br>– Mémorisation du mémo.<br>– Retour à la situation d'entrée et correction collective des hypothèses initiales.<br><br>**Différenciation**<br>Pour les élèves en difficulté, prévoir un affichage qui recense les différentes questions auxquelles répondent les compléments circonstanciels: *quand? où? comment?* |

**Séance 2** Les mots qui se terminent par *il* ou *ille*

| 10 min<br><br>**individuel ou<br>collectif écrit**<br><br>manuel<br>p. 184, ex. 4 | **1 Entraînement dans le manuel**<br>◉ Même démarche qu'en unité 1, p. 27 du guide. |
|---|---|

| 20 min<br><br>**individuel**<br>**écrit**<br><br>cahier<br>p. 139, ex. 1 à 4 | **2** **Entraînement dans le cahier et copie de phrase**<br>👁 **Même démarche qu'en unité 1, p. 27 du guide.**<br>Écriture : faire lire la phrase à voix haute par un élève. Cette phrase ne présente pas de difficulté d'écriture. |
|---|---|

**Pour le jour suivant :** mémoriser le mémo « Des mots pour dire *quand, où…* » ➡ mémo p. 24.

---

## Atelier d'anticipation • Compréhension / Vocabulaire

*Semaine 3*
*Jour 3*

(Voir dans l'introduction p. 16 la présentation du dispositif d'anticipation.)

| 20 min<br><br>**moment différencié**<br><br>Élèves en atelier :<br><br>– fiche de soutien, compr./voc. n° 24<br><br>Élèves en autonomie :<br><br>– fiche d'activités complémentaires, ortho. n° 27 ou/et lecture n° 27 | **1** **Phase orale**<br>**OBJECTIF** S'approprier les éléments de compréhension globale de l'épisode.<br>– Demander aux élèves de raconter l'épisode que la classe a découvert en jours 1 et 2.<br>– Faire émerger les mots-clés et les mots du « Petit dictionnaire » en invitant les élèves à en repréciser le sens.<br><br>**2** **Fiche de soutien en compréhension et en vocabulaire n° 24 : épisode 3**<br>**OBJECTIFS** Identifier les personnages, les événements et les circonstances temporelles et spatiales d'un récit qu'on a lu. Comprendre le vocabulaire de l'histoire. |
|---|---|

---

## Lecture – Expression • Épisode 3

### Séance 1

| 15 min<br><br>**collectif**<br>**oral**<br><br>manuel<br>p. 166-171 | **1** **Retour sur toute l'histoire**<br>**OBJECTIFS** Distinguer les éléments importants d'une histoire. En restituer la chronologie.<br>👁 **Même démarche qu'en unité 1, p. 44 du guide.**<br>– Résumés de l'histoire complète à proposer à l'oral : |
|---|---|

**1.** Plume-Rouge a fait la connaissance de Luciole. Les deux enfants s'entendent à merveille, ce qui ne plaît pas à Loup-Renard. Par jalousie, il cache le sac-médecine de la tribu et accuse Plume-Rouge de vol. Heureusement, le chaman, qui n'est autre que le père de Luciole, calme la situation. Pour le grand rassemblement de printemps, tout le monde se réconcilie dans une grande partie de crosse.

**2.** Loup-Renard n'apprécie pas ce jeune Lakota, nommé Plume-Rouge, qui semble avoir trouvé une bonne amie dans sa propre tribu crow. Les Crows ont toujours été les ennemis des Lakotas et cette nouvelle amitié le rend jaloux. Il fait disparaître le sac-médecine de son propre clan et accuse Plume-Rouge de vol. Les Crows sont très en colère. Le chaman intervient mais il décide de ne pas punir Loup-Renard.

| | |
|---|---|
| 25 min<br><br>**collectif oral**<br><br>manuel<br>p. 178, ex. 3 à 5 | **2** *Je me souviens de toute l'histoire*<br><br>**OBJECTIFS** Comprendre l'histoire dans sa globalité. Participer à un débat en argumentant.<br><br>– Faire lire la consigne de l'exercice 3, puis chacune des phrases.<br><br>👁 **On pourra suggérer aux élèves d'utiliser les mots du petit dictionnaire dans leurs réponses (puisqu'ils apparaissent sur la page voisine).**<br><br>– Faire lire la consigne de l'exercice 4, laisser du temps aux élèves pour qu'ils lisent les quatre phrases. Demander aux élèves de justifier leurs réponses.<br><br>– Lire les questions de l'exercice 5 à voix haute et y répondre une par une pour permettre un débat construit. |

## Séance 2

| | |
|---|---|
| 20 min<br><br>**individuel écrit**<br><br>cahier<br>p. 138, ex. 3 | 🔵 **Activités écrites de compréhension et copie de phrase**<br><br>👁 **Même démarche qu'en unité 1, p. 28 du guide.**<br><br>Écriture : faire lire la phrase à voix haute par un élève puis repérer les lettres « 𝒲 » majuscules. |

> **Pour le jour suivant :** lire le texte 11 (2 niveaux de difficulté) ➜ 💿

## Étude de la langue • Conjugaison / Grammaire

### Séance 1  Le passé composé du verbe *avoir*

| | |
|---|---|
| 20 min<br><br>**collectif oral**<br><br>manuel<br>p. 185, ex. 8, 9<br><br>ardoise ou<br>cahier de brouillon<br><br>mémo<br>p. 32 | 🔵 **Découverte collective**<br><br>**OBJECTIFS** Comprendre la formation du verbe *avoir* au passé composé. Mémoriser, à l'oral et à l'écrit, la conjugaison du verbe *avoir* au passé composé. Transformer le verbe *avoir* d'un temps à un autre et d'une forme à une autre.<br><br>– À la suite des exercices, faire procéder, à l'oral puis à l'écrit, à des transformations de phrases : d'un temps à un autre, de la forme affirmative vers la forme négative et vers la forme interrogative. Pour la forme interrogative, s'en tenir à des structures courantes : éviter les pronoms « je » et « nous », peu utilisés dans les interrogations.<br><br>👁 **Attirer l'attention sur l'ajout de tirets dans les phrases interrogatives :** *a-t-il eu… ? A-t-elle eu… ?*<br><br>– Lecture collective du mémo. *Comment s'écrit la conjugaison du verbe* avoir *au passé composé ?*<br><br>– Mémorisation du mémo. |

### Séance 2  Des mots pour dire *quand, où…*

| | |
|---|---|
| 10 min<br><br>**individuel ou collectif écrit**<br><br>manuel<br>p. 184, ex. 7 | **1** **Entraînement dans le manuel**<br><br>👁 **Même démarche qu'en unité 1, p. 29 du guide.** |
| 20 min<br><br>**individuel écrit**<br><br>cahier<br>p. 140 ex. 1 à 5 | **2** **Entraînement dans le cahier**<br><br>👁 **Même démarche qu'en unité 1, p. 29 du guide.**<br><br>**Différenciation**<br>Exercice 5 : avec l'aide de l'enseignant pour les élèves en difficulté. |

## 9 unité  Plume-Rouge

---

**Pour le jour suivant:**
– mémoriser le mémo « Le passé composé du verbe *avoir* » ➜ mémo p. 32 ;
– activité supplémentaire : *conjugue au passé composé « avoir peur ».*

---

## Lecture - Expression • **Épisode 3**

*Semaine 3
Jour 4*

### Séance 1

| | |
|---|---|
| 20 min<br><br>**collectif oral**<br><br>manuel p. 179, ex. 6, 7 | ● *J'utilise le petit dictionnaire*<br><br>**OBJECTIFS** Se repérer dans un dictionnaire. Se familiariser avec sa présentation et son fonctionnement.<br><br>– Lire la consigne de l'exercice 6 à voix haute et apporter des précisions si besoin.<br><br>– Pour l'exercice 7, laisser un peu de temps pour lire les quatre phrases, puis recueillir les propositions des élèves. |

### Séance 2

| | |
|---|---|
| 20 min<br><br>**collectif oral**<br><br>manuel p. 186 | ● *D'autres œuvres à découvrir*<br><br>**OBJECTIF** Comprendre et s'approprier une nouvelle œuvre en lien avec le texte étudié.<br><br>– Découverte d'une bande dessinée : *Yakari, La barrière de feu*, de Derib et Job.<br><br>– Voici un type de texte que les élèves apprécient beaucoup. Yakari est un petit Indien qui connaît de nombreuses aventures et qui a le pouvoir de parler aux animaux.<br><br>– La bande dessinée n'est pas un livre qui se prête facilement à une lecture offerte. On pourra montrer certaines planches à la classe pour découvrir comment Yakari est vêtu, à quoi ressemblent son village et les paysages des grandes plaines. Ce livre pourra rester dans la bibliothèque de la classe pour être consulté ou emprunté. |

---

**Pour le jour suivant:** lire le texte 12 (2 niveaux de difficulté) ➜ ◉

---

## Étude de la langue • **L'atelier des mots / Conjugaison**

### Séance 1  **Connaître et appliquer les règles de construction (2)**

| | |
|---|---|
| 20 min<br><br>**collectif oral**<br><br>manuel p. 185, ex. 12, 13<br><br>cahier de brouillon | ● **Manipulation collective**<br><br>**OBJECTIFS** Révision. Appliquer les règles de construction découvertes depuis le début de l'année.<br><br>👁 **Cette séance ayant une fonction de révision, il n'est proposé que des exercices de manipulation.**<br><br>– **Exercice 12.** Demander aux élèves de lire la consigne et la liste de mots en vert. Vérifier la bonne compréhension de la consigne.<br><br>– Travail individuel sur le cahier de brouillon.<br><br>– Mise en commun : les mots de l'exercice sont copiés au tableau. Demander à un ou plusieurs élève(s) d'indiquer les mots de la même famille. Les entourer en choisissant une couleur différente pour chaque famille puis proposer de faire l'exercice suivant.<br><br>– **Exercice 13.** Lire la consigne puis mise au travail individuel sur le cahier de brouillon.<br><br>– Lors de la mise en commun, insister sur le rôle des affixes dans la construction du sens des mots. |

– Continuer d'entraîner les élèves à utiliser les mémos : *où peut-on trouver la réponse quand on hésite ?* Laisser les élèves chercher le mémo correspondent à chaque consigne de l'exercice 13.

**Différenciation**

Prévoir de regrouper les élèves en difficulté et de les accompagner.
La mise en commun intéressera l'ensemble de la classe.
On pourra, là encore, reprendre les exercices à un autre moment de manière à évaluer les acquisitions de chaque élève.

### Séance 2 — Le passé composé du verbe *avoir*

| | |
|---|---|
| 10 min<br><br>**individuel ou collectif écrit**<br><br>manuel<br>p. 185, ex. 10, 11 | **1** Entraînement dans le manuel<br>👁 Même démarche qu'en unité 3, p. 86 du guide.<br>👁 Prolongement :<br>proposer des transformations de phrases à l'oral :<br>– passé composé ➜ présent ou imparfait ;<br>– présent ou imparfait ➜ passé composé. |
| 20 min<br><br>**individuel écrit**<br><br>cahier<br>p. 141, ex. 1 à 6 | **2** Entraînement dans le cahier<br>👁 Même démarche qu'en unité 3, p. 86 du guide.<br><br>**Différenciation**<br>Exercices 5 et 6 : facultatifs. |

## SEMAINE 1

| | | | **Jour 1** guide p. 265 |
|---|---|---|---|
| **Atelier d'anticipation** (compréhension/vocabulaire) | **Moment différencié en atelier** | 20 min | Élèves en atelier d'anticipation, CD, fiche de soutien, compr./voc. n° 25 <br> Élèves en autonomie, CD, texte de lecture supplémentaire n° 28 |
| **Lecture / Expression** | **Séance 1** | 20 à 40 min | **1.** Découverte de la page d'ouverture, manuel p. 187 <br> **2.** Découverte de la partie 1, manuel p. 188-189 <br> **3.** *Je comprends la partie*, manuel p. 194, ex. 1 |
| | **Séance 2** | 10 à 20 min | Mémorisation des mots-clés de la partie 1, ardoise |
| **Étude de la langue** | **Séance 1** | 20 min | **Orthographe** • Les lettres finales muettes, manuel p. 200, ex. 1 à 4 + mémo p. 15 |
| Dictée n° 28* (CD + guide p. 13) | **Séance 2** | 30 min | Entraînement en atelier des mots, cahier p. 142, ex. 1 à 5 |

## SEMAINE 2

| | | | **Jour 1** guide p. 272 |
|---|---|---|---|
| **Atelier d'anticipation** (compréhension/vocabulaire) | **Moment différencié en atelier** | 20 min | Élèves en atelier d'anticipation, CD, fiche de soutien, compr./voc. n° 27 <br> Élèves en autonomie, CD, texte de lecture supplémentaire n° 29 |
| **Lecture / Expression** | **Séance 1** | 20 à 40 min | **1.** Résumé de la partie 1 <br> **2.** Découverte de la partie 2, manuel p. 190-191 <br> **3.** *Je comprends la partie*, manuel p. 196, ex. 1 |
| | **Séance 2** | 10 à 20 min | Mémorisation des mots-clés de la partie 2, ardoise |
| **Étude de la langue** | **Séance 1** | 20 min | **Orthographe** • La lettre *x*, manuel p. 202, ex. 1, 2 + mémo p. 15 |
| Dictée n° 29* (CD + guide p. 13) | **Séance 2** | 30 min | Entraînement en vocabulaire, manuel p. 201, ex. 19, 20 + cahier p. 147, ex. 1 à 5 |

## SEMAINE 3

| | | | **Jour 1** guide p. 279 |
|---|---|---|---|
| **Atelier d'anticipation** (compréhension/vocabulaire) | **Moment différencié en atelier** | 20 min | Élèves en atelier d'anticipation, CD, fiche de soutien, compr./voc. n° 29 <br> Élèves en autonomie, CD, texte de lecture supplémentaire n° 30 |
| **Lecture / Expression** | **Séance 1** | 20 à 40 min | **1.** Résumé de la partie 2 <br> **2.** Découverte de la partie 3, manuel p. 192-193 <br> **3.** *Je comprends la partie*, manuel p. 198, ex. 1 |
| | **Séance 2** | 10 à 20 min | Mémorisation des mots-clés de la partie 3, ardoise |
| **Étude de la langue** | **Séance 1** | 20 min | **Orthographe** • Les groupes de trois lettres *scl, scr, str…*, manuel p. 204, ex. 1, 2 + mémo p. 15 |
| Dictée n° 30* (CD + guide p. 13) | **Séance 2** | 30 min | Entraînement en atelier des mots, cahier p. 152, ex. 1 à 4 |

\* À préparer sur 3 jours et à réaliser le 4e jour.

| Jour 2 guide p. 267 | Jour 3 guide p. 268 | Jour 4 guide p. 270 |
|---|---|---|
| | Élèves en atelier d'anticipation, CD, fiche de soutien, compr./voc. n° 26<br><br>Élèves en autonomie, CD, fiche d'activités complémentaires, ortho. n° 28 ou/et lecture n° 28 | |
| **1.** Retour sur la partie 1<br>**2.** *J'apprends des mots nouveaux*, manuel p. 194, ex. 2, 3<br>**3.** *Je lis à voix haute*, manuel p. 194, ex. 4 | **1.** Retour sur la partie 1<br>**2.** *Je me souviens de la partie*, manuel p. 195, ex. 5, 6<br>**3.** *J'écris des phrases*, manuel p. 195, ex. 7 | **1.** Relecture de la partie 1<br>**2.** Activités orales de compréhension : résumé et analyse des documents |
| Activités écrites de compréhension, cahier p. 143, ex. 1, 2 | Activités écrites de compréhension, cahier p. 143, ex. 3, 4<br>Copie de phrase (✿), cahier p. 143 | *D'autres œuvres à découvrir*, manuel p. 206 |
| **Grammaire** • Les déterminants (1), manuel p. 200, ex. 7 à 9 + mémo p. 25 | **Conjugaison** • Le passé composé du verbe *être*, manuel p. 201, ex. 12 à 14 + mémo p. 33 | **Vocabulaire** • Les catégories de mots, manuel p. 201, ex. 17, 18 + mémo p. 42 |
| Entraînement en orthographe, manuel p. 200, ex. 5, 6 + cahier p. 144, ex. 1 à 4<br>Copie de phrase, cahier p. 144 | Entraînement en grammaire, manuel p. 200, ex. 10, 11 + cahier p. 145, ex. 1 à 5 | Entraînement en conjugaison, manuel p. 201, ex. 15, 16 + cahier p. 146, ex. 1 à 6 |

| Jour 2 guide p. 274 | Jour 3 guide p. 276 | Jour 4 guide p. 278 |
|---|---|---|
| | Élèves en atelier d'anticipation, CD, fiche de soutien, compr./voc. n° 28<br><br>Élèves en autonomie, CD, fiche d'activités complémentaires, ortho. n° 29 ou/et lecture n° 29 | |
| **1.** Retour sur la partie 2<br>**2.** *J'apprends des mots nouveaux*, manuel p. 196, ex. 2 à 4 | **1.** Retour sur la partie 2<br>**2.** *Je me souviens de la partie*, manuel p. 197, ex. 5, 6<br>**3.** Activités préparatoires à l'expression écrite de la séance 2 | Retour sur l'expression écrite |
| Activités écrites de compréhension, cahier p. 148, ex. 1, 2 | *J'écris un petit texte*, manuel p. 197, ex. 7 | Activités écrites de compréhension, cahier p. 148, ex. 3, 4<br>Copie de phrase (୍ଧ), cahier p. 148 |
| **Grammaire** • Les déterminants (2), manuel p. 202, ex. 4 à 6 + mémo p. 25 | **Conjugaison** • Le passé composé des verbes en -*er* (2), manuel p. 203, ex. 9 à 11 + mémo p. 33 | **L'atelier des mots** • Appliquer les règles de construction des mots (1), manuel p. 203, ex. 14, 15 |
| Entraînement en orthographe, manuel p. 202, ex. 3 + cahier p. 149, ex. 1 à 4<br>Copie de phrase, cahier p. 149 | Entraînement en grammaire, manuel p. 202, ex. 7, 8 + cahier p. 150, ex. 1 à 5 | Entraînement en conjugaison, manuel p. 203, ex. 12, 13 + cahier p. 151, ex. 1 à 5 |

| Jour 2 guide p. 281 | Jour 3 guide p. 283 | Jour 4 guide p. 284 |
|---|---|---|
| | Élèves en atelier d'anticipation, CD, fiche de soutien, compr./voc. n° 30<br><br>Élèves en autonomie, CD, fiche d'activités complémentaires, ortho. n° 30 ou/et lecture n° 30 | |
| **1.** Retour sur la partie 3<br>**2.** *J'apprends des mots nouveaux*, manuel p. 198, ex. 2 | **1.** Retour sur tout le documentaire<br>**2.** *Je me souviens de tout le documentaire*, manuel p. 198, ex. 3, 4 | *J'utilise le petit dictionnaire*, manuel p. 199, ex. 5 à 7 |
| Activités écrites de compréhension, cahier p. 153, ex. 1, 2 | Activités écrites de compréhension, cahier p. 153, ex. 3, 4<br>Copie de phrase (ℤ), cahier p. 153 | *D'autres œuvres à découvrir*, manuel p. 206 |
| **Grammaire** • Les classes de mots, manuel p. 204, ex. 4 à 7 + mémo p. 25 | **Conjugaison** • Transformer des phrases à différents temps, manuel p. 205, ex. 10, 11 + mémo p. 33 | **L'atelier des mots** • Appliquer les règles de construction des mots (2), manuel p. 205, ex. 14, 15 |
| Entraînement en orthographe, manuel p. 204, ex. 3 + cahier p. 154, ex. 1 à 4<br>Copie de phrase, cahier p. 154 | Entraînement en grammaire, manuel p. 204, ex. 8, 9 + cahier p. 155, ex. 1 à 5 | Entraînement en conjugaison, manuel p. 205, ex. 12, 13 + cahier p. 156, ex. 1 à 4 |

## Le documentaire

Ce dossier documentaire présente des éléments de la vie quotidienne de trois grandes tribus indiennes : les Pueblos, les Apaches et les Sioux.

Illustré de photographies, récentes et anciennes, et de peintures, ce documentaire permet de prendre la mesure de ce qui rassemble les Indiens mais, plus encore, de ce qui les distingue.

Tous sont très attachés à la nature, mais certains sont nomades (les Apaches et les Sioux) tandis que d'autres sont sédentaires (les Pueblos). On apprend également que les relations entre les tribus indiennes pouvaient être conflictuelles.

La rencontre avec les Européens fait l'objet d'un développement particulier. Il montre que si, dans un premier temps, contrairement à une idée reçue, les relations ont été bonnes, faites même d'entraides, elles se sont rapidement dégradées au XIXe siècle. Les « guerres indiennes » ont décimé une culture entière dont ne subsistent que des traces dans des réserves soigneusement délimitées et qui font le bonheur des touristes.

La dernière page de ce dossier sur les Indiens est une fiche pour fabriquer un totem. Le totem constitue l'un des symboles les plus forts des Amérindiens. Il représente un être mythique, animal ou végétal, qui serait l'ancêtre du « clan ». On ne dispose que de très peu de totems d'époque puisque, étant en bois, ils ont souvent été détruits depuis.

En réalisant leur propre totem, les enfants s'approprient l'un des objets emblématiques de la culture indienne. Ils en saisiront toute la portée si on leur raconte qu'un totem pouvait mesurer jusqu'à plusieurs dizaines de mètres de haut et qu'il était le protecteur de la famille. On le plaçait le plus souvent face à l'océan ou à la rivière, là d'où venait la plupart des mauvais esprits…

## Les thèmes

**L'habitat et la nourriture :** les trois tribus citées dans ce documentaire disposent d'habitats très différents. Les Pueblos, sédentaires, vivent dans des villages de briques. C'est d'ailleurs la raison pour laquelle on les appelle les « pueblos », qui signifie « village » en espagnol. Ce sont des cultivateurs, ce qui n'est possible qu'avec un type d'habitat permanent. On insistera sur la culture du maïs qui est à la civilisation amérindienne ce que le riz est aux civilisations asiatiques. Le maïs, pour nourrir les animaux, leur permet ainsi de pratiquer l'élevage.

Les Apaches sont, eux, des nomades vivant dans des *wickiups*. Ils vivent de la chasse et déplacent leurs (petits) campements au gré des déplacements du gibier. Leur société semble moins organisée, puisque reposant sur une accumulation de petits clans autonomes les uns des autres. Les Sioux se déplacent plus souvent encore, suivant les troupeaux de bisons pour les chasser. Dès lors, leur habitat est encore plus précaire. Il ne fallait que quelques minutes pour démonter un tipi.

Ce rapide panorama permet de saisir à quel point le fait d'être parqué dans des réserves a pu constituer un drame pour les peuples indiens.

**L'artisanat :** les enfants seront sensibilisés à l'exceptionnelle maîtrise des produits issus de la nature pour créer des objets du quotidien. Cela va de la vannerie des Pueblos au savon à base de graisse de bison des Sioux, en passant par les vêtements en peaux d'antilope des Apaches.

**Les croyances :** chez les Indiens d'Amérique, les esprits sont partout. Il faut attirer les esprits bienveillants et repousser les esprits malveillants. Tout est bon pour cela : danses, poupées, dessins sur le corps et, bien sûr, les totems protecteurs.

## Les œuvres en réseau

**Des livres :**

> **Rubrique « D'autres œuvres à découvrir »,**
> **p. 206 du manuel**
> *L'Indien qui ne savait pas courir*, Leigh Sauerwein, éd. Bayard Poche.
> (Voir le déroulement de la séance, p. 271 du guide.)

*Les Indiens d'Amérique du Nord*, Françoise Perriot, éd. Milan.

*Chez les Indiens d'Amérique : Petit Castor Amérique de Nord 1804-1806*, Annick Foucrier, éd. Gallimard Jeunesse.

*Arts premiers : Indiens, Eskimos et Aborigènes*, Bérénice Geoffroy-Schneiter, éd. Assouline.

**Une chanson :**

♫ *Le petit Indien*, chanté par Henri Salvador, paroles de Maurice Pon.

**Des œuvres picturales :**

> **Rubrique « D'autres œuvres à découvrir »,**
> **p. 206 du manuel**
> *La danse des Choctaws*, Catlin George, 1835-1837, Musée du Quai Branly.
> (Voir le déroulement de la séance, p. 285 du guide.)

*La danse du bison des Indiens Mandan*, gravure de Karl Brodmer.

**Des sites Internet :**

@ http://www.artisanatindien.com/

@ http://www.quaibranly.fr/

(Voir dans l'introduction p. 16 la présentation du dispositif d'anticipation.)

| 20 min<br><br>**moment différencié**<br><br>Élèves en atelier :<br><br><br><br>– fiche de soutien,<br>compr./voc. n° 25<br><br>Élèves en autonomie :<br><br><br><br>– texte de lecture<br>supplémentaire n° 28 | **1** **Phase orale**<br>**OBJECTIF** Se familiariser avec les éléments de compréhension du texte de l'unité.<br>– Présenter, en quelques mots, le thème de l'unité.<br>– Inviter les élèves à faire partager leurs connaissances sur le thème.<br><br>**2** **Fiche de soutien en compréhension et en vocabulaire n° 25 : partie 1**<br>**OBJECTIF** Acquérir des éléments de compréhension, et en particulier du vocabulaire, qui faciliteront la découverte du texte. |

## Lecture – Expression • Partie 1

### Séance 1

| 5 min<br><br>**collectif<br>oral**<br><br>manuel<br>p. 187 | **1** **Découverte de la page d'ouverture du documentaire**<br>**OBJECTIF** Prendre des informations sur une couverture d'album et sur une image.<br>– Faire lire le titre et le petit texte d'introduction puis l'indication sur le type de texte.<br>– Situer l'Amérique du Nord et l'Europe sur un planisphère et donner quelques éléments d'explication.<br>– Faire observer l'illustration et les légendes. Demander aux élèves de relever les mots de vocabulaire qu'ils ont déjà rencontrés dans l'unité précédente.<br>– Recueillir leurs remarques. |
| 20 min<br><br>**collectif<br>oral**<br><br>manuel<br>p. 188-189 et p. 199 | **2** **Découverte de la partie 1**<br>**OBJECTIFS** Prendre des informations sur une image. Écouter et lire des pages de documentaire.<br>– Inviter les élèves à observer les illustrations.<br>– Proposer à chaque élève de lire silencieusement la page 188 (seulement les deux premiers paragraphes pour les élèves en difficulté), puis leur demander d'expliquer ce qu'ils viennent de lire.<br>– Reprendre une lecture magistrale de la page 188, puis laisser les élèves intervenir : recueillir leurs réactions et éclaircir quelques difficultés de compréhension si besoin en proposant à ceux qui le peuvent d'apporter des explications ou des précisions.<br>– Faire de même pour la page 189.<br>– Relever les mots suivis d'un astérisque (*redoutables, territoire*), puis laisser à certains le soin de les expliquer avec leurs propres mots. Les inviter à découvrir leur définition page 199 dans le « Petit dictionnaire ». Proposer à deux élèves de lire les définitions.<br>– Revenir sur la prononciation des mots « pueblos », « katchinas » et « wickiups ». |
| 15 min<br><br>**collectif<br>oral**<br><br>manuel<br>p. 194, ex. 1 | **3** *Je comprends la partie*<br>**OBJECTIFS** Identifier les éléments d'un documentaire qu'on a lu. Rendre compte de ce que l'on a lu ou entendu.<br>👁 **Même démarche qu'en unité 1, p. 24 du guide.**<br>– Mots-clés à inscrire au tableau : *Les Indiens pueblos, des agriculteurs, cultiver des légumes, élever des animaux, des couvertures, de la vannerie, les katchinas, les Apaches, le gibier, le campement, une hutte, des peintures de guerre.* |

**Différenciation**

– Proposer aux élèves en difficulté de relire les mots qui présentent des difficultés de déchiffrage : *les agriculteurs, bienfaisant, malfaisants, ils changeaient, ils cueillaient* ; puis certaines des phrases qui contiennent ces mots.

– Revenir sur le sens de certains mots et expressions : *des courges, invisible, les esprits bienfaisants ou malfaisants, abondant, des cactus, une hutte.*

– Proposer aux autres élèves de lister (sur l'ardoise) les noms des tribus d'Indiens qu'ils connaissent puis leur demander de faire partager leurs connaissances.

## Séance 2

| | |
|---|---|
| 20 min<br><br>**individuel**<br>**écrit**<br><br>ardoise | ■ **Mémorisation des mots-clés de la partie 1**<br>**OBJECTIFS** Mémoriser les mots-clés du documentaire. Restituer leur orthographe.<br>📄 *Les Indiens pueblos, des agriculteurs, cultiver des légumes, élever des animaux, des couvertures, de la vannerie, les katchinas, les Apaches, le gibier, le campement, une hutte, des peintures de guerre*<br>👁 **Même démarche qu'en unité 4, p. 108 du guide.**<br>– Questions à poser : *quels sont les Indiens évoqués dans le documentaire ? Quel était le mode de vie des Pueblos ? Étaient-ils des artisans ? Qu'offrait-on aux enfants ? Que peut-on dire des Apaches ?* |

**Pour le jour suivant :** lire le texte 1 (2 niveaux de difficulté) ➔ 🔵

## Étude de la langue • Orthographe / L'atelier des mots

### Séance 1   Les lettres finales muettes

| | |
|---|---|
| 20 min<br><br>**collectif**<br>**oral**<br><br>manuel<br>p. 200, ex. 1 à 4<br><br>ardoise ou cahier<br>de brouillon<br><br>mémo<br>p. 15 | ■ **Découverte collective**<br>**OBJECTIF** Trouver la lettre finale muette d'un mot.<br>Avant de faire les exercices, demander aux élèves quelle est la lettre muette la plus fréquente à la fin des mots. Pour valider leurs réponses, faire vérifier, dans le texte de la page 188, que c'est bien la lettre « e ». En profiter pour faire trouver quelques autres lettres finales muettes.<br>👁 **Rappeler que le « h » peut aussi être une lettre muette qu'on trouve au début de certains mots.** |

### Séance 2   Connaître et appliquer les règles de construction (2)

| | |
|---|---|
| 30 min<br><br>**individuel**<br>**écrit**<br><br>cahier<br>p. 142, ex. 1 à 5 | ■ **Entraînement dans le cahier**<br>👁 **Même démarche qu'en unité 1, p. 41 du guide.**<br><br>**Différenciation**<br>Pour les élèves en difficulté, laisser accès aux différents mémos liés à ces exercices de révision. |

**Pour le jour suivant :**
– mémoriser les méthodes pour mettre en évidence les lettres muettes à la fin des mots ➔ mémo p. 15 ;
– activité supplémentaire : *cherche des mots qui finissent par une lettre muette (autre que la lettre « e »).*

## Séance 1

| 15 min<br><br>collectif<br>oral | **1 Retour sur la partie 1**<br><br>**OBJECTIF** Distinguer les éléments importants d'un texte documentaire.<br><br>– Inviter les élèves à se remémorer la partie découverte la veille : *de quoi parle la première partie de ce documentaire ?* Insister sur le mode de vie très différent des Pueblos et des Apaches.<br><br>– Activités de restitution (exemples) :<br>1. repérage de phrases erronées : *La vannerie servait à faire des pièges à <u>bisons</u> pour se nourrir.*<br>2. vrai/faux : *Les Apaches changeaient de campement dès que les femmes le décidaient. Vrai ou faux ?*<br>3. rebrassage du lexique : *Comment appelle-t-on l'endroit où les Apaches s'installent et construisent les wickiups ? <u>Un territoire</u>.* |
|---|---|
| 15 min<br><br>collectif<br>oral<br><br>manuel<br>p. 194, ex. 2, 3 | **2 *J'apprends des mots nouveaux***<br><br>**OBJECTIF** Affiner le bagage lexical.<br><br>– Lire la consigne de l'exercice 2 à voix haute puis demander aux élèves volontaires de lire chaque phrase et de l'expliquer. Apporter des précisions si nécessaire.<br><br>– Pour l'exercice 3, laisser un temps aux élèves pour observer les illustrations puis recueillir leurs propositions. |
| 10 min<br><br>individuel<br>oral<br><br>manuel<br>p. 194, ex. 4 | **3 *Je lis à voix haute***<br><br>**OBJECTIF** Lire seul et à voix haute en articulant et en respectant la ponctuation.<br><br>– Demander à un élève de lire à voix haute la bulle jaune du petit personnage. Inviter les élèves à repérer les mots en italique puis à lire le texte proposé de façon silencieuse.<br><br>– Proposer à 5 ou 6 élèves de lire le texte à voix haute en les reprenant si nécessaire. |

## Séance 2

| 10 min<br><br>individuel<br>écrit<br><br>cahier<br>p. 143, ex. 1, 2 | ▬ **Activités écrites de compréhension**<br>👁 **Même démarche qu'en unité 1, p. 26 du guide.**<br><br>**Différenciation**<br>Proposer aux élèves les plus rapides de réécrire sur l'ardoise les mots-clés vus en jour 1 (voir p. 266 du guide) de mémoire, en faisant attention à l'orthographe (masquer l'affichage). Leur proposer une auto-correction à l'aide de l'affichage. |
|---|---|

**Pour le jour suivant :** lire le texte 2 (2 niveaux de difficulté) → 🔵

## Étude de la langue • Grammaire / Orthographe

### Séance 1  Les déterminants (1)

| 5 min<br><br>collectif<br>oral | **1 Entrée dans la séance**<br><br>**OBJECTIF** Identifier le déterminant dans le groupe nominal.<br><br>Écrire des noms sans déterminant au tableau et demander aux élèves quels petits mots on pourrait écrire devant.<br><br>👁 **Cette étape doit permettre de faire le point sur les connaissances des élèves sur des déterminants et sur leur accord avec les noms. Il est important de ne pas dire aux élèves qu'il s'agit de noms (ceci fera l'objet de la première question du manuel).** |
|---|---|

# 10 unité — Les Indiens

| | |
|---|---|
| | 👁 Noter les propositions des élèves. Préciser que la correction se fera à la fin de la séance. |
| 15 min **collectif oral** manuel p. 200, ex. 7 à 9 mémo p. 25 | **2 Découverte collective** **OBJECTIFS** Construire un répertoire de déterminants. Savoir accorder le déterminant avec le nom. – **Exercice 7.** Les élèves identifient la nature des mots devant lesquels se trouvent les déterminants. – Synthèse collective au tableau. – **Exercice 8.** Les élèves repèrent les changements de déterminants quand le genre du nom change. – **Exercice 9.** Les élèves repèrent les changements de déterminants quand le nombre du nom change. – Synthèse collective au tableau. – Lecture collective du mémo. – Mémorisation du mémo. **Différenciation** Pour les élèves en difficulté, on pourra faire une liste de déterminants sur une affiche qu'on conservera dans la classe et à laquelle les élèves pourront se référer en situation d'écriture et de production de texte. |

## Séance 2  Les lettres finales muettes

| | |
|---|---|
| 10 min **individuel ou collectif écrit** manuel p. 200, ex. 5, 6 | **1 Entraînement dans le manuel** 👁 Même démarche qu'en unité 1, p. 27 du guide. 👁 Faire remarquer qu'il y a des mots où la consonne finale se prononce : *un baobab, un arc, le sud, un chef, le camping, mal, stop, dix, du gaz…* |
| 20 min **individuel écrit** cahier p. 144, ex. 1 à 4 | **2 Entraînement dans le cahier et copie de phrase** 👁 Même démarche qu'en unité 1, p. 27 du guide. Écriture : faire lire la phrase à voix haute par un élève puis faire observer la place et la forme de l'apostrophe et de la virgule. |

**Pour le jour suivant :** mémoriser le mémo « Les déterminants (1) » → mémo p. 25.

## Atelier d'anticipation • Compréhension / Vocabulaire

 *Semaine 1 Jour 3*

(Voir dans l'introduction p. 16 la présentation du dispositif d'anticipation.)

| | |
|---|---|
| 20 min **moment différencié** Élèves en atelier : 💿 – fiche de soutien, compr./voc. n° 26 | **1 Phase orale** **OBJECTIF** S'approprier les éléments de compréhension globale de la partie. – Demander aux élèves de raconter la partie du documentaire que la classe a découverte en jours 1 et 2. – Faire émerger les mots-clés et les mots du « Petit dictionnaire » en invitant les élèves à en repréciser le sens. |

| Élèves en autonomie : <br><br>– fiche d'activités complémentaires, ortho. n° 28 ou/et lecture n° 28 | **2** **Fiche de soutien en compréhension et en vocabulaire n° 26 : partie 1**<br>(OBJECTIFS) Identifier les éléments d'un documentaire qu'on a lu. Comprendre le vocabulaire du documentaire. |
| --- | --- |

## Lecture – Expression • Partie 1

### Séance 1

| 10 min<br>**collectif oral**<br>manuel p. 188-189 | **1** **Retour sur la partie 1**<br>(OBJECTIFS) Poser des questions sur un texte. Prélever des informations locales dans un texte.<br>👁 **Même démarche qu'en unité 1, p. 28 du guide.** |
| --- | --- |
| 15 min<br>**collectif oral**<br>manuel p. 195, ex. 5, 6 | **2** *Je me souviens de la partie*<br>(OBJECTIF) Comprendre et localiser des informations dans une page de documentaire.<br>– Pour l'exercice 5, laisser un temps pour que tous les élèves lisent les phrases proposées. Puis interroger des élèves un à un en leur demandant de justifier leurs réponses.<br>– Lire la consigne de l'exercice 6 à voix haute.<br><br>**Différenciation**<br>– Faire l'exercice à l'oral avec les élèves en difficulté.<br>– Inviter les autres élèves à écrire leurs réponses sur l'ardoise puis à inventer de nouvelles fins possibles aux débuts de phrases proposés. |
| 15 min<br>**collectif oral**<br>manuel p. 195, ex. 7<br>**individuel écrit**<br>ardoise et cahier de classe | **3** *J'écris des phrases*<br>(OBJECTIF) Produire deux ou trois phrases à partir de mots proposés.<br>👁 **Même démarche qu'en unité 1, p. 28 du guide, en faisant produire deux ou trois phrases.** |

### Séance 2

| 15 min<br>**individuel écrit**<br>cahier p. 143, ex. 3, 4 | ⬛ **Activités écrites de compréhension et copie de phrase**<br>👁 **Même démarche qu'en unité 1, p. 28 du guide.**<br>Écriture : faire lire la phrase à voix haute par un élève puis repérer les lettres « ℋ » majuscules. |
| --- | --- |

| **Pour le jour suivant :** lire le texte 3 (2 niveaux de difficulté) → 🔵 |
| --- |

**10** unité   Les Indiens

## Étude de la langue • **Conjugaison / Grammaire**

### Séance 1   Le passé composé du verbe *être*

| | |
|---|---|
| 20 min<br><br>**collectif oral**<br><br>manuel<br>p. 201, ex. 12 à 14<br><br>ardoise ou<br>cahier de brouillon<br><br>mémo<br>p. 33 | **Découverte collective**<br><br>**OBJECTIFS** Comprendre la formation du verbe *être* au passé composé. Mémoriser, à l'oral et à l'écrit, la conjugaison du verbe *être* au passé composé. Transformer le verbe *être* d'un temps à un autre et d'une forme à une autre.<br><br>👁 **Même démarche qu'en semaine 3 de l'unité 9, p. 259 du guide.** |

### Séance 2   Les déterminants (1)

| | |
|---|---|
| 10 min<br><br>**individuel ou collectif écrit**<br><br>manuel<br>p. 200, ex. 10, 11 | **1** Entraînement dans le manuel<br>👁 **Même démarche qu'en unité 1, p. 29 du guide.** |
| 20 min<br><br>**individuel écrit**<br><br>cahier<br>p. 145, ex. 1 à 5 | **2** Entraînement dans le cahier<br>👁 **Même démarche qu'en unité 1, p. 29 du guide.**<br><br>**Différenciation**<br>Exercice 4 : avec l'aide de l'enseignant pour les élèves en difficulté. |

**Pour le jour suivant :**
– mémoriser le mémo « Le passé composé du verbe *être* » ➜ mémo p. 33 ;
– activité supplémentaire : *conjugue au passé composé « être peureux »*.

---

## Lecture – Expression • **Partie 1**

Semaine 1
Jour 4

### Séance 1

| | |
|---|---|
| 10 min<br><br>**collectif oral**<br><br>manuel p. 188-189 | **1** Relecture de la partie 1<br>👁 **Même démarche qu'en unité 1, p. 29 du guide.** |
| 20 min<br><br>**collectif oral**<br><br>manuel<br>p. 188-189 | **2** Activités orales de compréhension : résumé et analyse des documents<br>**OBJECTIF** Assimiler et restituer des connaissances.<br><br>– Activités d'écoute : après la lecture d'une ou deux phrases du texte, demander aux élèves si le contenu se rapporte aux Indiens pueblos ou aux Apaches.<br>– Résumés : proposer deux résumés à l'oral et demander aux élèves d'indiquer le plus pertinent en validant leur choix. |

| | |
|---|---|
| | **1.** Les Pueblos sont de paisibles agriculteurs. Ils vivent dans des maisons en briques de terre et sont d'habiles artisans. Les Apaches ont un mode de vie très différent. Ils changent de campement dès que le gibier se fait plus rare. Ils sont de redoutables guerriers : quand la chasse n'a pas été bonne, ils pillent les villages des Indiens pueblos. | **2.** Les Apaches et les Pueblos sont des peuples indiens très différents. Alors que les premiers dorment dans des huttes démontables, les seconds vivent dans des maisons parfois hautes de plusieurs étages. Mais les deux tribus élèvent des animaux pour les manger. |
| |  **L'enseignant peut noter les mots de vocabulaire de cette phase orale sur un affichage de façon à compléter le lexique de l'unité.** | |

## Séance 2

| | |
|---|---|
| 20 min<br><br>**collectif oral**<br><br>manuel p. 206 | ● *D'autres œuvres à découvrir*<br><br>**OBJECTIF** Comprendre et s'approprier une nouvelle œuvre en lien avec le texte étudié.<br><br>– Un livre : *L'Indien qui ne savait pas courir*, de Leigh Sauerwein, éd. Bayard Poche.<br><br>– Ce court roman nous présente un jeune garçon différent des autres puisqu'il est né avec un pied déformé. Il reçoit alors le surnom de Huchté-le-Boiteux et comprend très vite qu'il ne pourra pas devenir un guerrier comme tous les hommes de sa tribu.<br>Ce récit est proche du conte initiatique : Huchté part loin des siens car il doit trouver par lui-même à quoi les esprits le destinent. Il reviendra au village en homme, ayant su puiser dans la nature ce qui le rendra fort désormais.<br><br>– Le récit est découpé en six chapitres et on pourra le faire découvrir aux élèves en lecture offerte.<br><br>– Les illustrations d'Urs Landis rendent l'histoire plus forte encore. |

**Pour le jour suivant :** lire le texte 4 (2 niveaux de difficulté) → ●

## Étude de la langue • Vocabulaire / Conjugaison

## Séance 1   Les catégories de mots

| | |
|---|---|
| 5 min<br><br>**collectif oral** | **1 Entrée dans la séance**<br><br>**OBJECTIF** Trouver le nom de la catégorie de différents mots.<br><br>– Écrire les listes de mots suivantes au tableau :<br>1. *une pomme – une poire – une orange – une banane – un kiwi*<br>2. *un lion – un loup – un singe – une araignée – un cheval*<br>3. *une aubergine – un artichaut – du céleri – des haricots – du fenouil*<br>– Demander aux élèves de trouver des mots pour nommer chaque liste.<br><br>● **Cette étape doit permettre de faire comprendre aux élèves que les mots peuvent se retrouver dans un groupe qui peut être nommé.** |
| 15 min<br><br>**collectif oral**<br><br>manuel p. 201, ex. 17, 18<br><br>mémo p. 42 | **2 Découverte collective**<br><br>**OBJECTIFS** Savoir grouper des mots au sein d'une même catégorie. Alimenter une liste de mots en respectant la catégorie.<br><br>– **Exercice 17.** Les élèves repèrent dans le texte le nom de chaque catégorie de mots.<br>– Synthèse collective au tableau.<br>– **Exercice 18.** Les élèves complètent la liste de mots de chaque catégorie.<br>– Synthèse collective au tableau.<br>– Lecture collective du mémo.<br>– Mémorisation du mémo. |

| **Séance 2** | **Le passé composé du verbe *être*** |

| 10 min<br><br>**individuel ou collectif écrit**<br><br>manuel<br>p. 201, ex. 15, 16 | **1 Entraînement dans le manuel**<br>👁 **Même démarche qu'en unité 3, p. 86 du guide.**<br>**Exercice 15.** Faire comparer les conjugaisons des verbes «être» et «avoir» au passé composé.<br>👁 **Prolongement:**<br>proposer, avant l'exercice 16, des transformations de phrases à l'oral:<br>– passé composé ➜ présent ou imparfait;<br>– présent ou imparfait ➜ passé composé. |
|---|---|
| 20 min<br><br>**individuel écrit**<br><br>cahier<br>p. 146, ex. 1 à 6 | **2 Entraînement dans le cahier**<br>👁 **Même démarche qu'en unité 3, p. 86 du guide.**<br><br>**Différenciation**<br>Exercice 6: facultatif. |

**Pour le jour suivant:** mémoriser le mémo «Les catégories de mots» ➜ mémo p. 42.

- - - - - - - - - - - - - - - - - - - - - - - - - - - - - - - - - - - - - - - - - - - -

## Atelier d'anticipation • **Compréhension / Vocabulaire**

*Semaine 2 Jour 1*

(Voir dans l'introduction p. 16 la présentation du dispositif d'anticipation.)

| 20 min<br><br>**moment différencié**<br><br>Élèves en atelier:<br><br>– fiche de soutien, compr./voc. n° 27<br><br>Élèves en autonomie:<br><br>– texte de lecture supplémentaire n° 29 | **1 Phase orale**<br>**OBJECTIF** Se familiariser avec les éléments de compréhension du texte de l'unité.<br>– Revenir, en quelques mots, sur le thème de l'unité.<br>– Inviter les élèves à faire partager leurs connaissances sur le thème.<br><br>**2 Fiche de soutien en compréhension et en vocabulaire n° 25: partie 1**<br>**OBJECTIF** Acquérir des éléments de compréhension, et en particulier du vocabulaire, qui faciliteront la découverte du texte. |
|---|---|

## Lecture – Expression • **Partie 2**

### Séance 1

| 5 min<br><br>**collectif oral** | **1 Résumé de la partie 1**<br>**OBJECTIF** Restituer les informations nécessaires à la compréhension d'un texte.<br>👁 **Même démarche qu'en unité 1, p. 32 du guide.** |
|---|---|
| 20 min<br><br>**collectif oral**<br><br>manuel<br>p. 190-191 et p. 199 | **2 Découverte de la partie 2**<br>**OBJECTIFS** Prendre des informations sur une image. Écouter et lire des pages de documentaire.<br>– Laisser un temps aux élèves pour qu'ils découvrent les illustrations de la double page. |

| | |
|---|---|
| | – Leur demander de lire seuls la page 190 (un ou deux paragraphes seulement pour les élèves en difficulté) puis les faire réagir sur ce qu'ils ont lu : *qu'avez-vous découvert sur cette page ?* Reprendre par une lecture magistrale. <br><br> – Apporter des précisions, notamment sur les illustrations. <br><br> – Demander aux élèves de relever les mots suivis d'un astérisque (*confectionner, bouses*), puis faire lire chaque phrase comportant un de ces mots pour le recontextualiser. Laisser les élèves en donner une définition avec leurs propres mots avant de découvrir les définitions du «Petit dictionnaire», page 199. <br><br> – Faire de même pour la page 191. <br><br> – Proposer à quelques élèves de reprendre la lecture à voix haute des paragraphes et des légendes des deux pages. |
| **15 min** <br><br> **collectif oral** <br><br> manuel page 196, ex. 1 | **3** *Je comprends la partie* <br><br> **OBJECTIFS** Identifier les éléments d'un documentaire qu'on a lu. Rendre compte de ce que l'on a lu ou entendu. <br><br> 👁 **Même démarche qu'en unité 1, p. 24 du guide.** <br><br> – Mots-clés à inscrire au tableau : *les Sioux, le bison, les troupeaux, la viande, la peau, la graisse, les os, les bouses, les tipis, des cavaliers, le totem.* <br><br> **Différenciation** <br> – Proposer aux élèves en difficulté de relire les mots qui présentent des difficultés de déchiffrage : *l'apparition, gigantesque, confectionner, les Européens, excellents* ; puis certaines des phrases qui contiennent ces mots. <br><br> – Revenir sur le sens de certains mots et expressions : *la viande fumée ou séchée, les nouveau-nés, par leurs propres moyens.* <br><br> – Inviter les autres élèves, sur l'ardoise, à inventer des phrases à partir des mots-clés ci-dessus (qui apparaissent au tableau). |

## Séance 2

| | |
|---|---|
| **20 min** <br><br> **individuel écrit** <br><br> ardoise | 🟦 **Mémorisation des mots-clés de la partie 2** <br><br> **OBJECTIFS** Mémoriser les mots-clés du documentaire. Restituer leur orthographe. <br><br> 📋 *les Sioux, le bison, les troupeaux, la viande, la peau, la graisse, les os, les bouses, les tipis, des cavaliers, le totem* <br><br> 👁 **Même démarche qu'en unité 4, p. 108 du guide.** <br><br> Questions à poser : *quel peuple est décrit dans cette partie du documentaire ? Quel animal chassait-il ? Que faisait-il de cet animal une fois chassé ? Les Sioux ont-ils toujours su monter à cheval ? Qu'est-ce que les jeunes garçons devaient découvrir ?* |

**Pour le jour suivant :** lire le texte 5 (2 niveaux de difficulté) ➜ 💿

## Étude de la langue • Orthographe / Vocabulaire

## Séance 1   La lettre x

| | |
|---|---|
| **20 min** <br><br> **collectif oral** <br><br> manuel p. 202, ex. 1, 2 <br><br> ardoise ou cahier de brouillon <br><br> mémo, p. 15 | 🟦 **Découverte collective** <br><br> **OBJECTIF** Connaître les différents rôles d'une lettre. <br><br> 👁 **Même démarche qu'en unité 6, p. 162 du guide.** <br><br> 👁 **On n'entrera pas ici dans l'explication des pluriels se terminant par les lettres «ous» et «oux»; en revanche, on peut faire remarquer que les noms se terminant par les lettres «au» au singulier prennent tous la lettre «x» au pluriel.** |

| 10 min<br><br>**individuel ou collectif écrit**<br><br>manuel<br>p. 201, ex. 19, 20 | **1** **Entraînement dans le manuel**<br>👁 Même démarche qu'en unité 1, p. 33 du guide. |
|---|---|
| 20 min<br><br>**individuel écrit**<br><br>cahier<br>p. 147, ex. 1 à 5 | **2** **Entraînement dans le cahier**<br>👁 Même démarche qu'en unité 1, p. 33 du guide.<br><br>**Différenciation**<br>Exercice 4 : avec l'aide de l'enseignant pour les élèves en difficulté. |

**Pour le jour suivant :**
– mémoriser les différentes réalisations phonologiques de la lettre « x » ➜ mémo p. 15 ;
– activité supplémentaire : *cherche des mots où la lettre « x » produit des sons différents.*

**Lecture – Expression • Partie 2**

*Semaine 2 Jour 2*

**Séance 1**

| 15 min<br><br>**collectif oral** | **1** **Retour sur la partie 2**<br>**OBJECTIF** Distinguer les éléments importants d'un texte documentaire.<br><br>– Inviter les élèves à se remémorer la partie découverte la veille : *de quoi parle la deuxième partie de ce documentaire ?* Insister sur le mode de vie des Sioux et sur l'importance qu'avait le bison dans leur vie.<br><br>– Activités de restitution (exemples) :<br>1. repérage de phrases erronées : *Les hommes partaient à la chasse au bison armés d'arcs et de <u>tomahawks</u>.*<br>2. vrai/faux : *Les garçons devaient quitter le camp et vivre en se débrouillant seuls pendant plusieurs jours. Vrai ou faux ?*<br>3. rebrassage du lexique : *La peau des bisons sert à <u>réaliser</u> des vêtements. On peut dire aussi à <u>confectionner</u> des vêtements.* |
|---|---|
| 25 min<br><br>**collectif oral**<br><br>manuel<br>p. 196, ex. 2 à 4 | **2** ***J'apprends des mots nouveaux***<br>**OBJECTIF** Affiner le bagage lexical.<br><br>– Lire la consigne de l'exercice 2 à voix haute, puis proposer aux élèves volontaires d'apporter une explication. Compléter si besoin.<br><br>– Laisser un élève lire la consigne de l'exercice 3, puis proposer un temps d'observation. Les élèves pourront rechercher les réponses en binôme.<br><br>– Lire la consigne de l'exercice 4 à voix haute, puis laisser un temps aux élèves pour découvrir le document et lire silencieusement « les mots de l'artisanat indien ».<br><br>**Différenciation**<br>– Proposer aux élèves en difficulté de faire l'exercice en collectif en leur laissant un temps pour qu'ils lisent seuls les mots et les phrases proposés.<br>– Demander aux autres élèves de faire l'exercice sur l'ardoise, puis de rédiger une ou plusieurs phrases à partir des éléments du tableau.<br><br>– Valider l'exercice en interrogeant à l'oral différents élèves. |

## Séance 2

| | |
|---|---|
| 10 min<br><br>**individuel<br>écrit**<br><br>cahier<br>p. 148, ex. 1, 2 | ● **Activités écrites de compréhension**<br>👁 **Même démarche qu'en unité 1, p. 26 du guide.** |

**Pour le jour suivant :** lire le texte 6 (2 niveaux de difficulté) ➜ 💿

## Étude de la langue • Grammaire / Orthographe

### Séance 1  Les déterminants (2)

| | |
|---|---|
| 5 min<br><br>**collectif<br>oral** | **1 Entrée dans la séance**<br>**OBJECTIF** Retrouver les déterminants dans une phrase.<br>– Écrire la phrase suivante au tableau : *Mon père possède un beau livre sur les Indiens.*<br>– Demander aux élèves de repérer les déterminants dans cette phrase.<br>👁 **Cette étape doit permettre de rappeler que les déterminants précèdent et accompagnent les noms.** |
| 15 min<br><br>**collectif<br>oral**<br><br>manuel<br>p. 202, ex. 4 à 6<br><br>mémo<br>p. 25 | **2 Découverte collective**<br>**OBJECTIFS** Construire un répertoire de déterminants. Reconnaître et utiliser les déterminants élidés et contractés.<br>– **Exercices 4 et 5.** Les élèves identifient les déterminants. Ils comprennent l'usage du déterminant « l' » devant les noms qui commencent par une voyelle.<br>– Synthèse collective au tableau.<br>– **Exercice 6.** Les élèves repèrent les changements de déterminants quand le genre ou le nombre du nom change (dans les situations où l'on utilise des déterminants contractés).<br>– Synthèse collective au tableau.<br>– Lecture collective du mémo.<br>– Mémorisation du mémo.<br><br>**Différenciation**<br>Pour les élèves en difficulté, on pourra compléter l'affiche des déterminants commencée la semaine précédente (voir p. 268 du guide). On la conservera dans la classe et les élèves pourront s'y référer en situation d'écriture et de production de texte. |

### Séance 2  La lettre x

| | |
|---|---|
| 10 min<br><br>**individuel ou<br>collectif écrit**<br><br>manuel<br>p. 202, ex. 3 | **1 Entraînement dans le manuel**<br>👁 **Même démarche qu'en unité 1, p. 27 du guide.** |
| 20 min<br><br>**individuel<br>écrit**<br><br>cahier<br>p. 149, ex. 1 à 4 | **2 Entraînement dans le cahier et copie de phrase**<br>👁 **Même démarche qu'en unité 1, p. 27 du guide.**<br>Écriture : faire lire la phrase à voix haute par un élève puis travailler de manière isolée la forme de la lettre « x ». |

Pour le jour suivant : mémoriser le mémo « Les déterminants (2) » → mémo p. 25.

●●●●●●●●●●●●●●●●●●●●●●●●●●●●●●●●●●●●●●●●●●●●●●●●●●●●●●●●●●●●●●●●

**Atelier d'anticipation • Compréhension / Vocabulaire**    *Semaine 2 Jour 3*

(Voir dans l'introduction p. 16 la présentation du dispositif d'anticipation.)

| | |
|---|---|
| 20 min<br>**moment différencié**<br>Élèves en atelier :<br><br>– fiche de soutien, compr./voc. n° 28<br>Élèves en autonomie :<br><br>– fiche d'activités complémentaires, ortho. n° 29 ou/et lecture n° 29 | **❶ Phase orale**<br>**OBJECTIF** S'approprier les éléments de compréhension globale de la partie.<br>– Demander aux élèves de raconter la partie du documentaire que la classe a découverte en jours 1 et 2.<br>– Faire émerger les mots-clés et les mots du « Petit dictionnaire » en invitant les élèves à en repréciser le sens.<br>**❷ Fiche de soutien en compréhension et en vocabulaire n° 28 : partie 2**<br>**OBJECTIFS** Identifier les éléments d'un documentaire qu'on a lu. Comprendre le vocabulaire du documentaire. |

**Lecture – Expression • Partie 2**

**Séance 1**

| | |
|---|---|
| 10 min<br>**collectif oral**<br>manuel p. 190-191 | **❶ Retour sur la partie 2**<br>**OBJECTIFS** Poser des questions sur un texte. Prélever des informations locales dans un texte.<br>👁 **Même démarche qu'en unité 1, p. 28 du guide.** |
| 15 min<br>**collectif oral**<br>manuel p. 197, ex. 5, 6 | **❷ *Je me souviens de la partie***<br>**OBJECTIF** Comprendre et localiser des informations dans une page de documentaire.<br>– Lire la consigne de l'exercice 5 à voix haute.<br>**Différenciation**<br>– Demander aux élèves en difficulté de lire chaque phrase puis rechercher ensemble où elle pourrait trouver sa place dans le documentaire.<br>– Laisser les autres élèves procéder seuls à un balayage du texte.<br>– Proposer une correction orale en demandant aux élèves de lire le paragraphe du texte concerné en y intégrant à chaque fois la phrase de l'exercice.<br>– Pour l'exercice 6, laisser un temps pour que tous les élèves lisent le texte proposé puis interroger plusieurs élèves pour obtenir les réponses. |
| 15 min<br>**collectif oral**<br>manuel p. 197, ex. 7 | **❸ Activités préparatoires à l'expression écrite de la séance 2**<br>**OBJECTIF** Rédiger une fiche de fabrication.<br>👁 **Même démarche qu'en unité 1, p. 36 du guide.**<br>👁 **On précisera que les verbes peuvent être conjugués en donnant des exemples.** |

## Séance 2

| | |
|---|---|
| 20 min<br><br>**individuel<br>écrit**<br><br>manuel<br>p. 197, ex. 7<br><br>cahier de brouillon | 🔵 *J'écris un petit texte*<br><br>**OBJECTIF** Rédiger une fiche de fabrication d'environ 5 lignes, en respectant certaines contraintes.<br><br>👁 **Même démarche qu'en unité 1, p. 37 du guide.** |

**Pour le jour suivant :** lire le texte 7 (2 niveaux de difficulté) ➜ 🔘

## Étude de la langue • Conjugaison / Grammaire

## Séance 1  Le passé composé des verbes en -er (2)

| | |
|---|---|
| 20 min<br><br>**collectif<br>oral**<br><br>manuel<br>p. 203, ex. 9 à 11<br><br>ardoise ou<br>cahier de brouillon<br><br>mémo p. 33 | 🔵 **Découverte collective**<br><br>**OBJECTIFS** Comprendre la formation d'un verbe du 1<sup>er</sup> groupe au passé composé avec l'auxiliaire « être ». Mémoriser, à l'oral et à l'écrit, la conjugaison d'un verbe du 1<sup>er</sup> groupe au passé composé avec l'auxiliaire « être ». Transformer un verbe d'un temps à un autre.<br><br>👁 **Avant d'aborder les exercices, il est nécessaire de faire produire, à l'oral, les formes du passé composé avec l'auxiliaire « être ». On pourra utiliser les verbes suivants :** *rester, entrer, tomber, monter, retourner, arriver, passer.* **Éviter les verbes pronominaux et la forme passive.**<br>**Exemple de phrase à conjuguer à l'oral au passé composé à toutes les personnes :** *trouver un cheval et monter sur son dos.*<br><br>**Différenciation**<br><br>Le passé composé est un temps difficile à produire à l'écrit, en particulier à cause des problèmes d'accord. C'est pourquoi on s'attachera d'abord à travailler sa formation à l'oral. Pour ce qui est du passage à l'écrit, on proposera de nombreuses aides pour que tous les élèves puissent réussir les exercices : préparation orale des activités, tableaux de conjugaison à la vue des élèves, étayage collectif lors des exercices…<br><br>– Lecture collective du mémo. *Comment s'écrit la conjugaison d'un verbe en -er au passé composé quand il est conjugué avec l'auxiliaire « être » ?*<br>– Compréhension du mémo. |

## Séance 2  Les déterminants (2)

| | |
|---|---|
| 10 min<br><br>**individuel ou<br>collectif écrit**<br><br>manuel<br>p. 202, ex. 7, 8 | **❶ Entraînement dans le manuel**<br>👁 **Même démarche qu'en unité 1, p. 29 du guide.** |
| 20 min<br><br>**individuel<br>écrit**<br><br>cahier<br>p. 150, ex. 1 à 5 | **❷ Entraînement dans le cahier**<br>👁 **Même démarche qu'en unité 1, p. 29 du guide.**<br><br>**Différenciation**<br><br>Exercice 5 : avec l'aide de l'enseignant pour les élèves en difficulté. |

**Pour le jour suivant :**
– comprendre le mémo « Le passé composé des verbes en *-er* (2) » ➜ mémo p. 33 ;
– activité supplémentaire : *conjugue au passé composé « tomber de cheval ».*

## Lecture - Expression • **Partie 2**

*Semaine 2*
*Jour 4*

### Séance 1

| | |
|---|---|
| 40 min<br>**individuel écrit**<br>cahier d'expression écrite<br>👁 Prévoir un travail en autonomie | 🔵 **Retour sur l'expression écrite / Activité en autonomie**<br>**OBJECTIFS** Revenir sur un travail écrit et y apporter les corrections nécessaires. / Travailler en autonomie et silencieusement.<br>👁 **Même démarche qu'en unité 1, p. 38 du guide.** |

### Séance 2

| | |
|---|---|
| 15 min<br>**individuel écrit**<br>cahier<br>p. 148, ex. 3, 4 | 🔵 **Activités écrites de compréhension et copie de phrase**<br>👁 **Même démarche qu'en semaine 1, p. 28 du guide.**<br>Écriture : faire lire la phrase à voix haute par un élève puis repérer les lettres « 𝒴 » majuscules. |

**Pour le jour suivant :** lire le texte 8 (2 niveaux de difficulté) ➜ 🔵

## Étude de la langue • **L'atelier des mots / Conjugaison**

### Séance 1   Appliquer les règles de construction des mots (1)

| | |
|---|---|
| 20 min<br>**individuel écrit / collectif oral**<br>manuel<br>p. 203, ex. 14, 15<br>cahier de brouillon | 🔵 **Manipulation collective**<br>**OBJECTIFS** Révision. Appliquer les règles de construction découvertes depuis le début de l'année.<br>👁 **Cette séance ayant une fonction de révision, il n'est proposé que des exercices de manipulation.**<br>– **Exercices 14 et 15.** Même démarche pour chaque exercice.<br>– Demander aux élèves de lire la consigne et les phrases de l'exercice. Vérifier la bonne compréhension de la consigne puis laisser les élèves travailler individuellement sur leur cahier de brouillon.<br>– Mise en commun : demander à un ou plusieurs élève(s) d'indiquer les différents mots construits. Copier les mots au tableau. Revenir sur leur sens et le rôle des préfixes et des suffixes après les avoir identifiés.<br>– Entraîner les élèves à utiliser les mémos : *où peut-on trouver la réponse quand on hésite ?* Laisser les élèves chercher le mémo concerné.<br><br>**Différenciation**<br>– Travailler avec le groupe d'élèves encore en difficulté pour ces exercices de révision.<br>– On pourra, par ailleurs, reprendre les exercices à un autre moment de manière à évaluer les acquisitions de chaque élève.<br>– La mise en commun intéressera l'ensemble de la classe. |

| 10 min<br><br>individuel ou<br>collectif écrit<br><br>manuel<br>p. 203, ex. 12, 13 | **1** **Entraînement dans le manuel**<br>👁 Même démarche qu'en unité 3, p. 86 du guide.<br><br>**Différenciation**<br>Donner le genre et le nombre du sujet à l'avance quand l'auxiliaire du verbe est « être ». |
|---|---|
| 20 min<br><br>individuel<br>écrit<br><br>cahier<br>p. 151, ex. 1 à 5 | **2** **Entraînement dans le cahier**<br>👁 Même démarche qu'en unité 3, p. 86 du guide.<br><br>**Différenciation**<br>Exercice 5 : avec l'aide de l'enseignant pour les élèves en difficulté. |

●●●●●●●●●●●●●●●●●●●●●●●●●●●●●●●●●●●●●●●●●●●●●●●●●●●●●●●●●●●●●●●●●●●●●●●●●●●●●●●

**Atelier d'anticipation • Compréhension / Vocabulaire**

*Semaine 3
Jour 1*

(Voir dans l'introduction p. 16 la présentation du dispositif d'anticipation.)

| 20 min<br><br>**moment différencié**<br><br>Élèves en atelier :<br><br>💿<br><br>– fiche de soutien,<br>compr./voc. n° 29<br><br>Élèves en autonomie :<br><br>💿<br><br>– texte de lecture<br>supplémentaire n° 30 | **1** **Phase orale**<br>OBJECTIF Se familiariser avec les éléments de compréhension du texte de l'unité.<br>– Revenir, en quelques mots, sur le thème de l'unité.<br>– Inviter les élèves à faire partager leurs connaissances sur le thème.<br><br>**2** **Fiche de soutien en compréhension et en vocabulaire n° 25 : partie 1**<br>OBJECTIF Acquérir des éléments de compréhension, et en particulier du vocabulaire, qui faciliteront la découverte du texte. |
|---|---|

**Lecture – Expression • Partie 3**

**Séance 1**

| 5 min<br><br>collectif<br>oral | **1** **Résumé de la partie 2**<br>OBJECTIF Restituer les informations nécessaires à la compréhension d'un texte.<br>👁 Même démarche qu'en unité 1, p. 32 du guide. |
|---|---|
| 20 min<br><br>collectif<br>oral<br><br>manuel<br>p. 192-193 et p. 199 | **2** **Découverte de la partie 3**<br>OBJECTIFS Prendre des informations sur une image. Écouter et lire la fin d'un documentaire et une fiche de fabrication.<br>– Laisser un temps aux élèves pour qu'ils découvrent la page 192 et ses illustrations. Expliquer brièvement qui étaient les « pionniers ».<br>– Demander aux élèves de lire silencieusement la page (le premier paragraphe seulement pour les élèves en difficulté). Leur demander de restituer ce qu'ils viennent de lire.<br>– Faire relever les mots suivis d'un astérisque (*conflits, esclaves, réserves*) puis les faire rechercher dans le « Petit dictionnaire », page 199. |

| | |
|---|---|
| | – Leur proposer ensuite de lire la page à voix haute. Reprendre ensuite par une lecture magistrale de l'ensemble de la page.<br><br>– Pour la page 191, préciser que c'est une fiche de fabrication d'un totem. Proposer aux élèves de lire silencieusement la page (le premier paragraphe seulement pour les élèves en difficulté).<br><br>– Faire relever les mots suivis d'un astérisque (*ancêtres, vénérés*) puis les faire rechercher dans le «Petit dictionnaire», page 199.<br><br>– Proposer ensuite une lecture magistrale, et apporter des précisions si besoin.<br><br>– Proposer à quelques élèves de relire à voix haute les différents paragraphes. |
| **15 min**<br><br>**collectif**<br>**oral**<br><br>manuel<br>page 198, ex. 1 | **3** *Je comprends la partie et la fiche de fabrication*<br>**OBJECTIFS** Identifier les éléments d'un documentaire et d'une fiche de fabrication qu'on a lus. Rendre compte de ce que l'on a lu ou entendu.<br><br>👁 **Même démarche qu'en unité 1, p. 24 du guide.**<br>– Mots-clés à inscrire au tableau: *les «hommes blancs», des conflits, des esclaves, l'armée, des réserves, un totem.*<br><br>**Différenciation**<br>– Proposer aux élèves en difficulté de relire les mots qui présentent des difficultés de déchiffrage: *ils débarquèrent, ils confisquèrent, ils veillent, géométriques*; puis certaines des phrases qui contiennent ces mots.<br><br>– Revenir sur le sens de certains mots et expressions: *ils confisquèrent leurs terres, de nombreuses tribus s'unirent, le gouvernement américain, les descendants, des personnages superposés, des animaux légendaires.*<br><br>– Inviter les autres élèves à lister, sur l'ardoise, manuel fermé, le matériel nécessaire à la fabrication du totem. |

## Séance 2

| | |
|---|---|
| **20 min**<br><br>**individuel**<br>**écrit**<br><br>ardoise | 🔵 **Mémorisation des mots-clés de la partie 3**<br>**OBJECTIFS** Mémoriser les mots-clés du documentaire. Restituer leur orthographe.<br><br>📋 *les «hommes blancs», des conflits, des esclaves, l'armée, des réserves, un totem*<br>👁 **Même démarche qu'en unité 4, p. 108 du guide.**<br>– Questions à poser: *quels hommes sont arrivés d'Europe pour découvrir l'Amérique? Que s'est-il passé entre les Indiens et ces «hommes blancs»? Que sont devenus les Indiens? Que va-t-on réaliser à partir des consignes de la fiche de fabrication?* |

**Pour le jour suivant:** lire le texte 9 (2 niveaux de difficulté) ➜ 💿

## Étude de la langue • Orthographe / L'atelier des mots

**Séance 1**   **Les groupes de trois lettres *scl, scr, str...***

| | |
|---|---|
| **20 min**<br><br>**collectif**<br>**oral**<br><br>manuel<br>p. 204, ex. 1, 2<br><br>ardoise ou<br>cahier de brouillon<br><br>mémo<br>p. 15 | 🔵 **Découverte collective**<br>**OBJECTIF** Lire et écrire correctement des mots comportant des groupes de trois consonnes.<br><br>– Faire oraliser les couples de mots de l'encadré du manuel.<br>– Faire expliquer les erreurs en repérant la place de chaque phonème.<br>– Possibilité de jouer en collectif aux jeux de la «la silhouette sonore» et des «sons-jetons» (voir les explications de ces jeux dans l'introduction du guide, p. 17).<br><br>👁 **Les groupes de trois consonnes sont souvent mal prononcés. Ils nécessitent un décodage rigoureux pour être lus correctement.** |

## Séance 2 | Appliquer les règles de construction des mots (1)

| 30 min<br><br>**individuel écrit**<br><br>cahier<br>p. 152, ex. 1 à 4 | ■ **Entraînement dans le cahier**<br>👁 **Même démarche qu'en unité 1, p. 41 du guide.**<br><br>**Différenciation**<br>Pour les élèves en difficulté, laisser accès aux différents mémos liés à ces exercices de révision. |
|---|---|

**Pour le jour suivant :**

– coder et décoder correctement des groupes de lettres de trois consonnes ➜ mémo p. 15 ;

– activité supplémentaire : *entraîne-toi à lire très vite les mots du mémo ; trouve, pour quelques-uns de ces mots, un mot de la même famille.*

●●●●●●●●●●●●●●●●●●●●●●●●●●●●●●●●●●●●●●●●●●●●●●●●●●●●●●●●●●●●●●●●●●●●●●

## Lecture - Expression • Partie 3

*Semaine 3*
*Jour 2*

### Séance 1

| 15 min<br><br>**collectif oral** | **1 Retour sur la partie 3**<br>**OBJECTIF** Distinguer les éléments importants d'un texte.<br><br>– Inviter les élèves à se remémorer la partie découverte la veille : *de quoi parle la dernière partie de ce documentaire ?* Insister sur les tristes conséquences de l'arrivée des «hommes blancs» en Amérique.<br><br>– Activités de restitution (exemples) :<br>1. repérage de phrases erronées : *Il y a 500 ans, les «hommes blancs» furent très <u>mal accueillis</u> par les Indiens.*<br>2. vrai/faux : *La moitié des Indiens disparut dans les conflits menés par les «hommes blancs». Vrai ou faux ?*<br>3. rebrassage du lexique : *Dans quels endroits les Indiens vivent-ils aujourd'hui ? Dans <u>des réserves</u>.* |
|---|---|
| 15 min<br><br>**collectif oral**<br><br>manuel<br>p. 198, ex. 2 | **2 *J'apprends des mots nouveaux***<br>**OBJECTIF** Affiner le bagage lexical.<br><br>Lire la consigne de l'exercice 2 à voix haute, puis laisser un temps aux élèves pour qu'ils lisent les phrases silencieusement et recueillir leurs réponses. Apporter des précisions si besoin. |

### Séance 2

| 10 min<br><br>**individuel écrit**<br><br>cahier<br>p. 153, ex. 1, 2 | ■ **Activités écrites de compréhension**<br>👁 **Même démarche qu'en unité 1, p. 26 du guide.** |
|---|---|

**Pour le jour suivant :** lire le texte 10 (2 niveaux de difficulté) ➜

## Étude de la langue • Grammaire / Orthographe

### Séance 1   Les classes de mots

| | |
|---|---|
| 5 min<br><br>**collectif oral**<br><br>manuel<br>p. 204, ex. 4 | **❶ Entrée dans la séance**<br>**OBJECTIF** Nommer les natures des mots.<br>– Demander aux élèves quelles natures de mots ils connaissent. Poser la question suivante : *quelles sortes de mots connaissez-vous ?*<br>👁 Certains élèves peuvent répondre en termes de fonction et non de nature. On pourra saisir cette occasion pour faire un point sur cette distinction en montrant que certaines fonctions peuvent être remplies par des mots de différentes natures : par exemple, le sujet peut être soit un nom, soit un pronom.<br>– Les élèves lisent les mots classés dans le tableau de la page 204 du manuel.<br>– **Exercice 4.** Les élèves trouvent les catégories dans lesquelles les mots ont été rangés. |
| 15 min<br><br>**collectif oral**<br><br>manuel<br>p. 204, ex. 5 à 7<br><br>mémo<br>p. 25 | **❷ Découverte collective**<br>**OBJECTIFS** Identifier la nature des mots (les verbes, les noms, les adjectifs, les adverbes, les déterminants et les pronoms) et connaître leurs caractéristiques.<br>– **Exercice 5.** Les élèves énoncent leurs connaissances sur les pronoms personnels sujets et sur les déterminants.<br>– Synthèse collective au tableau.<br>– **Exercice 6.** Les élèves énoncent leur méthode pour reconnaître les verbes et les noms.<br>– **Exercice 7.** Les élèves énoncent leurs connaissances sur les adverbes et sur les adjectifs.<br>– Synthèse collective au tableau.<br>– Lecture collective du mémo.<br>– Mémorisation du mémo. |

### Séance 2   Les groupes de trois lettres *scl, scr, str…*

| | |
|---|---|
| 10 min<br><br>**individuel ou collectif écrit**<br><br>manuel<br>p. 204, ex. 3 | **❶ Entraînement dans le manuel**<br>👁 Même démarche qu'en unité 1, p. 27 du guide. |
| 20 min<br><br>**individuel écrit**<br><br>cahier<br>p. 154, ex. 1 à 4 | **❷ Entraînement dans le cahier et copie de phrase**<br>👁 Même démarche qu'en unité 1, p. 27 du guide.<br>Écriture : faire lire la phrase à voix haute par un élève. Cette phrase ne présente pas de difficulté d'écriture. |

**Pour le jour suivant :** mémoriser le mémo « Les classes de mots » ➜ mémo p. 25.

(Voir dans l'introduction p. 16 la présentation du dispositif d'anticipation.)

| | |
|---|---|
| **20 min**<br>**moment différencié**<br>Élèves en atelier :<br><br>– fiche de soutien, compr./voc. n° 30<br>Élèves en autonomie :<br><br>– fiche d'activités complémentaires, ortho. n° 30 ou/et lecture n° 30 | **❶ Phase orale**<br>**OBJECTIF** S'approprier les éléments de compréhension globale de la partie.<br>– Demander aux élèves de raconter la partie du documentaire que la classe a découverte en jours 1 et 2.<br>– Faire émerger les mots-clés et les mots du «Petit dictionnaire» en invitant les élèves à en repréciser le sens.<br>**❷ Fiche de soutien en compréhension et en vocabulaire n° 30 : partie 3**<br>**OBJECTIFS** Identifier les éléments d'un documentaire qu'on a lu. Comprendre le vocabulaire du documentaire. |

## Lecture – Expression • **Partie 3**

### Séance 1

| | |
|---|---|
| **15 min**<br>**collectif oral**<br>manuel p. 188-193 | **❶ Retour sur tout le documentaire**<br>**OBJECTIF** Distinguer les éléments importants d'un documentaire et la façon dont ils sont articulés.<br>👁 **Même démarche qu'en unité 1, p. 44 du guide.**<br>– Résumés à proposer à l'oral :<br><br>**1.** À travers ce documentaire, nous avons découvert trois peuples indiens aux modes de vie très différents. Une chose les rassemble pourtant : tous croient aux esprits bienfaisants et malfaisants. Ils sculptent alors un totem qui représente l'ensemble des esprits qui veillent sur le clan.<br><br>**2.** Chez les Indiens, pour que les enfants soient habitués à la présence des esprits, leurs parents leur offraient des poupées *katchinas*. Ce peuple croyait en effet aux esprits bienfaisants ou malfaisants. Les guerriers peignaient, d'ailleurs, sur leur corps des peintures de guerre pour éloigner les mauvais esprits. |
| **25 min**<br>**collectif oral**<br>manuel p. 198, ex. 3, 4 | **❷ *Je me souviens de tout le documentaire***<br>**OBJECTIFS** Restituer ses connaissances. Participer à un débat en argumentant.<br>– Pour l'exercice 3, demander à différents élèves de lire les phrases puis de justifier leurs réponses.<br>– Lire les questions de l'exercice 4 à voix haute et y répondre une par une pour permettre un débat construit. |

### Séance 2

| | |
|---|---|
| **20 min**<br>**individuel écrit**<br>cahier p. 153, ex. 3, 4 | ■ **Activités écrites de compréhension et copie de phrase**<br>👁 **Même démarche qu'en unité 1, p. 28 du guide.**<br>Écriture : faire lire la phrase à voix haute par un élève puis repérer les lettres «*Z*» majuscules. |

**Pour le jour suivant :** lire le texte 11 (2 niveaux de difficulté) →

## Étude de la langue • **Conjugaison / Grammaire**

### Séance 1   Transformer des phrases à différents temps

| | |
|---|---|
| 20 min<br><br>**collectif oral**<br><br>manuel<br>p. 205, ex. 10, 11<br><br>ardoise ou<br>cahier de brouillon<br><br>mémo<br>p. 33 | ■ **Découverte collective**<br><br>**OBJECTIFS** Savoir trouver l'infinitif d'un verbe conjugué. Dire à quel temps ce verbe est conjugué. Produire, à l'oral et à l'écrit, des transformations de verbe d'un temps à un autre. Connaître les terminaisons verbales des verbes étudiés au présent, à l'imparfait, au futur et au passé composé.<br><br>◉ Cette séquence propose une synthèse des principales notions découvertes en conjugaison au CE1. Ces apprentissages ne sont pas encore, pour la plupart des élèves, automatisés et ils seront systématiquement retravaillés au CE2.<br><br>◉ Nous rappelons l'importance du passage par l'oral ; il ne sert à rien de faire mémoriser des terminaisons verbales si les formes orales de ces verbes ne sont pas travaillées en parallèle.<br><br>– Lecture collective du mémo.<br><br>– Mémorisation du mémo. |

### Séance 2   Les classes de mots

| | |
|---|---|
| 10 min<br><br>**individuel ou collectif écrit**<br><br>manuel<br>p. 204, ex. 8, 9 | ❶ **Entraînement dans le manuel**<br><br>◉ Même démarche qu'en unité 1, p. 29 du guide. |
| 20 min<br><br>**individuel écrit**<br><br>cahier<br>p. 155, ex. 1 à 5 | ❷ **Entraînement dans le cahier**<br><br>◉ Même démarche qu'en unité 1, p. 29 du guide.<br><br>**Différenciation**<br>Exercice 5 : avec l'aide de l'enseignant pour les élèves en difficulté. |

**Pour le jour suivant :**

– mémoriser le mémo « Transformer des phrases à différents temps » ➜ mémo p. 33 ;

– activité supplémentaire : *fabrique quatre phrases à des temps différents en utilisant le sujet « un Indien » et le verbe « raconter ».*

## Lecture - Expression • **Partie 3**

*Semaine 3 Jour 4*

### Séance 1

| | |
|---|---|
| 20 min<br><br>**collectif oral**<br><br>manuel<br>p. 199, ex. 5 à 7 | ■ *J'utilise le petit dictionnaire*<br><br>**OBJECTIFS** Se repérer dans un dictionnaire. Se familiariser avec sa présentation et son fonctionnement. Réinvestir des notions de grammaire et de vocabulaire.<br><br>◉ Même démarche qu'en unité 3, p. 100 du guide.<br><br>◉ L'exercice 6 permet un réinvestissement des notions de grammaire et de vocabulaire découvertes récemment. On pourra redonner des précisions.<br><br>**Différenciation**<br>Laisser la frise-alphabet à la disposition de ceux qui le souhaitent. |

| | |
|---|---|
| 20 min<br><br>**collectif oral**<br><br>manuel<br>p. 206 | 🔵 *D'autres œuvres à découvrir*<br><br>**OBJECTIF** Comprendre et s'approprier une nouvelle œuvre en lien avec le texte étudié.<br><br>– Découverte d'une peinture de Catlin George : *La danse des Choctaws*.<br><br>– Catlin George est un peintre américain, qui a surtout représenté les Indiens d'Amérique ainsi que leurs modes de vie. Il voyage et rapporte des dessins, des peintures mais aussi des objets d'artisanat.<br>On a du mal à imaginer cet Américain se fondant dans la tribu et se mettant à la représenter. On pourra faire comprendre aux élèves que, grâce à son travail et à ses collections, on a beaucoup de renseignements sur les Indiens.<br><br>– Pour expliquer cette peinture, laisser d'abord les élèves l'observer et recueillir leurs réactions. Ces Indiens sont des Choctaws ; les danseurs exécutent une danse sans doute pour apaiser ou implorer des esprits.<br><br>– Pour réinvestir ce qui a été vu au cours des unités 9 et 10, demander aux élèves de nommer ce qu'ils reconnaissent : les coiffes, les javelots, les tomahawks, les tipis, des peaux de bête, un carquois…<br><br>– À partir de cette scène, on peut mener un travail d'expression écrite en demandant aux élèves d'imaginer une petite histoire.<br><br>– En prolongement : aller plus loin dans la recherche des représentations des Indiens. |

**Pour le jour suivant :** lire le texte 12 (2 niveaux de difficulté) ➜

## Étude de la langue • L'atelier des mots / Conjugaison

## Séance 1  Appliquer les règles de construction des mots (2)

| | |
|---|---|
| 20 min<br><br>**individuel écrit / collectif oral**<br><br>manuel<br>p. 205, ex. 14, 15<br><br>cahier de brouillon | **1** **Manipulation collective**<br><br>**OBJECTIFS** Révision. Appliquer les règles de construction découvertes depuis le début de l'année.<br><br>👁 **Cette séance ayant une fonction de révision, il n'est proposé que des exercices de manipulation.**<br><br>– **Exercice 14.** Demander aux élèves de lire la consigne et la liste de mots ; vérifier la bonne compréhension de la consigne.<br><br>– Travail individuel sur le cahier de brouillon.<br><br>– Mise en commun : les mots de l'exercice sont copiés au tableau. Demander à un ou plusieurs élève(s) d'indiquer leurs contraires et les écrire sous chacun des mots concernés.<br><br>– Demander aux élèves de vérifier dans leur mémo. Proposer à un élève de lire le mémo à voix haute. Revenir sur les préfixes *in-* /*dé-*. Remarquer le préfixe *im-* dans « impossible » et la prononciation du préfixe *in-* dans « inhumain ».<br><br>– **Exercice 15.** Proposer éventuellement un exemple de phrase : *Les Sioux schpoutzent les bisons. Quel mot « schpoutzent » remplace-t-il ?*<br><br>– Travail individuel sur le cahier de brouillon. Aide éventuelle en cas de difficulté (lecture à haute voix de la première phrase et découverte collective du premier mot).<br><br>– Mise en commun : insister sur le rôle des affixes dans la construction du sens des mots.<br><br>– Continuer d'entraîner les élèves à utiliser les mémos : *où peut-on trouver la réponse quand on hésite ?* Cette recherche pourra se faire individuellement ou en groupes, chaque groupe devant chercher un mémo particulier.<br><br>**Différenciation**<br>– Prévoir de regrouper les élèves en difficulté et de les accompagner.<br>– La mise en commun intéressera l'ensemble de la classe. |

| | |
|---|---|
| 30 min<br><br>**individuel écrit**<br><br>cahier<br>p. 157, ex. 1 à 4 | **2** **Entraînement dans le cahier**<br>◉ **Les exercices du cahier sont à faire le lendemain.**<br>◉ **Même démarche qu'en unité 1, p. 41 du guide.**<br><br>**Différenciation**<br>Pour les élèves en difficulté, laisser accès aux différents mémos liés à ces exercices de révision. |

**Séance 2** **Transformer des phrases à différents temps**

| | |
|---|---|
| 10 min<br><br>**individuel ou collectif écrit**<br><br>manuel<br>p. 205, ex. 12, 13 | **1** **Entraînement dans le manuel**<br>◉ **Même démarche qu'en unité 3, p. 86 du guide.**<br>On proposera, avant l'exercice 13, des activités de changement de temps. |
| 20 min<br><br>**individuel écrit**<br><br>cahier<br>p. 156, ex. 1 à 4 | **2** **Entraînement dans le cahier**<br>◉ **Même démarche qu'en unité 3, p. 86 du guide**<br><br>**Différenciation**<br>Exercice 4 : avec l'aide de l'enseignant pour les élèves en difficulté. |

| | |
|---|---|
| 30 min<br><br>**collectif écrit**<br><br>cahier<br>p. 158-159 | **■** **Récréation**<br>◉ **Cette troisième et dernière récréation, sous forme de jeu de l'oie, permet de rebrasser les principales notions d'étude de la langue du programme de CE1.**<br>**Les élèves pourront jouer en binôme ou en petit groupe.** |

Mise en pages : **Marina Smid**

Couverture et galette du CD : **Anne-Danielle Naname, Laure Gros** (illustration de **Élodie Pasgrimaud**)

Illustrations des fiches du CD : **Élodie Pasgrimaud, Vanessa Gautier**

Polices cursives : **Paul-Luc Médard**

Coordination artistique : **Domitille Pasquesoone**

Coordination éditoriale : **Laurence Michaux**

Édition : **Anne Perez**

Impression & brochage sepec - France

Numéro d'impression : 06601130717

Numéro d'éditeur : 10196498

Dépôt légal : Septembre 2013